Andreas Luckner und Sebastian Ostritsch
Existenz

Grundthemen Philosophie

―
Herausgegeben von
Dieter Birnbacher
Pirmin Stekeler-Weithofer
Holm Tetens

Andreas Luckner und
Sebastian Ostritsch

Existenz

—

DE GRUYTER

ISBN 978-3-11-027214-7
ISBN (PDF) 978-3-11-027241-3
ISBN (EPUB) 978-3-11-039095-7

Library of Congress Cataloging-in-Publication Data
A CIP catalog record for this book has been applied for at the Library of Congress.

Bibliografische Information der Deutschen Nationalbibliothek
Die Deutsche Nationalbibliothek verzeichnet diese Publikation in der Deutschen Nationalbibliografie; detaillierte bibliografische Daten sind im Internet über http://dnb.dnb.de abrufbar.

© 2018 Walter de Gruyter GmbH, Berlin/Boston
Satz: fidus Publikations-Service GmbH, Nördlingen
Druck und Bindung: CPI books GmbH, Leck
♾ Gedruckt auf säurefreiem Papier
Printed in Germany

www.degruyter.com

Danksagung

Wir danken dem de Gruyter Verlag sowie den Herausgebern der „Grundthemen Philosophie" für ihre Geduld und Hilfe sowie natürlich für die Aufnahme unseres Buches in diese wunderbare Reihe. Unser Dank gilt ferner unseren Studenten an der Universität Stuttgart, die uns im Rahmen zahlreicher existenzphilosophischer Seminare mit ihren Einwänden und Fragen beim Schreiben dieses Buches weitergebracht haben. Anestis Fesatidis, Simon Hollnaicher und Samuel Ulbricht danken wir für die Hilfe bei der Korrektur des Manuskripts. Schließlich möchten wir uns bei unseren Familien für ihre Liebe und ihren Rückhalt bedanken. Ohne sie wäre alles nichts.

Inhalt

Danksagung —— V

1	**Einleitung —— 1**	
1.1	Ego sum, ego existo —— 3	
1.2	Proto-Ontologie —— 5	
1.3	Überblick über dieses Buch —— 11	

2	**Staunen über Existenz —— 15**	
2.1	Erstaunliche Existenz —— 15	
2.2	Selbstverständliche Existenz —— 21	

3	**Was ist Existenz? —— 27**	
3.1	Sachen gibt's, die gibt's gar nicht (Meinong) —— 27	
3.2	Es gibt nichts, was es nicht gibt (Frege, Russell, Quine) —— 32	
3.3	Es gibt alles, kontingenterweise (Kripke) —— 38	
3.4	Es gibt alles, notwendigerweise (Williamson) —— 47	
3.5	Zwei Probleme: die logisch-ontologische Priorität und der Zeitcharakter von Existenz —— 52	
Anhang:	Tabellarische Übersicht zu den besprochenen Theorien der Existenz —— 56	

4	**Existenz und Gott —— 59**	
4.1	Gottes Existenz (Anselm) —— 61	
4.2	Existenz ist keine reale Eigenschaft (Kant) —— 65	
4.3	Gott ist Existenz (Spinoza) —— 74	

5	**(Un-)Begreifliche Existenz —— 81**	
5.1	Begriffenes Sein (Hegel) —— 81	
5.2	Unvordenkliches Sein (Schelling) —— 85	
5.3	Salto mortale und die Selbstvernichtung des Begriffs (Jacobi, Fichte) —— 93	

6	**Wie es ist zu existieren —— 99**	
6.1	Individualität als Haecceitas (Duns Scotus) —— 101	
6.2	Personale Existenz (Kierkegaard, Heidegger, Sartre) —— 110	
6.3	Die Zeitlichkeit personaler Existenz (Seneca, Augustinus, Kierkegaard, Heidegger) —— 122	

7	**Ethik der Existenz** —— 139
7.1	Uneigentliches Existieren? —— 139
7.2	Existenzialismus und Ethik —— 143
7.3	Die Arationalität der Selbstwahl und die Institutionen —— 150
7.4	Abraham, Zarathustra, Sisyphos – drei Gestalten authentischer Existenz (Kierkegaard, Nietzsche, Camus) —— 153
7.5	Existenzgestaltungen (de Beauvoir) —— 163

8 Schluss —— 177

Anmerkungen —— 179

Literaturverzeichnis —— 205
    Siglen —— 205
    Literatur —— 206

Sachregister —— 217

Namenregister —— 221

1 Einleitung

„*Me genesthai!*", sagt der Weise, nicht geboren werden ist das Beste. Aber wer hat schon das Glück? Wem passiert das schon? Unter Hunderttausenden kaum einem.

Alfred Polgar[1]

‚Existenz' – was meinen wir damit?[2] Was heißt es, wenn wir sagen, dass etwas existiert? Meistens wohl einfach, dass es dies fragliche Etwas gibt. Also *wirklich* gibt. So kann es schon früh im Leben eines Menschen eine Frage sein, ob es das Christkind oder die Zahnfee wirklich gibt. In diesem Sinne können wir auch danach fragen, ob Außerirdische existieren, der Yeti oder Sherlock Holmes. Von letzterem kann man ja recht sicher sagen, dass er nicht in dem Sinne existiert, dass wir ihn treffen oder anrufen oder eine Tasse Tee mit ihm trinken könnten – und er hat auch damals, als Arthur Conan Doyle ihn als Hauptfigur seiner Kriminalromane erfand, nicht in diesem Sinne existiert. Dass etwas (real) existiert, hat gemäß diesem Sprachgebrauch einen klaren Sinn: Im Unterschied zu solchem, was nicht (real) existiert, kann man auf das, was (real) existiert, irgendwo und irgendwann in der Welt stoßen. Reale Existenz impliziert raumzeitliche Antreffbarkeit. Wir wissen auch genau, was es heißt, von etwas oder jemandem zu sagen, dass er oder es *nicht* (real) existiert. Es gibt den oder das betreffende Nicht-Existente eben dann nur in der Vorstellung bzw. Fantasie, in der Fiktion, im Traum oder Wahnsinn usw.

Diese Redeweise von (realer) Existenz ist, so scheint es, recht unproblematisch und führt uns im Allgemeinen auch nicht in Verwirrung. Aber damit ist noch nicht viel darüber gesagt, was wir *überhaupt* mit ‚Existenz' meinen. Denn auch in Bezug auf Sherlock Holmes würden wir ja nicht sagen wollen, dass er in gar keinem Sinne existieren würde; Sherlock Holmes existiert, wenn auch nicht wirklich bzw. real, so doch immerhin als eine Figur in den Romanen von Sir Arthur Conan Doyle (nicht aber existiert Sherlock Holmes in den Dramen Goethes). In Bezug auf irreale oder abstrakte Gegenstände wie Zahlen oder Ideen zu sagen, dass sie existieren, scheint etwas anderes zu meinen, als zu sagen, dass sie real oder konkret in Raum und Zeit existieren (denn das tun sie offenbar nicht). Seit Jahrtausenden gibt es einen Streit in der Philosophie darüber, ob nur individuelle Gegenstände in Raum und Zeit oder auch (überzeitliche) Eigenschaften existieren, mit denen wir Dinge klassifizieren. Auch in diesem Streit – dem Streit um die Existenz dessen, worauf wir uns mit Allgemeinbegriffen beziehen, dem Universalienstreit – stößt man regelmäßig auf die Frage, was wir mit ‚Existenz' eigentlich meinen. Dass wir es hier mit einer notorischen Unklarheit, ja einem Rätsel zu tun haben, zeigt sich vor allem daran, dass wir nicht recht verstehen können, was

https://doi.org/10.1515/9783110272413-001

‚Nicht-Existenz' überhaupt bedeuten soll. Während wir leicht begreifen können, was es heißt, dass etwas nicht real existiert (sondern z. B. nur in meiner Fantasie oder meinem Denken), wissen wir nicht, wohin oder an was wir denken sollen, wenn wir sagen, dass etwas oder jemand *schlechthin* nicht existiert. Das liegt freilich daran, dass wir, insofern wir von etwas und jemandem sprechen oder denken, schon damit auch dessen Existenz gesetzt haben – freilich nicht im engen Sinne realer Existenz, sondern im weiten Sinne von ‚Existenz überhaupt', im Sinne von ‚das oder den gibt es' (ob real oder irreal, konkret oder abstrakt usw.). Was würde, ja könnte denn nicht existieren? Nichts. Was, umgekehrt, existiert überhaupt? Alles.[3]

Hätten wir einen klaren Begriff von Existenz, müsste es uns leichtfallen, zu verstehen, was es heißen soll, *nicht* (also *überhaupt nicht*) zu existieren. Existenz aber scheint dermaßen fundamental zu sein, dass wir sie begrifflich nicht hintergehen können. Seit Anbeginn der Philosophie wissen wir, Seiendes existiert, Nichtseiendes existiert nicht. Der Leitsatz des Parmenides, den er in seinen Fragmenten die Göttin der Wahrheit sagen ließ, hieß nicht von ungefähr: „Richtig ist, das zu sagen und zu denken, daß Seiendes ist [...]; Nichts *ist nicht*" (Parmenides 2014, Fr. 6). Die herausfordernde Frage taucht hier auf: Können wir denn, wenn doch offenbar Nicht-Existenz undenkbar und unsagbar ist, überhaupt verstehen, was wir mit ‚Existenz' meinen? Dieses Buch versucht, alleine schon durch seine Existenz, die Frage zu bejahen.

Allerdings heben sich nicht von ungefähr die Augenbrauen der Leute, denen man erzählt, man schreibe gerade an einem Buch über Existenz. Die Titel der Bücher über Existenz, die unvermeidlicherweise in den letzten Monaten während der Abfassung unseres Buches in unserer Nähe herumlagen, können im Alltag sehr irritierend sein. Reinhardt Grossmanns *Die Existenz der Welt* etwa konnte in der Küche einen leichten Schrecken auslösen („Uff, fetter geht's wohl nicht..."). Aber auch unter Fachleuten löst das Thema „Existenz" durchaus bewundernde bis ängstliche Reaktionen aus – fast so, als wenn es sich dabei um gefährliches Terrain handeln würde. Und es kommen freilich auch oft Nachfragen, die das weite Feld einzugrenzen versuchen: Soll es denn um Existenz im rein logisch-ontologischen Sinne gehen, also zum Beispiel um Existenz als Quantor, wie er in der Prädikatenlogik gebraucht wird? Sprich: Geht es um Autoren wie Frege, Russell und Quine? Oder soll es um Existenz im Sinne solcher Phänomene wie „Endlichkeit", „Geworfenheit" und „Sein zum Tode" gehen? Also um Autoren wie Kierkegaard, Heidegger und Sartre?

Nun, es soll tatsächlich um *beide* voneineinander sehr entfernten Theorietraditionen gleichermaßen gehen und nicht nur das, wir wollen auch zeigen, dass es sich dabei um zwei Theorieberge handelt, zwischen denen nicht nur ein tiefer Graben klafft, sondern dass man von einem Berg zum anderen gelangen kann, wenn man den Graben nur tief genug ausschreitet. Dies bringt es unvermeidlich mit sich, dass man sich auch und gerade mit der Geschichte des Denkens über Existenz beschäftigen muss – was allerdings die Aufgabe eher noch größer gemacht hat.

In solchen Situationen ist es daher sicher günstig, wenn man sich Gefährten sucht, um die Expedition in den Existenzgraben durchzustehen – vier Augen sehen schließlich mehr als zwei, und, was noch viel wichtiger ist, zwei (mindestens zwei) Gefährten können sich gegenseitig Mut zusprechen, wenn es mal gar zu dunkel wird. Man kommt schließlich bei dieser Expedition bei ganz merkwürdigen und scheinbar längst verlassenen Gegenden vorbei – so hätten wir uns zu Anfang unserer Arbeit nicht träumen lassen, dass wir uns so viel und so lange mit der Frage der Existenz Gottes beschäftigen würden, wie sie in der Tradition der rationalen Theologie behandelt wurde, oder, ein anderes Beispiel, mit der Frage nach dem *principium individuationis*, wie sie in der Spätscholastik im Rahmen des Universalienstreits aufkam.

Schon hier kann deutlich werden, dass in diesem Buch die an sich eher *systematische* Frage nach der Begriffsbestimmung von Existenz auch und gerade im historischen Kontext betrachtet wird. Und umgekehrt: Philosophiehistorische Fragen können unserer Überzeugung nach in systematischer Absicht fruchtbar betrieben werden (und dies freilich nicht nur in Bezug auf den Begriff der Existenz). Die geschichtliche Dimension begrifflicher Probleme lässt einen besser (manche würden vielleicht sogar sagen: überhaupt erst) begreifen, warum uns ein Begriff ein Problem ist und woher es kommt, dass wir ein bestimmtes Verständnis entwickelt haben. Die Erschließung denkhistorischer Kontexte, in denen die Frage nach der Bedeutung dessen auftaucht, was wir mit ‚Existenz' eigentlich meinen, kann uns dabei helfen, Lösungsansätze zu erarbeiten, die in den gegenwärtigen metaphysischen (und metametaphysischen) Fachdiskussionen des Problems nicht so ganz sichtbar werden.

Der Begriff der Existenz zielt in allen möglichen systematischen und historischen Kontexten letztlich doch immer auf dasselbe: auf den Umstand, *dass Seiendes ist*. ‚Existenz' bedeutet (hier und im Folgenden, darum geht es in diesem Buch): Dass-Sein überhaupt, „Entitätsein" (Meixner 2004, 60)[4]. Und es wird auch eine (altbekannte) These dieses Buches sein, dass ‚Dass-Sein' *univok* gebraucht wird. Das heißt: ‚Dass-Sein' bedeutet in Bezug auf jede bestimmte Entität, bei jedem Seienden ein und dasselbe.

1.1 Ego sum, ego existo

Diese Unzweideutigkeit des Existenzbegriffs erklärt die frappierende Denk-Erfahrung, die sich in dem Satz René Descartes' ausdrückt: „*Ich bin, ich existiere*" (Med, 49 / AT VII, 25)[5]. Vor dem Hintergrund der Univozität des Seins, d. h. des überall gleichbedeutenden Dass-Seins bedeutet dies ja nicht mehr und nicht weniger, als dass ich hinsichtlich meines *Dass-Seins* von allem, was es überhaupt gibt, gar nicht unterschieden bin. (Um dies zu sehen, muss ich freilich von der spezifischen Seinsweise – d. h. meinem *Wie-Sein* als der je individuellen Weise zu existieren – und meinem eigenschaftlichen Sein – d. h. meinem *Was-Sein* z. B. als Mensch, als Vater, als Lehrer usw. – abstrahieren.) So gesehen gibt es Existenz nicht im Plural, meine Existenz ist als Existenz keine andere als deine, die der Welt, die Gottes. In allem, was ist, einschließlich mir selbst, „west" ein und dasselbe Sein als Dass-Sein.

Descartes' „Ich bin, ich existiere" offenbart uns zudem unsere je eigene Existenz als etwas absolut Gewisses und damit als etwas scheinbar Sicheres. Die Existenz-Gewissheit steht im Zentrum von Descartes' berühmten Cogito-Argument, das auch Nicht-Philosophen zumeist kennen. Dass überhaupt etwas existiert, weiß ich zunächst einmal dadurch, dass ich als ein denkendes Wesen existiere (wobei Denken, *cogitare*, bei Descartes alle geistigen Akte, also z. B. auch Wollen und Fühlen umfasst). Selbst wenn alles dem Zweifel und der Ungewissheit anheimfallen würde, so kann doch eines nicht bezweifelt werden: dass wir denkenderweise existieren (vgl. Med / AT VII, 2. Meditation). Es ist unser Denken, unsere wie immer auch ausgeformte mentale Aktivität, die sich selbst hinsichtlich ihrer eigenen Existenz durchsichtig ist. Selbst wenn alles in der Welt sich als nur inszeniert, nur vorgetäuscht herausstellen würde, eines könnte gerade deswegen nicht vorgetäuscht sein: Dass ich es bin, der hier getäuscht wird bzw. sich täuscht. Es ist im Akt des Denkens nicht bezweifelbar, dass ich als ein denkendes Wesen existiere.

Aber kann diese absolute Gewissheit der eigenen Existenz, die nach Descartes noch vor der Gewissheit, dass es die Welt oder Gott gibt, steht – kann diese Gewissheit der eigenen Existenz nicht auch ganz schnell brüchig werden? Zum Beispiel in Situationen, in denen die eigene Existenz auf dem Spiel steht, in welchen zwar die Existenz hier und jetzt unbezweifelbar sein mag, aber eben auch in hohem Maße als prekär erscheint? Und es müssen ja doch gar keine extremen Situationen von Krankheit oder Unfall sein, in denen wir uns damit konfrontieren, dass wir zwar nicht momentan, aber doch irgendwann einmal nicht mehr existieren könnten, so wie es ja wohl, zwar schwer vorstellbar, Zeiten gegeben haben mag, in denen wir noch nicht existierten. Aber wie kann es sein, dass ich nicht existieren könnte? Ist es vor diesem Hintergrund nicht auch erstaunlich, dass wir existieren? Und, wenn wir darüber staunen können, wäre dies nicht wiederum ein Indiz dafür, dass es sich hierbei um etwas Nicht-Notwendiges handelt, was aber doch bei einer *unbezweifelbaren* Wahrheit nicht der Fall sein dürfte? Wenn es nicht notwendigerweise so ist, dass wir existieren, wenn es also kontingent ist – weshalb wir ja auch in Blick auf unsere eigene Existenz dankbar oder ablehnend sein, d. h. sie als Geschenk annehmen oder im Überdruss des eigenen Dass-Seins sogar vernichten können, indem wir uns umbringen – was ist da mit unserer unerschütterlichen Existenzgewissheit? Bezieht sich die Gewissheit unserer (genauer: je meiner) eigenen Existenz also nur auf das Hier und Jetzt, vielleicht auch noch auf ein paar Jahre meiner Vergangenheit – wobei auch hier freilich schon der Zweifel ansetzen kann – und schon gar nicht mehr auf die allernächste Zukunft, weil doch schon morgen, nein, in einer Sekunde ich vom Schlag getroffen werden könnte und aufhören würde zu existieren? Wie aber kann ich solchermaßen zugleich sicher in meiner Existenz und dennoch in ihr bedroht sein? Und, auch in diesem Zusammenhang taucht die schon erwähnte noch stärker irritierende Frage auf: Was könnte es überhaupt heißen, nicht zu existieren? Kann man überhaupt nicht-existieren? Müsste man das aber nicht können, wenn man sein Dasein als staunenswertes Ereignis auffasst, das offensichtlich dann nicht notwendiger, sondern nicht-notwendiger (d. h. kontingenter) Art ist?

Nun, in der Tat denken wir, dass das Staunen über die Existenz, auch die eigene, sich nicht allein aufgrund von missverständlichen Verwendungsweisen des Ausdrucks ‚existieren' einstellt. Man kann der Versuchung zu schwärmen an dieser Stelle widerstehen, sich im Denken zusammenreißen und ein Argument versuchen, welches das Staunen über die Existenz rechtfertigt. Falls Sie, lieber Leser, sich immer schon (oder doch ab und zu) vom Wunder der Existenz haben verzücken lassen, seien Sie beruhigt, egal, was Ihnen da manche Philosophen erzählen wollen, Sie haben sich da *nicht* einfach hinreißen lassen, nein, Sie haben im Gegenteil völlig recht damit! Wir möchten, unter anderem, Ihnen in diesem Buch zeigen, *warum* Sie damit recht haben. Dies allerdings wollen wir auf angemessen nüchterne und möglichst vielfältige Weise tun. Bevor wir nun gleich noch einen Überblick über das Buch geben, sei noch folgende Überlegung vorangestellt, auf die wir gelegentlich zurückgreifen werden.

1.2 Proto-Ontologie

Zu sagen, etwas oder jemand existiere, heißt ja zunächst nicht mehr und nicht weniger, als zu sagen, *dass* es oder er oder sie *ist*. Als pures Dass-Sein müssen wir die Existenz von anderen Dimensionen des Seins unterscheiden, wie etwa den *kategorialen* Bestimmungen in Bezug darauf, *was* dieses etwas ist, oder aber den *phänomenologischen* Bestimmungen dessen, *wie* dieses etwas ist (oder, oft genauer: *wie* es ist, dieses etwas zu sein). Den ontologischen Fragen danach, „was es alles gibt" und wie wir die Bereiche des Seienden gliedern können, geht, zumeist unausgesprochen, eine vorontologische – wir würden gerne sagen: proto-ontologische – Unterscheidung voraus, nämlich eben die schon genannte zwischen einem Dass-, Was- und Wie-Sein eines Seienden. Mit dem Terminus ‚proto-ontologisch' soll ausgedrückt werden, dass es sich bei diesen Unterscheidungen um Dimensionen einer jeden Ontologie vorgelagerten Disziplin handelt, die erklärlich macht, wie wir unsere jeweiligen ontologischen Denkrahmen in Bezug auf das Seiende aufspannen. Es geht um die Frage, wie sich das *Sein* von Seiendem (oder hier genauer: die Existenz von Existierendem) verstehen lässt. Unser Gebrauch von ‚proto-ontologisch' entspricht damit dem, was Heidegger – damit oft zu Missverständnissen anregend – fundamentalontologisch genannt hätte.[6]

Wir können also, noch einmal, in Bezug auf das Sein eines Seienden die kategorialen Bestimmungen seines Was-Seins („*Was* ist dieses Seiende?" z. B. ein Mensch) unterscheiden von den phänomenologischen Bestimmungen seines Wie-Seins („*Wie* ist es, dieses Seiende zu sein?" also z. B. das Menschsein) und der Bestimmung seines Dass-Seins, seiner Existenz („Ist dieses Seiende überhaupt?" – und wenn ja, in welchem Sinne von Existenz). Man könnte hier auch, mit den traditionellen Termini, von der Essenz bzw. Substanz, dem Modus und der Existenz eines Seienden sprechen. Diese Unterscheidungen sind freilich nur *formal*, d. h. Unterscheidungen *an* etwas oder jemandem (nennen wir das betreffende Seiende x), d. h. sofern ein x existiert, ist es auch schon immer etwas wesensmäßig Bestimmtes und immer auch schon in bestimmten Weisen; was auch immer existiert, hat auch sein Was und Wie, das sich beschreiben können lassen muss. Dabei zeigt sich, dass, bevor wir Was- und Wie-Sein von x beschreiben, die Existenz von x schon unterstellt sein muss. Man könnte sagen, dass es so etwas wie eine *formale Priorität der Existenz* vor der Essenz und dem Modus gibt.

Traditionellerweise fokussiert die abendländische Metaphysik bzw. Ontologie als „erste Wissenschaft" im Sinne des Aristoteles die Frage nach dem Seienden als solchem auf die Frage nach den Bestimmungen der Substanz, der Washeit, der *quidditas* bzw. des Was-Seins. Diese Ontologie kommt aber regelmäßig an ihre begrifflichen Grenzen, wenn es darum geht, was es denn überhaupt heißen soll, *dass Seiendes (etwas) ist*. Diese Frage lässt sich logischerweise nicht von einer Ontologie beantworten, weil eine Ontologie – als Wissenschaft vom Seienden, insofern es ist – ein (bestimmtes) Existenzverständnis offenkundig schon voraussetzen muss. Existenz als Dass-Sein lässt sich im Zusammenhang der kategorialen (d. h. ontologisch-washeitlichen) Unterscheidungen nicht recht begreifen. So verwundert es nicht, dass im ontologischen Denkrahmen immer wieder versucht wurde und wird, die Existenz eines Etwas als eine *Eigenschaft* von Seiendem zu fassen, was zwar nicht grundsätzlich falsch ist, wie wir zeigen möchten, aber doch in einem sehr speziellen Sinne verstanden werden muss. Existenz ist eben nicht als eine solche Eigenschaft zu verstehen, die es uns erlauben könnte, bestimmte Gegenstände danach zu sortieren, ob sie existieren oder nicht existieren, so dass es etwa auch nicht-existierende Gegenstände geben können müsste. Solche gibt es nicht (es sei denn, man verwendet den verkürzten Begriff von Existenz im Sinne der realen Existenz). Der formalen Priorität der Existenz eines Seienden kann man durch seine kategoriale Erfassung nicht gerecht werden. Das Dass-Sein entzieht sich dem substanzontologischen Denken und wir brauchen, der Ontologie als erster Wissenschaft vorgelagert, eine „allererste Wissenschaft", die Proto-Ontologie.

Neben der formalen Priorität der Existenz ist es eine weitere wichtige protoontologische Einsicht gewesen, die wir deswegen auch hier dem eigentlichen Argumentationsgang des Buches voranstellen: wir haben zwar hinsichtlich des Was-(und auch Wie-)Seins eine Pluralität der Differenzen und Differenzierungsmöglichkeiten vor uns, dagegen wird ‚Existenz', ‚Dass-Sein', in allen möglichen Fällen *gleichbedeutend* ausgesagt – oder wie man mit Rückgriff auf die mittelalterliche Tradition sagen kann: *univok*. Unabhängig von den Unterschieden hinsichtlich dessen, was oder wie etwas ist, ist in Bezug auf die Existenz alles Seiende gleich. Mag es mannigfaltig verschiedene Wesen geben, beispielsweise konkretes Seiendes (z. B. derzeit lebende Menschen oder leblose Partikel), abstraktes Seiendes (z. B. Zahlen), mögliches Seiendes (z. B. Kanzlerin Merkels Zwillingsschwester), Ex-Konkretes (z. B. römische Kaiser), fiktives Seiendes (z. B. Sherlock Holmes oder Hamlet) und vieles mehr: Hinsichtlich derer Existenz als solcher gibt es keine Unterschiede; insofern diese Entitäten (obschon in je unterschiedlichen Gegebenheitsweisen) existieren, sind sie alle gleich.

Die Rede von „verschiedenen Existenzweisen", wie man sie des Öfteren in metaphysischen Zusammenhängen benutzt (z. B. „eine Person *ist* nicht nur *etwas anderes* als ein Stein oder eine Pflanze oder eine Zahl, sie *existiert auch in einer anderen Weise* als ein Stein oder eine Pflanze oder eine Zahl"), ist völlig in Ordnung, wenn man sie als verkürzte Sprechweise versteht. Es gibt nicht im Wortsinne „Arten" oder „Weisen" des Existierens. Was ist, das ist und Punkt. *Dass* x ist, unterscheidet sich hinsichtlich des Dass-Seins in nichts davon, *dass* y ist, was immer man für x und y auch einsetzt. Von verschiedenen Seins- bzw. Existenzweisen zu sprechen, ist vollkommen berechtigt, wenn man damit meint, dass sich die Existenz eines Menschen in anderer Weise ausdrückt als die eines Steines, einer Pflanze usw. Die Rede von unterschiedlichen Existenzweisen bzw. auch Existenzformen (wie man v. a. in Bezug auf Lebewesen ja spricht) meint, wie man hier leicht sehen kann, tatsächlich Unterschiede in Bezug auf das Wie-

Sein eines Seienden, nicht Unterschiede in Bezug auf das Dass-Sein. Die Rede von Existenzweisen und Existenzformen wäre nur dann irreführend, wenn man damit meinte, dass z. B. Menschen *eine andere Art Existenz* zu eigen wäre als einem Stein, einer Pflanze, einer Zahl oder gar Gott.

Die hier gleich am Anfang zurückzuweisende These, dass es Arten und Weisen des Existierens selbst gäbe, wurde behauptet von der altehrwürdigen, besonders prominent von Thomas von Aquin in der Mitte des 13. Jahrhunderts vorgebrachten Lehre von der *Analogie des Seienden (analogia entis)* bzw. der Mehrdeutigkeit oder *Plurivozität des Seins*. Diese Lehre wurde im Rückgriff auf die von Aristoteles eingeführte dreifache Unterscheidung, wie ein Begriff bedeuten kann, entwickelt (vgl. De ver, q. 2, a. 11).[7] Einmal ist da die *homonyme*, d. h. schlicht mehrdeutige Bedeutung eines Ausdrucks. So kann etwa sowohl ein Türschloss als auch ein königliches Domizil als Schloss bezeichnet werden. ‚Schloss' ist also homonym oder, mit dem lateinischen Ausdruck, *äquivok*. Wo es hingegen nur eine Bedeutung gibt, kann von einem *synonymen* oder *univoken* Begriff gesprochen werden. Schließlich gibt es dann aber noch die *analoge* bzw. *plurivoke* Bedeutung, bei der ein Ausdruck je nach Kontext unterschiedliche aber dennoch miteinander verwandte Bedeutungen hat. Aristoteles nennt hier als Beispiel die Bedeutung des Wortes ‚gesund' (vgl. Met Γ, 2). Sowohl bestimmte Nahrung als auch z. B. ein auf bestimmte Weise beschaffener Urin können auf nicht-homonyme Weise „gesund" genannt werden. Nahrung ist gesund im Hinblick darauf, dass es die Gesundheit eines Lebewesens erhält, Urin hingegen kann dann gesund genannt werden, insofern er den positiven Gesundheitszustand eines Lebewesens anzeigt. ‚Gesunder Urin' und ‚gesunde Nahrung' erhalten ihre analoge bzw. plurivoke (aber eben weder äquivoke noch univoke) Bedeutung im Hinblick auf das, was im eigentliche Sinne gesund genannt werden kann, nämlich die Gesundheit eines Lebewesens.[8] Die Anhänger der Plurivozitätsthese in Bezug auf das Sein behaupteten nun dementsprechend, dass sich Sein nicht von allem Seienden gleichermaßen, sondern nur auf analoge Art und Weise in Beziehung auf einen paradigmatischen Fall aussagen lässt. Für das Sein gestaltet sich diese Analogie in Beziehung zum Sein Gottes, denn er ist es, der am eminentesten existiert. Gottes Existenz ist damit das primäre Glied einer jeder Seinsanalogie.[9] Die Existenz jedes anderen Seienden lässt sich nur in Analogie zum Sein Gottes verstehen, so wie sich die Gesundheit von Nahrung und Urin in Analogie zur Gesundheit eines Lebewesens verstehen lässt.

Gespeist aus der an sich richtigen Intuition, dass es doch nicht dasselbe sein kann, wenn man von Gott sagt, dass er existiere oder von einem x-beliebigen Geschöpf, haben sich die Vertreter der *analogia entis* allerdings die proto-ontologische Dimension dieser Unterscheidung nicht deutlich gemacht. Natürlich sind Gott und Mensch wesensverschieden, allerdings nur hinsichtlich ihres Was-Seins und ihres Wie-Seins. Gott ist unendlich, der Mensch endlich usw. Aber hinsichtlich der puren Existenz als solcher *kann* es keinen Unterschied zwischen Gott und Mensch geben. Was sollte es denn heißen, dass Gott „mehr" oder „besser" oder „in eminenter Weise" existiert? Er existiert, wir existieren, ob real oder fiktiv, spielt keine Rolle (bzw. wenn dieser Unterschied eine Rolle spielen soll, bewegt man sich eben nicht auf der Ebene der Existenz, sondern der Essenz / Substanz bzw. des Modus). Für die These der Univozität des (Dass-)Seins haben schon einige hochscholastische Philosophen des späten 13. und frühen 14. Jahrhunderts, insbesondere Meister Eckhart und Johannes Duns Scotus argumentiert. ‚Sein' bedeutet der Lehre von der Univozität des Seins nach in allen Fällen – ob Fisch, Vogel, realer oder fiktiver Mensch, Wolke, Gott oder Zahl – ein und dasselbe.[10]

Was aber hängt eigentlich davon ab? Warum sollte es wichtig sein, daran festzuhalten, dass wir mit ‚x existiert' für alle denkbaren x dasselbe behaupten? Nun, im Grunde hängt *alles* davon ab: Gott, die Welt und damit auch wir. Natürlich nicht im Sinne unserer Existenz (bzw. der Existenz der Welt oder Gottes), dafür aber im Sinne der Verstehensmöglichkeit von Gott, der Welt und damit auch uns selbst. Denn wer *nur* sein eigenes Sein verstehen könnte, verstünde das Sein von anderem Seienden nicht. Und: *Nur* wer sein eigenes Sein versteht, kann auch das Sein von anderem Seienden verstehen. Wer behauptete, dass ‚Existenz' bei Gott, der Welt oder bei einem beliebigen Individuum jeweils etwas Anderes bedeutet – auch wenn gleichzeitig dazugesagt wird, dass es irgendwie „ähnlich", aber eben doch unterschieden sei – behauptet letztlich, dass die grundlegende ontologische Struktur der Welt für uns endliche Geister nicht wirklich einsehbar und zu begreifen ist. Wir könnten bestenfalls ahnen, was es mit Gott, der Welt und uns auf sich hat. Wir könnten nur per Analogie uns erschließen, was es heißt, dass anderes Seiendes, als wir es sind, *ist*; aber genau dies würde uns gewissermaßen aus der Welt herauswerfen, von den Dingen *prinzipiell* trennen, auf die wir aber gleichwohl bezogen sind. Ja, wir würden in gewisser Weise dadurch letztlich auch uns selbst in unserer spezifischen Existenzweise (wenn es sie denn gäbe) nicht verstehen können.

Dann aber könnten wir unsere Erkenntnisbestrebungen hinsichtlich des (Dass-)Seins des Seienden auch genauso gut sein lassen; jeder Versuch, Einsicht zu haben in das, was ist, wäre ja von vorneherein zum Scheitern verurteilt, wenn wir nicht direkt und klar und deutlich denken könnten, was Existenz überhaupt ist. Die These, dass wir in Bezug auf Gott nur wenig darüber wissen können, was „seine" Existenz ist, weil sie etwas anderes als die Existenz endlicher bzw. geschaffener Wesen und uns daher nur per Analogie zugänglich ist, widerspricht sich daher in gewisser Weise selbst.

Duns Scotus' Argumentation in seiner ersten *Ordinatio* macht dies deutlich.[11] Laut Scotus ist ein Ausdruck univok, wenn die folgende einfache Bedingung erfüllt ist: Er kann von einem Subjekt nur auf Kosten eines Widerspruchs zugleich ausgesagt und nicht ausgesagt werden (vgl. Ord I, d. 3, p. 1, q. 2, n. 26). Einen mehrdeutigen Ausdruck können wir nämlich widerspruchsfrei von etwas aussagen und zugleich nicht aussagen. So können wir beispielsweise sowohl Zimmerdecken als auch Schlafdecken als Decken bezeichnen und sagen „Das ist hier eine Decke und zugleich keine Decke". Für den Begriff des Seienden gibt es nach Scotus aber keine Möglichkeit einer Mehrdeutigkeit. Denn wir können den Begriff ‚Seiendes' von allem aussagen, was überhaupt existiert, denn was kein Seiendes ist, ist nichts. Damit wir uns nun aber überhaupt sinnvollerweise die theologische Frage stellen können, wie wir Gottes Sein zu denken haben und wie dieses sich von unserer endlichen Existenz unterscheidet, müssen wir Gott als ein Seiendes annehmen (nicht unbedingt im Sinne eines real Seienden, d. h. in der Welt anzutreffenden). Wir verstehen den Ausdruck ‚Seiendes' also offenbar unabhängig von der Frage, um welche Art von Seiendem – göttliches oder menschliches – es sich handelt (vgl. Ord I, d. 3, p. 1, q. 2, n. 27). Die Bedeutung des Begriffs ‚Seiendes' ist damit logisch vorgängig und unabhängig von Begriffen, die beschreiben, was oder wie ein Seiendes ist.

Der Begriff ‚Seiendes' ist nach Scotus ein *transzendentaler Begriff*, d. h. ein Begriff, der unsere üblichen begrifflichen Kategorien grundsätzlich übersteigt. Denn gemäß der klassisch aristotelischen Auffassung können wir die Frage danach, *was* etwas ist, mit einer immer abstrakter werdenden Klassifikation von Art und Gattung beantworten. So gehört Sokrates zur Art „Mensch". Die Art „Mensch" wiederum zur Gattung „Lebewesen", die wiederum eine Art der höheren Gattung der körperlichen Wesen ist. Die Arten einer Gattung lassen sich dabei bekanntlich mithilfe eines Artunterschieds bestimmen. Der Artbegriff ‚Mensch' etwa ergibt sich durch die Hinzunahme der Bestimmung ‚vernünftig' zum Gattungsbegriff ‚Lebewesen'. Der Begriff ‚Seiendes' lässt sich nun aber entgegen dem ersten Anschein nicht als höchste Gattung in dieses Schema eingliedern. Aus der vermeintlichen Gattung des Seienden ergäben sich nämlich nur durch die Hinzunahmen von spezifischen Artunterschieden überhaupt Arten des Seienden. Die Artunterschiede selbst müssen aber ja selbst schon Seiende (und daher nicht nichts) sein, wenn sie ihre Funktion erfüllen sollen. Dies ist im Kern die bereits von Aristoteles vorgelegte Argumentation, warum das Seiende als solches keine Gattung ist.[12] Scotus teilt diese Einschätzung, dass der Begriff ‚Seiendes' nicht in Begriffen von Gattung, Artdifferenz und Art gefasst werden kann, sondern diesen gegenüber gleichgültig ist (vgl. Ord I, d. 8).[13] Diese Indifferenz rührt letztlich daher, dass der Begriff ‚Seiendes', anders als Gattungsbegriffe, gar nicht angibt, *was* etwas ist, sondern letztlich nur besagt, *dass* etwas ist.

Der Begriff des Dass-Seins unterliegt aber – anders als die aristotelische Tradition dachte – keiner Mehrdeutigkeit. Er ist auf univoke Weise immer schon in jede Aussage bezüglich des Was-Seins einer Sache investiert.

Man muss also, diese einleitenden proto-ontologischen Überlegungen abschließend, sagen, dass die Existenz logische Priorität vor jeder essentiellen und modalen Bestimmung hat, und dass es (daher auch) keine verschiedenen Arten, Grade oder Weisen von Existenz zu unterscheiden gibt. Dessen ungeachtet ist eine Rede von (unterscheidbaren) *Weisen* erlaubt, in denen sich Existenz jeweils ausdrückt, aber dies betrifft die Unterscheidungen auf einer Ebene des Was- und Wie-Seins. Es sind diese „Existenzweisen", die man unterscheiden muss, um sich aus einem rein formalen und nichtssagenden Verständnis der Existenz zu lösen und einer auch lebenspraktisch relevanten Auseinandersetzung mit dem Thema „Existenz" zu gelangen.

Wir werden am Ende des Buches sehen, dass die im weitesten Sinne ethischen Beurteilungen von bestimmten Weisen der Existenzgestaltung, wie man hier vielleicht sagen könnte, durchaus viel, wenn nicht alles damit zu tun haben, wie wir zu Anfang des Buches, auf einer noch recht formalen Ebene, den Existenzbegriff konzipieren müssen. Wenn die Existenz überhaupt, das Dass-Sein, das kein Seiendes ist, aber allem Seienden in seinem So- und Wie-Sein vorangeht, sich auch in dir, ja, als du selbst, so wie in jedem anderen als „deine" Existenz manifestiert – dann mach was draus im Rahmen deiner Möglichkeiten! Es gibt hier nichts, was dieser Existenz-Gestaltung vorausgehen könnte. Die Existenz, das Dass-Sein ist von sich her völlig sinn-, grund-, aber eben auch bestimmungslos und von daher der freien Gestaltbildung fähig. Bis zu dieser Einsicht ist es freilich ein langer Weg, der von der Ontologie bis zur Ethik führt, von Carnap bis Camus, von Parmenides zu Parfit, von der Logik bis zur Liebe, vom Staunen zum Begreifen und wieder zurück – aber mit welchem philosophischen Begriff könnte man sich auch sonst auf einen solchen Weg machen als mit demjenigen der Existenz?

1.3 Überblick über dieses Buch

Weil dieser Weg ein langer und mitunter auch verschlungener ist, der Gott-weiß-wo entlangführt, geben wir an dieser Stelle einen gedrängten Überblick über das vorliegende Buch. Das Thema „Existenz" ist, trotz seiner Vielschichtigkeit, letztlich *ein* Thema, wie dieses Buch auch in der Abfolge seiner Kapitel zeigen soll. Es ist das Dass-Sein im Kontrast zum Was- und Wie-Sein, welches das einheitliche Thema der Philosophie der Existenz in ihren unterschiedlichen Spielarten bildet.

In Kapitel 2 wird im Zusammenhang der sogenannten metaphysischen Grundfrage – „Warum gibt es überhaupt etwas und nicht vielmehr nichts?" – darauf eingegangen, warum Existenz qua Dass-Sein überhaupt philosophisch der Klärung bedürftig, aber auch der Klärung fähig ist. Als Einstieg in das Thema „Existenz" (2.1) werden wir untersuchen, was Denker wie Wittgenstein und Heidegger Staunenswertes am Umstand finden, dass es überhaupt etwas gibt; daraufhin werden wir uns anschauen, was Kritiker dieser Haltung (zum Beispiel Adolf Grünbaum oder Henri Bergson) daran nicht verstehen (2.2).

Sodann steht die zentrale Frage, was ‚Existenz' eigentlich bedeuten soll und wem oder was sie überhaupt zukommt im Vordergrund. Kapitel 3 führt dazu zunächst in die wichtigsten Ansätze von in der gegenwärtigen analytischen Philosophie diskutierten Theorien der Existenz ein. Zunächst (3.1) wird die These von Alexius Meinong erörtert, dass Existenz eine Eigenschaft ist, die nicht allem, was es gibt, zukommt; sodann (3.2) diskutieren wir die über einen langen Zeitraum dominante Ansicht, dass Existenz eine (höherstufige) Eigenschaft ist, die nicht Dingen, sondern Begriffen zuzuschreiben ist (Frege, Russell und Quine); darauf behandeln wir die von Saul Kripke geäußerte Kritik an dieser Traditionslinie und erarbeiten seine These, dass Existenz sehr wohl eine Eigenschaft von Einzelnem ist, die aber, anders als Meinong dachte, restlos allem, was es gibt, zukommt – wenn auch nur kontingenterweise (3.3). Timothy Williamson, dem zufolge Existenz nicht nur eine Eigenschaft von Einzelnem ist, sondern auch *notwendigerweise* allem – und zwar ausnahmslos – zukommt, steht danach im Fokus (3.4). Hier geht es uns – entgegen der Intention Williamsons – letztlich darum, dass die Kontingenz der Existenz sich nicht auf Seiendes, sondern auf das Dass-Sein überhaupt bezieht.

Im abschließenden Unterkapitel (3.5) thematisieren wir zwei Probleme bzw. offene Fragen, die sich aus dieser an Kripke und Williamson orientierenden Sicht auf die Existenz ergeben, nämlich einerseits die *logisch-ontologische Priorität* der Existenz und andererseits den irreduzibel *zeitlichen* Charakter von Existenz. Die logisch-ontologische Priorität der Existenz wird uns, im Anschluss an Barry Miller, dazu führen, Existenz nicht als eine Eigenschaft zu denken, die Individuen *inhäriert*, sondern als eine (uneigentliche) Eigenschaft, von der eher zu sagen wäre, dass sie durch das Individuum „begrenzt" wird. Der Zeitcharakter der Existenz wiederum wird uns vorverweisen auf das Thema der Person als einem solchen Individuum, das nicht nur in der Zeit existiert, sondern zu seiner Zeit in ein Verhältnis tritt und sie gestalten kann (vgl. 6.3).

Auf Grundlage der im Durchgang durch die analytischen Theorien gewonnenen proto-ontologischen Schärfung des Begriffs der Existenz kehren wir in Kapitel 4 zurück zur metaphysischen Grundfrage – „Warum ist überhaupt Seiendes und nicht vielmehr nichts?" – und rekonstruieren den ontologischen Gottesbeweis als eine Möglichkeit, auf diese Frage eine Antwort zu finden. Zunächst wird der Beweisversuch in seiner ursprünglichen Version bei Anselm von Canterbury eingeführt (4.1). Danach gehen wir auf Kants Kritik am ontologischen Gottesbeweis und die damit verbundenen Einsichten in das Wesen der Existenz und ihren Status als einer uneigentlichen Eigenschaft ein. Dabei wenden wir uns gegen die weit verbreitete These, Kant sei ein Vordenker der von Frege über Russell zu Quine verlaufenden Traditionslinie eines quantifikatorischen Existenzverständnisses (4.2). Im Unterkapitel 4.3 wollen wir eine Deutung von Spinozas Version des ontologischen Gottesbeweises vorstellen, die anders als die anselmsche Version des Beweises gegen Kants Kritik immun ist; es ging Spinoza nicht um den Erweis der (notwendigen) Existenz eines Einzeldings, sondern um die von uns bereits im zweiten Kapitel erarbeitete These von der Unhintergehbarkeit des *Dass-Seins* (seiner logisch-ontologischen Priorität).

Allerdings: Wenn es stimmt, dass Existenz logisch-ontologisch unhintergehbar ist, drängt sich die Frage auf, in welchem Ausmaß sich so etwas wie Existenz überhaupt begreiflich machen lässt. Dies ist das Thema von Kapitel 5 und wird von uns anhand der philosophiehistorischen Auseinandersetzung zwischen Hegel und Schelling behandelt. Zunächst wird Hegels These von der umfassenden Begreifbarkeit des Seins vorgestellt und diskutiert (5.1). Darauf (5.2) wird der philosophische Gegenentwurf Schellings erörtert, nämlich die Konzeption einer *positiven Philosophie* mit ihrer Kernthese vom *unvordenklichen Sein*. Die Frage nach dem Begriff der Existenz wird Schelling performativ durch den Aufweis der Existenz des Begriffes, des Begreifens überhaupt beantwortet. Das nächste Unterkapitel (5.3) verfolgt den Gedanken des unvordenklichen Seins in Jacobis Gedankenfigur des *Salto mortale* der Vernunft sowie in Fichtes These von der Selbstvernichtung des Begriffs, wobei insbesondere Jacobi als Vordenker einer phänomenologischen Philosophie der Existenz ausgewiesen wird, der es primär darum geht, „*Dasein* zu enthüllen und zu offenbaren" (Spin, 35 / 31)[14], statt es zu erklären.

Unter den damit gesetzten phänomenologischen Vorzeichen taucht in Kapitel 6 die Frage nach der Person als demjenigen Seienden auf, das ein solches Enthüllen und Offenbaren allererst leisten kann. Die Leitfrage ist hier nun nicht mehr, was Existenz eigentlich ist, sondern *wie* es ist zu existieren. Es geht genauer darum (und uns einzig zugänglich), wie es ist, ein personales Individuum zu sein. Hierzu wird zunächst (6.1) auf Grundlage der von Johannes Duns Scotus vertretenen Theorie der *Haecceitas* – der nicht auf allgemeine begriffliche Bestimmungen zurückführbaren individuellen „Diesheit" – geklärt, *was individuelle Existenz im Allgemeinen* ausmacht. Daran anschließend wird dann gezielt nach der spezifischen Seinsweise *personaler Individuen* gefragt, womit unsere Untersuchung endgültig auf dem Boden der Existenzphilosophie im engeren Sinne angelangt ist und sich dementsprechend mit den Überlegungen Kierkegaards, Sartres und Heideggers und deren Position, dass Personalität in der Ausbildung eines besonderen freien Selbstverhältnisses besteht, beschäftigt (6.2). Damit kommen wir zu dem bereits im zweiten Kapitel sich anbahnenden Gedanken der zeitlichen Dimension der Existenz zurück, nun aber vor dem Hintergrund, dass ein entscheidendes Charakteristikum personaler Existenz darin besteht, ein Verhältnis zur eigenen Zeitlichkeit auszubilden (6.3). Hierbei betrachten wir nicht nur die in diesem Kontext naheliegenden Denker Kierkegaard und Heidegger, sondern auch Seneca und Augustinus, die beide entscheidende und bleibende zeitphilosophische Einsichten in Bezug auf die personale Existenz herausgearbeitet haben.

Auch das Kapitel 7 bewegt sich auf dem Terrain der Existenzphilosophie im engeren Sinne und gibt einen Ausblick auf die ethischen Dimensionen einer Philosophie der personalen Existenz. Zunächst gehen wir auf die Unterscheidung zwischen einer eigentlichen und einer uneigentlichen Existenzweise ein (7.1), diskutieren dann den Zusammenhang von Existenzialismus und Ethik (7.2) und wenden uns dem für die eigentliche Existenzweise entscheidenden Phänomen der *Selbstwahl* zu (7.3). Dabei klären wir zum einen, warum diese arational sein muss, und besprechen zum anderen ihr Verhältnis zu gesellschaftlichen Institutionen. Das nächste Unterkapitel (7.4) veranschaulicht die bis dahin erarbeitete formale Strukturbestimmung eigentlicher (oder anders: authentischer) personaler Existenz mithilfe dreier „mythischer" Figuren: Kierkegaards Deutung der biblischen Geschichte von Abraham, Nietzsches Präsentation der Lehre Zarathustras von der ewigen Wiederkunft des Gleichen und Camus' Interpretation des Mythos des Sisyphos. Abschließend wenden wir uns den konkreten ethisch-lebenspraktischen Gestaltungsmöglichkeiten der Existenz zu (7.5). Hier werden wir uns vor allem mit Simone de Beauvoirs wenig bekanntem Essay *Für eine Moral der Doppelsinnigkeit* als einem eigenständigen Entwurf einer existenzphilosophischen Ethik beschäftigen, der das Zeug hat, uns aus den Labyrinthen des Nachdenkens über die Bedeutung der Existenz zu entlassen ins Offene der je eigenen freien Existenzgestaltbildung.

2 Staunen über Existenz

„Nicht *wie* die Welt ist, ist das Mystische, sondern *daß* sie ist" (TLP, 6.44) lässt Ludwig Wittgenstein in Satz 6.44 seines *Tractatus logico-philosophicus* verlauten. Und als „das Wunder aller Wunder" bezeichnet Martin Heidegger in seinem Nachwort zur Vorlesung *Was ist Metaphysik?* den Umstand, „*dass* Seiendes *ist*" (WiM, 50). Dieses Wunder könne einzig der Mensch erfahren, weil nur er unter allem Seienden „sich von der Stimme des Seins anrufen" (WiM, 50) lasse. Aber auch analytisch geprägten Philosophen der Gegenwart ist das Staunen über die Existenz nicht fremd. Derek Parfit hat gar konstatiert: „No question is more sublime than why there is a Universe: why there is anything rather than nothing" (Parfit 1998b).[1]

Jemanden, der sich vom Wunder des Dass-Seins beeindrucken oder gar entzücken lässt, nennen wir in diesem Buch einen „Existenzbestauner". Ihm gilt zwar unsere volle Sympathie, denn wir sind privat selbst auch solche Existenzbestauner, aber das etwas Despektierliche an diesem Ausdruck möge uns ein wenig von dem Vorwurf freisetzen, dass wir von vorneherein Partei ergreifen würden. Jemand, der dagegen sagt: „Seid nicht so wundersüchtig, was ihr da als Wunder bestaunt, ist doch völlig selbstverständlich! Ihr staunt doch auch nicht darüber, dass Dreiecke drei Ecken haben! Seiendes existiert, was sollte es sonst tun?", ist jemand, der offenbar nüchtern geblieben ist in Bezug auf den Umstand, dass Seiendes (einschließlich ihm selbst) ist. Aus dieser Perspektive nähert sich die Existenzbestaunung gefährlich der Mystifizierung und der Schwärmerei, während „Existenznüchterne", wie man sie vielleicht nennen könnte – zumindest aus Sicht der Stauner – Gefahr laufen, in eine gewisse Blasiertheit, Problemblindheit und Gedankensterilität zu geraten.

Schauen wir uns beide Haltungen zur Existenz überhaupt – zum Umstand, dass Seiendes ist – einmal genauer an. Aus der Debatte um die Erstaunlichkeit der Existenz wird ersichtlich werden, dass die Klärung des Existenzbegriffes hilfreich sein könnte, beiden Seiten gerecht zu werden. Zunächst schauen wir in das Lager der Existenzbestauner.

2.1 Erstaunliche Existenz

Existenzbestauner sind in der Philosophiegeschichte alles andere als eine Seltenheit. Gottfried Wilhelm Leibniz hat dem Staunen über Existenz in der sogenannten Grundfrage der Metaphysik einen vernünftigen Ausdruck verliehen. Die Grundfrage lautet, „*warum es vielmehr etwas als nichts gibt*", denn schließlich sei ja „das Nichts [...] einfacher und weniger schwierig als Etwas" (PNG, § 7, 163).

Und, nur als ein weiteres Beispiel für viele (Wittgenstein, Heidegger und Parfit wurden eben schon genannt), können wir in Schellings *Philosophie der Offenbarung* mit klarem Bezug auf Leibniz lesen: „Die letzte Frage ist immer: warum ist überhaupt etwas, warum ist nicht nichts?" (SW, Bd. XIII, 242).

Das Mystische, das Wunder aller Wunder, die letzte und erhabenste aller Fragen – was ist mit diesen bedeutungsschweren Charakterisierungen gemeint? Das Mystische lässt sich (zumindest gemäß einer bestimmten Interpretation)[2] nach Wittgensteins *Tractatus* als dasjenige auffassen, was sich in unseren Bemühungen, es sprachlich zu artikulieren, als unaussprechlich erweist. Die Welt ist für den Wittgenstein des *Tractatus* „alles, was der Fall ist" (TLP, 1). Alles, was der Fall ist, lässt sich sprachlich erfassen und damit verstehen. *Dass* die Welt ist, besagt also, *dass* überhaupt etwas der Fall ist. Dass überhaupt etwas der Fall ist, ist aber selbst nicht eine weltliche Tatsache, sondern Voraussetzung dafür, dass es solche Tatsachen gibt. Dass überhaupt etwas der Fall ist, dass die Welt ist, ist daher nach Wittgenstein überhaupt keine Tatsache und lässt sich damit auch nicht zu all dem rechnen, was der Fall ist. Sinnvolle Sätze sind laut Wittgensteins *Tractatus* aber nur diejenigen, die das, was der Fall ist, erfassen.[3] Darüber, dass die Welt ist – dass es überhaupt Tatsachen gibt –, lässt sich laut Wittgenstein daher nichts Sinnvolles sagen. Das Dass der Welt liegt jenseits des Sinns und ist genau in diesem Sinne das Mystische. Von diesem können wir zwar nicht sprechen, aber es „*zeigt* sich" (TLP, 6.522), und zwar im Anrennen gegen die Grenzen der Sprache, die zugleich die Grenzen der Welt sind.

Heidegger teilt zwar weder die Tatsachenontologie des *Tractatus* noch das darin von Wittgenstein vertretene Sprachverständnis, kommt aber dennoch zur verwandten These, dass uns die Frage, warum überhaupt etwas ist und nicht nichts, an bzw. über die sicheren Grenzen des argumentativen Räsonierens hinausführt. Die Frage, warum überhaupt etwas ist und nicht nichts, nennt Heidegger die „Grundfrage der Metaphysik" (WiM, 23). Es handelt sich dabei um eine Grundfrage in einem doppelten Sinne.[4] Zum einen sich lässt der Genitiv ‚der Metaphysik' als *genitivus subjectivus* auffassen. Die Grundfrage der Metaphysik wäre demnach die grundlegendste Frage, welche die (abendländische) Metaphysik stellt. Die Metaphysik ist aber laut Heidegger im aristotelischen Paradigma verblieben und hat sich so der Untersuchung des *Seienden als Seienden* verschrieben (vgl. WiM, 20).[5] Insofern es nun der Metaphysik traditionellerweise um das Seiende geht, versteht sie auch ihre Grundfrage als die doppelte Frage nach dem Seienden im Ganzen (der Welt) und nach ihrer – selbst als ein wie auch immer geartetes Seiendes gedachten – letzten Ursache. Dieses Verständnis der Grundfrage der Metaphysik führt zu den Gottesbeweisen als den Versuchen, einen unumstößlichen Grund für das Seiende überhaupt zu denken. Dabei aber wird dieser Grund selbst wiederum nur als ein weiteres Seiendes gedacht.[6]

Damit ist aber nach Heidegger der entscheidende Zusatz zur Frage, warum es überhaupt etwas gibt, nämlich, *warum es nicht nichts gibt*, nicht hinreichend ernst genommen worden. Denn entweder versteht die metaphysische Tradition das Nichts bloß als das *Nicht-Seiende* und denkt es damit aber selbst wieder als ein Etwas. Oder aber sie erstickt das Nachdenken über das Nichts bereits im Keim, indem es auf Gott als etwas verweist, was nicht *nicht* existieren kann (vgl. WiM, 42). Dieses Nichtzulassen des Nichts ist also zugleich Ausdruck eines Verhaftetseins am Seienden, wodurch es nicht zur Klärung des *Seins* selbst (d. h., was es überhaupt heißt zu existieren) kommen kann.

Daher ist nach Heidegger die Grundfrage der Metaphysik in ihrer eigentlichen und radikaleren Variante von der abendländischen Metaphysik nicht wirklich gesehen worden. Denn die Grundfrage der Metaphysik, warum es überhaupt etwas und nicht nichts gibt, lässt sich auch im Sinne eines *genitivus objectivus* als die Frage nach dem Grund der Metaphysik verstehen. Also: Worin gründet die Metaphysik mit ihrer Frage nach dem Seienden als Seienden eigentlich? Und damit zugleich auch: Worin gründet das Seiende als Seiendes? So aufgefasst fragen wir laut Heidegger aber eben nicht mehr nach einem Seienden, sondern nach dem, was in keinem Seienden aufgeht, nach dem *Sein* des Seienden (vgl. WiM, 8–9 u. 22–25). Damit sind wir aber offenbar über die Metaphysik im traditionellen Sinne und die ihr eigentümlichen rationalen Begründungsverfahren hinaus und auf „etwas" Vorgängiges gestoßen, was gerade kein Etwas ist – wir merken hier mit Wittgenstein, wie wir an die Grenzen der Sprache stoßen –, sondern das *Dass*, ohne das kein Seiendes *ist*. So verstanden ist die Grundfrage der Metaphysik die Frage nach dem Wunder aller Wunder, eine Frage, die auf das abzielt, was unserem Nachdenken über Seiendes grundsätzlich vorausgeht.

Diese Abkehr von der Beschäftigung mit dem Seienden hin zu einem Nachdenken über das Sein verfolgte Heidegger bereits in *Sein und Zeit* und nannte dieses Projekt „Fundamentalontologie". In der Fundamentalontologie geht es Heidegger, wie er immer wieder betont hat, nicht um eine grundlegendere Art von Ontologie, d. h. eine grundlegendere Beschäftigung mit dem Seienden als Seienden (vgl. WiM, 22). Es geht in der Fundamentalontologie um das Nachdenken über das (vergessene) Fundament der Ontologie, nämlich um das Sein, das Existieren. Wem diese Nominalisierungen nicht behagen, der sei auf die Formulierung Heideggers verwiesen, die fundamentalontologisch und nicht klassisch-metaphysisch aufgefasste Frage, warum überhaupt etwas und nicht nichts ist, fordere uns heraus, „dem nachzudenken, was denn mit dem *ón*, dem Wort ‚seiend', eigentlich gesagt sei" (WiM, 22). Die Art des Nachdenkens, die hier gefragt ist, kann laut Heidegger aber nicht die der traditionellen Metaphysik sein, die stets auf Seiendes und die es betreffenden Begründungsverhältnisse gerichtet ist – eben auf das, was es alles gibt. Diese Fixierung auf Gegenstände (gemeint sind hier nicht nur materielle Gegenstände, sondern alle denkbaren Objekte), nahegelegt durch verobjektivierende Redeweisen, muss nach Heidegger von einem „ursprünglichere[n] Fragen" (WiM, 40) abgelöst werden, dem er das „wesentliche Denken" (WiM, 52) entsprechen lässt.[7]

Bei der Existenz – dem (Dass-)Sein – handelt es sich laut Heidegger nicht nur um ein verwunderliches Phänomen unter vielen, sondern um *das Verwunderliche* schlechthin.[8] Denn wir wundern uns sowohl als Alltagsmenschen als auch als Forscher über so manches, über uns selbst und die Dinge und Ereignisse in der Welt. Das steht außer Frage. Der Gegenstand unserer Verwunderung ist dabei immer etwas Existierendes (in der Welt). Die Frage nach der Existenz als solcher ist daher im Grund die verwunderte Frage danach, wie wir uns überhaupt über etwas wundern und diesbezüglich Warum-Fragen stellen können (vgl. WiM, 44). Wenn man also überhaupt über etwas staunen kann, dann gilt mit Heidegger, dass nichts die Existenz als solche an Staunenswürdigkeit übertrifft. Sie ist das „Wunder aller Wunder" also tatsächlich auch in diesem höherstufigen Sinn.

Heideggers Kritik an der klassischen metaphysischen Auffassung der Frage, warum überhaupt etwas ist und nicht nichts, ist der Sache nach schon lange vor ihm zu finden, nämlich bei Schelling. Im Anschluss an die oben schon zitierte Passage, dass die letzte Frage immer diejenige sei: „Warum ist überhaupt etwas und nicht nichts?", lesen wir bei ihm:

> Auf diese Frage kann ich nicht mit bloßen Abstraktionen von dem wirklichen Sein antworten. Anstatt also, wie es den Anschein haben konnte, daß das Wirkliche durch jenes abstrakte Seiende begründet sei, ist vielmehr dieses abstrakte Seiende nur begründet durch das Wirkliche. (SW, Bd. XIII, 242)

Wollen wir auf die Grundfrage der Metaphysik mit einer Begründung im Sinne rationalen Argumentierens antworten, ist der Grund – als bloß logischer – ein, wie Schelling sagt, „abstraktes Seiendes". Die Existenz in ihrer konkreten Wirklichkeit erreichen wir damit nicht; im Gegenteil, wie setzten sie für unsere rationale Argumentation schon voraus. Denn eine rationale Antwort auf die Grundfrage der Metaphysik gibt es nur auf Basis dessen, dass es so etwas wie vernünftiges Argumentieren und damit rationale Gründe tatsächlich *gibt*. In diesem Sinne wird unsere Begründung gemäß Schelling durch das Sein begründet und nicht umgekehrt. Die Grundfrage der Metaphysik führt uns derart an die Grenzen des Denk- und Sagbaren, dass auch der Verweis auf (einen) Gott als ein notwendig Existierendes nicht weiterhilft, denn „wenn ich bis an die Grenze alles Denkens gehen will, so muß ich ja auch als möglich anerkennen, daß überall nichts wäre" (SW, Bd. XIII, 242), also auch Gott nicht ist.

Es gibt daher nach Schelling keinen rationalen Grund dafür, dass Seiendes als solches ist. Ja, es *kann* keinen solchen Grund geben und dies sogar aus wiederum einsehbaren Gründen. Gäbe es einen solchen, wäre dieser selbst ein Seiendes, demgegenüber die Frage nach dem prinzipiellen Existenzgrund erneut gestellt werden müsste usf. Hätte Existenz als solche einen Grund, Sinn, Ziel oder Plan, existierte damit schon etwas vor allem Existierenden – was absurd ist. Man muss sich also nicht wundern, dass die Existenz, die des Universums genauso wie die eines jeden Einzelnen, grund-, sinn-, und ziellos ist; aber man muss sich umso mehr wundern, dass Seiendes ist.

Angesichts dessen ist es leicht nachvollziehbar, warum im mythischen Denken die Frage nach der Existenz von Seiendem überhaupt regelmäßig mit dem Verweis auf einen Schöpfer bzw. Demiurgen beantwortet wird. Philosophisch kann eine solche Antwort freilich nicht befriedigen, da die Frage nach dem Existenzgrund lediglich verschoben wird. Der Verweis auf einen Schöpfungsakt hilft in Bezug auf die philosophische Frage nach dem Existenzgrund nicht weiter, weil dann die Frage nach der Existenz in Bezug auf einen solchen göttlichen Schöpfer gestellt werden muss.

Das Sein, auf das uns Schelling in der Grundfrage der Metaphysik verwiesen sieht, ist das „allem Denken vorhergehende Seyn", oder anders: „das unvordenkliche Seyn" (SW, Bd. XIV, 337)[9]. Die Existenz oder das Dass-Sein, wie wir das Sein genannt haben, ist deswegen so verwunderlich und staunenswert, weil es uns zur Paradoxie aufzufordern scheint, denkend über das Denken hinauszugehen. Eben dieser Selbstüberstieg des Denkens hieß bei Wittgenstein das „Mystische" und bei Heidegger das „ursprünglichere Fragen" bzw. „wesentliche Denken". Durch diese Wendungen soll dem Umstand entsprochen werden, dass die Existenz als solche keinen Grund *hat* – und in diesem spezifischen Sinne absurd bzw. wunderbar ist –, sondern letzter Grund *ist*. Wenn sich das Phänomen der Existenz in der Tat nur insoweit philosophisch ergründen lässt, als es letzter Grund von Existierendem ist (anstatt in Existierendem zu gründen), dann stößt das vernünftige Denken in der Existenzphilosophie an seine eigene Grenze, die aber – genau deswegen – auch ständige Reibfläche für die Entzündung des Vernunftfunkens ist.

Das grundlose Wunder der Existenz überkommt uns – Philosophen wie Nichtphilosophen – laut den genannten Existenzbestaunern dabei gar nicht primär im Zuge theoretischer Aktivität, sondern es ergreift uns, wie oft bemerkt wurde, in Form eines Gefühls oder einer Stimmung. Bekämen wir laut Wittgenstein die Welt, d. h. die Gesamtheit all dessen, was existiert, quasi von außen in Blick, also von einem Standpunkt, der selbst nicht Teil dessen ist, was es gibt, dann könnten wir nicht nur erfassen, was der Fall ist, sondern eben auch, *dass* die Welt ist. Dieser Blick auf das Dass-Sein der Welt ist laut Wittgenstein nun aber eben nicht sprachlich-rational, sondern „nur" als Gefühl möglich: „Die Anschauung der Welt sub specie aeterni ist ihre Anschauung als – begrenztes – Ganzes. Das Gefühl der Welt als begrenztes Ganzes ist das mystische" (TLP, 6.45). Für Heidegger ist es vor allem die Befindlichkeit der Angst, in welcher uns die Existenz all dessen, was es gibt – auch und gerade des eigenen Daseins –, in ihrer Grundlosigkeit (dem Umstand, dass die Existenz nicht wiederum in einem Seienden gründet) offenbart wird.[10] Nach Heidegger ist es im Grunde diese Angst, die uns staunen lässt darüber, dass Seiendes ist.

Ein Existenzbestauner par excellence, der bisher unerwähnt geblieben ist, der aber insbesondere im Rahmen der Erörterung von Existenz, Gefühl und Stimmung Erwähnung verdient, ist Jean-Jacques Rousseau. In seinen *Träumereien eines einsamen Spaziergängers* (*Rêveries du promeneur solitaire*) hat er vielleicht als erster ein spezifisches, von anderweitigen affektiven Überlagerungen völlig entkleidetes Existenz-Gefühl phänomenologisch in den Blick genommen und thematisiert:

> Das bloße Gefühl zu existieren ist – vorausgesetzt, es mengen sich keine anderen Gemütsregungen hinein – an sich bereits eine kostbare Quelle der Zufriedenheit und Seelenruhe. Schon dieses Gefühl sollte uns genügen, dass wir unser Dasein als wert- und reizvoll empfinden. Freilich darf, wer dies will, sich nicht den vielen irdisch-sinnlichen Eindrücken ausliefern, die uns hienieden immerfort zerstreuen und ablenken: sie nämlich trüben den Reiz. Die meisten Menschen kennen, weil ihre Leidenschaften sie pausenlos umtreiben, diesen Zustand nicht, und da sie ihn nur für Augenblicke und unvollkommen gekostet haben, bewahren sie von ihm nur eine dunkle und wirre Vorstellung, die ihnen nicht erlaubt, seinen ganzen Zauber zu erleben. (Rousseau 2003, 93)

Unser Glück liegt nach Rousseau so nahe wie überhaupt möglich, nämlich in unserem eigenen Dass-Sein. Es bedarf lediglich unserer aufmerksamen Hinwendung auf unsere Existenz, um dieses Glück auch zu erfahren. Es liegt an unserer alltäglichen Gerichtetheit auf die Welt und ihre Gegenstände (auf das, was der Fall ist, wie Wittgenstein sagen würde), dass wir für gewöhnlich von diesem glücksträchtigen Existenzgefühl abgelenkt sind.

Spätestens angesichts von Rousseaus selbstbetitelten „Träumereien" mag nun aber manch nüchtern und kühl veranlagter Geist sich melden und nachfragen, was das denn für eine abgeschmackte Schwärmerei sei, diese Rede von Existenz, Gefühl, Wunder und dem Mystischen! Es mag ja sein, dass hierüber viele ernstzunehmende Leute in Verzückung geraten sind – aber fallen sie da nicht auf eine Selbsttäuschung herein?

2.2 Selbstverständliche Existenz

Kaum jemand hat die These, dass es sich bei der sogenannten Grundfrage der Metaphysik um ein bloßes Scheinproblem, „an *ill-conceived* issue or a pseudoproblem" (Grünbaum 2009, 10) handelt, so klar vertreten wie der Philosoph und Wissenschaftstheoretiker Adolf Grünbaum.[11] Der Grund für Grünbaums skeptische Position beruht im Wesentlichen auf seiner Überzeugung, dass es sich bei der Existenz von Seienden um ein *selbstverständliches* Phänomen handelt. Deshalb ergebe sich diesbezüglich überhaupt keine sinnvolle Frage nach dem Warum. Eine solche Frage zu stellen, sei ähnlich, wie einen völlig Unschuldigen zu fragen, wann er denn seine Ehefrau ermordet habe.[12]

Die Argumentation Grünbaums richtet sich gegen die klassische, bei Leibniz zu findende Formulierung der Existenzfrage, warum es überhaupt etwas und nicht nichts gibt. Grünbaum nennt sie „the Primordial Existential Question", kurz „PEQ" (Grünbaum 2009, 8). Leibnizens PEQ wird von Grünbaum in die Formulierung überführt, warum es unsere Welt, d. h. eine Welt mit kontingenten Entitäten statt einer sogenannten Null-Welt („Null World") gibt, die nichts Kontingentes enthält (Grünbaum 2009, 8). Die Sinnhaftigkeit der Frage, warum es unsere Welt statt der Null-Welt gibt, beruht laut Grünbaum auf einer doppelten Voraussetzung. Zum einen gebe es die Annahme, dass die Null-Welt die ontologisch einfachste ist und daher den selbstverständlichen Normalfall bzw. die ontologisch erwartbare Ausgangslage darstellt. Grünbaum nennt dies die Lehre von der ontologischen Spontaneität des Nichts („the ontological spontaneity of nothingness") oder kurz „SoN" (Grünbaum 2009, 11). SoN scheint sich in der Tat bei Leibniz zu finden, wenn dieser im Anschluss an seine Formulierung der Grundfrage der Metaphysik anschließt: „das Nichts ist einfacher und weniger schwierig als Etwas" (PNG, 163). Zum anderen verweist Grünbaum auf Leibnizens Prinzip des zureichenden Grundes („Principle of Sufficient Reason", abgekürzt „PSR") (Grünbaum 2009, 11). PSR besagt, dass es für alles, was es gibt, einen hinreichenden Grund geben müsse (PNG, 163). Nur durch das Zusammenspiel von SoN und PSR kann laut Grünbaum der Anschein erweckt werden, PEQ sei eine sinnvolle Frage. Denn laut SoN ist der eigentlich zu erwartende Normalfall das Nichts, die Null-Welt. Die Existenz unserer Welt, in der es kontingentes Seiendes gibt, ist nun aber tatsächlich statt der Null-Welt eingetreten. Dies verlangt gemäß dem PSR nach einer Erklärung. Nur so kann laut Grünbaum der (ihm zufolge falsche) Eindruck entstehen, dass wir mit PEQ nach etwas fragen, mit dem eigentlich nicht zu rechnen ist und das deshalb höchst staunenswert ist (vgl. Grünbaum 2009, 10–12 und 14–15).

Wenn PEQ aber auf der doppelten Voraussetzung von PSR und SoN beruht, kann sie als sinnvolle Frage zurückgewiesen werden, insofern SoN und PSR als falsch oder unbegründet erwiesen werden können. Genau hierauf zielt

Grünbaums Argumentationsstrategie. SoN lässt sich laut Grünbaum als ein *apriorisches* Prinzip nicht begründen, denn es leitet fälschlicherweise aus der einfacheren ontologischen Verfasstheit der Null-Welt ab, dass ihr Bestehen wahrscheinlicher sei:

> After all, having the simplest ontological constitution, which is presumably a feature of the Null World, does not itself make for the *actualization* or *instantiation* of the world featuring that constitution. (Grünbaum 2009, 13)[13]

SoN sei nun aber nicht nur als apriorisches Prinzip unbegründet, sondern auch in empirischer Hinsicht ohne jeden Beleg. Hierzu gelte es nur gängige kosmologische Theorien der modernen Physik zu betrachten. Hier gebe es keinen Hinweis dafür, dass es für unser Universum „natürlich" („natural") sei, nicht zu existieren (Grünbaum 2009, 16–17). So sei etwa nach dem Friedmann-Modell der natürliche Zustand unseres Universums der, sich von einem punktartigen Universum explosionsartig zu einer endlichen Maximalgröße auszudehnen, um dann wieder bis zur punktartigen Größe zusammenzukrachen (vgl. Grünbaum 2009, 16). Als widerlegt gelten müsse darüber hinaus auch Leibnizens Prinzip des zureichenden Grundes. Schließlich gelte seit den Erkenntnissen der Quantenphysik eine nur probabilistische Erklärung für das Eintreten von Ereignissen. Dies verbiete es, nach hinreichenden Gründen zu fragen, aus denen sich solche Ereignisse als notwendig ableiten ließen (vgl. Grünbaum 2009, 15).

Die in Bezug auf die Existenzstaunerei skeptische Position Grünbaums lässt sich damit dahingehend zusammenfassen, dass es sich ihr zufolge bei der Existenz von überhaupt etwas schlicht um ein empirisches Grundfaktum handelt. Um dieses *factum brutum*, diesen kontingenten Brachialfakt überhaupt als fragwürdig erscheinen zu lassen, sind dem Existenznüchternen zufolge Annahmen nötig, die mehr als dubios sind bzw. auf falschen Annahmen beruhen.

Ein wichtiges Motiv für Grünbaums harsche Kritik an der Grundfrage der Metaphysik ist sicherlich der Umstand, dass sie bei Leibniz und anderen – Grünbaum nennt insbesondere Richard Swinburne[14] – als Ausganspunkt für einen kosmologischen Gottesbeweis dient. Lasse man die Pseudofrage nach dem Warum der Existenz der Welt zu, dann diene sie als ein Sprungbrett für den kreationistischen Theismus (vgl. Grünbaum 2009, 17). Ist die Frage, warum es überhaupt kontingentes Seiendes und nicht nichts gibt, sinnvoll, dann liegt die theistische Antwort nahe, dass es ein *notwendiges* Wesen – Gott – gibt, das Grund seiner eigenen als auch der Existenz alles Kontingenten ist.

Grünbaum ist aber nicht der einzige, der dem Staunen über Existenz kritisch gegenübersteht. Er selbst verweist auf Henri Bergson, einen Denker ganz anderer theoretischer Provenienz. In Bergsons Spätwerk *Die beiden Quellen der Moral und der Religion* findet sich folgende, der Kritik Grünbaums verblüffend ähnliche Passage zur Grundfrage der Metaphysik:

> Wir haben früher gezeigt, daß ein Teil der Metaphysik, bewußt oder unbewußt, um die Frage kreist, warum etwas existiere: warum gibt es die Materie, oder warum die Geister, oder warum Gott, warum nicht lieber gar nichts? Aber diese Frage setzt voraus, daß die Wirklichkeit Leere ausfülle, daß es unter dem Sein das Nichtsein gebe, daß de jure nichts vorhanden sei und man daher erklären müsse, warum de facto doch etwas da ist. Diese Voraussetzung aber ist eine reine Illusion, denn die Vorstellung des absoluten Nichts hat genau so viel Sinn wie die Vorstellung eines runden Vierecks. (Bergson 1933, 249)

Auch Bergson kritisiert also die Annahme, dem Sein gehe das Nichts als etwas Einfacheres voraus. Er tut dies aber mit dem Hinweis, die Idee eines solches absoluten Nichts sei *widersprüchlich*, und geht damit sogar noch über Grünbaums skeptische Position hinaus.

Bergson begründet seinen Vorwurf damit, dass die Abwesenheit eines Dinges immer nur die Anwesenheit eines anderen sei. Wenn wir etwa sagen, dass unser Schlüssel fehlt, dann haben wir eigentlich etwas Anderes – etwa eine leere Ablage – an der Stelle gefunden, an der wir unseren Schlüssel erwartet hätten. Da dieses andere aber nicht in unserem Interesse liegt, sagen wir „Da ist nichts!":

> Da das Nicht-Vorhandensein der einen Sache immer das Vorhandensein einer andern bedeutet – die wir zu ignorieren vorziehen, weil sie nicht die ist, die uns interessiert oder die wir erwarten – so ist jede Ausschaltung immer nur eine Vertauschung, also ein Denkprozeß, der zwei Seiten hat, von dem man aber, auf Grund einer Übereinkunft nur die eine Seite betrachtet: die Idee, alles zu beseitigen, ist also, sich selbst zerstörend, gar nicht zu konzipieren; es ist eine Pseudo-Idee, eine Fata morgana von einer Vorstellung. (Bergson 1933, 249)[15]

Die Annahme, es gäbe nichts, ist laut Bergson also selbstwidersprüchlich und unvorstellbar, weil es selbstverständlicherweise nur *etwas* geben kann. Was soll es auch heißen, dass es *nichts gibt*? Wir lassen damit offenbar ganz ungerechtfertigterweise dem Ausdruck ‚nichts' einen Gegenstand entsprechen, von dem wir sagen, es gebe ihn. Aber unser Ausdruck ‚nichts' soll ja gerade das Gegenteil von ‚etwas, das es gibt' bedeuten. Wenn es das Nichts geben würde, wäre es schon dadurch nicht nichts, sondern eben etwas namens Nichts. Es würde laut Bergson in diesem Fall Folgendes gelten: „Wenn man tatsächlich annähme, die Erfahrung böte uns jemals eine absolute Leere, so würde sie begrenzt sein, Umrisse haben, also doch noch etwas sein" (Bergson 1948, 116). Beim Nichts, welches die Grundfrage der Metaphysik für ihre Staunerei voraussetzt, handelt es sich laut Bergson also um eine Pseudo-Vorstellung. Ähnlich der von Rudolf Carnap geäußerten Kritik an der Sinnlosigkeit metaphysischer Ausdrücke, spricht Bergson davon, dass, wenn man den Satz ‚Es könnte nichts sein' analysiere, man sehen werde, „daß man es nur mit Worten zu tun hat, nicht mit Ideen, und daß ‚nichts' hier überhaupt keine Bedeutung hat" (Bergson 1948, 116).[16] Denn ‚nichts' sei

> ein Ausdruck der Umgangssprache, der nur Sinn haben kann, so lange man auf einem dem Menschen eigenen Gebiet des Handelns und des technischen Machens stehen bleibt, ‚Nichts' bezeichnet die Abwesenheit von dem, was wir suchen, was wir wünschen, was wir erwarten. (Bergson 1948, 116)

Ganz anders als bei Grünbaum steht Bergsons Kritik an der metaphysischen Existenzstaunerei aber nicht im Dienste eines atheistischen Naturalismus, sondern – im Gegenteil – im Kontext einer theistischen Mystik. Der Mystiker ist laut Bergson derjenige, der sich von den metaphysischen Fragen und Pseudofragen nach Gott und der Welt verabschiedet und auf direktem Weg, unmittelbar eins wird mit Gott und dessen Wirken.[17]

Wie ist nun die existenznüchterne Kritik Grünbaums und Bergsons am Staunen über das Dass-Sein zu bewerten? Offenbar treffen beide, Bergson wie Grünbaum, mit ihrer Kritik nur ein bestimmtes Verständnis der Grundfrage der Metaphysik, nämlich nur dasjenige, welches auch Heidegger kritisierte: Die Grundfrage wird lediglich als eine nach dem Seienden und nicht nach dem Sein selbst aufgefasst. Am deutlichsten wird dieser Fokus auf das Seiende bei Grünbaum, wenn er die Grundfrage als die Frage formuliert, warum es nicht die Null-Welt gebe. Die Null-Welt ist damit nun aber offenbar selbst schon als ein Seiendes konzipiert, nämlich als eine Art leerer Behälter, von dem dann so gesprochen wird, dass es ihn geben oder nicht geben kann, dass er aktualisiert bzw. instanziiert sein kann oder nicht (vgl. Grünbaum 2009, 13). Dasselbe gilt auch für Bergson, wenn er unter der Frage, warum es etwas und nicht nichts gibt, nur die Frage nach der An- bzw. Abwesenheit von *Dingen* versteht. Bergson selbst erkennt damit zwar das Problem, das Nichts zu einem Ding der Vorstellung zu machen. Aber anstatt daraus wie Heidegger zu schließen, dass das Nichts daher gerade kein vorstellungsmäßig zu erfassendes Ding sein kann, sondern anders *gedacht* (nicht: bildlich vorgestellt) werden muss, folgert er fälschlicherweise, dass die Rede vom Nichts in jedem Fall sinnlos ist.

Es ist gerade das Nichts in seiner absoluten, vorstellungsmäßig nicht fassbaren Ungegenständlichkeit, das Anlass zum Staunen gibt. Denn dieses Nichts verweist darauf, dass es den Existenzbestaunern auch beim Sein um „etwas" geht, das gerade kein Etwas ist und das jedem gegenständlichen Seienden vorausgeht. Schellings, Wittgensteins und Heideggers Auseinandersetzung mit Existenz ist auf einer anderen Reflexionsebene angesiedelt, man kann auch sagen: ihr Staunen ist radikaler. Die Frage und damit auch das Staunen richtet sich nämlich auf das *Dass-Sein*, das wir auch schon dort vorausgesetzt haben, wenn wir sagen, es könnte eine (oder keine) Null-Welt *geben*. Staunenswert erscheint diesem Seins-Denken der Umstand, dass überhaupt Dinge *sind* bzw. eine Welt *ist*. Wunderbar und verwunderlich scheint ihnen die Tatsache, dass selbst dann, wenn wir über die Möglichkeit reden, dass eine Null-Welt existiert, wir schon Gebrauch vom Begriff der Existenz gemacht haben müssen, ohne uns dabei über ihn Rechenschaft abzulegen. Die Existenz selbst entzieht sich also jeder Vergegenständlichung und erweist sich damit als eigentlich *nichts* Bestimmbares, genauer: einer jeden Bestimmung Vorausgehendes.

Was Grünbaum nicht und Bergson nur halb versteht, ist, dass wir hier begrifflich an der Grenze der Sprache operieren, die zugleich die Grenze der Welt darstellt. An dieser Grenze allererst scheint das Phänomen der Existenz auf, wie es Schelling, Wittgenstein und Heidegger interessiert. Gestaunt wird hier also gar nicht so sehr über den Umstand, dass es eine Welt gibt, so wie man (bei Unkenntnis der Ursachen) über die Existenz von *Dingen* in der Welt staunen würde (z. B. „Verrückt, dass es Flugzeuge gibt!"). Gestaunt wird eigentlich vielmehr darüber, dass die Existenz, das Dass-Sein, immer schon vorausgesetzt zu sein scheint, wo immer wir auch nur anfangen, von etwas zu sprechen. Das ist etwas, was sich unserem gewöhnlichen Denken und Sprechen zu entziehen scheint und eben damit unser Erstaunen provoziert. Denn wenn wir die Ausdrücke ‚Existenz' bzw. ‚existieren' oder ‚sein' verwenden, meinen wir doch etwas Bestimmtes und faseln nicht irgendeinen Unsinn.

Der Grund für die sehr unterschiedliche Einschätzung liegt, wie wir gesehen haben, vor allem darin, dass der Existenzbestauner und der Existenznüchterne unterschiedliche Auffassungen davon haben, worum um es bei der sogenannten Grundfrage der Metaphysik eigentlich geht. Während der Existenznüchterne zu Recht argumentiert, es sei nicht staunenswert, dass es *etwas* und nicht *nichts* gibt, geht es dem Existenzbestauner im Grunde gar nicht um die Existenz von etwas, sondern um die *Existenz als solche*, oder anders ausgedrückt: um das Dass-Sein *als* Dass-Sein.

Aber hier stellen sich die Fragen erneut – *was* genau meinen wir mit ‚Existenz'? Wie ist der logisch angemessene Gebrauch dieses Ausdrucks? Wovon können wir sagen, dass es existiert? Und: Wie, wenn überhaupt, können wir von etwas sagen, dass es *nicht* existiert? Ist Existenz eine Eigenschaft, die manchem zukommt und anderem wiederum fehlt? Ist Existenz überhaupt eine Eigenschaft oder etwas völlig anderes? Diesen und verwandten Fragen wollen wir uns nun als nächstes zuwenden; es sind die Existenzbestauner, nicht die Existenznüchternen, die einen solchen Frageweg nahelegen, weil sie das begriffliche Problem in seiner Tiefe erkannt haben und nicht als Trivialität abtun. Wir werden auf diese unterschiedlichen Sichtweisen noch einmal zurückkommen (Kapitel 3.4), wenn wir zum Ende des nächsten Kapitels eine hinreichende begriffliche Schärfung des Existenzbegriffs vorgenommen haben werden. Hätten die Existenznüchternen recht, das Buch wäre hier zu Ende, schon auch deswegen, weil diese Fragen nicht in irgendeinem Sinne existentiell wären.

3 Was ist Existenz?

In der gegenwärtigen philosophischen Diskussion, die wesentlich durch das Aufkommen der analytischen Philosophie zu Beginn des 20. Jahrhunderts geprägt ist, lassen sich unterschiedliche Auffassungen darüber finden, was Existenz eigentlich ist bzw. wie das Prädikat ‚existiert' sinnvoll zu verwenden ist. Wir wollen hier nun vier uns maßgeblich erscheinende Positionen vorstellen.[1]

Die erste Position geht auf Alexius Meinong zurück und versteht Existenz als eine *diskriminierende Eigenschaft*, d. h. als Eigenschaft, mit deren Hilfe sich Gegenstände voneinander unterscheiden lassen. In der Traditionslinie von Gottlob Frege, Bertrand Russell und Willard Van Orman Quine wird Existenz hingegen nicht als Eigenschaft von Einzeldingen, sondern *quantifikatorisch*, d. h. als eine Art Zahlangabe aufgefasst. Dies ist die zweite Position. Drittens lässt sich Existenz im Anschluss an Saul Kripke als *nicht-diskriminierende Eigenschaft* begreifen, d. h. als Eigenschaft, die schlechthin allem, was es gibt, zukommt und daher auch nicht zur Unterscheidung zwischen Gegenständen taugt. Trotz des Umstands, dass Existenz allem zukommt, ist sie nach Kripke aber – zumindest in einem bestimmten Sinne – eine *kontingente* Eigenschaft. Die von Timothy Williamson vertretene vierte Position schließlich konzipiert Existenz ebenfalls als *nicht-diskriminierende Eigenschaft*, beharrt aber darauf, dass sie allem *notwendigerweise* zukommt. Betrachten wir nun diese vier Sichtweisen auf die Existenz etwas genauer.

3.1 Sachen gibt's, die gibt's gar nicht (Meinong)

Der Grazer Philosoph und Psychologe Alexius Meinong veröffentlichte 1904 eine kleine Schrift namens *Über Gegenstandstheorie*. In dieser argumentiert er für die Etablierung der Gegenstandstheorie als einer eigenständigen Wissenschaft, die sich apriorisch mit Gegenständen *als Gegenständen* beschäftigt. Existenzphilosophisch interessant ist diese Schrift, weil Meinong meint, die Entdeckung gemacht zu haben, dass die Menge der Gegenstände größer ist als die Menge dessen, was existiert.

Unter ‚Existenz' versteht Meinong dabei das raumzeitliche Sein der Dinge, also das, was weiter oben von uns als reale Existenz bezeichnet wurde. Es gibt nun aber laut Meinong ganz offenbar zweierlei Arten von Gegenständen, die nicht in diesem Sinne existieren. Zum einen sind da die „idealen Gegenstände", „die zwar bestehen, in keinem Falle aber existieren, daher auch in keinem Sinne wirklich sein können" (ÜG, 5). Beispiele für solche idealen Gegenstände sind laut Meinong abstrakte Kategorien (wie z. B. „Gleichheit oder Verschiedenheit"),

Zahlen und bestehende Sachverhalte (vgl. ÜG, 5). Ideale Gegenstände *sind* auf eine bestimmte Weise, aber sie existieren nicht, wenn wir Existenz als raumzeitliches Wirklichsein verstehen. Das Sein idealer Gegenstände nennt Meinong „Bestehen". Besonders gut passt diese Terminologie wohl auf Tatsachen, von denen wir auch im Alltag sagen, dass sie bestehen und nicht (oder nur etwas hölzern), dass sie existieren. Für den Fall bestehender Sachverhalte (oder Tatsachen), die er auch „Objektive" nennt, gibt Meinong folgendes instruktives Beispiel:

> Wenn ich sage: „es ist wahr, daß es Antipoden gibt", so sind es nicht die Antipoden, denen die Wahrheit zugeschrieben wird, sondern das Objektiv, „daß es Antipoden gibt". Diese Existenz der Antipoden aber ist eine Tatsache, von der jedermann sofort einsieht, daß sie zwar sehr wohl *bestehen*, aber nicht ihrerseits sozusagen noch einmal *existieren* kann. (ÜG, 5)[2]

Der Bereich des Bestehens umfasst alles, was existiert und geht zugleich darüber hinaus. Alle raumzeitlichen Dinge, die existieren, haben auch Bestand, aber nicht alles, was Bestand hat, existiert auch – so z. B. Zahlen, abstrakte Kategorien und Tatsachen.

Der Bereich der Gegenstände wird nun laut Meinong aber nicht erschöpft durch Existenz und Bestand. Denn über das Existierende und Bestehende hinaus gibt es auch noch Gegenstände, die überhaupt nicht zu sein scheinen. Hierzu zählt Meinong zum einen nicht-bestehende Sachverhalte (z. B. dass Hillary Clinton Präsidentin der USA ist), zum anderen fiktive Entitäten wie den goldenen Berg und schließlich sogar absurde Gegenstände wie das runde Viereck (vgl. ÜG, 8). Zu den Gegenständen zählt Meinong also alles, was zum *Gegen-Stand* unserer Erkenntnis werden und in seinem „So-Sein" beschrieben werden kann (vgl. ÜG, 8). Die Einsicht, dass wir offenbar auch Gegenstände, denen Existenz und Bestand fehlen, in ihrem So-Sein erfassen können, formuliert Meinong als „das Prinzip der Unabhängigkeit des Soseins vom Sein" (ÜG, 8). Die Gegenstände *sind* daher *so*, wie sie von uns geistig erfasst werden, unabhängig von der Frage, ob sie bestehen oder existieren. Das Nichtsein eines Gegenstandes tut seinem Sosein keinen Abbruch. Wenn wir also vom goldenen Berg sprechen, dann haben wir es laut Meinong eben auch mit einem Berg zu tun, der golden ist – unabhängig davon, ob dieser Berg existiert oder nicht. Und umgekehrt impliziert manchmal das Sosein eines Gegenstandes gerade sein Nichtsein. So gelte z. B. dass „ein absurder [...] Gegenstand wie das runde Viereck die Gewähr seines Nichtseins *in jedem Sinne*" (ÜG, 12)[3] in sich trage.

Widersprüchliche Gegenstände können aufgrund der ihnen eigentümlichen Beschaffenheit, ihres „Soseins", offenbar nicht nur nicht existieren, sondern auch nicht bestehen. Dennoch bleibt Meinong aber konsequent bei seiner These, dass es auch derartige Gegenstände – insofern es eben Gegenstände sind – in irgendeinem Sinne *gibt*. Muss ihnen dann aber nicht auch doch irgendeine Form von Sein zukommen, wenn auch nicht Sein im Sinne des Bestehens oder der Existenz? In der Tat gesteht Meinong dies zu. Wenn den nichtseienden Gegenständen (also den Gegenständen, die weder existieren noch bestehen) schlichtweg gar kein Sein zukäme, könnten sie auch keine Gegenstände sein. Dieses basale Sein der Gegenständlichkeit müsste daher laut Meinong „jedem Gegenstande als solchem zukommen: ein Nichtsein derselben dürfte ihm also nicht gegenüberstehen" (ÜG, 11). Damit stößt Meinong auf eine Einsicht, die bereits in Platons Dialog *Sophistes* formuliert wurde, nämlich, „daß man den Ausdruck ‚das nicht Seiende' nicht auf irgendein Seiendes anwenden kann" und daher „korrekterweise auf gar nichts" (Soph, 237c). Dies ist das Sein als allumfassendes Sein, das kein Äußeres, kein Anderes und damit keine Negation kennt.

Einem solchen Seinsbegriff fehlt der entsprechende Kontrastbegriff des Nichtseins; daher ist nach Meinong der Ausdruck ‚Sein' in diesem Fall gar nicht mehr angebracht. Ein Sein ohne kontrastierendes Nichtsein ist laut Meinong nur noch ein „Quasisein" (ÜG, 11). Am besten sei es daher, stattdessen vom „Außersein des reinen Gegenstandes" (ÜG, 12) zu sprechen. Was also laut Meinong sowohl dem Bestehen als auch der Existenz vorausgeht und von diesen zugleich unabhängig ist, ist die bloße Gegebenheit eines Gegenstandes in seiner spezifischen Beschaffenheit, d. h. in seinem Sosein (vgl. ÜG, 12–13).

Aufgrund dieser Dreiteilung von Gegebenheit, Bestehen und Existenz kann man nun mit Meinong den scheinbar paradoxen Satz formulieren (das wird in der Literatur oftmals als „Meinongs Hammer" oder auch „Meinongs Schocker" bezeichnet, vgl. Meixner 2004, 61): „[E]s gibt Gegenstände, von denen gilt, daß es dergleichen Gegenstände nicht gibt" (ÜG, 9); es gibt demnach Sachen, die es gar nicht gibt. Nun, in der Tat, ‚es gibt' ist mehrdeutig, weil es Gegebenheit, Bestehen und Existenz bedeuten kann. Zum einen gibt es Gegenstände, die es nicht gibt, insofern manches *besteht*, was nicht *existiert*; und zum anderen gibt es Gegenstände, die es nicht gibt, insofern schlechthin alles, also auch dasjenige, was weder besteht noch existiert, als Gegenstand mit einem spezifischen Sosein *gegeben* ist.

Diese Unterscheidung von Gegebenheit, Bestand und Existenz erlaubt es Meinong und den heutigen (Neo-)Meinongianern[4] damit auch, einerseits der oben zitierten These von der Unmöglichkeit des Nichtseins aus dem *Sophistes* zustimmen – nämlich in Bezug auf die Gegebenheit – und andererseits zugleich vom Nichtsein eines Gegenstandes reden zu können, nämlich in Bezug auf die Nicht-Existenz oder den Nicht-Bestand eines Gegenstandes. Betrachten wir als Beispiel den Satz ‚Der Osterhase existiert nicht', der – sofern wir ‚existiert' im Sinne Meinongs als raumzeitliches Sein verstehen – einen wahren Sachverhalt formuliert. Nach Meinong gilt nun: Der von diesem Satz formulierte Sachverhalt der Nicht-Existenz des Osterhasen existiert selbst nicht, hat aber Bestand. Zugleich ist der Osterhase, von dem die Rede ist, eine fiktive Entität, die weder besteht noch existiert, die es aber dennoch als Gegenstand unseres Denkens gibt.

Entscheidend für den weiteren Verlauf der Debatte ist der Umstand, dass Gegebenheit, Bestehen und Existenz von Meinong allesamt als Eigenschaften gefasst werden. Bei Bestehen und Existenz handelt es sich zudem um *diskriminierende* Eigenschaften. Gegenstände *unterscheiden* sich nämlich dahingehend, ob sie bestehen oder nicht bestehen und ob sie existieren oder nicht existieren. Gegebenheit hingegen ist, da ihr der entsprechende Kontrastbegriff fehlt, eine *nicht-diskriminierende* Eigenschaft. Meinong formuliert diesen Umstand mit Hinblick auf die Erkennbarkeit von Gegenständen wie folgt:

> Alles Erkennbare ist gegeben – dem Erkennen nämlich. Und sofern alle Gegenstände erkennbar sind, kann ihnen ohne Ausnahme, mögen sie sein oder nicht sein, Gegebenheit als eine Art allgemeinster Eigenschaft nachgesagt werden. (ÜG, 19)

Es gibt also nach Meinong nichts, was nicht gegeben wäre, weil Gegebenheit die allgemeinste Eigenschaft ist, d. h. diejenige Eigenschaft, die allen Gegenständen zukommt.[5] Rein terminologisch gesehen könnte man nun sagen: Es ist der meinongsche Ausdruck ‚Gegebenheit', der sich mit unserem Thema der Existenz als Dass-Sein deckt; umgekehrt verwendet Meinong den Terminus ‚Existenz' eingeschränkt nur in Bezug auf raumzeitliche Gegebenheit, also das, was wir weiter oben reale Existenz genannt haben.

Es sind nun im Wesentlichen drei Haupteinwände, die gegen Meinongs Seinslehre erhoben wurden. Der erste moniert, dass Meinong gegen den als „Ockhams Rasiermesser" bekannten meta-epistemischen Grundsatz der Sparsamkeit in Bezug auf die Einführung von Entitäten verstoße. Insofern das Reich des Bestehenden schier endlos zu sein scheint – weil z. B. neben dem Objektiv ‚dass der Weihnachtsmann nicht existiert' auch die Objektive ‚dass der Weihnachtsmann nicht am Nordpol existiert' und ‚dass der Weihnachtsmann nicht am Südpol existiert' bestehen –, erscheint Meinongs Ontologie als ein „Dschungel"[6]. In diesem Dschungel des schier endlos Bestehenden werden liebgewonnene epistemische Werte wie Übersichtlichkeit und Einfachheit mit Füßen getreten. Quine hat in diesem Sinn, wenn auch ohne namentliche Nennung Meinongs, aber mit klarem inhaltlichen Bezug auf seine Position, von einem ontologischen „Slum" gesprochen (OWTI, 13).

Das Problem an solchen Sparsamkeitsargumenten ist, dass sie zu einem bloß subjektiven Geschmacksurteil über die Schönheit von Theorien werden. Klassischerweise besagt Ockhams Rasiermesser nämlich, wie wir bereits oben in der

Diskussion von Grünbaums Argumenten erwähnt haben, dass wir in *begründungstheoretischer* Hinsicht bei mehreren alternativen Theorien mit der gleichen Erklärungsleistung diejenige wählen sollten, die mit weniger Annahmen auskommt, welche ihrerseits begründungsbedürftig sind. Das Unbehagen gegenüber Meinongs Theorie betrifft aber nicht die begründungstheoretische Ebene, sondern die Art und Anzahl der von ihr zugelassenen Entitäten. So schreibt etwa Quine, ein derart „überbevölkertes Universum" sei „in vielerlei Hinsicht unschön. [...] Es verletzt den ästhetischen Sinn von uns, die wir Gefallen an Wüstenlandschaften haben" (OWTI, 13). Wer allerdings wiederum mit der tristen Leere der Wüste nichts anzufangen weiß, wird daher auch diese Kritik an Meinongs Ontologie nicht teilen können. Wer hingegen Einfachheit und Übersichtlichkeit als Kriterien in dezidiert begründungstheoretischer Hinsicht anlegt, dem müsste Meinongs Theorie sogar als besonders vorzüglich erscheinen; erfasst sie doch mit einer simplen Dreifachunterscheidung (Gegebenheit, Bestehen, Existenz), schlechthin alles, was ist, und beschränkt das Seiende nicht willkürlich und künstlich auf bestimmte Entitäten. Meinongs Theorie könnte also auch so aufgefasst werden, dass sie durch minimale Annahmen eine maximale Erklärungsleistung erbringt. Lassen wir daher die epistemo-ästhetische Kritik an Meinongs Seinslehre als Dschungel oder Slum beiseite und betrachten die beiden anderen, schwerwiegenderen Einwände.

Der zweite, von Russell in zwei Rezensionen vorgebrachte Haupteinwand gegen Meinongs Theorie lautet, „that it involves denying the law of contradiction when impossible objects are constituents [of a proposition]" (Russell 1905b, 533).[7] Da Meinongs Position absurde Gegenstände wie runde Quadrate als *gegebene* zulässt, können diese zu Bestandteilen von wahrheitsfähigen Propositionen werden. Damit müsste vom runden Kreis aber sowohl gelten, dass er rund ist als auch, dass er *qua Kreis* nicht rund ist. Der Satz vom ausgeschlossenen Widerspruch wäre damit hinfällig.

Der dritte Einwand, der ebenfalls von Russell formuliert wurde, schließt an den zweiten an und zeigt eine problematische Konsequenz der für Meinong zentralen Annahme auf, das Sosein eines Gegenstandes sei von seinem Sein unabhängig. Wenn dem nämlich so wäre, dann könnte man Existenz (oder Bestehen) selbst zum Bestandteil des Soseins eines Gegenstandes machen, der nicht existiert (oder nicht besteht). So ließe sich nicht nur vom goldenen Berg, sondern auch vom existierenden goldenen Berg sprechen. Dies ist nicht nur eine seltsame Verdopplung des Seienden, sondern führt auch dazu, dass es laut Meinong Dinge gibt, die existieren und zugleich nicht existieren. Denn einerseits müsste der existierende goldene Berg laut Meinong ja golden sein und existieren, andererseits dürfte er als fiktiver Gegenstand überhaupt nicht existieren. Besonders fatal ist diese Inkonsistenz wiederum bei absurden Gegenständen:

> And the difficulty is that impossible objects often subsist [bestehen], and even exist. For if the round square is round and square, the existent round square is existent and round and square. Thus something round and square exists, although everything round and square is impossible. (Russell 1905b, 533)

Durch die Kritik Russells hat die ursprüngliche Ontologie Meinongs zwar schweren Schaden erlitten, hat aber bis heute Anhänger, die durch diverse Modifikationen versuchen, die genannten Einwände abzuwehren und Existenz als diskriminierende Eigenschaft im Sinne Meinongs zu retten.[8] Statt diesen neo-meinongianischen Überlegungen wollen wir uns nun aber derjenigen Position zuwenden, die in Sachen Existenz lange Zeit in der analytischen Philosophie tonangebend war.

3.2 Es gibt nichts, was es nicht gibt (Frege, Russell, Quine)

Frege

Die Gegenposition zur meinongschen These, dass es sich bei Existenz bzw. Bestand um eine diskriminierende Eigenschaft handelt, lässt sich über ihre drei profiliertesten Vertreter Frege, Russell und Quine idealtypisch rekonstruieren. Beginnen wir mit Frege.[9] Dieser hat mit seinen Schriften Ende des 19. Jahrhunderts – zu erwähnen sind insbesondere *Die Grundlagen der Arithmetik* (1884), *Über Begriff und Gegenstand* (1892) und *Über Sinn und Bedeutung* (1892) – die Grundlagen für einen neuartigen Begriff der Existenz gelegt.[10]

Statt wie Meinong Existenz bzw. Bestand als Eigenschaft von Gegenständen aufzufassen, versteht Frege Existenz als höherstufige Eigenschaft, nämlich als Eigenschaft, die einem Begriff zukommt. Wenn wir von roten Lippen sprechen, dann kommt die Eigenschaft der Röte nicht dem Begriff ‚Lippen', sondern eben den Lippen selbst zu. Anders hingegen verhält es sich laut Frege mit der Existenz. Wenn wir sagen, es gibt rote Lippen bzw. rote Lippen existieren, dann schreiben wir damit nicht einem Ding (den roten Lippen) eine Eigenschaft zu – Existenz –, sondern sagen vielmehr, dass es etwas gibt, was unter den Begriff ‚rote Lippen' fällt. Wir ordnen damit einem Begriff, im unserem Beispiel ‚rote Lippen', den Zahlenwert von *mindestens eins* zu und geben so Auskunft über die (Mindest-)Anzahl der Instanzen dieses Begriffs. Sprechen wir dann etwa davon, dass es etwas nicht gibt bzw. dass etwas nicht existiert, dann verleihen wir nicht etwa einem Ding die Eigenschaft der Nicht-Existenz, sondern ordnen einem Begriff die Zahl *Null* zu. Frege macht diesen Unterschied zwischen Eigenschaften erster Stufe, die wir einem Ding zuschreiben, und der Existenz als etwas, das wir von Begriffen aussagen, anhand unserer Rede über rechtwinklige Dreiecke klar:

> So ist „rechtwinklig" nicht eine Eigenschaft des Begriffes „rechtwinkliges Dreieck"; aber der Satz, daß es kein rechtwinkliges, geradliniges, gleichseitiges Dreieck gebe, spricht eine Eigenschaft des Begriffes „rechtwinkliges, geradliniges, gleichseitiges Dreieck" aus; diesem wird die Nullzahl beigelegt. (GrArith, § 53 / 86)

Existenz bzw. Nicht-Existenz sagt also Frege zufolge etwas darüber aus, ob etwas unter einen Begriff fällt oder nicht und ist daher keine diskriminierende Eigenschaft von Gegenständen. Wie das obige Zitat deutlich macht, rückt ‚Existenz' in Freges Theorie in die Nähe von Zahlausdrücken, die als Metaprädikate ebenfalls „von einem Begriffe ausgesagt werden" (ÜBuG, 54 / 199)[11]. Ja, Existenzaussagen sind letztlich nichts anderes als die Verneinung von Nicht-Existenzaussagen und damit die Verneinungen des Sachverhalts, dass einem Begriff die Zahl Null zugeordnet wird.[12]

Eine wichtige Konsequenz dieser zahlenmäßigen bzw. quantifikatorischen Auffassung von Existenzaussagen ist, dass ihr zufolge alle sinnvollen Existenzaussagen letztlich nur *allgemeine Aussagen* der Art ‚Es gibt etwas, auf das das allgemeine Prädikat *P* zutrifft' sind. Dementsprechend muss es aus fregescher Perspektive als sinnlos gelten, einem Eigennamen das Prädikat ‚existiert' beizulegen oder zu sagen, es gebe ein Individuum. „Der Satz ‚es gibt Julius Cäsar'" ist laut Frege „weder wahr noch falsch, sondern sinnlos" (ÜBuG, 55 / 200). Er ist sinnlos, weil er im logischen Sinne nicht richtig geformt ist. Wer einen solchen Satz äußert, begeht laut Frege den kategorialen Fehler, ein Metaprädikat (nämlich ‚existiert') wie ein Prädikat zu verwenden; oder anders ausgedrückt: Er begeht den Fehler, etwas, das nur von etwas begrifflich Allgemeinem ausgesagt werden kann, in Bezug auf ein Einzelnes zu verwenden. In einer formallogisch korrekten Sprache müsste man daher laut Frege den Sachverhalt wie folgt formulieren: „‚Es gibt einen Mann mit Namen Julius Cäsar'" (ÜBuG, 55 / 200). ‚Existenz' wird nämlich hier nun korrekt als Metaprädikat verwendet, indem gesagt wird, dass etwas unter den Begriff ‚Mann mit Namen Julius Cäsar' fällt, diesem Begriff also eine andere als die Zahl Null zugeordnet wird. ‚Cäsar existiert' sagt laut Frege also wohlverstanden nichts über das Individuum Cäsar aus, sondern nur über den Begriff ‚Mann mit Namen Julius Cäsar', und zwar, dass dieser Begriff nicht leer ist.

Freges Überlegungen zum Existenzbegriff haben mit der von ihm aufgedeckten Unterscheidung von „Begriffswort" und „Eigenname" zu tun. Zu Eigennamen im Sinne Freges gehören nicht nur Namen im engeren Sinne (wie ‚Cäsar', ‚Angela Merkel', ‚Jupp Heynckes' etc.), sondern auch Kennzeichnungen, die nur auf ein

Ding zutreffen (wie ‚der römische Kaiser, der während der Iden des März ermordet wurde', ‚die amtierende Kanzlerin der Bundesrepublik Deutschland', ‚der beste Fußballtrainer der Welt'). Eigennamen bezeichnen Dinge, Begriffsworte hingegen bezeichnen nicht Dinge, sondern Begriffe, unter die wiederum „mehre [sic] Gegenstände fallen" (GrArith, § 51 / 85) können.[13]

Es ist im Wesentlichen diese logische Analyse, die weitreichende Konsequenzen in ontologischer Hinsicht hat. Entgegen Meinongs Überzeugung, dass wir da, wo wir Gegenständen Existenz absprechen, ihnen als nicht-existierenden Gegenständen dennoch zumindest Bestehen oder Gegebensein zusprechen müssen, gilt laut Frege, dass wir Existenz und Nicht-Existenz *niemals* von Gegenständen, sondern im Sinne von Zahlenausdrücken nur von Begriffen aussagen. Begriffe wiederum sind definiert über ihre prädikative Funktion in Bezug auf Gegenstände. Machen wir einen Begriff zum Gegenstand unserer Prädikation, hört er damit auf, ein Begriff zu sein, weshalb auch hier wieder direkte Existenzaussagen im Sinne einer Prädikation erster Stufe ausgeschlossen sind.

Allerdings thematisiert Frege neben dem Begriff der Existenz im Sinne des zahlmäßig aufgefassten ‚Es gibt...' auch den Begriff der Wirklichkeit. Anders als ‚... existiert' ist ‚...ist wirklich' nach Frege durchaus ein Prädikat erster Stufe, das von Individuen ausgesagt werden kann. Wirklich zu sein, heißt für Frege, Wirkungen zu zeitigen bzw. Veränderungen zu unterliegen: „Die Welt des Wirklichen ist eine Welt, in der dieses auf jenes wirkt, es verändert und selbst wieder Gegenwirkungen erfährt und dadurch verändert wird. Alles das ist ein Geschehen in der Zeit" (Frege 1918–1919, 76). Nicht alles, was existiert, ist Frege zufolge auch wirklich. So existieren nach Frege etwa Zahlen, ohne jedoch wirklich zu sein (vgl. GrArith, § 85 / 117).[14] Freges Ausdruck ‚Wirklichkeit' hat damit durchaus große Ähnlichkeit mit dem meinongschen Terminus ‚Existenz', der ja anders als ‚Bestand' und ‚Gegebensein', ebenfalls das raumzeitliche Wirklichsein meint.

Kehren wir zurück zu Freges Begriff der Existenz im Sinne des ‚Es gibt...'. Wir haben bisher Freges Ansicht über Existenzaussagen wiedergegeben, aber noch nichts dazu gesagt, wie man Aussagen über Gegenstände bilden kann, die es anscheinend gar nicht gibt. Wie also ist mit Frege etwa die Aussage zu verstehen, dass der Osterhase Eier legt, oder die Aussage, dass das runde Rechteck einen Radius von drei Metern hat?

Hierzu müssen wir uns zunächst eine weitere wesentliche Unterscheidung von Freges Philosophie vergegenwärtigen, die er in seinem Aufsatz *Über Sinn und Bedeutung* (1892) erarbeitet hat. Sowohl bei Eigennamen als bei auch Sätzen lassen sich nach Frege Sinn und Bedeutung unterscheiden. Unter der *Bedeutung* eines Eigennamens versteht Frege dasjenige, worauf ein Zeichen deutet bzw. was mit ihm bedeutet wird, also der „Gegenstand selbst" (das Referenzobjekt) (ÜSuB, 27 / 30)[15]. Wir beziehen uns aber mit sprachlichen Zeichen nicht unmittelbar auf die bedeuteten Gegenstände, sondern immer nur vermittelst eines *Sinnes*.[16] Der Sinn eines Ausdrucks ist also nicht der Gegenstand selbst, sondern der semantische Gehalt, mit dem wir den Gegenstand identifizieren, also dasjenige, worin, wie sich Frege ausdrückt, „die Art des Gegebenseins [des Gegenstandes] enthalten ist" (ÜSuB, 24 / 26). Jeder Sinn „beleuchtet", wie Frege sagt, die Bedeutung dabei immer „nur einseitig" (ÜSuB, 25 / 27). Freges berühmtes Beispiel für dieses einseitige semantische Beleuchtungsverhältnis sind die Sinne ‚Morgenstern' und ‚Abendstern', mit deren Hilfe die Venus als Gegenstand auf ganz unterschiedliche Weise bedeutet wird (vgl. ÜSuB, 24 / 27). Der Sinn eines Ausdrucks darf aber nicht verwechselt werden mit der individuell variierenden Vorstellung, die wir mit einem Ausdruck verknüpfen. Der Sinn-Gehalt eines Ausdrucks ist, wie Frege betont, *objektiv* in dem Sinne, dass er „gemeinsames Eigentum von vielen sein kann" (ÜSuB, 26 / 29) und daher nicht nur der privaten Vorstellungswelt eines Einzelnen angehört. Ganz unterschiedliche Menschen können ein und denselben Sinn eines Zeichens erfassen und ihn von einem anderen Sinn unterscheiden, selbst dann, wenn sie ganz unterschiedliche Vorstellungsbilder beim Gebrauch dieses Zeichens haben mögen.

Wie Frege betont, muss nun nicht jedem sinnhaften Ausdruck zugleich auch eine Bedeutung zukommen. So haben laut Frege etwa die „Worte ‚der von der Erde am weitesten entfernte Himmelskörper' [...] einen Sinn; ob sie aber auch eine Bedeutung haben, ist sehr zweifelhaft." (ÜSuB, 25 / 28) Wir können also einen semantischen Gehalt erfassen, der mit diesen Worten verknüpft ist, ohne jedoch auch einen Gegenstand mit diesen Worten zu bedeuten. Ein anderes Beispiel für einen sinnhaften, aber bedeutungslosen Ausdruck, sind fiktionale Eigennamen wie ‚Odysseus'. Für ganze Sätze gilt nun laut Frege, dass sie nur dann sinnvoll sind, wenn die in ihnen verwendete Ausdrücke sinnvoll sind und nur dann bedeutungsvoll sind, wenn diese Ausdrücke auch eine Bedeutung haben. Die Vererbung der Sinn- und Bedeutungshaftigkeit bzw. der Sinn- und Bedeutungslosigkeit von Eigennamen auf die Sätze, die sie enthalten, illustriert Frege anhand eines Beispiels wie folgt:

> Der Satz „Odysseus wurde tief schlafend in Ithaka ans Land gesetzt" hat offenbar einen Sinn. Da es aber zweifelhaft ist, ob der darin vorkommende Name „Odysseus" eine Bedeutung habe, so ist es damit auch zweifelhaft, ob der ganze Satz eine habe. (ÜSuB, 29 / 32)

Sätze, die nur sinnhaft, aber bedeutungslos sind, sind laut Frege nicht wahrheitsfähig, d. h. sie können weder wahr noch falsch sein. Schließlich, so Frege, ist es die Bedeutung eines Namens und nicht dessen Sinn, dem wir Prädikate zu- oder absprechen. Wenn wir etwa von unserer Nachbarin Frau Müller sagen, sie sei hilfsbereit, dann meinen wir, dass *sie selbst*, Frau Müller, hilfsbereit ist und nicht, dass der Sinn ‚die Nachbarin', mit dessen Hilfe wir Frau Müller bedeuten, hilfsbereit ist. Das sehen wir daran, dass wir – wäre Frau Müller unsere Kollegin und nicht unsere Nachbarin – ebenso sagen könnten, unsere Kollegin sei hilfsbereit und damit *dieselbe Person* meinten. Wenn nun aber ein Ausdruck bedeutungslos ist, dann gibt es keinen Gegenstand, dem ein Prädikat zu- oder abgesprochen werden könnte. Wenn der Eigenname ‚der Osterhase' bedeutungslos ist, dann kann gemäß Freges Bedeutungstheorie der Satz ‚Der Osterhase legt Eier' weder wahr noch falsch sein, weil es keinen Gegenstand gibt, dem wir das Prädikat „... legt Eier' zu- oder absprechen könnten. Satzbedeutung und Wahrheitsfähigkeit sind so bei Frege also aufs Engste verknüpft. Frege geht sogar so weit, den „*Wahrheitswert* eines Satzes als seine Bedeutung" (ÜSuB, 30 / 34) anzunehmen. Für bedeutungslose Sätze gilt daher laut Frege, dass sie weder wahr noch falsch sein können.

Auf einen Satz wie ‚Der Osterhase legt Eier' wäre mit Frege daher wie folgt zu reagieren: Bei diesem Satz kann es sich nicht um eine Behauptung handeln, die einen Anspruch auf Wahrheit erhebt, weil dem im Satz vorkommenden Eigennamen kein bedeuteter Gegenstand entspricht. Frege würde also die meinongsche Ansicht bestreiten, dass wir mit einem solchen Satz überhaupt über einen Gegenstand sprechen.[17] Wenn dies aber nicht der Fall ist, müssen und können wir uns auch gar nicht über seinen ontologischen Status (Existenz? Bestand? Gegebenheit?) den Kopf zerbrechen.

Russell und Quine

Bertrand Russell hat an Freges quantifikatorischen Existenzbegriff angeschlossen. Russells besondere Leistung, die es im Kontext einer Philosophie der Existenz zu würdigen gilt, besteht in seiner Theorie der Denotation (d. h. einer Theorie, wie wir mit Sprache auf Dinge referieren), die in seinem Aufsatz *Über Kennzeichnung* (*On Denoting*, 1905) niedergelegt ist (vgl. Russell 1905a). Russell schlägt darin eine neuartige Analyse von Sätzen wie ‚Der gegenwärtige König von Frankreich ist kahlköpfig' vor, von Sätzen also, die einen denotierenden Ausdruck (‚der gegenwärtige König von Frankreich') enthalten. Mit Frege stimmt Russell darin überein, dass er die meinongsche Position ablehnt. Aber im Gegensatz zu Frege will Russell zeigen, dass derartige Sätze *nicht* bedeutungs- und damit wahrheitswertlos sind.

Russell betont, wie es auch Frege tun würde, dass der Ausdruck ‚der gegenwärtige König von Frankreich' offenbar auf nichts verweist, da es gegenwärtig keinen König von Frankreich gibt. Der Ausdruck denotiert also gar nicht. Wie können wir aber von etwas, das es nicht gibt, sinnvollerweise etwas aussagen?

Wenn wir vom König von Frankreich doch sagen können, er sei kahlköpfig, muss er doch auch irgendwie existieren? So zumindest lautet bekanntlich die von Meinong eingefangene Intuition.

Laut Russell entlarven wir diese Intuition als fehlgeleitet, wenn wir den Satz im Hinblick auf seine tieferliegende logische Form hin analysieren. Dann sehen wir Russell zufolge, dass ‚Der gegenwärtige König von Frankreich ist kahlköpfig' eigentlich zu lesen ist als der Satz ‚Es gibt etwas, und zwar genau eines, was gegenwärtig König von Frankreich ist und was kahlköpfig ist'. Es gilt also in solchen Sätzen, die implizite Existenz- und Einzigkeitsbehauptung explizit zu machen (‚es gibt etwas', ‚genau eines') und dann die Kennzeichnung, die ein Einzelding bezeichnet (‚*der* König von Frankreich'), in Prädikate (‚König von Frankreich') aufzulösen, die dann von etwas ausgesagt werden können.

Der Vorteil dieser auf den ersten Blick umständlichen Umformungen besteht darin, dass die Kennzeichnung, die auf ein nicht-existierendes Einzelding zu verweisen scheint und uns damit in ontologische Schwierigkeiten bringt, verschwindet. Während Frege dem Ausgangspunkt der meinongschen Ontologie dadurch das Wasser abgräbt, dass er Existenz- und Nicht-Existenzaussagen nicht als Eigenschaftszuschreibungen an Einzeldinge versteht, unterläuft Russell die meinongsche Gegenstandsanalyse zudem dadurch, dass ihm zufolge Namen und Kennzeichnungen logisch gesehen allgemeine Termini sind und daher überhaupt keine Gegenstandsreferenz stiften.[18] Auch für Russell gilt damit also, dass Existenzaussagen letztlich nur als allgemeine Aussagen der Art ‚Es gibt etwas, das so-und-so beschaffen ist' sinnvoll sind und Existenz deshalb nie von etwas Einzelnem ausgesagt werden kann.[19]

Willard Van Orman Quine hat sich dieser Kennzeichnungstheorie Russells in explizit ontologischer Absicht bedient.[20] Wenn wir es in einem Satz mit einem Eigennamen zu tun haben, also etwa mit ‚Bertrand Russell', dann müssen wir nach Quine diesen Namen in eine Kennzeichnung überführen, mit der wir dann wie oben vorgeführt verfahren. Aus ‚Bertrand Russell war Brite' wird also zunächst ‚Der Autor von *On Denoting* war Brite' und schließlich ‚Es gibt etwas, das Autor von *On Denoting* war und Brite war'. In seinem wegweisenden Aufsatz *On What There Is* von 1948 schreibt Quine mit Berufung auf Russell:

> [D]ie Bürde objektiver Referenz, die vorher dem deskriptiven Ausdruck aufgelastet war, [wird] nun von Wörtern derjenigen Art getragen, die Logiker gebundene Variablen oder Quantifikationsvariablen nennen, nämlich Wörter wie ‚etwas', ‚nichts', ‚alles'. (OWTI, 21)

Quine zufolge ist Existenz logisch gesehen also eine Sache gebundener Variablen (oder Variablen der Quantifikation). Dementsprechend formuliert Quine seinen berühmten ontologischen Slogan: „Zu sein heißt, der Wert einer [gebundenen]

Variablen zu sein" (OWTI, 45).[21] Das doppelte Vorkommen des Ausdrucks ‚zu sein' (‚to be'), nämlich einmal im Definiens und einmal im Definiendum, sollte übrigens nicht zur vorschnellen Kritik verleiten, Quines Definition sei zirkulär. Denn das zu definierende ‚zu sein' ist hier das Sein der Existenz, während das ‚zu sein' im Definiens das Sein der Prädikation ist, also nicht das Sein im Sinne von ‚Es gibt...' oder ‚existiert' meint. Man könnte also den Satz genauer so formulieren: Existieren heißt, der Wert einer (gebundenen) Variablen zu sein.

Bevor wir uns der Kritik der durch Frege, Russell und Quine abgesteckten Traditionslinie zuwenden, wollen wir versuchen, das vielleicht wichtigste gemeinsame Merkmal dieser im Detail durchaus unterschiedlichen Theorien festzuhalten: Aus dem Existenzverständnis à la Frege-Russell-Quine folgt, dass es – im Gegensatz zu Meinongs Theorie – nichts gibt, was es nicht gibt, bzw. weniger tautologisch klingend ausgedrückt, nichts gibt (in irgendeinem Sinne), was nicht auch existiert (d. h. von dem gesagt werden kann, dass es Wert einer quantifikatorisch gebundenen Variablen ist). Schließlich sorgt Freges These von der Höherstufigkeit des Existenzbegriffs (d. i. der Umstand, dass Existenz keine diskriminierende Eigenschaft von Gegenständen ist), Russells Theorie der Kennzeichnung und schließlich ihre ontologische Anwendung und Ausweitung durch Quine dafür, dass wir über alles, was es nicht gibt, reden können, ja sogar sagen können, dass es nicht existiert, ohne diesen Dingen damit doch wieder irgendeine Art von Sein (Existenz oder Bestehen) unterstellen zu müssen. Allerdings gilt zu betonen, dass aus der These, dass es nichts gibt, was es nicht gibt, nichts unmittelbar darüber folgt, *was* es denn konkret gibt. Dies ist ein Gedanke, den vor allem Quine betont (vgl. OWTI, 34–35). Gibt es nur Physisches oder auch Mentales, existieren moralische Normen und Werte, gibt es Ereignisse oder nur Einzeldinge, oder umgekehrt? All das sind Fragen, über die allein mit der These von der Höherstufigkeit der Existenz noch nichts ausgesagt ist, auch wenn das Desiderat, sich durch Aussagen über Fiktionales *nicht* auf die Existenz von Fiktionalem zu verpflichten, den quantifikatorischen Ansätzen zugrunde liegt. Das gemeinsame Ergebnis der Analysen von Frege, Russell und Quine lässt sich folgendermaßen festhalten: Existenz ist keine diskriminierende Eigenschaft von Gegenständen, sondern eine Sache der Quantifikation und kann daher niemals einem Einzelding zugeschrieben werden.

3.3 Es gibt alles, kontingenterweise (Kripke)

Wie wir gesehen haben, beruht der Frege-Russell-Quine-Ansatz für singuläre Existenzaussagen wesentlich darauf, Eigennamen in Kennzeichnungen und diese wiederum in Variablen und allgemeine Termini aufzulösen (z. B. ‚Cäsar existiert' = ‚Es gibt etwas, was ein Mann ist und den Namen ‚Julius Cäsar' trägt'). Diese Position wird daher auch als Deskriptivismus bezeichnet. Die wohl einflussreichste und schwerwiegendste Kritik am Deskriptivismus und damit auch an der mit ihm verknüpften Konzeption der Existenz hat Saul Kripke in seiner Vorlesungsreihe *Naming and Necessity* formuliert (gehalten 1970, zuerst erschienen 1972). An diese Überlegungen anschließend hat Kripke in einer weiteren Vorlesungsreihe namens *Reference and Existence* (gehalten 1973, veröffentlicht 2013) eine eigenständige Theorie der Existenz aufgestellt.

Wenden wir uns zunächst Kripkes Kritik am Deskriptivismus zu. Im Wesentlichen sprechen nach Kripke drei miteinander zusammenhängende Argumente gegen den Deskriptivismus, das erste ist modaler, das zweite semantischer, das dritte epistemischer Natur. Der modallogische Einwand beruft sich auf den Umstand, dass wir uns ausmalen können, was der Fall wäre, wenn eine bestimmte Person ein anderes Leben geführt hätte, als sie es tatsächlich getan hat (vgl. RuE, 25–26). So könnte sich etwa Kant dazu entschieden haben, seine beachtlichen Künste als Billardspieler zum Broterwerb einzusetzen, statt philosophische Texte zu verfassen. Dann wäre etwa die Kennzeichnung ‚der Autor der *Kritik der reinen Vernunft*' nicht mehr auf Kant anwendbar, ohne dass damit schon behauptet wäre, dass Kant nicht mehr Kant wäre. Schließlich malen wir uns doch gerade aus, wie *Kants* Leben hätte anders ablaufen können. Dies gilt natürlich nicht nur für die Kennzeichnung, der Autor bestimmter philosophischer Texte zu sein, sondern für alle Kennzeichnungen, mit denen man versuchen könnte, Kant zu individuieren. Mehr noch, wir können uns sogar vorstellen, dass jemand anders als Kant (etwa Kants Diener Lampe) all die Dinge getan hätte, die wir Kant zuschreiben.

Der Name ‚Kant' ist gemäß Kripkes Terminologie ein sogenannter starrer Designator („rigid designator"), Kennzeichnungen sind dies hingegen nicht (vgl. RuE, 25–27). Das bedeutet, dass *für uns* der Name ‚Kant' in allen möglichen Welten, in denen es Kant gibt, dasselbe bezeichnet, was für Kennzeichnungen offenbar nicht zutrifft.[22] Denn wie wir gerade gesehen haben, lässt sich eine mögliche Welt denken, in der es zwar Kant gibt, aber niemand die *Kritik der reinen Vernunft* geschrieben hat. Außerdem lässt sich auch eine Welt denken, in der die Kennzeichnung ‚Autor der *Kritik der reinen Vernunft*' auf jemand anderen, nämlich Lampe und nicht Kant, zutrifft. Wenn nun aber Namen starr und Kennzeichnungen nicht starr sind, dann scheitert der Deskriptivismus daran, einen Namen adäquat durch eine Kennzeichnung (oder eine Vielzahl derer) zu ersetzen. Namen lassen sich schlicht nicht in Kennzeichnungen auflösen.

Selbst wenn wir nun das modale Argument ignorieren und uns auf die Wirklichkeit beschränken, tut sich ein Problem für den Deskriptivismus auf. Dieses ist semantischer Art und besteht darin, dass wir mithilfe von Namen auch dann auf

Menschen Bezug nehmen können, wenn wir nicht in der Lage sind, sie durch eine eindeutige Kennzeichnung zu identifizieren. So könnte etwa eine musikalisch ungebildete Person auf Beethoven Bezug nehmen, ohne auf Nachfrage mehr von ihm sagen zu können, als dass er Komponist war. Die Kennzeichnung ‚der Mann, der Komponist war' ist nun aber offenkundig nicht hinreichend, um Beethoven zu individuieren (vgl. NuN 96–97).[23] Schlimmer noch für den Deskriptivismus ist aber, dass es ganz offenkundig sogar möglich ist, mit einem Namen auch dann erfolgreich Bezug zu nehmen, wenn eine gänzlich unzutreffende Kennzeichnung vorgenommen wird. So könnte jemand *erfolgreich* auf Beethoven Bezug nehmen und auf die Frage, wer denn Beethoven sei, antworten, „der berühmte niederländische Maler".[24] Hätte der Deskriptivismus recht, dann wäre eine bestimmte Kennzeichnung (oder ein Bündel davon) mit einem Namen bedeutungsgleich.[25] Wie die genannten Beispiele zeigen, ist dies nicht der Fall. Denn wir können offenbar Namen verwenden, um erfolgreich auf Menschen Bezug zu nehmen, die wir völlig falsch kennzeichnen.

An dieses semantische Argument schließt sich nun noch ein epistemisches an. Hätte der Deskriptivismus mit seiner These von der Bedeutungsgleichheit von Namen und bestimmten Kennzeichnungen recht, dann würde es sich bei einem Satz wie ‚Reinhold Messner ist der Bergsteiger, der angab, zweimal am selben Tag im Jahr 1986 auf den Yeti gestoßen zu sein' um einen analytischen und damit a priori wahren Satz handeln. Die Wahrheit dieser Aussage ist nun aber ganz offenkundig nicht analytischer Art. Es stellt kein begriffliches Wissensdefizit dar, nicht zu wissen, dass Reinhold Messner überhaupt jemals etwas mit dem Yeti zu tun hatte, sondern es handelt sich einfach um eine Wissenslücke in Bezug auf eine empirische Tatsache (vgl. NuN, 102–103).

Wenn Namen etwas bedeuten und zwar im Gegensatz zu Kennzeichnungen auf *starre* Art und Weise, dann stellt sich die Frage, wie es dazu kommt, dass ein Name, etwa ‚Immanuel Kant', immer und nur Immanuel Kant bezeichnet. In *Reference and Existence* gibt Kripke eine kompakte und prägnante Zusammenfassung seiner diesbezüglichen Überlegungen aus *Naming and Necessity*, die wir hier zitieren wollen:

> Am Anfang „tauft" irgendjemand den Gegenstand, vielleicht, indem er den Gegenstand dadurch herausgreift, dass er auf ihn zeigt, oder anhand seiner Eigenschaften oder vielleicht anhand irgendeines anderen Mittels. Danach – und hier folge ich Mill – ist den Sprechern ausschließlich daran gelegen, die Referenz des Namens zu bewahren. Der Name wird nun von einem Glied zum nächsten weitergereicht, und falls eine Person beabsichtigt, ihn auf dieselbe Weise zu verwenden, wie sie ihn gehört hat, so verwendet sie ihn mit derselben Referenz wie der Sprecher, von dem sie ihn gehört hat. Der Name verbreitet sich über die gesamte Gemeinschaft hinweg und durch die Geschichte hindurch, wobei ausschließlich die Referenz bewahrt bleibt. (RuE, 27)

Kripkes Theorie der Namen und ihrer Referenz besagt also, dass Gegenstände ihre Namen durch Taufakte (entweder im wörtlichen oder übertragenen Sinne) erhalten, die dann innerhalb einer Sprechergemeinschaft dazu verwendet werden, unabhängig von Kennzeichnungen auf ein und denselben Gegenstand Bezug zu nehmen. Die Kennzeichnungen, die mit einem Namen verbunden werden, können daher von Person zu Person, von Gruppe zu Gruppe und von Periode zu Periode unterschiedlich sein, ohne dass sich dadurch etwas für die Bezugnahme auf den Gegenstand mittels eines Namens ändert.

Kripkes Kritik am Deskriptivismus hat nun, wenig überraschend, erhebliche Auswirkungen auf die Theorie der Existenz. Denn wenn sich Namen nicht in Kennzeichnungen überführen lassen, dann scheitert auch die Frege-Russell-Quine-Analyse von Existenzaussagen für Individuen. Dann können wir etwa den Satz ‚Kant existiert' gerade nicht mehr durch die Verwendung eines allgemeinen Ausdrucks – etwa ‚Es gibt einen Mann mit dem Namen Kant' – auflösen. Denn schließlich wollen wir nicht etwas über das Erfülltsein des Begriffs ‚Mann mit dem Namen Kant' aussagen, sondern über das Individuum, das wir ausschließlich mithilfe des starren Designators ‚Kant' (und nicht mit allgemeinen Prädikaten) identifizieren können. Konsequenterweise sind wir nach Kripke „daher vollkommen berechtigt, Existenz Individuen zuzuschreiben" (RuE, 60).[26]

Existenz ist also nach Kripke zwar manchmal sehr wohl eine Eigenschaft von Individuen, wenn auch natürlich nicht immer. So kann man durchaus zugeben, dass allgemeine Existenzaussagen wie ‚Es gibt Tiger' tatsächlich im Sinne Freges als Aussagen darüber verstanden werden können, dass ein bestimmter Begriff (z. B. ‚Tiger') nicht leer ist.[27] Zugleich kann man aber ohne Widerspruch daran festhalten, dass es sinnvolle individuelle Existenzaussagen gibt.

Des Weiteren zeigt Kripke, dass selbst innerhalb des Paradigmas der Quantifikationstheorie Existenz nicht als Eigenschaft erster Stufe ausgeschlossen werden muss bzw. überhaupt nicht ausgeschlossen werden kann. Denn auch mit ihren Mitteln lässt sich Existenz als Eigenschaft erster Stufe definieren, nämlich als die Eigenschaft, mit etwas, was es gibt, identisch zu sein. Es wird also die Aussage, dass x existiert – E! (x) – definiert als „Es gibt ein y, das identisch mit x ist" – „$\exists (y) (y = x)$". Interessanterweise wird der Umstand, dass eine solche Einführung eines erststufigen Existenzprädikats im Rahmen der Quantifikationstheorie möglich ist, von anderen Autoren nicht als *interner Widerspruch* der Theorie erkannt. So verstehen Mackie (vgl. Mackie 1976, 253) und Miller (vgl. Miller 2012, 7–8) die Definition von E! (x) als $(\exists y) (y = x)$ ausschließlich als Versuch, ‚existiert' von einem Prädikat erster Stufe in ein Prädikat zweiter Stufe zu verwandeln. ‚Russell existiert' würde demnach bedeuten, dass das Prädikat „…ist identisch mit Russell' instanziiert ist. Obwohl Miller und Mackie die reine Quantifikationstheorie ablehnen, sehen sie – anders als Kripke – nicht, dass just damit Existenz als Eigenschaft *erster Stufe* definiert ist, nämlich als die erststufige Eigenschaft „... ist mit etwas, was es gibt, identisch'. Der Versuch, sich Existenz quantifikatorisch anzueignen, führt also letztlich zur Selbstwiderlegung der zentralen quantifikationstheoretischen These, dass Existenz niemals Individuen zugeschrieben werden könne, weil sie keine Eigenschaft erster Stufe sei. Die Identität mit etwas, was es gibt (einem Gegenstand), ist nun aber nach Kripke zu unterscheiden von der Selbstidentität.[28] Denn wie Kripke betont, lässt sich etwa kontrafaktisch annehmen, dass jemand, der wirklich existiert, nicht existiert hätte, ohne dadurch aber die Selbstidentität der betreffenden Person in Frage zu stellen.

Wie wir gleich noch sehen werden, bedeutet dies für Kripke, dass Existenz im Gegensatz zu Selbstidentität in einem bestimmten Sinne *kontingent* ist. Kripkes Hinweis, Existenz lasse sich als die Eigenschaft verstehen, mit etwas, das es gibt, identisch zu sein, ist daher auch wohl zu unterscheiden von einer auf den ersten Blick ähnlichen Überlegung Freges. Dieser hatte in der frühen, zu Lebzeiten unveröffentlichten Schrift *Dialog mit Pünjer über Existenz* erwogen, Existenz als Eigenschaft von Individuen zuzulassen. Dass etwas existiert, lasse sich – so Frege in diesem Text – nämlich auch so verstehen, dass ein bestimmter Gegenstand *mit sich selbst gleich* sei. Dies sei, so Frege, nicht falsch, aber *notwendigerweise* wahr und deshalb nicht informativ (vgl. Frege 1971, 14). Denn dass ein Gegenstand mit sich identisch sei, sage etwas Selbstverständliches und Unbezweifelbares aus. Diesem Gedanken Freges zufolge gilt nun aber offenbar, dass individuelle Existenzaussagen nicht sinnlos (d. h. weder wahr noch falsch), sondern immer wahr und *deswegen* überflüssig sind. Diese Selbstverständlichkeit von individuellen Existenzaussagen lässt sich auch höherstufig formulieren. Von einem Individuum zu sagen, dass es existiert, würde also nur bedeuten, was beim Gebrauch eines Eigennamens bereits stillschweigend vorausgesetzt werden muss, nämlich dass der gebrauchte Name „nicht ein leerer Schall" (Frege 1971, 11) ist, sondern etwas bezeichnet. Ganz ähnlich hatte auch Russell in seinen Vorlesungen zur *Philosophie des Logischen Atomismus* herausgestellt, dass die Idee eines Existenzprädikats *überflüssig* sei, weil sich die Existenz von Individuen gar nicht bestreiten lässt: „Ein Prädikat ist überflüssig, wenn es undenkbar ist, dass es nicht zutrifft, d. h. es ist vollkommen klar, dass man die fragliche Existenz von Individuen, wenn es sie gäbe, unmöglich bestreiten kann, woran sich zeigt, dass hier ein Missverständnis vorliegt" (Russell 1919, 206).[29] Überflüssigkeit ist zwar nicht dasselbe wie Sinnlosigkeit im Sinne der Unmöglichkeit, wahr sein zu können, aber in Freges und Russells Augen hinreichend, um den Existenzbegriff als Begriff erster Stufe ausschließen zu wollen.[30]

Nach Kripke sind individuelle Existenzaussagen aber nicht nur nicht sinnlos, sondern auch nicht überflüssig. Im Gegensatz zur Behauptung der Frege-Russell-Quine Tradition ist Existenz nämlich sehr wohl etwas, was sich sinnvollerweise im Hinblick auf Individuen bestreiten lässt, nämlich etwa im Zuge kontrafaktischer Annahmen wie ‚Wenn Moses nicht existiert hätte, dann hätten sich die Juden nicht aus der ägyptischen Knechtschaft befreien können'.[31] Es ist zwar richtig, dass wir *in* einer Welt, in der es Moses niemals gegeben hätte, nicht sagen könnten, dass es *ihn* nicht gibt. Aber wir, die in einer Welt leben, in der es ihn gegeben hat, können sehr wohl eine Welt denken, in der es *ihn* nicht gegeben hätte (vgl. RuE, 63–65).

Wenn Existenz nun also doch eine Eigenschaft von Individuen sein kann, die wir ihnen scheinbar auch absprechen können, müssen wir dann aber nicht mit Meinong sagen, dass es etwas geben kann, was nicht existiert? Anders gefragt: Zerfallen die Gegenstände damit nicht doch in zwei Klassen, nämlich in die Klasse der Dinge, die existieren, und die Klasse der Dinge, die nicht existieren?

Es lässt sich nun zeigen, dass diese Sorge unberechtigt ist; es liegt ihr eine unreflektierte Doppeldeutigkeit von ‚Notwendigkeit der Existenz' zugrunde. Kripke stimmt nämlich mit der Quantifikationstheorie durchaus darin überein, „dass es nicht der Fall hätte sein können, dass ‚etwas' nicht existiert. Dinge zerfallen nicht in zwei Arten, nämlich die Existierenden und die Nichtexistierenden" (RuE, 62). Insofern wir es mit einem *Etwas* zu tun haben, *ist* es auch immer schon im Sinne der Existenz, sonst wäre es kein Etwas. Aber das heißt nicht, dass es nicht auch hätte sein können, dass dieses etwas nicht existiert. Es gibt also, anders ausgedrückt, einen Unterschied zwischen der Tatsache, dass notwendigerweise alles, insofern es etwas ist, existiert – $\Box \forall x\, E!(x)$ – und der Behauptung, dass alles notwendigerweise existiert – $\forall x\, \Box E!(x)$ (vgl. RuE, 62).[32] Existenz *als solche* ist kontingent, d. h. alles was ist, hätte auch nicht existieren können. Die Existenz von Seiendem, *insofern es eben ein Seiendes ist*, ist hingegen nicht kontingent. Auf sprachlicher Ebene formuliert: Wenn ein Name ein echter Name ist, bezeichnet er etwas, das existiert, von dem wir – jetzt, da die Referenz des Namens nun einmal festgelegt ist – sagen können, dass der entsprechende Gegenstand auch hätte nicht existieren können (vgl. RuE, 64–65). Nach Kripke kommt Existenz gegen Frege-Russell-Quine tatsächlich allen Individuen als (erststufige) Eigenschaft zu, aber damit ist Existenz, anders als Meinong dachte, noch keine diskriminierende Eigenschaft.

Bevor wir uns den weiteren Implikationen von Kripkes Existenzbegriff zuwenden, bietet es sich an, auf Grundlage des bisher Erörterten auf die in der Einleitung angeführte Diskussion zwischen dem Existenzbestauner und seinem Kritiker zurückzukommen. Erinnern wir uns an den Sachverhalt, über dessen Staunenswürdigkeit Uneinigkeit herrschte, nämlich, *dass Seiendes existiert*. Mit Kripkes Analysen im Rücken können wir nun sowohl die Position des Existenzbestauners also auch die seines Kritikers nachvollziehen. Legen wir unser Augenmerk auf ein bestimmtes Seiendes *als solches*, dann ist klar: Insofern es *etwas* ist – also ein Seiendes –, existiert es auch notwendigerweise. Dies gilt nun aber offenbar notwendigerweise für alles Seiende. Ist es also verwunderlich, dass *Seiendes* ist? Offenbar nicht; jedwedes *Seiende* kann nur existieren; es kann nicht *nicht* existieren. Dies ist die Sichtweise des Kritikers existenziellen Staunens. Eine ganz andere Frage als diejenige, ob jedwedes bestimmte Seiende notwendigerweise existiert oder nicht, ist die Frage danach, warum überhaupt Seiendes existiert. Hier ist die Antwort mit Kripke offenbar „Dass überhaupt etwas existiert, ist kontingent". Es ist also nicht selbstverständlich, dass es überhaupt Seiendes gibt – und an jedem einzelnen Seienden können wir uns genau daran erinnern, dass *Existenz überhaupt* kontingent ist.

Wir haben bisher Kripkes Argumentation nachgezeichnet, der zufolge Existenz entgegen der Frege-Russell-Quine-Traditionslinie sehr wohl eine Eigenschaft erster Stufe sein kann, wenn sie auch, anders als Meinong annahm, keine diskriminierende Eigenschaft ist. Ist Existenz aber eine nicht-diskriminierende Eigenschaft erster Stufe, dann stellt sich die Frage, wie diese Eigenschaft weiter zu bestimmen ist. Im Rahmen von Meinongs Ontologie bezeichnet ‚Existenz' die konkrete raumzeitliche Wirklichkeit eines Gegenstandes, ‚Bestand' hingegen das Sein sogenannter idealer Objekte (wie etwa Zahlen). Fiktive Entitäten hingegen haben gemäß Meinongs Seinslehre weder Existenz noch Bestand. Wenn nun aber Namen im Sinne starrer Designatoren ihre Referenz auf Gegenstände in der Welt festlegen und sich nicht in Kennzeichnungen auflösen lassen – was ist dann mit den Namen fiktiver Wesen wie etwa Sherlock Holmes? Müssen wir dann nicht mit Kripke sagen, dass fiktive Wesen existieren?

In der Tat ist genau dies Kripkes These, die durchaus auch in Übereinstimmung mit unseren Alltagsüberzeugungen ist. Denn die wenigsten würden wohl einen Satz wie ‚Sherlock Holmes ist ein Meisterdetektiv' für falsch halten. Genau dies wäre aber Russells Kennzeichnungstheorie zufolge der Fall, denn wir müssten den genannten Satz beispielsweise lesen als ‚Es gibt jemanden, der den Kriminalfall um den Hund von Baskerville gelöst hat und der ein Meisterdetektiv ist'; und da es eine solche Person nicht gibt, ist der Satz falsch (vgl. RuE, 84). Kripke dagegen kann Sätze über Fiktives aufgrund seiner Ablehnung des Deskriptivismus ohne Weiteres für wahr halten.

Dass fiktive Entitäten existieren, bedeutet für Kripke aber nicht, dass die Existenz fiktiver Wesen eine nur abgeschwächte wäre. Fiktives existiert für Kripke nicht „in einem meinongianischen Schattenland" (RuE, 115), sondern ist hinsichtlich seiner Existenz genau so wie Reales in der Wirklichkeit.[33] Wie ist diese These zu verstehen? Laut Kripke können wir auf zwei Arten sinnvollerweise davon sprechen, dass eine fiktive Figur wie Sherlock Holmes existiert. Zum einen existiert Sherlock Holmes *in den Geschichten von Sir Arthur Conan Doyle*. Dies ist genauso wahr, wie es wahr ist, dass es Sherlock Holmes *in diesen Geschichten* regelmäßig mit einem gerissenen Gegenspieler namens Professor Moriarty zu tun hat (vgl. RuE, 86–89).[34] Darüber hinaus gilt aber auch, dass die *fiktive Figur* Sherlock Holmes in der Wirklichkeit existiert. Von der Figur Sherlock Holmes gilt zwar, dass sie nicht existiert hätte, wenn ein Schriftsteller sie nicht erfunden und Geschichten mit ihr niedergeschrieben hätte. Aber diese Form der Abkünftigkeit der Existenz fiktiver Entitäten betrifft nicht den Status ihrer Existenz. Sie existieren, wenn sie nun mal existieren, genauso wie die Menschen, die sie erfinden (wohlgemerkt: nur hinsichtlich ihres Dass-Seins, natürlich nicht hinsichtlich ihres Was-Seins und Wie-Seins). Kripke spricht dies in aller Deutlichkeit so aus:

> Es ist eine Tatsache, dass gewisse fiktive und mythische Gestalten existieren, ebenso wie es eine Tatsache ist, dass gewisse Menschen existieren. Keine fiktive Gestalt würde existieren, falls Menschen niemals etwas Dichterisches geäußert hätten; keine heidnischen Götter hätten jemals existiert, falls es niemals ein Heidentum gegeben hätte; usw. Es ist eine kontingente empirische Tatsache, dass solche Entitäten in der Tat existieren: Sie existieren auf der Grundlage der konkreten Aktivitäten von Menschen. (RuE, 112–113)

Auch die Kontingenz ihrer Existenz ist kein Grund, fiktiven Entitäten eine niedere Form der Existenz zuzuschreiben, denn schließlich gilt mit Kripke entgegen Russell, dass Existenz grundsätzlich kontingent ist. Die Umstände der Kontingenz mögen bei realen und fiktiven Personen unterschiedlicher Art sein. Die einen existieren dank kontingenter fleischlicher Zeugungsakte von Menschen, die anderen existieren aufgrund schöpferischer Akte der menschlichen Fantasie. Fiktive Entitäten nennt Kripke auch „abstrakt", um sie mit konkreten raumzeitlichen Einzeldingen zu kontrastieren. Abstrakt in dem von Kripke gemeinten Sinne wäre etwa auch ein Staat bzw. eine Nation, „die infolge konkreter Beziehungen zwischen Menschen existiert" (RuE, 108).[35] Der Gegensatz zwischen ‚fiktiv' und ‚real' (sowie zwischen ‚abstrakt' und ‚konkret') ist nach Kripke daher wohlverstanden nicht der zwischen ‚nicht-existent' und ‚existent'.[36] Reale und fiktive Entitäten verhalten sich vielmehr so zueinander, wie sich etwa eine reale Ente zu einer Spielzeugente verhält. Letztere ist zwar keine echte Ente (und damit in einem bestimmten Sinne „weniger Ente"), was aber nicht heißt, dass sie weniger existent wäre (vgl. RuE, 118).[37]

Wie Kripke überzeugend darlegt, gibt es aber nicht nur fiktive Gestalten, sondern auch *fiktive* fiktive Gestalten. Kripkes Beispiel hierfür stammt aus Shakespeares *Hamlet*. Dort gibt es ein Stück im Stück, das von einer Theatertruppe am Hofe Hamlets aufgeführt wird, in welchem ein König Gonzago ermordet wird. Stellen wir nun die Frage, ob Gonzago existiert, ergibt sich wie schon bei Sherlock Holmes folgende Doppelperspektive: Im Stück namens *Hamlet* existiert nicht Gonzago, sondern nur die fiktive Figur Gonzago. Als fiktive Figur in *Hamlet* ist sie natürlich auch Teil der außerliterarischen Wirklichkeit, in der sie als *fiktive* fiktive Figur existiert (vgl. RuE, 107–108, 115 und 118–119).

Um bei Existenzaussagen nicht durcheinander zu kommen, gilt es nach Kripke darauf zu achten, in welchem Bereich wir uns gedanklich bewegen. Reden wir etwa über innerliterarische oder außerliterarische Sachverhalte? Prädikate werden, so Kripke, entweder „durch-und-durch" oder versehen mit dem „Qualifikator ‚fiktional'" angewandt (RuE, 121). Existiert der Detektiv Sherlock Holmes in der Wirklichkeit („durch und durch")? Nein, diesen Mann gibt es nicht. Existiert Sherlock Holmes in der Literatur („fiktional")? Ja, selbstverständlich. Damit existiert aber die fiktive Figur Sherlock Holmes in der Wirklichkeit („durch und durch").[38]

Wenn es nun alles gibt, Fiktives und Reales, Abstraktes und Konkretes, dann stellt sich hier nun aber doch wieder die Frage, ob man überhaupt sagen kann, dass es etwas *nicht* gibt. Da nach Kripke Namen direkt und nicht via Kennzeichnungen *etwas* bezeichnen, muss immer da, wo wir einen Namen verwenden auch Existenz im Spiel sein. Daher gilt, dass, wenn wir von etwas oder jemandem sagen, es oder er existiere gar nicht, wir eigentlich sagen, dass der betreffende „Name" letztlich gar kein Name ist. Ein ausführliches Beispiel, das Kripke in diesem Kontext erläutert, ist das Missverständnis bezüglich des vermeintlichen Namens ‚Moloch' in der Bibel. ‚Moloch' wurde nämlich fälschlicherweise für den Namen einer mythischen Gottheit gehalten, der fehlgeleitete Israeliten eine gewisse Zeit lang Brandopfer darboten, bezeichnet aber eigentlich nur eine bestimmte Art von Opferritual, bei der Kinder als Brandopfer dargebracht wurden. Wenn diese Theorie richtig ist, dann, so Kripke, gibt es gar keine mythische Figur namens Moloch (vgl. RuE, 104–105 u. 115). Wenn wir sagen, dass Moloch gar nicht existiert, dann müssten wir – wenn wir sprachlich präzise und unmissverständlich sein wollten – eigentlich sagen, „dass es tatsächlich sogar überhaupt keine Proposition gibt" (RuE, 221), *dass Moloch existiert*. Der Satz ‚Moloch existiert' sagt also eigentlich nichts Falsches, sondern ist eine bedeutungslose Aussage.

Was Kripke bezüglich Moloch aber nicht explizit sagt, unserer Ansicht nach aber in seinem Sinne zu ergänzen wäre, ist, dass es die Gottheit Moloch zwar nicht *in der Bibel* gibt und damit auch keine entsprechende mythische Gestalt. Allerdings gibt es sehr wohl eine fiktive Gestalt, die aus eben jenen fehlerhaft aufgefassten Bibelstellen entstanden ist. So kommt etwa dieser Moloch in John Miltons Epos *Paradise Lost* durchaus vor, und zwar als Kinderopfer fordernde Gottheit.[39]

Es kann nun aber natürlich sein, dass ein Wort, das vorgibt, ein Name zu sein, in Wirklichkeit in gar keinem Sinne ein Name ist und somit überhaupt nichts bezeichnet, weshalb die meisten Sätze, in denen es vorkommt, gar keine wahrheitsfähigen Gehalte darstellen.[40] So ist etwa ‚Hursom Kurwüpis' kein Name und bezeichnet daher nichts, auch wenn wir vorgeben, er sei einer. Der Satz ‚Hursom Kurwüpis existiert' ist keine wahrheitsfähige Aussage. Die Verneinung dieser Aussage, nämlich ‚Hursom Kurwüpis existiert nicht' müssen wir daher mit Kripke so lesen, dass sie bestreitet, dass es sich bei ‚Hursom Kurwüpis existiert' um einen wahrheitsfähigen und damit bedeutungshaften Gehalt handelt. Genauso wenig existieren absurde Gegenstände wie das runde Quadrat, von dem Meinong spricht. Der Ausdruck ‚das runde Quadrat' bezeichnet wie ‚Moloch' (zumindest in der Bibel) gar nichts, weshalb seine Verwendung für gewöhnlich zu einem nicht-wahrheitsfähigen Satz führt.

Kripkes existenzphilosophische Überlegungen lassen sich wie folgt zusammenfassen: Existenz kann eine Eigenschaft von Einzeldingen sein, weil wir offenbar sinnvoll darüber sprechen und nachdenken, dass etwas hätte nicht existieren können. Die Existenz eines Seienden ist aus dieser Perspektive kontingent. Existenz ist in einer anderen Hinsicht aber derart grundlegend für Seiendes, dass von etwas, insofern es *etwas* ist, gesagt werden muss, dass es notwendigerweise auch existiert. Existenz ist daher zwar eine Eigenschaft, aber eine nicht-diskriminierende Eigenschaft, weil sie nicht zwei Klassen von Entitäten, existierende und nicht-existierende, entstehen lässt. Von etwas zu sagen, dass es nicht existiert, kann wiederum zweierlei bedeuten. In einem schwachen (uneigentlichen) Sinne gebraucht, meint es, dass wir es nur mit einem abstrakten oder fiktiven und nicht mit einem konkreten oder realen Gegenstand zu tun haben. In einem starken (eigentlichen) Sinne von ‚Nicht-Existenz' bedeutet es, dass der entsprechende Ausdruck gar nichts bezeichnet und daher eigentlich gar kein Name ist (so wie ‚Hursom Kurwüpis') bzw. nichts bedeutet (wie ‚rundes Quadrat'). Propositionen über (in diesem letzteren Sinne) Nicht-Existentes sind dementsprechend auch nur dem Scheine nach Propositionen. Jedwedes Seiende existiert, wenn auch nur kontingenterweise.

3.4 Es gibt alles, notwendigerweise (Williamson)

Zum besseren Verständnis der Position Kripkes bietet es sich an, seine Überlegungen mit denen Timothy Williamsons zu kontrastieren.[41] Vorausgeschickt sei, dass Williamsons Theorie, wäre sie wahr, allem Existenzbestaunen ein Ende bereiten würde. Zum Glück ist sie nicht wahr, aber es ist dennoch gut, dass sie existiert, denn ohne sie würde die Wahrheit der Theorie Kripkes vielleicht nicht so klar herausstechen.

Zunächst einmal versteht Williamson Existenz als eine nicht-diskriminierende primäre Eigenschaft von Einzeldingen (so wie ja auch Kripke und anders als die Frege-Russell-Quine-Tradition). Er behauptet aber im Gegensatz zu Kripke, dass *alles notwendigerweise existiert*. Diese auf den ersten Blick äußerst steile und kontraintuitive These – es sieht ja so aus, als wenn Williamson kontingente Existenz komplett leugnen würde! – verteidigt Williamson in seinem Aufsatz *Necessary Existents* (2002) exemplarisch am Beweis der eigenen notwendigen Existenz. Dass die eigene Existenz notwendig ist, soll dabei nicht im Sinne Descartes' als These über den besonderen Status des Ich verstanden werden, sondern nur beispielhaft ein Argument ausführen, das sich nach Williamson auf jedes beliebige Seiende ausdehnen lässt.[42] Williamsons These, dass er (wie alles andere auch) notwendigerweise existiert, soll nun aber zugleich kompatibel sein mit dem Umstand, dass er auch hätte nicht existieren können, nämlich z. B. dann, wenn seine Eltern sich nicht getroffen hätten.[43] Dies klingt paradox. Wie soll unsere Existenz einerseits „frighteningly contingent" und andererseits zugleich „necessary" sein (Williamson 2002, 245)?

Der Schein des Paradoxen lässt sich laut Williamson beseitigen, wenn wir zwei Bedeutungen von ‚Existenz' unterscheiden und diese Unterscheidung kennen wir schon: Es ist der geläufige Unterschied zwischen dem engeren Begriff von Existenz im Sinne von ‚realer' oder ‚konkreter Existenz' und dem weiteren Existenzbegriff im Sinne von ‚Existenz überhaupt' (in der auch die Existenz fiktiver bzw. abstrakter Entitäten unterstellt wird). Auch Williamson kennt die Existenz im engen Sinne, die er „concreteness" (Williamson 2002, 245) nennt. In diesem Sinne können wir etwa sagen, dass der Münchner Nachlass Schellings nicht (mehr) existiert, weil er im zweiten Weltkrieg verbrannte. Genauso können wir sagen, dass – so Williamsons Beispiel – Kaiser Trajan nicht (mehr) existiert. Existenz im Sinne einer solchen raumzeitlichen Konkretheit ist auch nach Williamson kontingent.

Die von Williamson behauptete Notwendigkeit der Existenz betrifft nun nicht das raumzeitliche Vorhandensein, sondern den anderen, von ihm als „logisch" bezeichneten weiten Sinn von Existenz (vgl. Williamson 2002, 233). Mit ‚logischer Existenz' ist näherhin die Eigenschaft gemeint, *mit etwas, was es gibt, identisch zu sein*. Dieser Sinn von ‚existiert' gilt offenbar nicht nur für raumzeitlich Vorhandenes, sondern ausnahmslos für alles, was es gibt und damit auch für vergangene (im erstgenannten Sinne nicht-existente) Entitäten wie Schellings Münchner Nachlass oder Kaiser Trajan. Für Trajan gilt nach Williamson beispielsweise, dass wir ihn zu der Gesamtzahl aller römischen Kaiser hinzuzählen müssen, obwohl weder er noch die anderen Cäsaren mehr im raumzeitlichen Sinne existieren (und obwohl die römischen Kaiser auch nie gleichzeitig raumzeitlich vorhanden waren). Was aber gezählt werden kann, so Williamson, das muss auch existieren, dem logischen Sinn von ‚existiert' nach.[44]

3.4 Es gibt alles, notwendigerweise (Williamson)

Mit dem logischen Sinn von ‚existiert' (und nur mit diesem!) lässt sich nun laut Williamson das folgende Argument für die Notwendigkeit der eigenen Existenz (und letztlich der Existenz aller Entitäten) aufstellen:

(1) Necessarily, if I do not exist then the proposition that I do not exist is true.
(2) Necessarily, if the proposition that I do not exist is true then the proposition that I do not exist exists.
(3) Necessarily, if the proposition that I do not exist exists then I exist.

Aus (1), (2) und (3) folgt:

(4) Necessarily, if I do not exist then I exist.

Aus (4) folgt:

(5) Necessarily, I exist. (Williamson 2002, 233–234)

Betrachten wir das Argument Williamsons etwas genauer. Dass aus der Wahrheit der Aussagen (1) bis (3) die Aussage (4) folgt, ist unproblematisch. Um zu prüfen, ob das Argument aber wirklich schlüssig ist, müssen wir zunächst schauen, ob die Prämissen zutreffen. Die Prämisse (1) entspricht dem generellen Schema, dass eine Proposition genau dann wahr ist, wenn das Ausgesagte der Fall ist. Dies ist – zumindest in diesem Kontext – ebenfalls unproblematisch (vgl. Williamson 2002, 235–237).

Was die Aussage (2) betrifft, lässt sich mit Williamson Folgendes zur Begründung anführen: Wie sollte eine Proposition *wahr* sein können, ohne überhaupt zu sein, sprich zu existieren? Es muss ja schließlich die Proposition geben, damit sie wahr sein kann. Wenn dies nicht möglich ist, dann ist die Existenz (der Proposition) eine Voraussetzung für die Wahrheit (der Proposition), sodass notwendigerweise gilt: Wenn es wahr ist, dass ich nicht existiere, dann existiert eine Proposition, dass ich nicht existiere (vgl. Williamson 2002, 237–240).

Es muss somit nur noch die Aussage (3) plausibilisiert werden. Auch hier verweist Williamson auf ein generelles Prinzip, nämlich darauf, dass notwendigerweise Folgendes gilt: Wenn eine Aussage über einen Gegenstand wahr ist, dann muss der Gegenstand selbst auch existieren. Wenn sich die Aussage über einen einzelnen Gegenstand entgegen dem Deskriptivismus nicht in Kennzeichnungen auflösen lässt, dann muss der betreffende Gegenstand existieren, wenn ich Wahres über ihn aussagen möchte (vgl. Williamson 2002, 240–244). Wenn ich also, wie in Aussage (3) geschehen, über mich sagen möchte, dass ich nicht existiere und wenn ‚ich' nicht in eine Kennzeichnung auflösbar ist, dann setze ich mit meiner Aussage voraus, dass es mich gibt. Dies gilt wohlgemerkt nun nicht nur für das Beispiel des eigenen Ich, sondern für jeden beliebigen Gegenstand.

Wenn wir die Aussagen (1) bis (3) mit Williamson für einleuchtend halten, dann sehen wir auch, weshalb wir zum widersprüchlichen und damit notwendigerweise falschen Satz (4) gezwungen sind, dass wir notwendigerweise existieren, wenn wir nicht existieren. Die Nicht-Existenz eines Gegenstandes lässt sich daher nicht widerspruchsfrei denken. Diese Notwendigkeit der (logischen) Existenz der Dinge ist laut Williamson die Voraussetzung dafür, über ihre Existenz im Sinne der Konkretheit sprechen zu können. So können wir etwa sagen, wir hätten im Sinne der raumzeitlichen Konkretheit auch nicht existieren können, ohne uns dadurch Existenz gänzlich abzusprechen.

Nach Williamson existiert daher wie auch nach Kripke *alles*. Während aber bei Kripke die ontologisch einschränkende Bedingung einer historisch etablierten und sozial aufrechterhaltenen Namensgebung greift, ist die Ontologie Williamsons schrankenlos. So lässt Williamsons Theorie nicht nur raumzeitlich Konkretes und Fiktives existieren, sondern schlechterdings alles.[45] Betrachten wir zur Erläuterung mit Williamson nochmals das Beispiel von Kaiser Trajan. Kaiser Trajan existierte einmal als eine raumzeitliche Entität, nun existiert er offenbar nicht mehr als solche. Dadurch ist Kaiser Trajan aber nicht zu einer abstrakten Entität geworden, wie sie beispielsweise Zahlen sind, sondern Trajan existiert Williamsons zufolge nun als „an ex-concrete object" (Williamson 2002, 246), d. h. als ein ehemals konkreter Gegenstand. Es gibt aber nicht nur abstrakte, konkrete und ehemals konkrete Gegenstände, sondern es gibt auch *mögliche* konkrete Gegenstände. So ist beispielsweise Angela Merkels Zwillingsschwester eine mögliche raumzeitlich konkrete Entität. Damit ist nach Williamsons Theorie ausdrücklich nicht gemeint, dass eine solche Entität hätte existieren können, sondern sie – die *mögliche* Zwillingsschwester Merkels – existiert (natürlich nur im logischen Sinne von ‚existiert') *de facto* (vgl. Williamson 2002, 246–247).[46]

Hier zeigt sich nun ein wesentlicher Unterschied zwischen Williamson und Kripke. Bei Kripke ist die Rede von der Existenz von Einzeldingen an einen historischen Taufakt und die Aufrechterhaltung der dadurch zustande gekommenen starren Benennung gebunden. Eine mögliche Zwillingsschwester Merkels existiert daher für Kripke prima facie ebenso wenig wie ein biblischer Gott namens Moloch. Wie wir aber oben in Ergänzung zu Kripkes Ausführungen festgestellt haben, gibt es sehr wohl einen Gott Moloch, wie er etwa in Miltons *Paradise Lost* vorkommt. Moloch existiert also in Miltons Gedicht und er existiert damit auch als fiktive Figur in der außerfiktionalen Wirklichkeit. Es ist nun aber nicht ausgeschlossen, dass wir auch Merkels mögliche Zwillingsschwester in die Existenz holen, indem wir sie zum Gegenstand einer Geschichte machen.[47] Eine solche Geschichte kann zwar kurz sein, muss gemäß einer kripkeschen Auffassung vorliegen, damit wir Merkels möglicher Zwillingsschwester Existenz zuschreiben können. Williamson formuliert zwar keine derartigen Bedingungen, betont aber, dass er dennoch nicht gezwungen ist, jeden vermeintlichen Namen als echten Namen anzuerkennen. Alle Entitäten existieren, was aber nicht heißt, dass auch alle Ausdrücke auf Entitäten referieren.[48] Darüber hinaus weist Williamson auch darauf hin, dass er nicht gezwungen ist, die These Meinongs zu übernehmen, die Rede vom goldenen Berg verpflichte uns darauf, dass es einen Berg gibt, der golden ist. Was wir nach Williamson annehmen müssen, ist lediglich die Existenz eines *möglichen* goldenen Berges (vgl. Williamson 2013, 18–21).[49]

Trotz dieser Einschränkungen verteidigt Williamson, wie er selbst sagt, eine „inflationäre Auswirkung gewaltigen Ausmaßes auf unsere ontologischen Verpflichtungen" (Williamson 2002, 249).[50] Nicht nur die Gegenstände, auf die wir uns sinnlich, kognitiv oder sprachlich beziehen, existieren, sondern unendlich viele mehr, wie an folgendem Beispiel deutlich wird:

> Any human sperm S and egg E could have united to result in a person, who would have existed necessarily; therefore, given the view, there actually is a possible person who could have resulted from S and E. Arguments of this type yield an infinity of merely possible animals, vegetables and minerals. (Williamson 2002, 249)

Williamsons verteidigt diese Sichtweise gegen den Vorwurf, sie verstoße gegen das Sparsamkeitsprinzip von Ockhams Rasiermesser. Ockhams Rasiermesser gibt uns, wie wir weiter oben schon in der Diskussion des grünbaumschen Ansatzes sagten, lediglich die begründungstheoretische Maxime an die Hand, nicht *ohne Not* Entitäten zu postulieren und daher stets die einfachste und schlankeste Theorie zu wählen, wenn wir mehr als eine Theoriealternative mit gleicher Erklärungsleistung zur Verfügung haben („non est multiplicanda entia *sine necessitate*"). Williamsons Theorie entspricht sogar sehr gut der ockhamschen Sparsamkeitsforderungen, denn sie ermöglicht mit den einfachsten Mitteln – dem Begriff der notwendigen, logischen Existenz – die reichhaltigste Ontologie (vgl. Williamson 2002, 249–250).[51]

Wenn auch das ockhamsche Rasiermesser hier nichts zu schneiden findet, so drängt sich aber doch ein Einwand aus der Perspektive Kripkes auf, der letztlich die williamsonsche Theorie zu Fall bringt. Denn Williamson scheint dem von Kripke betonten Unterschied zwischen der Tatsache, dass notwendigerweise etwas, insofern es *etwas* ist, existiert und der Behauptung, dass *alles* notwendigerweise existiert, nicht gerecht zu werden. Nach Williamson kann man nur von dem, was raumzeitlich konkret ist (und in *diesem Sinne* existiert) sagen, dass es auch nicht hätte existieren können. Die Existenz im Sinne des *Überhaupt-Seins* einer Sache lässt sich gemäß Williamson nicht in Frage stellen. Aber wir können doch nun offenbar den Gedanken fassen, dass auch *gar nichts* hätte existieren können, nichts raumzeitlich Konkretes, nichts Abstraktes, nichts Ex-Konkretes, nichts Mögliches – gar nichts; wir können den Gedanken fassen, dass die Welt, die Gesamtheit aller Entitäten, nicht existieren würde.[52] Genau darauf zielt ja gerade die berühmte oben schon besprochene Grundfrage der Metaphysik. Außerdem haben wir mit Kripke gesehen, dass wir sinnvoll darüber sprechen können, dass beispielweise Moses nicht hätte existieren können. Derartige Aussagen lassen sich aber im Rahmen von Williamsons Theorie nicht sinnvoll treffen: die Kontingenz der Existenz, die der Grundfrage der Metaphysik zugrunde liegt, kann mit Williamson nicht gedacht werden. Hieraus entsteht dann auch das Überbevölkerungsproblem seiner Ontologie. Im Gegensatz zu Kripke muss sie, da sie die Kontingenz des Überhaupt-Seins nicht denken kann, *pauschal* alles als notwendigerweise existierend bezeichnen.

3.5 Zwei Probleme: die logisch-ontologische Priorität und der Zeitcharakter von Existenz

Kripkes und Williamsons Theorien liefern überzeugende Argumente dafür, Existenz als nicht-diskriminierende Eigenschaft von Individuen zu verstehen. Sie differieren hinsichtlich der Kontingenz (Kripke) bzw. Nicht-Kontingenz (Williamson) der Existenz überhaupt. Jedoch drängen sich zwei bisher nicht diskutierte Fragen auf.

Zum einen stellt sich die Frage, wie sich Existenz als Eigenschaft von Individuen mit unserer gewöhnlichen Auffassung von Eigenschaften vereinbaren lässt. Denn wir verstehen Eigenschaften eines Gegenstandes normalerweise als etwas, was dem für sich bestehenden Gegenstand in einem logisch-ontologischen Sinne *nachgeordnet* ist. Wenn wir etwa sagen, Sokrates sei weise, dann setzen wir voraus, dass Sokrates existiert, und schreiben ihm dann auch noch die Eigenschaft der Weisheit zu. Im Falle der Existenz kann eine solche „Nachträglichkeit" der Eigenschaftszuschreibung aber nicht gedacht werden, denn bevor wir einem Individuum Existenz als Eigenschaft zuschreiben können, müssen wir voraussetzen, dass es existiert (also genau schon diese Zuschreibung vollzogen haben). Muss die Existenz im Sinne des Dass-Seins einem individuellen Gegenstand dann nicht schon *vorausgehen*, damit wir überhaupt von *etwas Existierendem* sprechen können? Es entsteht also folgendes Paradox: Als *Eigenschaft* scheint Existenz Individuen logisch-ontologisch nachgeordnet sein zu müssen. Als *Existenz* muss sie Individuen aber logisch-ontologisch vorausgehen.

Einen erwähnenswerten möglichen Ausweg aus dieser Zwickmühle hat jüngst Barry Miller in seinem Buch *The Fullness of Being* vorgeschlagen (Miller

3.5 Zwei Probleme: die logisch-ontologische Priorität und der Zeitcharakter — 53

2012, insbes. Kapitel 3 und 4). Er plädiert dafür, dem oben genannten Paradox zu entgehen, indem man das Verhältnis von Eigenschaften und Individuen nicht auf ein Modell beschränkt, das Eigenschaften als etwas denkt, was Individuen *inhäriert*, d. h. was ihnen anhaftet oder innewohnt. Für das Inhärenzmodell gilt nämlich tatsächlich die logisch-ontologische Priorität des Individuums und die logisch-ontologische Nachträglichkeit der inhärierenden Eigenschaft.

Es spricht aber nach Miller nichts dagegen, den Begriff von Eigenschaften über das Inhärenzmodell hinaus zu erweitern. Millers Vorschlag bezüglich einer solchen Erweiterung lautet, dass das Verhältnis von Individuum und Eigenschaft auch als Verhältnis von Grenze („bound") und Begrenztem („bounded") gedacht werden kann (vgl. für die folgende Darstellung Miller 2012, 97–99). Um das Verhältnis von Grenze und Begrenztem anschaulich zu machen, verweist Miller auf ein Stück Butter, das in mehrere kleine Stücke geschnitten wurde. Jedes Stück Butter hat eine andere Oberfläche bzw. Grenze. Für diese Grenzen gilt nun nach Miller, dass sie zu den Butterstücken gehören, die sie begrenzen. Zugleich lässt sich sagen, dass es diese Grenzen sind, die jedes Butterstück gegen die anderen abgrenzen und es damit zu dem Stück machen, das es ist. Im von Miller gewählten Beispiel ist also ein jedes Stück Butter dank seiner Grenze dieses und nicht ein anderes Stück.

Das Verhältnis von Grenze und Begrenztem ist, wie Miller betont, nicht mit demjenigen von Behälter und Behälterinhalt zu verwechseln. Denn ein Behälter enthält Dinge, die schon unabhängig von ihm individuiert sind. So wird beispielsweise eine Orange nicht erst dadurch zu der Orange, die sie ist, indem man sie in eine Obstschale legt. Die Metapher von Grenze und Begrenztem soll dagegen dazu dienen, zu begreifen, wie Existenz eine Eigenschaft von Individuen sein kann, die diesen Individuen logisch-ontologisch vorgeordnet ist. Existenz (≙ die Butter) geht dem Individuum (≙ einem begrenzten Stück Butter) voraus, zugleich kann man aber sagen, dass ein Individuum (≙ ein begrenztes Stück Butter) die Eigenschaft der Existenz hat (≙ aus Butter ist).

Auch wenn wir in der weiteren konkreten Ausarbeitung dieses Gedankens nicht mit Miller übereinstimmen, halten wir die Metapher von Grenze und Begrenztem für erhellend: Existenz, als primäre Eigenschaft eines Individuums, darf nicht als etwas gedacht werden, was einem Individuum anhaftet oder innewohnt, sondern das Individuum muss als Begrenzung der Existenz als solcher, also des Dass-Seins überhaupt, verstanden werden.[53] Für Sokrates könnte man daher sagen, dass die Eigenschaft der Weisheit ihm inhäriert, Existenz aber durch ihn begrenzt und somit zu seiner Eigenschaft wird.[54] Als Grenze gedacht, hat das Individuum keinerlei ontologischen Bestand unabhängig von dem, was es begrenzt, nämlich die Existenz.

Die Einsicht in die logisch-ontologische Priorität der Existenz vor dem Individuum hat nun auch Konsequenzen im Hinblick auf eine zentrale These von Kripke und Williamson. Wie wir oben gesehen haben, lässt sich Existenz (bzw. „logische Existenz" gemäß der Ausdrucksweise von Williamson) diesen beiden Autoren zufolge als die Eigenschaft erster Stufe fassen, mit etwas, was es gibt (einem Gegenstand, einem Existierenden), identisch zu sein. Kripkes Hinweis, dass die Aussage ‚x existiert' – E! (x) – als ‚Es gibt ein y, das identisch mit x ist' – ($\exists$y) (y = x) – formuliert werden kann, wird hier in seiner Zirkularität deutlich und sollte daher am besten auch nicht als Definition, sondern als Explikation von ‚existiert' verstanden werden. Ein Gegenstand ist trivialerweise überhaupt nur etwas, also ein Existierendes oder Seiendes und nicht nichts, wenn er existiert. Existenz als die Eigenschaft zu definieren, mit etwas identisch zu sein, dreht sich letztlich im Kreis: Existenz ist die Eigenschaft, die dem Existierenden als solchem zukommt. Der Begriff der Existenz lässt sich nicht zirkelfrei mithilfe des Begriffs des Existierenden definieren; wir müssen schon verstanden haben, was Existenz ist, wenn wir, um Existenz zu definieren, auf Existierendes verweisen. Hier zeichnet sich ab, dass die logisch-ontologische Priorität der Existenz absolut bzw. unhintergehbar ist; ein Gedanke, den wir im Laufe dieser Arbeit noch öfters aufgreifen und vertiefen werden.[55]

Die zweite Frage, die sich angesichts der Konzeptionen von Kripke und Williamson aufdrängt, betrifft die zeitliche Dimension dessen, was es gibt. Dinosaurier haben real existiert und nun existieren sie nicht mehr real und so ungefähr kann man sogar den Zeitpunkt angeben, seit wann sie nicht mehr existieren. Aber der Umstand, dass Dinosaurier *überhaupt* (z. B. gewesen) *sind*, ist nicht in diesem Sinne zeitlich zu relativieren, sondern betrifft ihre Existenz als solche. Existenz im allgemeinen Sinne, nämlich dass (ein bestimmtes) Seiendes (gewesen oder zukünftig) ist, ist überzeitlich bzw. „ewig" im Sinne einer Tempusunabhängigkeit.[56] Die (allgemeine) Existenz von Dinosauriern ist nicht vergänglich, so wie es die Dinosaurier als Seiende sind. Die Existenz als allgemeine, nicht-diskriminierende Eigenschaft alles Seienden umfasst Momente des Werdens, Bestehens und Vergehens dieses Existierenden, sofern es sich um endliches Seiendes handelt.[57]

In Williamsons Argumentation dafür, dass Kaiser Trajan existiert, obwohl er nicht mehr lebendig ist (nicht mehr als raumzeitliches Wesen vorhanden ist), schien sich Existenz vollständig von Zeitbestimmungen zu lösen. So führte Williamson aus, dass wir Trajan zu der Anzahl aller römischen Kaiser hinzuzählen müssen, obwohl er nicht mehr raumzeitlich konkret ist und obwohl niemals alle römischen Kaiser gleichzeitig raumzeitlich konkret waren. Da Trajan aber gezählt werden kann, muss er laut Williamson auch existieren. Im Verweis auf diese Zählbarkeit des nicht mehr raumzeitlich Vorhandenen steckt nun aber dennoch eine, von Williamson nicht thematisierte zeitliche Bestimmung, nämlich die Bestim-

3.5 Zwei Probleme: die logisch-ontologische Priorität und der Zeitcharakter

mung der geteilten Präsenz des Gezählten mit dem Zählenden. Anders ausgedrückt: Wenn wir von Fiktivem, Realem, Möglichem, Wirklichem, Notwendigem und Kontingentem sagen, dass es existiert, dann können wir dies nur, insofern es ein irgendwie *für uns* Gegenwärtiges ist.[58] Ein Auto, das wir zu Schrott gefahren haben, existiert nicht mehr als raumzeitlich konkretes Objekt, es existier*te* lediglich als solches in der Vergangenheit. Aber wir können sogleich anfügen: Das Auto existier*t* nun nur (aber immerhin) noch in unserer Erinnerung.[59] Die Dinosaurier existier*ten* als raumzeitliche Konkreta in der Jura- und Kreidezeit. Jetzt existieren sie als solche nicht mehr. Die Jura- und Kreidezeit selbst wiederum, mit all ihren naturgeschichtlichen Ereignissen inklusive den Dinosauriern, die sich dort aufhielten und sich jagten, existiert in unseren Rekonstruktionen. Aufzeichnungen davon und Erinnerungen daran hat freilich niemand, aber wir haben paläontologische Relikte, die uns die Rekonstruktion dieser Zeit ermöglichen. Analoges gilt sogar für zukünftig Seiendes. Nehmen wir den Satz ‚Es werden einmal Menschen auf anderen Planeten existieren'. Sie existieren zwar dort noch nicht, ja, sie existieren überhaupt noch nicht als raumzeitlich konkrete Wesen. Die Zukunft, und mit ihr das Zukünftige, aber existiert jetzt schon, und zwar ist sie gegenwärtig in unseren Erwartungen, Plänen, Prognosen und Utopien. Und noch weiter und allgemeiner gesprochen: Nicht die Existenz dessen, was einmal sein wird, ist zukünftig, sondern vielmehr: Das, was einmal sein wird, ist als Zukünftiges existent.

Wir können an dieser Stelle – diesen Zeitbezug des Existierenden aufnehmend – die Vermutung äußern: Von etwas zu sagen, es existiere, heißt zu sagen, dass es (in irgendeiner Weise) *präsent* ist. Mit ‚präsent' soll, die späteren Analysen zur Zeitlichkeit der Existenz vorwegnehmend, nicht die sukzessiv-zeitliche Gegenwart im Sinne des flüchtigen Jetzt-Momentes gemeint sein, sondern die nicht-sukzessive bzw. überzeitliche, „ewige" Gegenwärtigkeit eines Seienden, der Umstand letztlich (wie sich zeigen wird), dass man auf es Bezug nehmen kann. Ein Seiendes existiert, weil man auf es in irgendeiner Weise zeigen kann, ja, weil es sich präsentiert, sich zeigt. Die Ausdrücke ‚präsentiert sich' und ‚zeigt sich' sind nicht unbedingt in einem aktiven Sinne zu verstehen. Tätig im aktiven Sinne von ‚sich zeigen' bzw. ‚sich geben' ist nur manches Seiende, vor allem höhere lebende Organismen. Der Ausdruck ‚zeigt / präsentiert sich' ist in einem *medialen* Sinne gemeint, wie wenn wir etwa sagen „Es regnet". So gesprochen existiert auch alles Seiende, was vergangen ist und alles, was zukünftig ist. Selbst wenn man die endliche Warte einer Person einnimmt, ist Zukünftiges ja präsent in Voraussagen (im weitesten Sinne), Vergangenes im Erinnern.[60]

Seiendes existiert also, insofern es mit uns eine bzw. seine Präsenz teilt. Es muss *zugleich mit uns* (ko-)existieren, damit wir auf es Bezug nehmen können. Wie allerdings die Konstitutionsbedingungen dieser gemeinsamen Gegenwart aussehen, ist hier noch eine offene Frage. Auf das Kapitel 6 vorgreifend dürfte aber schon an dieser Stelle klar sein: Ohne den Bezug auf unsere eigene Existenz, die wir in diese (wie auch immer eingerichtete) gemeinsame Präsenz einbringen bzw. immer schon eingebracht haben, wird es nicht möglich sein, ein vollgültiges Verständnis dessen zu gewinnen, wie Existenz sich überhaupt zeigt.[61] Eine Untersuchung des Begriffs der Existenz kann letztlich nicht befriedigend durchgeführt werden, so unsere im Laufe des Buches zu erhärtende These, ohne dass wir uns selbst als Existierende und Existenzthematisierende zum Gegenstand der Untersuchung machen. Genau an dieser Stelle werden die Analysen unserer je eigenen Existenz virulent, wie sie die Existenzphilosophie im engeren Sinne (mit Namen verbunden wie Kierkegaard, Heidegger oder Sartre) geleistet hat. Wir werden uns ihnen in den letzten beiden Kapiteln dieses Buches widmen. Zunächst aber werden wir uns (in den Kapiteln 4 und 5) erneut der logisch-ontologischen Vorgängigkeit der Existenz zuwenden, wie sie in vielen, auch systematisch äußerst interessanten Varianten in der Geschichte der Philosophie thematisiert wurde.

Anhang:
Tabellarische Übersicht zu den besprochenen Theorien der Existenz

Tabelle 1: Überblick über die Terminologie verschiedener Theorien der Existenz

Autor	Existenz als Dass-Sein	Existenz als raumzeitliches Sein	Existenz als nicht-raumzeitliches Sein
Meinong	„Gegebenheit" / „Außersein"	„Existenz"	„Bestand"
Frege, Russell, Quine	Existenz als Quantor, d. h. Zahlenangabe im Sinne des Ausdrucks ‚Es gibt mindestens ein…'	„Wirklichkeit" (Frege)	*nicht eigens benannt*
Kripke	„Existenz"	„Konkretheit"	„Abstraktheit"
Williamson	„logische Existenz"	„Konkretheit"	„Abstraktheit", „Ex-Konkretheit", „Möglichkeit" …

Tabelle 2: Eigenschafts- und modaler Status von Existenz als Dass-Sein

Autor	Existenz (Dass-Sein) ist Eigenschaft von Individuen	Modaler Status von Existenz als Eigenschaft von Individuen
Meinong	ja (nicht-diskriminierend)*	notwendig
Frege, Russell, Quine	nein (sondern immer höherstufige Eigenschaft)	notwendig
Kripke	ja (nicht-diskriminierend)	kontingent
Williamson	ja (nicht-diskriminierend)	notwendig

* Zur Erläuterung: Existenz als Dass-Sein entspricht bei Meinung der „Gegebenheit" bzw. dem „Außersein"; siehe Tabelle 1.

4 Existenz und Gott

In den ersten beiden Kapiteln haben wir uns mit dem durchaus staunenswerten Phänomen der Existenz vertraut gemacht und den Versuch unternommen, anhand der analytischen Debatte Klarheit über den Begriff der Existenz überhaupt zu gewinnen. Existenz überhaupt ist Dass-Sein im Sinne einer kontingenten Eigenschaft, die allem Seienden zukommt. Kehren wir mit diesem Wissen zurück zur Grundfrage der Metaphysik – „Warum ist überhaupt etwas...?" – und wenden wir uns den philosophiegeschichtlichen Versuchen zu, auf diese Frage mit dem Beweis der Existenz Gottes zu antworten. In diesen Versuchen, bei denen man besser von Argumenten als von strengen Beweisen sprechen sollte,[1] wird implizit die logisch-ontologische Vorgängigkeit der Existenz thematisiert, wie wir sie am Ende des letzten Kapitels deutlich vor Augen gestellt haben. Deswegen wollen wir die klassischen Argumente für die Existenz des Absoluten hier behandeln, vor allem in Hinblick auf die Frage, ob Gottes Existenz aus seinem Begriff abgeleitet werden kann.

Es gibt drei klassische „Gottesbeweise", den *kosmologischen*, den *teleologischen* und den *ontologischen*. Wir wollen sie kurz im Hinblick auf ihre unterschiedliche existenzphilosophische Relevanz skizzieren und orientieren uns dabei an der erhellenden Darstellung von Joachim Bromand und Guido Kreis (vgl. Bromand und Kreis 2013, 13–15). Der kosmologische und der teleologische Gottesbeweis sind *aposteriorische* Beweise, weil sie von einer erklärungsbedürftigen empirischen Faktenlage aus beginnen, um dann auf die Existenz Gottes als Garanten für diese Faktenlage zu schließen.

Der *teleologische* Beweis beruht auf der Beobachtung, dass die Welt eine zweckgerichtete (eben teleologische) Organisationsstruktur aufweist. Soll die Ordnung der Welt nach Zwecken erklärt werden, müssen wir diesem Beweis zufolge eine göttliche Instanz annehmen, durch welche die Welt zweckmäßig eingerichtet worden ist. Dieses auch schon in der Antike zu findende Argument ist im Mittelalter prominent von Thomas von Aquin vertreten worden und wird auch heute noch, etwa von Richard Swinburne, verteidigt.[2] Es ist für unsere existenzphilosophischen Zwecke nicht weiter relevant.

Im *kosmologischen* Beweis nimmt Gott entweder, wie bei Aristoteles, die Rolle eines unbewegten Bewegers ein, oder er tritt als letzte Wirkursache in der Kausalkette des Universums auf, oder aber er garantiert als das notwendigerweise Existierende die nicht-notwendige und daher prekäre Existenz aller kontingenten Entitäten.[3] Diese letzte Version des kosmologischen Beweises, die auch der Beweis *ex contingentia mundi* genannt wird, hat die meiste Relevanz für die Existenzfrage. Wir haben diesen Beweis bereits im Zuge von Leibnizens Version der Grundfrage der Metaphysik und Grünbaums Kritik an ihr kennengelernt (vgl.

Kapitel 2.2) und wollen ihn nun etwas genauer in der von Leibniz vorgetragenen Form betrachten.

Der kosmologische Gottesbeweis Leibnizens setzt das Prinzip des zureichenden Grundes voraus. Es besagt, „daß nichts geschieht, ohne daß es demjenigen, der die Dinge genügend kennt, möglich wäre, einen Grund anzugeben, der zur Bestimmung genügt, warum es so und nicht anders ist." (PNG, 163) Stellt man nun die Frage, warum es überhaupt etwas und nicht nichts gibt, dann fragt man nach einem zureichenden Grund dafür, dass es überhaupt etwas gibt. Dieser Grund kann nun nicht in einem kontingenterweise Existierenden bestehen. Denn dass etwas kontingenterweise existiert, bedeutet, dass es nur unter bestimmten Bedingungen existiert, also selbst einen zureichenden Grund außerhalb seiner hat und damit nicht der letzte zureichende Grund für die Existenz von überhaupt etwas sein kann. Hieraus folgt Leibniz:

> So muß der zureichende Grund, der nicht wiederum einen anderen Grund nötig hat, außerhalb dieser Folge der kontingenten Dinge liegen und sich in einer Substanz finden, die seine Ursache wäre und die ein notwendiges Sein wäre, welches den Grund seiner Existenz mit sich trüge. (PNG, 163)

Daher gilt laut Leibniz: Wenn das Prinzip des zureichenden Grundes gilt und es überhaupt etwas gibt – was ja eine Tatsache ist –, dann muss es auch ein notwendig Existierendes geben, das (folglich) in sich selbst gründet.

Die wohl bis heute schärfste Kritik am kosmologischen Gottesbeweis findet sich in Kants *Kritik der reinen Vernunft*. Kant moniert dort u. a., dass eine Kette empirischer Ereignisse, die zueinander im Verhältnis von Begründendem und Begründetem stehen, nicht den Schluss erlaubt, dass es ein letztes Glied außerhalb dieser Kette geben muss. Das Prinzip des zureichenden Grundes hat laut Kants transzendentalem Idealismus nur in Bezug auf die empirische Erfahrungswelt (d. h. auf den Bereich des kontingenterweise Existierenden) Gültigkeit und lässt sich – außer in regulativ-heuristischer Absicht – nicht über diese hinaus auf den Grund des Weltganzen ausweiten (vgl. KrV, B 545–552 u. B 638).

Darüber hinaus macht Kant deutlich, dass selbst wenn man die Beweisführung des kosmologischen Gottesbeweises hinsichtlich der Notwendigkeit eines *letzten* zureichenden Grundes anerkennen würde, man immer noch nicht zum gewünschten Schluss käme. Denn das letzte Glied soll dem kosmologischen Beweis Leibnizens zufolge ein selbst nicht kontingentes, sondern notwendiges Seiendes sein. Die damit gesetzte „absolute Notwendigkeit" besteht darin, von keiner anderen Entität in seiner Existenz bedingt zu sein. Dies ist nach Kant aber lediglich „ein Dasein aus bloßen Begriffen" (KrV, B 635); das heißt, der kosmologische Beweis setzt für seine Schlüssigkeit voraus, dass es (schon) ein Wesen gibt, dessen Existenz aus seinem Begriff folgt.

Dies zu zeigen, ist das Projekt des sogenannten *ontologischen* Gottesbeweises. Kant argumentiert also, dass der kosmologische Beweis den ontologischen voraussetzt.[4] Insofern der Versuch, die Existenz Gottes zu beweisen, im Rahmen der Grundfrage der Metaphysik und damit innerhalb einer Philosophie der Existenz (im weiten Sinne) überhaupt eine Rolle spielen soll, kann es letztlich nur um den ontologischen Gottesbeweis gehen. Betrachten wir deshalb diesen nun genauer! Wir werden auf Kant zurückkommen, wenn es um die Kritik am ontologischen Argument geht (Kapitel 4.2).

4.1 Gottes Existenz (Anselm)

Der ontologische Gottesbeweis findet sich in seiner ursprünglichen Form im zweiten Kapitel von Anselm von Canterburys Werk *Proslogion* (1077/78). Im Vergleich zu zahlreichen neuzeitlichen Neuauflagen, man nehme etwa Descartes' Beweisversuch in der fünften Meditation, zeichnet sich diese Urform des ontologischen Beweises durch eine kaum zu übertreffende Kürze (die Beweisführung passt auf eine Seite) und argumentative Eleganz aus, weshalb wir uns im Folgenden auf sie beschränken werden.[5] Der Beweis ist im Gegensatz zu den anderen klassischen Gottesbeweisen *apriorischer* Natur, d. h. er möchte ohne empirische Annahmen auskommen und die Existenz Gottes mit rein begrifflichen Mitteln beweisen. Anselm geht also nicht von erklärungsbedürftigen Tatsachen aus, um dann von diesen auf die Existenz Gottes als deren beste Erklärung zu schließen. Er versucht vielmehr, die Denknotwendigkeit der Existenz Gottes zu beweisen, indem er die gegenteilige Annahme, Gott existiere *nicht*, als selbstwidersprüchlich aufzeigt. Er bedient sich also einer sogenannten *reductio ad absurdum*.

Ausgangspunkt für den Beweis Anselms ist die Definition Gottes als „etwas, über dem nichts Größeres gedacht werden kann" („aliquid quo nihil maius cogitari potest", Pros, c. 2). Hierzu sind zwei Vorbemerkungen wichtig. Zum einen muss betont werden, dass in Anselms Beweis unter dem Ausdruck ‚Gott' nur dies, nämlich etwas, über dem nichts Größeres gedacht werden kann, und sonst nichts, zu verstehen ist.[6] Konfrontiert man philosophische Laien heutzutage mit Anselms Beweis, stößt man oft auf Ablehnung, die gespeist ist von dem Verdacht, Anselm habe durch einen pseudophilosophischen Trick dogmatischen Glaubensvorstellungen einen rationalen Anstrich verleihen wollen. Bedenkt man aber, dass ‚Gott' lediglich mit dem Ausdruck ‚etwas, über dem nichts Größeres gedacht werden kann' gleichbedeutend ist, erkennt man, dass Anselm den Gottesbegriff keineswegs dogmatisch auflädt. Im Gegenteil! Es scheint, als seien manche sich für aufgeklärt haltende Kritiker unfähig, ihre eigenen vorphilosophischen Gottesbilder von einer rein begrifflichen Argumentation fernzuhalten.[7] Es geht in Anselms Beweis zunächst also gerade nicht um Gott als Schöpfer oder Weltenrichter, sondern ausschließlich um etwas, über dem nichts Größeres gedacht werden kann. Von *diesem* sagt Anselm, dass es unmöglich sei, ihm Existenz abzusprechen.

Zum anderen ist vorauszuschicken, dass ‚Gott' im Rahmen des ontologischen Gottesbeweises nach Möglichkeit nicht als Eigenname, sondern als Begriff aufzufassen ist. Wäre Gott ein Eigenname, dann wäre, wie unser Abriss der analytischen Diskussion gezeigt hat, die Existenz des Einzeldings mit Namen ‚Gott' bereits vorausgesetzt und der Beweis damit zirkulär geworden. Die anselmsche Formulierung, Gott sei „*etwas* [lateinisch *aliquid*], über dem nichts Größeres gedacht werden kann" erlaubt aber problemlos die Auffassung, ‚Gott' fungiere im Beweis als Begriffswort. Allerdings findet sich in Anselms Text auch die Charakterisierung Gottes mit dem lateinischen Wort ‚id', was mit ‚dasjenige' zu übersetzen wäre und damit auf eine Verwendung des Ausdrucks ‚Gott' als Namen hinweisen würde. Diese Stelle wird im Folgenden im Dienste einer wohlwollenden Interpretation ignoriert und ‚Gott' in Anselms Beweisversuch ausschließlich als Begriffswort aufgefasst.[8]

Wenden wir uns nach diesen beiden kleinen Vorbemerkungen der eigentlichen Beweisstruktur zu. Für seine *reductio ad absurdum* führt Anselm die Figur des „Toren" ein. Dieser bezweifelt die Existenz Gottes. Da ‚Gott' gleichbedeutend ist mit ‚etwas, über dem nichts Größeres gedacht werden kann', sagt der Tor also, dass etwas, über dem nichts Größeres gedacht werden kann, nicht existiert. Hierin, so Anselm, liegt nun aber ein Widerspruch. Der Widerspruch bestehe darin, dass der törichte Gotteszweifler den Begriff ‚etwas, über dem nichts Größeres gedacht werden kann' geistig erfasst haben muss, um sagen zu können, dass es etwas, über dem nichts Größeres gedacht werden kann, nicht gibt. Die Bestimmung ‚etwas, über dem nichts Größeres gedacht werden kann' habe auch für denjenigen einen nachvollziehbaren Sinn, welcher der Überzeugung ist, es existiere nichts dergleichen.

Der Begriff ‚etwas, über dem nichts Größeres gedacht werden kann' muss daher laut Anselm – insofern er verstanden worden ist – im Verstande des Gotteszweiflers existieren. Damit sind die Anfangsbedingungen für die *reductio* gesetzt: Wenn ‚etwas, über dem nichts Größeres gedacht werden kann' im Verstande existiert, dann lässt sich fragen, ob es nicht zur Größe von etwas gehöre, ob es nur im Verstande oder darüber hinaus auch in Wirklichkeit existiere.

Wir müssen also fragen, was denn eigentlich bei Anselm unter ‚Größe' zu verstehen ist. Anselm selbst gibt hierüber keine Auskunft. Es kann offenbar nicht räumliche oder quantitative Größe gemeint sein. Was aber dann? Hier hilft ein

Blick auf spätere Versionen des ontologischen Arguments, beispielsweise diejenige aus Descartes' *Meditationen*. Hier finden wir die Rede von „Vollkommenheit" („perfectio") statt „Größe" (Med, 135 / AT VII, 66). Vollkommenheit oder Perfektion können wir als *qualitative* Form von Größe bezeichnen. Dies kennen wir aus dem Alltag, wenn wir von einer „großen Persönlichkeit" oder einem „großen Denker" oder einem „großen Feldherrn" sprechen. Auch in diesen Fällen meinen wir nicht räumliche Größe, sondern, wie man gerade im Falle Napoleons oder Kants gut sehen kann, Bedeutsamkeit bzw. qualitatives Herausragen. Nun ist die Größe, von der in der Definition Gottes die Rede ist, nicht weiter eingeschränkt. Es wird nicht von Größe im Reden, Denken, Handeln etc. gesprochen, sondern von Größe schlechthin. Es geht Anselm also nicht um das Großsein in einer bestimmten Hinsicht, sondern um die Größe des Seins selbst. Man könnte vielleicht sagen: Gott ist dasjenige, was in qualitativ nicht überbietbarem Sinne verkörpert, was es heißt zu sein. So vage der Sinn von ‚Größe' hier auch noch sein mag, es scheint auf den ersten Blick einigermaßen plausibel, dass wir es zur Größe im Sinne der Vollkommenheit einer Sache zählen sollten, ob sie nur im Verstand oder auch in Wirklichkeit existiert.

Wenn nun aber der begriffliche Gehalt ‚etwas, über dem nichts Größeres gedacht werden kann' im Geiste dessen existiert, der die Existenz eines solchen Wesens leugnet, dann lässt sich offenbar doch noch Größeres denken; nämlich etwas, über dem nichts Größeres gedacht werden kann *und das zudem in Wirklichkeit und nicht nur im Verstand existiert*: „Denn wenn es wenigstens im Verstand allein ist, kann gedacht werden, daß es auch in Wirklichkeit existiere – was größer ist" (Pros, c. 2). Schränkt man den Gedanken an *etwas, über dem nichts Größeres gedacht werden kann*, auf die Vorstellungswelt eines Denkers ein, hat man verfehlt zu denken, was man wollte, nämlich *etwas, über dem nichts Größeres gedacht werden kann*. Ein in Wirklichkeit existierendes Etwas wäre nämlich offenbar größer (vollkommener) als ein Etwas, das bloß der Vorstellungswelt eines Individuums angehört. Wenn die These des Gottesleugners aber widersprüchlich ist, dann muss sie falsch und ihr kontradiktorisches Gegenteil wahr sein: Gott – verstanden als *etwas über dem nichts Größeres gedacht werden kann* – muss daher auch in Wirklichkeit existieren.

Der philosophiehistorische Einfluss des anselmschen Arguments ist kaum zu überschätzen. So gut wie jeder bedeutende Philosoph nach ihm hat sich mit dem Beweis auseinandergesetzt, sei es kritisch oder affirmativ. Eine erschöpfende oder auch nur einigermaßen ausführliche Darstellung der Kritiken, Modifikationen und Verteidigungen, die der Beweis erfahren hat, würde uns zu weit von unserem eigentlichen Thema wegführen. Aus existenzphilosophischer Sicht sind vor allem zwei Punkte von Bedeutung: zum einen die aus dem ontologischen Beweis folgende These von der *Notwendigkeit* der Existenz Gottes und zum anderen die Kritik an Anselms Verquickung von Begriff (Denken) und Existenz (Wirklichkeit), wie sie insbesondere von Gaunilo von Marmoutiers, Thomas von Aquin und Immanuel Kant formuliert worden ist. Dieser Kritik wenden wir uns im nächsten Unterkapitel zu, sodass wir hier nur noch kurz die These von der *notwendigen* Existenz Gottes betrachten wollen.

Das ontologische Argument für die Existenz Gottes, wie es sich im zweiten Kapitel von Anselms *Proslogion* findet, möchte zeigen, dass Gott wahrhaft existiert (vgl. Pros, c. 2). Eine weiterführende Frage, die durch Anselms Beweis nicht unmittelbar beantwortet wird, lautet, ob es denn möglich wäre, dass Gott nicht existierte, oder anders gefragt: Existiert Gott kontingenter- oder notwendigerweise? Anselm möchte freilich letzteres beweisen und lässt dem zweiten Kapitel ein drittes folgen, das zeigen soll, dass es nicht einmal möglich ist, Gott als nicht-existierend zu denken (vgl. Pros, c. 3).[9] Das Argument für die Notwendigkeit der Existenz Gottes wiederholt nur das schon bereits bekannte Argument. Notwendige Existenz ist, so Anselm, größer (sprich: vollkommener) als bloß kontingente Existenz, weshalb erneut gelte: Wer sagt, dass etwas, über dem nichts Größeres gedacht werden kann, nur kontingenterweise existiert, der widerspricht sich, lässt sich doch etwas Größeres (Vollkommeneres) denken, nämlich etwas, das notwendigerweise existiert (vgl. Pros, c. 3). Mit diesem modalontologischen Zusatzargument macht Anselm aber letztlich nur noch einmal separat deutlich, was schon im ersten Argument steckt. Die ursprüngliche *reductio* beruhte ja auf einer *begrifflichen* und nicht auf einer empirischen Unmöglichkeit, Gott als nicht-existent zu denken. Diese begriffliche und nicht nur faktische Unmöglichkeit der Nicht-Existenz und damit die Notwendigkeit der Existenz Gottes macht das Argument aus Kapitel drei nochmals explizit.

Dieser modalontologische Charakter hat für nachfolgende Neuauflagen des Beweises an Bedeutung sogar noch gewonnen. So hat etwa Leibniz in seinen *Meditationes de cognitione, veritate et ideis* (1684) darauf hingewiesen, dass der ontologische Gottesbeweis nur dann als schlüssig gelten könne, wenn auch die Möglichkeit des Begriffs Gottes erwiesen sei (vgl. De Cog, 38). Nach Leibniz kann es nämlich sein, dass Begriffe, die auf den ersten Blick als wohlverständlich und sinnvoll erscheinen, sich bei genauerer Betrachtung als widersprüchlich und damit als unmöglich erweisen (vgl. De Cog, 39).[10] Laut Leibniz gilt also: Nur wenn der Begriff Gottes widerspruchsfrei und somit möglich ist, greift auch der ontologische Gottesbeweis. Die begriffliche Möglichkeit Gottes sieht Leibniz aber in der Tat gegeben, weil „nichts die Möglichkeit dessen verhindern kann, worin keine Schranken eingeschlossen sind, keine Negation und folglich kein Widerspruch" (Monad, § 45). Weil Gott als das Vollkommene definiert ist und das Vollkommene keine Einschränkungen enthält, ist es laut Leibniz also unmöglich, dass sich im Begriff Gottes ein innerer Widerspruch versteckt.[11]

Angenommen, wir ließen uns vom ontologischen Gottesbeweis überzeugen, es käme „allein Gott oder dem notwendigen Sein das Privileg zu, daß es existieren muß, wenn es möglich ist" (Monad, §45), dann hätten wir eine Antwort auf die Grundfrage der Metaphysik gewonnen, warum es überhaupt etwas und nicht nichts gibt. Wir könnten nämlich nun sagen: Dass rein gar nichts existiert, ist aus begrifflichen Gründen unmöglich, denn am Begriff ‚Gott' lässt sich zeigen, dass etwas, über dem nichts Größeres bzw. Vollkommeneres gedacht werden kann, notwendigerweise existiert. Es würde sich dann aber die weitere existenzphilosophische Frage anschließen, warum es außer Gott auch noch kontingentes Seiendes gibt. Dies ist die Frage nach der Notwendigkeit der Schöpfung unter Voraussetzung der Existenz Gottes. Diese Frage ist alles andere als leicht zu beantworten. Es drängt sich etwa unmittelbar die weitere Frage auf, warum ein vollkommenes Wesen den Willen haben sollte, unvollkommene Wesen zu erschaffen. Leibniz hat ausführlich und äußerst scharfsinnig darüber nachgedacht, warum und nach welchen Kriterien Gott die beste aller möglichen Welt erschaffen hat. Für all diese Entscheidungen Gottes lassen sich nach Leibniz logisch zwingend Gründe anführen. Allein die Tatsache, dass Gott überhaupt eine Welt kontingenter Entitäten in die Existenz entlassen hat, ist – wie der Leibnizforscher Aron Gurwitsch gezeigt hat – das einzige a-logische Moment in Leibnizens System (vgl. Gurwitsch 1974, 463–466). Nur hierin besteht nach Leibniz die Freiheit Gottes: Er kann eine Welt erschaffen, aber muss(te) dies nicht. Die Grundfrage der Metaphysik bleibt damit, selbst wenn man den ontologischen Gottesbeweis akzeptiert, zwar nicht für Gott, aber sehr wohl für die Gesamtheit des kontingenterweise Existierenden unbeantwortet und verweist auf einen zwangsläufig mysteriösen Umstand. Es ist selbst Leibniz zufolge – *dem* Vertreter der Lehre vom zureichenden Grund! – in letzter Instanz schlicht nicht zu erklären, *warum* Gott die Welt erschaffen und damit auch *warum* überhaupt kontingentes Seiendes existiert.[12]

Das soeben zu Gott und Schöpfung Gesagte ist natürlich nur relevant, wenn der ontologische Beweis tatsächlich korrekt ist. Es ist nun an der Zeit, dass wir uns seiner Kritik zuwenden.

4.2 Existenz ist keine reale Eigenschaft (Kant)

Immanuel Kant, den Moses Mendelssohn den „alles zermalmenden" (Mendelssohn 2008, 91) nannte, hat wohl wie kein Zweiter dazu beigetragen, dass der ontologische Gottesbeweis sowohl in der interessierten Öffentlichkeit als auch im Kreis der Fachphilosophen als obsolet gilt. Dabei wird Kant für gewöhnlich auch zugeschrieben, den Existenzbegriff der Traditionslinie von Frege, Russell und Quine vorweggenommen zu haben, sodass man manchmal sogar vom „Kant-Frege-Russell View of Existence" (Wiggins 1995) lesen kann. Der in diesem Zusammenhang wohl meistzitierte Satz Kants lautet: *„Sein* ist offenbar kein reales Prädikat, d. i. ein Begriff von irgend etwas, was zu dem Begriffe eines Dinges hinzukommen könne" (KrV, B 626). Wie ist das zu verstehen? Zunächst: Der argumentative Zusammenhang, in dem dieser Satz fällt, ist komplexer, als üblicherweise zugegeben wird. Kants Äußerung ist nämlich weder im Sinne von Frege-Russell-Quine zu verstehen, noch taugt sie zum Slogan, mit dem man wie von selbst die Ungültigkeit des ontologischen Gottesbeweises erweisen kann.[13]

Betrachten wir Kants Überlegungen genauer. Kant trifft eine Unterscheidung zwischen logischen Prädikaten und realen Prädikaten (vgl. KrV, B 626). Statt von realen Prädikaten spricht er auch von Bestimmungen (vgl. KrV, B 626). Logische Prädikate sind solche, die in begriffsanalytischer bzw. definitorischer Weise von einem logischen Subjekt ausgesagt werden. Wie Kant ausdrücklich betont, kann als ein solches Prädikat „alles dienen, was man will" (KrV, B 626). Es geht lediglich darum, ob ein Begriff als dem anderen *in logischer Hinsicht* zukommend angesehen wird. Zu sagen, dass ein Prädikat einem Subjekt logisch zukommt, heißt in diesem Fall, dass das Prädikat im Begriff des Subjekts enthalten ist. Als Beispiel mag das Urteil ‚Quadrate sind viereckig' dienen. Hier wird das logische Prädikat ‚viereckig' dem logischen Subjekt ‚Quadrat' als in ihm enthalten zugeschrieben, ohne den Sachgehalt des an der Subjektstelle stehenden Begriffs zu erweitern. Es geht also lediglich um ein in Gedanken vollzogenes analytisches In-Beziehung-Setzen zweier Begriffe. Das Verhältnis von logischem Subjekt und logischem Prädikat bei Kant ist damit dem Sprichwort „Wer A sagt, muss auch B sagen" gemäß; in unserem Beispiel also: Wer ‚Quadrat' sagt, muss auch ‚viereckig' sagen.

Ein reales Prädikat bzw. eine Bestimmung ist nach Kant hingegen ein solches, „welches über den Begriff des Subjekts hinzukommt und ihn vergrößert. Sie muß [= darf] also nicht in ihm schon enthalten sein" (KrV, B 626). Betrachten wir beispielhaft das Urteil ‚Der Kaffee ist kochend heiß'. Hier gilt ganz offensichtlich nicht: Wer ‚Kaffee' sagt, muss auch ‚kochend heiß' sagen. Schließlich gibt es auch kalten Kaffee. Wenn Kant also sagt, ‚Sein' (im Sinne der Existenz) sei kein reales Prädikat, dann behauptet er, dass Existenz nicht den begrifflichen Sachgehalt dessen erweitert, von dem wir die Existenz aussagen. Auf den ersten Blick scheint dies nun aber dem Vertreter des ontologischen Gottesbeweises gerade in die Hände zu spielen. Wenn ‚Existenz' kein reales Prädikat ist – könnte es dann ein logisches Prädikat sein? Dazu passt außerdem, dass Kant – wie bereits erwähnt – ausdrücklich darauf hinweist, dass *alles* als logisches Prädikat fungieren kann. Das hieße dann aber, dass Kant keine grundsätzlichen prädikationslogischen Einwände gegen die These zu haben scheint, dass der Begriff ‚Gott' analytisch das Prädikat ‚Existenz' in sich enthalte. Schließlich ist Gott ja definiert als das Wesen, das alle Vollkommenheiten (oder kantisch gesprochen: alle logischen Prädikate, die keinen Mangel ausdrücken) umfasst. ‚Existenz' ist nun ein derartiges logisches Prädikat, weshalb mit begrifflicher Notwendigkeit gesagt werden müsste, dass Gott existiert. Die gemeinhin unterstellte Funktion des kantischen Satzes (‚sein' bzw. ‚existieren' sei kein reales Prädikat), nämlich zu helfen, uns des anselmschen Gottesbeweises zu entledigen, scheint hier nicht erfüllt zu sein.

Aber schauen wir genauer hin! Kant, und dies mag für viele überraschend sein, würde nämlich durchaus die Wahrheit des Satzes ‚Gott existiert' anerkennen.[14] Allerdings würde er dies nur mit der Einschränkung tun, dass ‚existiert' in diesem Satz als logisches Prädikat auftritt. Dies bedeutet dann aber nichts anderes, als dass die Wahrheit dieses Satzes auf einer bloßen Nominaldefinition beruht; oder, um es mit Kants eigenen Worten etwas schärfer zu formulieren: Es handelt es sich hierbei um „nichts als eine elende Tautologie" (KrV, B 625). In rein *prädikationslogischer* Hinsicht ist es für Kant überhaupt nicht verwerflich, ‚existiert' als logisches Prädikat (erster Stufe) zu behandeln. Es ist aber aus *erkenntnistheoretischer* Sicht problematisch, aus einem rein logisch-analytischen Satz *wirklichkeitsrelevante* Schlüsse ziehen zu wollen. Verwendet man ‚existiert' als logisches Prädikat, so fällt man ein analytisches Urteil, d. h. man macht nur explizit, was man vorher schon in die Definition eines Begriffes investiert hat. Was man als existierend definiert, und seien es die tollsten Fabelwesen, von dem lässt sich natürlich *analytisch* urteilen, dass es existiert. Da man also mit dem logischen Existenzprädikat willkürlich alles als existierend definieren könnte, ist diese rein logische Verwendung des Prädikats sinnlos, wenn man eine reale Erkenntnisabsicht verfolgt. Daher sagt Kant, man müsse zugeben, „wie es billigermaßen jeder Vernünftige gestehen muß, daß ein jeder Existenzialsatz synthetisch sei" (KrV, B 626).

Damit stehen wir aber vor dem nächsten Rätsel. Im Gegensatz zu ‚analytisch' bedeutet ‚synthetisch' bei Kant, dass etwas in begriffserweiternder Art zum logischen Subjekt hinzukommen muss. Das war aber genau die Art, wie Kant ein reales Prädikat verstanden wissen wollte. Müssen wir damit aber dann nicht genau das sagen, was Kant doch gerade ausschließt, nämlich, dass ‚existiert' ein reales Prädikat ist? Wenn in erkenntnistheoretischer Sicht der Gebrauch von ‚existiert' im Sinne eines logischen Prädikats nicht taugt, dann müsste – so könnte man meinen – ‚existiert' doch ein reales Prädikat sein. Bisher haben wir nur angeführt, dass Kant letzteres ausschließt, aber noch nicht, *warum* er dies tut. Holen wir also zunächst diese Begründung nach.

Kant zufolge fungiert ‚Sein' in einem synthetischen Urteil lediglich als „Copula" (KrV, B 626), d. h. als Bindeglied zwischen zwei Begriffen, und nimmt selbst dabei laut Kant keinerlei prädikative Funktion ein. So erschöpft sich die Funktion des ‚ist' in ‚Der Kaffee ist lauwarm' in der Verknüpfung der beiden Ausdrücke ‚Kaffee' und ‚lauwarm'. Was ist aber mit Sätzen wie ‚Der lauwarme Kaffee existiert' oder ‚Es gibt lauwarmen Kaffee'? Schließlich scheinen wir auch solche Sätze in die Subjekt-Prädikat-Form bringen zu können: ‚Der lauwarme Kaffee ist *existierend*' (oder vielleicht weniger ungewöhnlich in der Wortwahl: ‚Der lauwarme Kaffee ist wirklich') im Gegensatz zu ‚Der lauwarme Kaffee ist möglich'. In der Tat ist ‚wirklich' bzw. ‚existierend' hier keine Kopula und sieht somit nach einem realen Prädikat aus. Kant formuliert nun aber ein Argument, warum dies nicht der Fall sein kann:

> Hundert wirkliche Taler enthalten nicht das Mindeste mehr, als hundert mögliche. Denn, da diese den Begriff, jene aber den Gegenstand und dessen Position an sich selbst bedeuten, so würde, im Falle dieser mehr enthielte als jener, mein Begriff nicht den ganzen Gegenstand ausdrücken, und also auch nicht der angemessene Begriff von ihm sein. (KrV, B 627)

Das Argument Kants ist ebenso innovativ wie einfach: Wäre ‚Existenz' ein reales Prädikat, dann könnte ich niemals sinnvoll sagen, dass ein Begriff, den ich im Kopf habe, sich auf etwa Wirkliches bezieht. Denn ‚Existenz' würde als reales Prädikat den Begriff dem Inhalt nach erweitern. Dadurch aber entstünde ein *begrifflicher* Unterschied zwischen dem Begriff ‚lauwarmer Kaffee' und dem real existierenden lauwarmen Kaffee in meiner Hand. Das hieße aber, dass unsere Begriffe immer und zwangsläufig ihre realen Gegenstücke verfehlen würden! Es würde, wie Kant es ausdrückt, immer „mehr existieren, als ich im Begriffe gedacht hatte, und ich könnte nicht sagen, daß gerade der Gegenstand meines Begriffs existiere" (KrV, B 628). Wenn mit realer Erkenntnisabsicht gebraucht, taugt ‚existiert' damit *weder* als logisches *noch* als reales Prädikat. Als logisches Prädikat verwendet, führt er zu tautologischen, also erkenntnistheoretisch leeren Existenzaussagen. Als reales Prädikat hingegen würde es jegliche begriffliche Bestimmung von Existierendem verunmöglichen. Anders ausgedrückt: Durch das logische Existenzprädikat würde die epistemisch notwendige Differenz von Denken und Sein eingerissen, während durch ein reales Existenzprädikat dagegen eine unüberbrückbare Kluft zwischen Denken und Sein hergestellt würde. Beides ist misslich.

Wir haben also gesehen, dass es einerseits unmöglich ist, ‚ist' bzw. ‚existiert' als reales Prädikat in synthetischen Sätzen zu gebrauchen und dass es anderseits zwar möglich, aber epistemisch unsinnig ist, ‚existiert' im logischen Sinne (in dann analytischen Sätzen) zu gebrauchen. Das heißt aber noch nicht, dass es nach Kant gar keinen epistemisch brauchbaren Sinn von ‚existiert' gibt. ‚Existiert' kann – wie am oben eingerückten Zitat ablesbar – sehr wohl als Prädikat dienen, nämlich als Prädikat im Sinne einer *Positionsbestimmung*: „Es [das Sein] ist bloß die Position eines Dinges, oder gewisser Bestimmungen an sich selbst" (KrV, B 626). Der Ausdruck ‚Position' wiederum lässt sich (gemäß dem Sinn von ‚ponere' als ‚setzen' und ‚stellen') erläutern als das *Gesetzsein* eines prädikativ bestimmten Gegenstandes und die *Stellung* oder das *Verhältnis* dieses Gegenstandes zur Erfahrung.[15] Von einem Gegenstand zu sagen, er existiere, bedeutet laut Kant, ihn „als in dem Kontext der gesamten Erfahrung enthalten" (KrV, B 628) zu denken. Erfahrung ist laut Kant aber immer sinnlich vermittelte *raumzeitliche Erfahrung* und lässt sich nicht auf rein begriffliche Operationen reduzieren. Eine Existenzaussage *setzt* also den „*Gegenstand* in Beziehung auf meinen *Begriff*" (KrV, B 627). So wird etwa im Urteil ‚Es gibt Kaffee' Kaffee in Beziehung zu dem von mir gedachten Begriff ‚Kaffee' gesetzt. Der reale Kaffee und mein Begriff unterscheiden sich nicht hinsichtlich der realen Prädikate oder Bestimmungen, weshalb es keine begriffliche Angelegenheit ist, über die Existenz oder Nicht-Existenz des Kaffees zu befinden. Ist die Stellung des Kaffees zu meinem Erkenntnisvermögen derart, dass eine sinnliche Wahrnehmung mir den Kaffee als gesetzt vermitteln könnte, so existiert er auch real. Dies wäre, auch nach Kant, also durchaus ein Gebrauch des Prädikates ‚existiert', der weder logisch noch real und dennoch sinnvoll ist. Denn das Prädikat ‚existiert' drückt aus, welche Position der Gegenstand zu unserem Erkenntnisvermögen einnimmt, ist also im Grunde kein logisches und kein reales, sondern ein, wie man vielleicht sagen könnte, *transzendentales* Prädikat, d. h. die Bedingungen der Möglichkeit der Erfahrung betreffend.

Wir haben oben gesehen, dass Anselms Argument für die Existenz Gottes auf einer *reductio ad absurdum* beruht: Wer Gott recht denken will, der muss ihn – will er einen Selbstwiderspruch vermeiden – auch als existierend denken. Mit Kant müssen wir nun gegen diesen Versuch einwenden, dass Existenz keine Denkbestimmung, sondern das Verhältnis von Gegenstand und Vorstellung betrifft, genau genommen das Erfahrbarkeitsverhältnis. Deshalb kann es niemals sinnvollerweise als widersprüchlich gelten, einem Gegenstand die Existenz abzusprechen:

> Denn ich kann mir nicht den geringsten Begriff von einem Dinge machen, welches, wenn es mit allen seinen Prädikaten aufgehoben würde, einen Widerspruch zurück ließe, und ohne den Widerspruch habe ich, durch bloße reine Begriffe a priori, kein Merkmal der Unmöglichkeit. (KrV, B 623–624)

Wir können laut Kant zwar durch bloßes Nachdenken zeigen, dass es absurd wäre, den Begriff ‚Dreieck' ohne das Prädikat ‚Dreiwinkligkeit' zu denken, aber niemals, dass es im selben Sinne absurd wäre, irgendeinem Gegenstand die Existenz abzusprechen (vgl. KrV, B 622). Ein solcher Widerspruch ergibt sich für den Fall der Existenz nur, wenn wir ‚existiert' als logisches Prädikat verwenden würden. Dies ist aber, wie wir gesehen haben, unsinnig, weil wir dann Beliebiges als existierend definieren können.

Es ist an dieser Stelle instruktiv, Kants Auffassung von Existenz mit den drei Existenztheorien aus dem zweiten Kapitel zu vergleichen. Wie Meinong versteht auch Kant Existenz offenbar als raumzeitliche Wirklichkeit. Im Gegensatz zu Meinong hält Kant Existenz aber nicht für eine reale Eigenschaft. Damit scheint Kant die Kritik der Frege-Russell-Quine-Linie zu teilen, dass ‚existiert' kein gewöhnliches Prädikat ist. Allerdings findet sich bei Kant nirgends die These, ‚existiert' sei ein Prädikat zweiter Stufe in dem Sinne, dass wir es von Begriffen aussagen und damit meinen, dass etwas unter sie fällt. ‚Existiert' ist laut Kant hingegen ein Prädikat, das – *gegen* Frege, Russell und Quine – durchaus in Verbindung mit einem singulären Term stehen kann, aber eben nicht im Sinne eines gewöhnlichen Prädikats, sondern so, dass damit nur das Gesetzt- bzw. Gegebensein des Gegenstandes im Gesamtzusammenhang der raumzeitlichen Erfahrung und damit sein Verhältnis zum Erkenntnissubjekt angezeigt wird.[16] ‚Existenz' im Sinne raumzeitlicher Wirklichkeit zählt bei Kant zu den Kategorien der *Modalität* und hat damit

> das Besondere an sich: daß sie den Begriff, dem sie als Prädikat beigefüget [wird], als Bestimmung des Objekts nicht im mindesten vermehr[t], sondern nur *das Verhältnis zum Erkenntnisvermögen* ausdrück[t]. (KrV, B 266)[17]

Damit ist Kant zumindest insofern in Übereinstimmung mit Kripke, dass ‚existiert' durchaus als Prädikat von Einzelnem ausgesagt werden kann. Im Gegensatz zu Kripke wiederum versteht Kant aber unter ‚Existenz' ausschließlich die raumzeitlich erfahrbare Wirklichkeit und würde daher nicht sagen, dass fiktionale Entitäten existieren. Ja, bestimmte übersinnliche Entitäten wie Gottheiten würde Kant nicht einmal als Gegenstände ansehen. Denn nicht jeder Gegenstand muss nach Kant wirklich, aber er muss zumindest möglich sein, was allerdings für ihn bedeutet, dass er „mit den formalen Bedingungen der Erfahrung (der Anschauung und den Begriffen nach) übereinkommt" (KrV, B 265). Diese Bedingung wird von *übersinnlichen* Entitäten natürlich *per definitionem* nicht erfüllt. Damit kommt aber auch nach Kant dem Existenzbegriff eine diskriminierende Funktion zu, aus der sich zwei Klassen von Gegenständen ergeben, nämlich einmal die wirklichen (existierenden) und einmal die bloß möglichen Gegenstände. In Bezug auf die möglichen Gegenstände, die nicht wirklich sind, ließe sich dann aber fragen, inwiefern sie denn überhaupt *sind* (denn sie sind ja nicht einfach nichts).

An diesem Punkt zeigt sich für uns nun die Überlegenheit der existenztheoretisch konsequenteren Überlegungen von Kripke und Williamson, denen zufolge *alles existiert*, insofern es denn *etwas* ist. Kants Auffassung des Prädikats ‚existiert' als absoluter Positionsbestimmung, d. h. als das Gesetzsein eines Gegenstandes, ist einleuchtend, nicht einleuchtend scheint uns aber, warum sich dieses existenzielle Gesetzsein allein auf die Sphäre des sinnlich Erfahrbaren beschränken soll. Wie Williamson an einer Stelle seiner Ausführungen zur Existenz anmerkt, gilt es gerade in existenzphilosophischer Hinsicht die folgende Einsicht zu berücksichtigen: „Perception does not exhaust our contact with reality; we can think too" (Williamson 2002, 247).

Da, wie wir gesehen haben, Kants Begriff der Existenz nicht mit dem Freges und seiner Nachfolger identisch ist, ist es wenig überraschend, dass auch seine Kritik am ontologischen Gottesbeweis nicht diejenige Freges ist. Aus der auf Frege zurückgehenden metaprädikativen bzw. quantifikatorischen Auffassung von Existenz folgt nämlich für sich genommen noch kein Argument gegen den ontologischen Gottesbeweis, geschweige denn dessen Widerlegung.[18] Zwar schreibt Frege in den *Grundlagen der Arithmetik*: „Weil Existenz Eigenschaft des Begriffes ist, erreicht der ontologische Beweis von der Existenz Gottes sein Ziel nicht" (GrArith, § 53). Aber schon kurz darauf gesteht Frege zu, dass „es zuviel behauptet [wäre], daß niemals aus den Merkmalen eines Begriffes auf die Einzigkeit oder Existenz geschlossen werden könne" (GrArith, § 53). Über Freges Überlegungen zur Existenz mit Bezug auf den ontologischen Gottesbeweis können wir zusammenfassend sagen, dass sie den Gottesbeweis nur dahingehend treffen, dass ‚Gott' nicht als Eigenname, sondern als Begriff verstanden werden muss. Dies ist eine Bedingung, die mit ein wenig Wohlwollen für den Großteil der Geschichte des ontologischen Gottesbeweises als erfüllt angesehen werden kann.[19]

Es sind, wie wir sehen konnten, daher nicht formallogische, sondern transzendentalphilosophische bzw. erkenntnistheoretische Gründe, die bei Kant gegen den ontologischen Gottesbeweis ins Feld geführt werden. Für Kant scheitert Anselms Argument, weil er versucht, apriorisch und damit erfahrungsunabhängig herzuleiten, was uns nur im Kontext der Erfahrung bezeugt werden kann: die Existenz im Sinne des *wirklichen Daseins* eines Gegenstandes.

Das zeigt aber: Kant ist kein Vorgänger der Frege-Tradition. Insbesondere die Kritik an der Verwendung von ‚existiert' im Sinne eines realen Prädikats ist wohl eine genuin kantische Innovation, die Frege, Russell und Quine nicht wiederaufnehmen. Sein ist kein reales Prädikat, so sagt Kant explizit. Aber Sein ist eben auch kein höherstufiges logisches Prädikat, wie Frege und seine Nachfolger behaupten, indem sie Existenz als Quantor (und damit als Meta-Eigenschaft) auffassen. Die Kritik am logischen Gebrauch von ‚existiert' im Rahmen des Gottesbeweises hat nun allerdings durchaus philosophiegeschichtliche Vorgänger, einmal in Person von Anselms Zeitgenossen Gaunilo von Marmoutiers – dessen Kritik Anselm selbst in den Anhang seines *Proslogion* aufnehmen ließ – und dann vor allem in der Person des Thomas von Aquin. Auf die Einwände dieser beiden

Denker gegen den ontologischen Gottesbeweis wollen wir zum Abschluss dieses Kapitels kurz eingehen.

Gaunilo hat in seiner Schrift für den gottesleugnenden Toren – *Pro Insipiente* (ca. 1080) – Anselms Beweisversuch mit mehreren Gegenargumenten angegriffen. Der wohl wirkmächtigste ist der sogenannte Inseleinwand. Dieser verweist ganz im Sinne von Kants Kritik am Gebrauch des logischen Prädikats ‚existiert' darauf, dass sich analog zu Anselms Gottesbeweis beliebige Gegenstände als existierend erweisen ließen (vgl. Gaunilo 1989, 60–81). Daher müsse der Beweis falsch sein. So folge etwa auch aus dem Begriff einer Insel, über der keine vollkommenere gedacht werden kann, dass diese nicht nur im Verstande, sondern – wenn Existenz eine Vollkommenheit ist – auch in Wirklichkeit existieren müsse. Da dies aber offenbar abwegig sei, könne der Gottesbeweis nicht gültig sein. Die von Anselm publizierte Replik ist wenig befriedigend. In ihr verweist der spätere Bischof von Canterbury darauf, der Beweis gelte eben nur für Gott (vgl. Anselm 1989, 82–125). Damit ist aber nur das von Gaunilo aufgezeigte Problem und nicht schon dessen Lösung formuliert; Anselm bleibt im Grunde eine Antwort auf die Frage nach der besonderen Beziehung von Gott und Existenz schuldig.

Während Gaunilo mit dem Verweis auf absurde Konsequenzen lediglich aufzeigt, *dass* etwas an Anselms Argument nicht stimmen kann, liefert die Kritik von Thomas von Aquin auch im Hinblick auf das Warum des Scheiterns eine Antwort. Thomas zeigt in seiner *Summa contra gentiles* nämlich, dass Anselm mit einer problematischen Doppeldeutigkeit der Prämisse operiert, dass etwas, über dem nichts Größeres gedacht werden kann, im Verstande existiere (vgl. ScG I, c. 11 / 34–37)[20].[21]

Der erste und naheliegende Sinn dieser Prämisse (dass etwas, über dem nichts Größeres gedacht werden kann, im Verstand existiert) ist, dass dieses an Größe Unüberbietbare *als begrifflicher Gehalt* im Verstand existiert. Wir müssen die in Frage stehende Prämisse daher eigentlich mit Anführungszeichen versehen und schreiben: Der Begriff ‚etwas, über dem nichts Größeres gedacht werden kann' existiert im Verstande. Nun lässt sich *per definitionem* festlegen, dass damit auch der Begriff ‚Existenz' analytisch verknüpft ist. Dann besagt der Beweis Folgendes: Wenn es etwas gibt, das unter den Begriff ‚etwas, über dem nichts Größeres gedacht werden kann' fällt, dann fällt es dank einer analytischen Beziehung auch unter den Begriff ‚Existenz'. Entscheidend ist hier aber das ‚Wenn'. Ob dies tatsächlich der Fall ist, steht auf einem anderen, nicht-begrifflichen Blatt. Dies ist im Kern auch Kants Gedanke, die Verwendung von ‚existiert' als logisches Prädikat sei unsinnig sowie die eigentliche Pointe von Gaunilos Inseleinwand.

Thomas selbst formuliert diesen Einwand, indem er auf den Unterschied zwischen der „[bezeichneten] Sache" und dem „begrifflichen Gehalt des Wortes" hinweist (ScG I, c. 11 / 37). Zum Begriffsgehalt des Wortes ‚Gott' mag also der

Begriffsgehalt ‚Existenz' gehören. Damit ist aber noch nichts über die *tatsächliche* Existenz einer Entität, die unter diesen Begriff fällt, – die „bezeichnete Sache" – gesagt. Bei Thomas liest sich dieser Gedanke so:

> Daraus aber, daß das, was mit dem Wort ‚Gott' ausgesprochen wird, im Verstande begriffen wird, folgt lediglich, daß Gott im Verstande ist; und hiernach brauchte auch das, im Vergleich zu dem Größeres nicht gedacht werden kann, lediglich im Verstande zu sein. Daraus folgt nicht, daß etwas [auch] in der Wirklichkeit sei, im Vergleich zu dem Größeres nicht gedacht werden kann. (ScG I, c. 11 / 37)

Die Existenz, auf die sich in Anselms Beweis schließen lässt, ist also nur die Existenz eines Begriffs, nicht die eines Gegenstandes.

In einer alternativen Interpretation der in Frage stehenden Prämisse könnte nun versucht werden, den Fehlschluss der ersten Auslegung dadurch zu verhindern, dass man behauptet, nicht der Begriff Gottes, sondern Gott selbst existiere in Wirklichkeit, wenn er im Verstande sei. Dadurch würde die gewünschte Konklusion des Arguments aber einfach unter die Prämissen geschmuggelt und der Beweisversuch zirkulär. Hierauf verweist Thomas wie folgt:

> So ergibt sich keinerlei Unstimmigkeit für die, welche behaupten, daß Gott nicht sei; denn es bedeutet keine Unstimmigkeit, daß über jegliches in der Wirklichkeit oder im Verstande Gegebene hinaus etwas Größeres gedacht werden kann, außer für den, der bereits zugibt, es gebe in der Wirklichkeit etwas, im Vergleich zu dem Größeres nicht gedacht werden kann. (ScG I, c. 11 / 37)

Die Annahme, Gott existiere nur im Verstande und nicht auch in Wirklichkeit, wird also nur dann widersprüchlich, wenn man schon annimmt, was man überhaupt beweisen will.

Existenzphilosophisch hat sich die Debatte um den ontologischen Gottesbeweis damit bisher in doppelter Hinsicht als aufschlussreich erwiesen. Zum einen stellt der ontologische Gottesbeweis den letztlich scheiternden Versuch dar, mit Hilfe rein begrifflicher Überlegungen eine Antwort auf die Grundfrage der Metaphysik zu gewinnen, warum überhaupt etwas ist und nicht vielmehr nichts. Zum anderen hat sich mit Kant die bereits zum Ende des dritten Kapitels aufgestellte These erhärtet, dass Existenz sehr wohl eine Eigenschaft von Individuen ist, allerdings keine gewöhnliche Eigenschaft in dem Sinne, dass wir sie einem schon gegebenen Gegenstand zu- oder absprechen. Vielmehr handelt es sich um die „Eigenschaft", dass ein Gegenstand überhaupt gesetzt ist.

Zum Abschluss unseres Kapitels über die existenzphilosophischen Dimensionen des ontologischen Gottesbeweises wollen wir uns nun noch Spinoza zuwenden. Aus Spinozas Gottesbeweis lässt sich nämlich der Gedanke herauspräparieren, dass es sich bei Gott wohlverstanden nur um *die Existenz als solche*, d. h.

das allen anderen Bestimmungen vorausgehende, unhintergehbare Dass-Sein handelt.

4.3 Gott ist Existenz (Spinoza)

Spinozas Gottesbeweis findet sich in seiner *Ethik* (1677). Laut einer gängigen Lesart handelt es sich um eine der Sache nach nicht wirklich innovative Variante des ontologischen Gottesbeweises.[22] Das einzig wirklich Neue daran scheint auf den ersten Blick die umständliche Darstellungsform zu sein, die mit der methodischen Verfasstheit der *Ethik* zu tun hat. Denn die *Ethik* verfolgt penibel die Abfolge von Definitionen, auf diesen Definitionen aufbauenden Axiomen, und Lehrsätzen, die aus den ersten beiden logisch folgen sollen.

Wenn es also in Lehrsatz 7 der *Ethik* heißt „Zur Natur einer Substanz gehört es zu existieren" (E, p. I, prop. 7 / 13)[23], dann muss dies als Folgerung aus zuvor angeführten Definitionen, Axiomen und Lehrsätzen gelten können. Und in der Tat wird im Beweis des siebten Lehrsatzes angeführt, die Substanz sei nach Definition 1 „Ursache ihrer selbst" (E, p. I, prop. 7, dem. / 13), könne also nicht von einem anderen hervorgebracht werden. Es gehört also zur Natur der Substanz – d. h. zu dem, was die Substanz wesentlich zur Substanz macht –, dass sie sich selbst hervorbringt. „[I]hre Essenz", schreibt Spinoza weiter, „schließt notwendigerweise Existenz ein, anders formuliert, zu ihrer Natur gehört es zu existieren" (E, p. I, prop. 7, dem. / 13). Wieder anders formuliert könnte man sagen, dass ‚Existenz' analytisch mit dem Begriff ‚Substanz' verbunden ist; wer ‚Substanz' sagt, *muss* also auch ‚Existenz' sagen. Identifiziert man darüber hinaus wie Spinoza in Definition 6 ‚Gott' mit ‚Substanz', dann muss auch von Gott gesagt werden, er existiere notwendig. Tue man das nicht, widerspreche man Lehrsatz 7, der die notwendige Existenz der Substanz behandelt (vgl. E, p. I, prop. 11, dem. / 23).

Folgt man dieser Rekonstruktion von Spinozas ontologischem Gottesbeweis, dann liegen die Probleme auf der Hand. Denn Gottes Existenz ist hier offenbar eine Sache von Begriffsdefinitionen. Man könnte dann höchstens sagen, dass alles, was unter den Begriff der Substanz fällt, auch unter den Begriff der Existenz fallen muss, nicht aber, dass es tatsächlich eine Substanz und somit einen Gott gibt. Ansonsten würde man nämlich ungerechtfertigterweise aus einem begrifflichen Zusammenhang auf die Existenz eines Einzeldinges schließen.[24] Was Spinoza bestenfalls gezeigt hätte, wäre daher, dass, *wenn es einen Gott gibt* (d. h., wenn etwas unter den Begriff ‚Gott' fällt), es eine analytische Beziehung von ‚Existenz' und ‚Gott' gibt, weshalb Gott nicht kontingenterweise, sondern mit begrifflicher Notwendigkeit existieren würde.

Zweifellos gibt der Text selbst Anlass zu dieser Lesart. So spricht Spinoza etwa im Rahmen von Lehrsatz 7 auch davon, in seinem Gottesbeweis gehe es darum, die notwendige Existenz eines „unbedingt unendlichen und höchstvollkommenen Seienden" (E, p. I, prop. 11, aliter dem. / 25) zu beweisen. Mit ‚Seiendes' (‚ens') scheint auf den ersten Blick ein Einzelding gemeint zu sein. Diesem soll Existenz als eine Eigenschaft oder „Vollkommenheit" („*perfectio*") zukommen (E, p. I, prop. 11, aliter dem. / 25–26). Es gibt nun aber eine, auch textlich zu verankernde Möglichkeit, Spinoza so zu lesen, als ginge es ihm *weder* um einen Beweis im strengen Sinne *noch* um Gott als ein seiendes Einzelding *noch* um Existenz als Eigenschaft eines Einzeldings.

Wir gelangen in die Spur einer solchen Interpretation, wenn wir den Lehrsatz 20 aufmerksam lesen. Dort schreibt Spinoza: „*Gottes Existenz und seine Essenz sind ein und dasselbe*" (E, p. I, prop. 20 / 51). Hier ist nicht die Rede davon, dass Gott existiert, sei es zufälliger- oder notwendigerweise, sondern Spinoza sagt klar und deutlich, dass Gott wesentlich (der Essenz nach) seine Existenz *ist*. Wesentlich ein und dasselbe zu *sein*, ist nun aber etwas anderes, als bestimmte Eigenschaften zu *haben*. Man mag einwenden, dass es doch aber auch wesentliche Eigenschaften gibt, also solche Eigenschaften, die einer soundso gearteten Entität notwendigerweise zukommen müssen, damit man sie überhaupt *als soundso geartete* ansprechen kann. Nun gibt es auch nach Spinoza so etwas wie wesentliche Eigenschaften Gottes. Dies sind die sogenannten Attribute, zu denen Spinoza den Geist und die (räumliche) Ausdehnung zählt: „Unter Attribut verstehe ich das, was der Verstand an einer Substanz als deren Essenz ausmachend erkennt" (E, p. I, def. 4 / 5). Gottes Existenz und seine Attribute sind also verschieden. Gott ist dem Wesen nach Existenz. Dem Verstand zugänglich ist dieses Wesen (die Existenz) in Form von Eigenschaften (den Attributen). Existenz ist nach Spinoza also keine Eigenschaft, die dem, was unter den Begriff ‚Gott' fällt, zukommt. Vielmehr muss gesagt werden, dass Gott Attribute *hat*, aber Existenz *ist*.

Mit Lehrsatz 20 der *Ethik* eröffnet sich aber nicht nur die Möglichkeit, Existenz nicht mehr als Eigenschaft zu begreifen, sondern damit zusammenhängend auch, Gott nicht mehr als Seiendes, als Einzelding zu denken. Dass Gott für Spinoza kein Einzelding ist, kann man zu Beginn des zweiten Teils der Ethik, in der Definition 7 nachlesen: „Unter Einzeldingen verstehe ich Dinge, die endlich sind und eine bestimmte [d. h. begrenzte] Existenz haben." (E, p. II, def. 7 / 101) Hier haben wir erneut den Gegensatz von ‚Eigenschaften haben' und ‚etwas seinem Wesen nach sein'. Einzeldinge *haben* nach Spinoza Existenz, Gott hingegen *ist* Existenz. Was man hat, kann man auch nicht haben, was man ist, ist man. So kommt es laut Spinoza, dass es „nach der Ordnung der Natur [...] gleichermaßen geschehen [kann], daß dieser oder jener Mensch existiert, wie daß er nicht existiert" (E, p. II, ax. 1 / 101). Wenn wir hier an dieser Stelle Spinozas Denken mit letzter Konsequenz auslegen, dann ist es sogar richtig zu sagen, dass Gott nicht existiert, insofern wir damit die Existenz eines Einzeldings namens Gott meinen. Unser Vorschlag für eine konsequente und wohlverstandene Lesart von Lehrsatz 20 lautet, dass Gott oder die Substanz nicht ein Seiendes (ein Einzelding) ist, das es *gibt*, sondern ‚Gott' bzw. ‚Substanz' die Bezeichnung für Existenz überhaupt ist.[25] Gott existiert nicht, sondern Gott ist Existenz.

Mit einer solchen Interpretation sind insbesondere zwei Schwierigkeiten verbunden. Zum einen gibt es viele Stellen in der *Ethik*, an denen Spinoza von Gott als einem Seienden spricht. Zum anderen legt auch die Lehre von den Attributen Gottes nahe, dass es sich dabei um Eigenschaften eines Seienden handelt. Betrachten wir diese beiden Einwände gegen unsere Lesart der Reihe nach.

Spinoza spricht in der *Ethik* von Gott manchmal als einem „Seiendem" („ens", E, p. I, def. 6). Außerdem setzt Spinoza Gott mit der Substanz gleich. Was aber könnte dinghafter sein als eine Substanz? Nun ist in der Tat der Ausdruck ‚Substanz' zumindest irreführend, wenn man darunter ein wie auch immer geartetes Ding versteht. Das gemeine Spinozaverständnis sieht es genau *so*: Die spinozistische Substanz ist eine Art Superentität, letztlich dasjenige Etwas, was es allein wirklich gibt. Alles, was wir im Alltag als Einzeldinge wahrnehmen, sind in Wirklichkeit nur Modifikationen der einen Substanz und daher bloß scheinbar selbständige Einzeldinge.

Jedoch lohnt es auch hier, nach dem begrifflichen Gehalt hinter dem Ausdruck ‚Substanz' zu schauen, anstatt sich vom bloßen Wort leiten zu lassen. Betrachten wir dazu genauer, was die Substanz ihrer ontologischen Struktur nach ist. Dazu gilt es, das Verhältnis von Substanz, Existenz und Attributen zu untersuchen, womit wir aber auch schon bei der Diskussion des zweiten Einwands angelangt sind. Wir werden die Auffassung, Gott sei wohlverstanden kein Seiendes nur dann verteidigen können, wenn wir das Verhältnis von Substanz und Attributen nicht mehr als eine Relation von einem bestehenden Ding und seinen ihm zukommenden Eigenschaften verstehen lernen. In Definition 6 bestimmt Spinoza Gott als „ens absolute infinitum", also als „eine Substanz, die aus unendlich vielen Attributen besteht [constare], von denen jedes eine ewige und unendliche Essenz ausdrückt" (E, p. I, def. 6 / 5–6). Als „unendlich" ist nach Spinoza das zu bezeichnen, was nicht durch etwas derselben Art begrenzt oder eingeschränkt wird (vgl. E, p. I, def. 2 / 5). Die Attribute der Substanz, das Denken und die Ausdehnung, sind unendlich, weil es sich um das Denken *als solches* und die Ausdehnung *als solche* handelt, nicht um einen bestimmten Gedanken oder eine bestimmte Ausdehnung.

Entscheidend ist nun, wie Spinoza das Verhältnis von Substanz und unendlichen Attributen bestimmt. Er spricht zunächst davon, die Substanz bestehe aus den Attributen. Nicht gemeint sein kann damit aber ein Bestehen im Sinne einer räumlichen Zusammensetzung, ja nicht einmal so, als habe Gott wie in der gängigen Auffassung vom Menschen, zwei kategorial verschiedene Teile, nämlich Körper einerseits und Geist andererseits. Spinoza selbst verneint eine solche anthropomorphe Auffassung entschieden:

> Manche bilden sich einen Gott ein, der, ganz wie ein Mensch, aus einem Körper und einem Geist besteht [...]. Wie weit diese Leute von der wahren Erkenntnis Gottes entfernt sind, geht aber aus dem bisher Erwiesenen zur Genüge hervor. (E, p. I, prop. 15, schol. / 32)

Das Bestehen im Fall der Substanz kann also nicht im gewöhnlichen Sinne gemeint sein. Und tatsächlich präzisiert Spinoza das von ihm gemeinte Bestehen Gottes aus Attributen schon in der Definition 6. Er schreibt von den Attributen, dass sie das Wesen Gottes *ausdrücken* (*exprimere*). Ausdruck ist nun aber etwas ganz anderes als Bestehen. Ein Tisch etwa drückt sich nicht in einer Platte und vier Beinen aus, sondern er besteht aus ihnen. Freude hingegen besteht nicht in einem Lächeln, sondern drückt sich in diesem aus. Die Attribute sind also wohlverstanden nicht Bestandteile Gottes, sondern seine Ausdrucksweise. Wir fragen weiter: Was ist es denn genau, was hier ausgedrückt wird? Die Antwort Spinozas: Das *Wesen* (*essentia*) Gottes (vgl. E, p. I, def. 6 / 5–6). Was wiederum das Wesen Gottes ist, wissen wir bereits aus dem diskutierten Lehrsatz 20: Gottes Wesen ist Existenz!

Nun sehen wir, dass ‚Gott' oder ‚Substanz' Ausdrücke sind, hinter denen sich bei Spinoza eine fundamentale ontologische Strukturbeschreibung von existenziellem Dass-Sein und attributiven Was-Sein verbirgt. Was sich in den Attributen des Denkens und der Ausdehnung ausdrückt, ist die Existenz als solche, das Dass-Sein. Umgekehrt betrachtet kann man sagen, dass das Dass-Sein seinen Ausdruck in Denken und Ausdehnung findet. Gott ist also wesentlich Existenz, die sich in den Attributen von Denken und Ausdehnung ausdrückt.[26]

Wenn es in der *Ethik* Spinozas also nicht um die Existenz eines Seienden namens Gott, sondern um die Existenz als solche geht, dann liegt es nahe, den spinozistischen „Gottesbeweis" nicht als Versuch zu verstehen, einen Beweis im strengen Sinne zu führen.[27] Unter ‚Gott' oder ‚Substanz' lässt sich mit Spinoza vielmehr dasjenige verstehen, was gar keines Beweises bedarf, weil es selbstverständlich ist. Und es ist selbstverständlich, weil es allem, was irgendwie ist und damit irgendwie verstanden werden kann, immer schon vorausgeht. Dies teilt uns auch die Definition der Substanz gleich zu Beginn der *Ethik* mit:

> Unter Substanz verstehe ich das, was in sich selbst ist und durch sich selbst begriffen wird; d. h. das, dessen Begriff nicht des Begriffs eines anderen Dinges bedarf, von dem her es gebildet werden müßte. (E, p. I, def. 3 / 5)

Die Substanz oder Gott ist also das Selbstverständliche, das gar nicht von einem anderen her begriffen werden kann und dies auch gar nicht nötig hat. Wie sollte denn da ein nicht-zirkulärer Beweis überhaupt möglich sein? So verweist der „Beweis" zu Lehrsatz 7 („Zur Natur einer Substanz gehört es zu existieren") letztlich auch nur auf die Selbstverständlichkeit Gottes. Damit wird ausdrücklich gemacht, was als eine absolute, d. h. unbedingte und unhintergehbare Voraussetzung des Denkens überhaupt gelten muss: Jedes Denken muss das Dass-Sein immer schon voraussetzen.[28]

Im Rahmen der hier vorgeschlagenen Deutung wäre auch Spinozas Aussage, dass Gott oder die Substanz *causa sui* ist, nicht als kausales Hervorbingen zu verstehen (E, p. 1, def. 1 / 5). Schließlich geht es nicht um das ursächliche Hervorgehen eines Einzeldings. Wenn Gott (oder die Substanz) kein Ding, sondern das Zum-Ausdruck-Kommen der Existenz in den Attributen Denken und Ausdehnung ist, dann muss auch die *causa-sui*-These im Hinblick auf dieses existenzielle Ausdrucksverhältnis gedeutet werden. Sie besagt dann, dass Existenz als solche (und nicht ein Existierendes!) nur in sich selbst gründen kann, insofern es die unhintergehbare Grundlage für die Existenz von Einzeldingen und unserer prädikativen Bestimmungen dieser Dinge bildet.

Im Sinne einer philosophiehistorischen Anmerkung sei gesagt, dass der Versuch, Gott nicht als ein Etwas (nicht als ein Existierendes), sondern als Existenz zu verstehen, sich auch schon vor Spinoza findet, etwa bei Meister Eckhart. In Auseinandersetzung mit seinen dominikanischen Ordensbrüdern, die sich zumeist auf die analogisch konzipierte Ontologie des Thomas v. Aquin verlegt hatten, konzipiert Eckhart Gott ausdrücklich nicht als Seiendes, sondern als Sein („Esse est Deus", wie es in der generellen Einleitung des *Opus Tripartitum* – OpTri, 472–473 – heißt). Auch der berühmte eckhartsche Seelengrund, der selbst wie Gott unerschaffen ist (ja, der Ort ist, an dem Gott sich im Menschen gebiert, wo also Gott und Mensch ein und dasselbe sind), weist in seiner Annahme eines vorgängigen Dass-Seins vor jeder washeitlichen Bestimmtheit weit voraus in eine Philosophie der Existenz, im weiteren proto-ontologischen wie im engeren, allein die individuelle personale Existenz betreffenden Sinne.[29]

Was ist nun durch die hier vorgestellte Lesart von Spinozas Gottesbeweis in existenzphilosophischer Sicht gewonnen? In Bezug auf die Grundfrage, warum überhaupt etwas und nicht nichts existiert, scheint sie auf den ersten Blick nicht leicht eingeordnet werden zu können. Denn insofern Gott nicht als ein *Etwas* aufgefasst wird, können wir auch nicht die von Leibniz ersonnene Antwortstrategie verfolgen, aus der notwendigen Existenz Gottes die Existenz von überhaupt etwas und daraus abgeleitet die Existenz von kontingenten Dingen zu erklären. Wollen wir Spinozas These, Gott existiere notwendigerweise (vgl. E, p. 1, prop. 11 / 21–22), nicht als Aussage über ein Seiendes, sondern als Charakterisierung der Existenz als solcher lesen, dann heißt dies nichts anderes, als dass Existenz unhintergehbar ist und all unserem Denken und Sprechen über Existierendes vorausgeht.

Gesellt sich Spinoza mit dieser Antwort auf die Grundfrage der Metaphysik nun zu den Existenzbestaunern oder zu deren Kritikern? Wir hatten ja bereits im Anschluss an Kripke festgestellt, dass die Grundfrage zwei Lesarten zulässt. Nichts zu staunen gibt es hinsichtlich der Frage, warum *Seiendes* existiert. Wie gesagt, was sollte Seiendes auch sonst tun? Verwunderlich wäre hingegen, *dass überhaupt etwas existiert*. Auf dieses Problem scheint mit der absoluten Unhintergehbarkeit des Dass-Seins ein Antwortvorschlag gefunden. Zwar können wir von jedem einzelnen Existierenden sagen, dass es auch hätte nicht existieren können, insofern *seine* Existenz kontingent ist. Von der Existenz als solcher – Gott – ist dies aber nicht möglich. Existenz als solche ist laut Spinoza absolut und unhintergehbar und daher im Wortsinne selbstverständlich (d. h. nur durch sich und nicht durch anderes zu verstehen). Damit wird aber entgegen Grünbaums Absicht der Existenzbestauner nicht als unseriöser Schwärmer entlarvt. Es ist nämlich eine durchaus erstaunliche Tatsache, dass die Selbstverständlichkeit der Existenz darauf beruht, dass sie kein Existierendes und daher eigentlich *nichts* ist. Wenn alles nur unter der unhintergehbaren Voraussetzung des Dass-Seins existiert, dieses aber selbst wiederum kein existierendes Etwas ist, dann kann man ebenso gut sagen, dass alles, was existiert, letztlich auf *nichts* (= nichts Seiendem) gründet.[30]

Eben dies war ja auch Heideggers fundamentalontologisches (nicht ontologisches) Verständnis der Grundfrage der Metaphysik. Sie wurde nicht als Frage nach einem letzten, alles begründenden Seienden verstanden, sondern als Frage nach dem Sein, das selbst kein Seiendes ist und daher *nichts*. In diesem Sinne resümiert Heidegger das Verhältnis von Sein, Nichts und Seiendem wie folgt: „Das Sein läßt sich nicht gleich dem Seienden gegenständlich vor- und herstellen. Dies schlechthin Andere zu allem Seienden ist das Nicht-Seiende. Aber dieses Nichts west als das Sein" (WiM, 49). Heideggers Kunstausdruck, das Sein „wese", erklärt sich daraus, dass es selbst nicht existieren kann, insofern es ja kein Etwas, kein Gegenstand, kein Seiendes ist. Existenz als solche existiert nicht, sondern nur Existierendes existiert.[31] Alles existiert also nur unter der unhintergehbaren Voraussetzung von „etwas" (die Sprache scheint uns hier zu sachlich falschen Verdinglichungen zu zwingen!), das selbst nicht existiert, weil es eben kein Etwas ist. Über diesen verblüffenden Zusammenhang von Sein, Nichts und Seiendem darf man ruhig staunen, solange man das Staunen als Anlass zum weiteren philosophischen Nachdenken und nicht als Aufruf zur Mystifikation begreift.

Noch in einem zweiten Punkt ist die hier vorgelegte Spinoza-Deutung von existenzphilosophischer Relevanz. Sie bestätigt den am Ende des dritten Kapitels gemachten Befund, dass Existenz den Individuen, denen sie als Eigenschaft zukommt, logisch-ontologisch vorausgehen muss. Existenz ist – um Kurt Flaschs prägnante Übersetzung von Meister Eckharts (wohl von Avicenna übernommenen) Begriff der *anitas* aufzunehmen – das „Ob-überhaupt-Sein" (Flasch 2010, 173) von etwas. Als solches muss sie jedem Gegenstand samt seinen anderen Eigenschaften ontologisch vorgängig sein, insofern von der Existenz abhängt, *ob* dieser Gegenstand überhaupt ist. Konsequenterweise sind die Einzeldinge gemäß Spinoza daher auch *Modi* Gottes, d. h. in unserer Lesart Modifikationen der Existenz. Als Modi der Existenz kommt ihnen diese natürlich auch als Eigenschaft zu, aber im Gegensatz zu anderen Eigenschaften gewissermaßen immer schon bzw. von vornherein.

Aus der absoluten Vorgängigkeit und Unhintergehbarkeit der Existenz ergibt sich nun aber die Frage, ob und wie wir Existenz überhaupt begrifflich einholen können. Inwieweit lässt sich Existenz überhaupt denken, wenn sie die *unhintergehbare Voraussetzung* des Denkens ist? Diese Frage ist einer der zentralen Streitpunkte zwischen Hegel und Schelling gewesen. Dieser Auseinandersetzung wollen wir uns als nächstes zuwenden.

5 (Un-)Begreifliche Existenz

Im Zuge unserer Spinoza-Lektüre stießen wir auf die Frage, wie sich die Existenz als solche zum Denken verhält. Wie lässt sich Existenz überhaupt begreifen, wenn sie allem Denken, damit auch allen begrifflichen Operationen vorausgeht? Radikaler gewendet lautet die Frage, wie überhaupt eine *Philosophie* der Existenz möglich ist, wenn doch Philosophie Arbeit an und mit Begriffen ist. Philosophiehistorisch virulent wurde diese Fragen in der kritischen Auseinandersetzung des späten Schelling mit Hegel. Während Hegel aufzeigen wollte, dass die Wirklichkeit begrifflich strukturiert und daher auch begrifflich rekonstruierbar ist, machte sich der späte Schelling daran, diese hegelianische These von der begrifflichen Verfasstheit der Wirklichkeit zu widerlegen. Laut Schelling kann eine rein begrifflich verfahrende Philosophie, wie sie Hegels System darstellt, *niemals* bis zur Existenz als solcher, zum Dass-Sein als der absoluten Voraussetzung allen Denkens vordringen. Hierfür muss laut Schelling eine neue, nicht mehr nur negative, d. h. in begrifflichen Ausschlussverhältnissen denkende, sondern *positive*, vom vorbegrifflichen Dass-Sein ausgehende Philosophie konzipiert werden. Mit dieser im Folgenden zu erörternden These hat sich Schelling zum Gründungsdenker der modernen Existenzphilosophie gemacht, wie wir sie bei Kierkegaard, Heidegger und den französischen Existenzialisten finden. Um zu verstehen, was Schelling mit der Unterscheidung von negativer und positiver Philosophie meint, müssen wir allerdings zunächst mit einer Darstellung von Hegels These von der Begreifbarkeit des Seins beginnen.

5.1 Begriffenes Sein (Hegel)

Hegels philosophisches System, wie es in seiner *Enzyklopädie der philosophischen Wissenschaften im Grundrisse* aus dem Jahr 1830 ausgearbeitet ist, hebt an mit einer Logik, auf die eine Natur- und eine Geistphilosophie folgen.[1]

Hegels Logik erhebt dabei den Anspruch, unter vollkommenem Verzicht auf thematische und methodische Voraussetzungen die apriorischen Grundgehalte des Denkens und damit in eins zugleich auch die kategoriale Grundstruktur der Wirklichkeit offenzulegen.[2] Hegels Logik beschäftigt sich also nicht mit formalen Schlusskalkülen, wie wir sie aus der modernen, mathematisch-formalen Logik kennen, sondern mit der Selbstaufklärung vernünftigen Denkens. Vernünftiges Denken wiederum ist nichts Privates oder Psychologisches, das im Gegensatz zur objektiven Realität steht. Im Gegenteil, die Selbstaufklärung des vernünftigen Denkens will bei Hegel zugleich Aufklärung über die Grundstruktur der Wirklichkeit sein. Hegels Logik ist in diesem Sinne *ontologische* und nicht *formale* Logik.[3]

Methodisch geht Hegel dabei wie folgt vor: Er lässt die Selbstaufklärung des Denkens bei dem voraussetzungsärmsten, logisch einfachsten Gehalt (dem „reinen Sein", vgl. unten) beginnen und prüft dann, ob sich dieser ohne die Inanspruchnahme weiterer Gehalte konsistent denken lässt. Ist dies nicht der Fall, so muss der Gehalt korrigiert bzw. modifiziert werden und der sich daraus ergebende neue Gehalt wiederum einer internen Prüfung auf Selbstgenügsamkeit unterzogen werden. Die Selbstaufklärung des vernünftigen Denkens hat ihr Ziel dann erreicht, wenn ein selbstgenügsamer und daher nicht mehr erweiterungsbedürftiger Gehalt gefunden ist. Einen derartig selbstgenügsamen Gehalt gibt es Hegel zufolge aber erst, wenn man über die abstrakten ontologischen Kategorien der Logik hinaus auch die Realbestimmungen der Natur und des Geistes durchlaufen hat. Die Natur ist dabei die Sphäre implizit begrifflicher und somit intelligibler Wirklichkeit, die sich aber selbst nicht als solche begreifen kann. Der Geist hingegen ist schließlich die Sphäre, in der sich die intelligible Wirklichkeit selbst rational durchsichtig wird. Erst die kategoriale Gesamtstruktur von Logik, Natur und Geist (d. h. das enzyklopädische System) lässt uns nach Hegel die Wirklichkeit vollständig und adäquat begreifen.

Ihr „Prinzip" hat diese kategoriale Gesamtstruktur des geistigen Sich-Erfassens der Wirklichkeit im sogenannten Begriff (als Singularetantum). Um Hegels System auch nur im Ansatz verstehen zu können, müssen wir daher auf den hegelschen Begriff eingehen. Zunächst ist zu betonen, dass der Begriff nicht gemäß der landläufigen Bedeutung des Ausdrucks ‚Begriff' zu verstehen ist. Es geht also nicht um Begriffe im Sinne spezifischer geistiger (bzw. sprachlich-semantischer) Gehalte, unter die wir Einzelnes subsumieren können, wie etwa einzelne Menschen unter den Begriff ‚Mensch'. Der Begriff bei Hegel hingegen ist die – vielleicht eher unglücklich benannte – *ontologische* Grundoperation, die die Kategorien der Logik, der Natur und des Geistes und damit die kategoriale Grundstruktur der Wirklichkeit zusammenhält.

Betrachten wir als nächstes Hegels eigene Bestimmung des Begriffs etwas genauer, um zu sehen, was dies bedeutet. Hegel definiert den Begriff als „unendliche Einheit der Negativität mit sich selbst" (WL II, 274) und „die absolute Negativität, die sich auf sich selbst bezieht" (WL II, 279). Was ist darunter zu verstehen? Beginnen wir mit dem Ausdruck ‚Negativität'. Wenn wir etwas bestimmen, d. h. von etwas sagen, dass es so und so ist, dann sagen wir unausgesprochenerweise zugleich, dass es etwas anderes *nicht* ist. Etwas ist hier, nur wenn es nicht dort ist, etwas ist blau, nur wenn es nicht irgendeine andere Farbe hat, etwas ist eine Katze, nur wenn es kein Hund, Pferd, Schaf etc. ist usw. Schon Spinoza hat dies durch den berühmten Satz „determinatio negatio est" (Spinoza, 1986, 210)[4] auf den Punkt gebracht: Bestimmung ist Verneinung. Die Negativität – das Nicht-soundso-Sein – einer Sache ist also zugleich ihre Bestimmtheit, d. h. Abgegrenztheit gegen anderes.

Was aber heißt es nun, dass die Negativität eine „Einheit mit sich selbst" ist und dabei auch noch eine „unendliche" bzw. dass sie „absolut" und „auf sich selbst bezogen" ist? Der Begriff ist nicht die Negation eines von ihm verschiedenen Etwas, sondern reine Negativität als solche, d. h. die Kategorie der Negativität. Als solche ist der Begriff mit sich gleich, d. h. „Einheit mit sich selbst". Zudem bezieht sich der Begriff als Kategorie der Negativität nicht auf etwas ihm Äußerliches, sondern *nur* auf sich selbst. Daher kann er auch „unendlich" oder „absolut" genannt werden. Der Begriff ist selbst kein Etwas, das in Abgrenzung zu endlichen Dingen bestimmt wäre, sondern er ist das, was der endlichen Bestimmtheit der Dinge (ihrem Nicht-soundso-Sein) kategorial zugrundeliegt. Der Begriff ist daher, wie Hegel sagt, „nur *in sich*" (WL II, 275), während alle Dinge nur durch die Negativität des Begriffs überhaupt etwas sind.

An dieser Stelle mag man sich verwundert fragen, wie eine nur auf sich selbst bezogene Negativität denn überhaupt funktionieren soll. Ist das nicht bestenfalls inhaltsloser Leerlauf und schlimmstenfalls ständiger Selbstwiderspruch? Hier sollte nun ein Beispiel helfen, das Hegel selbst uns an die Hand gibt. Es ist nämlich das uns allen bekannte *Ich*, das als die reale Verkörperung des Begriffs gelten kann:

> Der Begriff, insofern er zu einer solchen *Existenz* gediehen ist, welche selbst frei ist, ist nichts anderes als *Ich* oder das reine Selbstbewußtsein. Ich *habe* wohl Begriffe, d. h. bestimmte Begriffe; aber Ich ist der reine Begriff selbst, der als Begriff zum *Dasein* gekommen ist. (WL II, 253)

Am Beispiel des Ich als verkörpertem Begriff lässt sich nun die Bestimmung der „absoluten Negativität, die sich auf sich selbst bezieht" mit Leben füllen. Denn nach Hegel bedeutet ein Ich zu sein, sich zu sich selbst zu verhalten und sich so zu dem zu machen, was man ist, insofern man anders *nicht* ist. Wenn wir uns beispielsweise dazu entscheiden, einen Beruf zu ergreifen oder eine Beziehung zu einem anderen Menschen einzugehen, dann *negieren* wir den Status quo unseres Lebens. Es hört damit aber nicht auf, *unser* Leben zu sein; im Gegenteil, nur durch derlei Akte der Selbstnegation wird ein Leben überhaupt erst zu je *unserem*. Als ein Ich mache ich mich zu dem, der ich bin, gerade *indem* ich mich selbst negiere. Als Ich erzeugen wir uns damit gewissermaßen selbst, indem wir uns bestimmen (negieren). An dieser Erfahrung des selbstbestimmenden Ich lässt sich zumindest im Ansatz nachvollziehen, was es heißt, absolute, sich auf sich selbst beziehende Negativität zu sein.[5]

Entscheidend für unsere in diesem Kapitel zentrale Frage nach der Begreifbarkeit des Seins ist nun, dass Hegel den Begriff als allumfassende ontologische Operation versteht, die kein Äußeres kennt. Alles, was ist, ist Aspekt des Begriffs. Und insofern der Begriff im Geistigen (z. B. im Ich) zu sich selbst kommt, d. h. sich selbst erkennt, ist auch alles, was es gibt, letztlich auf Erkennbarkeit hin angelegt. Hegels Begriff ist so die alles in sich begreifende und begreifbar machende ontologische Grundoperation; er ist „das wahrhaft Erste, und die Dinge sind das, was sie sind, durch die Tätigkeit des ihnen innewohnenden und in ihnen sich offenbarenden Begriffs" (Enz I, § 163, Z. 2). Der Begriff wiederum lässt sich vollkommen sprachlich explizieren und somit selbst begreiflich machen. Damit sieht sich Hegel in Konfrontation mit einem platten Mystizismus, der vernünftiges Denken durch die Schwärmerei für das (vermeintlich) Unbegreifliche ersetzen möchte.[6] Zwar gilt nach Hegel, dass für das Verstehen des Begriffs eine genuin geistige Leistung gefragt ist, die sich nicht auf quasi-mechanische Weise (also durch ein Verfahren) ersetzen lässt. Um den Begriff zu explizieren, bedarf es daher auch keines besonderen formalen Kalküls oder eines neuartigen Symbolismus. Im Gegenteil, es ist die natürliche Sprache als die Heimstätte unseres Geistes, die zum Begreiflichmachen des Begriffes gebraucht wird.[7] Die natürliche, nicht-formalisierte Sprache ist nach Hegel insofern das adäquate Mittel zur Selbstexplikation des Begriffs, als sie das unendliche, nicht feststellbare Ausdrucksmedium geistiger Gehalte ist. Alle endlichen Zeichen*träger* sind daher höchstens Hilfsmittel für den sprachlich vermittelten *geistigen* Nachvollzug des Begriffs. Schließlich ist es der Begriff als Inbegriff des Begreifbaren, der Zeichenträger überhaupt zu Trägern semantischer Gehalte werden lässt.

Da also Hegel zufolge alles, was ist, Begriff ist und der Begriff sich als erkennender Geist realisiert, steht das Sein dem Erkennen vollständig offen. Daher lässt es sich von hegelianischer Warte aus auch nicht wirklich über Existenz staunen. Denn auch das scheinbar jenseits des Begreifbaren liegende Dass-Sein erweist sich für Hegel letztlich nur als unselbständiger Aspekt des Begriffs. So beginnt Hegel seine *Wissenschaft der Logik* zwar mit dem Dass-Sein, das er als „reines Sein" (WL I, 82) bezeichnet, aber nur, um es sogleich als instabile Kategorie zurückzuweisen. Denn das reine Sein (das Dass-Sein) ist für Hegel ebenso unmittelbar wie unbestimmt, d. h. „ohne alle weitere Bestimmung" (WL I, 82). Damit schlägt das reine Sein laut Hegel aber in sein Gegenteil um: Als derart „reine Unbestimmtheit und Leere" (WL I, 82) ist es identisch mit dem Nichts als „vollkommene Leerheit, Bestimmungs- und Inhaltslosigkeit" (WL I, 83). Das Nichts erweist sich dabei aber als ebenso problematisch, hat es doch nun in dieser Leerheit und Inhaltslosigkeit selbst einen begrifflich fassbaren *positiven* Gehalt. Als ein solch positiver Gehalt schlägt das Nichts selbst wieder in das rein Sein (das Dass-Sein) zurück. Statt wie Heidegger und die im zweiten Kapitel erwähnten Existenzbestauner in dieser Dialektik die proto-ontologische Einsicht in die Sonderstellung der Existenz zu entdecken, vermag Hegel hierin nur kategoriale Instabilität zu erkennen. Für Hegel gilt daher, dass wir durch die Dialektik von Sein und Nichts über diese Kategorien hinausgetrieben werden, bis wir schließlich im Begriff das eigentliche, selbstgenügsame Sein entdecken.[8]

Es ist diese totale Vereinnahmung des Seins durch den Begriff, gegen die sich Schelling wendet. Damit stehen wir vor dem Überstieg vom Begriff der Existenz zur Existenz des Begriffes.

5.2 Unvordenkliches Sein (Schelling)

Das Spätwerk Schellings, dessen Höhe- und Schlusspunkt die *Philosophie der Offenbarung*[9] bildet, kann als Geburtsstunde einer dezidierten Existenzphilosophie gesehen werden. Schelling selbst spricht von „positiver Philosophie" und unterscheidet sie von der „negativen Philosophie", wie sie Hegel auf die Spitze getrieben habe.[10] Den Unterschied zwischen positiver und negativer Philosophie erläutert Schelling mithilfe der Unterscheidung zwischen Dass-Sein und Was-Sein, zwischen „*quid sit und quod sit = was* ein Seiendes ist und *daß* ein Seiendes ist*"* (Paulus, 99). Das Was-Sein einer Sache, das man auch als ihr Wesen oder ihre Natur bezeichnen könnte, lässt sich auf den Begriff bringen. Dies ist die von Hegel in Anspruch genommene logizistische Grundannahme philosophischen Denkens, die auch Schelling nicht bestreitet. Die philosophische Bestimmung des Was-Seins, des *quid sit*, ist ganz allgemein gesprochen die Offenlegung der Grundgehalte und Grundstrukturen der Vernunft durch die Vernunft selbst. Auch die ontologische Dimension dieser Selbstentdeckung der Vernunft leugnet Schelling nicht. Insofern es eine washeitlich geformte Wirklichkeit gibt, ist die Selbstentdeckung der Vernunft auch nach Schelling die Entdeckung der Grundstrukturen der Wirklichkeit. Dies ist das Projekt der negativen Philosophie, wie sie von Schelling nicht abgelehnt, sondern als integraler Bestandteil von Philosophie überhaupt anerkannt wird. Schelling selbst führt seine frühen Werke als Beiträge zur Vollendung der negativen Philosophie an (Paulus, 117–121).

Die negative Philosophie bedarf nach Schelling aber der Ergänzung durch eine neue und eigenständige Art des Philosophierens, nämlich die positive Philosophie. Der Grund hierfür liegt in dem bloß *hypothetischen* ontologischen Charakter der negativen Philosophie. Ihre apriorische Begriffsarbeit deckt das Was-Sein der Wirklichkeit nur unter der Bedingung auf, *dass es überhaupt eine washeitlich verfasste Wirklichkeit gibt*. Schelling fasst diesen Gedanken prägnant zusammen, wenn er schreibt:

> *Die Dinge existieren in Folge einer logischen Notwendigkeit*; z. B. ist die Reihenfolge der unorganischen und dann der organischen Natur eine notwendige! Aber hierbei ist nur vom Inhalte die Rede, und es ist nichts weiter damit gesagt, als: *Wenn* Dinge existieren, so werden sie in dieser Reihenfolge existieren; aber *daß* sie existieren, kann ich nur aus der Erfahrung wissen. *Was im rein logischen Begriff durch immanente Begriffsbewegung zu Stande kommt, ist nicht die wirkliche Welt, sondern nur dem quid nach!* (Paulus, 99)

Die negative Philosophie operiert als begrifflich apriorische Selbstexplikation der Vernunft also immer schon unter der Voraussetzung des *quod sit*. Dieses Dass-Sein ist aber nach Schelling gerade keine begriffliche Größe, sondern das, was jeder begrifflichen Bestimmung als „absolutes Prius" (Paulus, 147) vorausgeht. Existenz ist das Positive, das die negative Philosophie voraussetzen muss, ohne es fassen zu können (vgl. Paulus, 119). Die positive Philosophie, die Schelling ins Werk setzen möchte, ist damit Existenzphilosophie in dem Sinne, dass sie sich dem Dass-Sein *als Dass-Sein* zuwendet.

Untersucht denn aber nicht auch die negative Philosophie die Begriffe ‚Sein' und ‚Existenz'? So beginnt doch, wie wir gesehen haben, Hegels *Wissenschaft der Logik* mit der Dialektik von reinem Sein und Nichts. Schelling geht auf diesen Einwand ein und stellt klar, dass alle Gehalte innerhalb der negativen Philosophie, auch die mit explizit ontologischem Anspruch, immer nur „quidditatives Sein" und niemals „quodditatives" betreffen (Paulus, 101). Das Dass-Sein, um das es in der positiven Philosophie gehen soll, ist nicht der *Begriff* des Dass-Seins, die *Kategorie* der Existenz, sondern die Existenz, das Dass-Sein selbst. Dies führt dann konsequenterweise zu der radikalen und auf den ersten Blick paradox anmutenden Zielsetzung Schellings, die positive Philosophie müsse im Gegensatz zur negativen Philosophie von dem ausgehen, „was außer der Vernunft ist" (Paulus, 110).[11] Dieses sich außerhalb der Vernunft Befindliche, von der negativen Philosophie nicht Erklärbare, aber nichtsdestoweniger Erklärungsbedürftige ist die Existenz selbst: „Sich ins reine Denken zurückzuziehen, das ist das Tun der negativen Philosophie, aber *auch die Existenz fordert erklärt zu werden*" (Paulus, 139). Als außerhalb der Vernunft liegende, ontologisch jeglicher Begriffsbestimmung vorhergehende Instanz nennt Schelling die von ihm in den Blick genommene Existenz „unvordenklich". Sie ist das *„unvordenkliche Sein"* (Paulus, 160f.), das demnach auch nicht Moment des Begriffes im Sinne Hegels mehr sein kann. Es geht also um das Dass-Sein, das „allem Denken vorausgehend" (Paulus, 161) von jeder begrifflichen Operation immer schon vorausgesetzt werden muss und damit alle begrifflichen Bestimmungsversuche hintergeht. Das unvordenkliche Sein ist so das „nicht-*nicht*-zu-Setzende", d. h. dasjenige, dessen Setzung man unmöglicherweise negieren kann (Schelling 1972, 410).

Damit haben wir die in Auseinandersetzung mit dem ontologischen Gottesbeweis Spinozas erarbeitete These vom unhintergehbaren, absoluten Voraussetzungscharakter des Dass-Seins nun auch mit Schelling eingeholt. Wenig überraschend findet sich auch bei Schelling ausdrücklich der Bezug auf den ontologischen Gottesbeweis, von dem er sagt, er sei zwar als Beweisversuch in seiner gewöhnlichen Form verfehlt, könne aber *wohlverstanden* als Ausgangspunkt für die positive Philosophie im Sinne einer dezidierten Philosophie des *Dass-Seins* dienen: „So wenig das ontologische Argument das Dasein Gottes beweisen könnte, hätte es doch, richtig verstanden auf den Anfang der positiven Philosophie führen können" (Paulus, 154). Betrachten wir zunächst Schellings Kritik am ontologischen Argument, um danach seine Rekonstruktion der darin wohlverstandenerweise enthaltenen existenzphilosophischen Einsicht zu diskutieren.

Den Fehler der traditionellen Auffassung vom ontologischen Gottesbeweis erkennt Schelling scharfsinnig darin, dass er letztlich nur ein hypothetisches begriffliches Abhängigkeitsverhältnis thematisiert:

> Das Argument heißt bei Cartesius: Das höchste Wesen (die höchste Potenz) kann nicht zufällig, muß also notwendig existieren – d. h. *wenn* es existiert! *Daß* es existiert, folgt keineswegs. Man kann den Paralogismus so nachweisen; im Obersatz ist nur vom notwendigen Existieren die Rede, also von einer Weise der Existenz; der Schlußsatz kann daher nicht anders heißen also so: also existiert Gott notwendigerweise, *wenn* er existiert. (Paulus, 154)

Der Begriff Gottes enthält also zwar den Begriff der Existenz; das bedeutet aber wiederum nur, dass, wenn Gott tatsächlich existiert, er dies notwendigerweise (nämlich aus begrifflichen Gründen) und nicht zufälligerweise tut.[12] Über die tatsächliche Existenz sagt der ontologische Gottesbeweis in seiner traditionellen Form nichts aus. Genau dies war auch schon die im vierten Kapitel skizzierte Kritik von Thomas und ein Aspekt der Kritik Kants.

Ganz im Sinne unserer im letzten Kapitel vorgestellten heterodoxen Lesart liest auch Schelling den bei Spinoza zu findenden Gottesbeweis als Aufweis des absoluten Voraussetzungscharakters der Existenz selbst (und nicht etwa als Beweis der Existenz einer Entität namens Gott).[13] Die Existenz als solche bezeichnet Schelling als „das allem Begriff *voraus* seiende Sein" oder auch als „das Blindseiende [...] des Spinoza" (Paulus, 154). Von diesem Blindseienden heißt es dann in einer der vielleicht klarsten und aussagekräftigsten existenzphilosophischen Passagen Schellings überhaupt: „Nicht existiert *das Blindseiende*, sondern es *ist die Existenz selbst*, autò tò ŏn. Man kann ihm darum das Sein nicht attributive zuschreiben" (Paulus, 157). Auch Schelling zufolge ist also Existenz keine Gott zukommende Eigenschaft (sie kann ihm nicht „attributiv" zugeschrieben werden), sondern das mit Gott Identische. Im Zuge dieser Überlegungen verweist

Schelling auch auf den von uns im vierten Kapitel an entscheidender Stelle zitierten Lehrsatz 20 aus dem ersten Teil von Spinozas *Ethik*.[14] Schelling zitiert diesen Satz frei mit „In Deo essentia et existentia unum idemque sunt" (Paulus, 161) und deutet ihn als die Aussage, dass „*das Was Gottes* [...] im Sein" (Paulus, 162) besteht. ‚Gott' im ontologischen Gottesbeweis kann Schelling zufolge sinnvollerweise nur als Ausdruck für das Dass-Sein schlechthin verstanden werden. Dieses Dass-Sein ist nicht aus einem Begriff ‚Gott' zu deduzieren, sondern verweist auf das, was gar kein begrifflich zu erfassendes Wesen außer dem reinen Existieren hat.[15]

Als unvordenkliches, d. h. begrifflichen Operationen immer vorausgehendes Sein muss die Existenz nach Schelling in ihrer Wirklichkeit erfahren werden und kann erst dann auf ihre begriffliche Möglichkeit hin befragt werden. Der Inhalt der positiven Philosophie ist laut Schelling somit das „*a priori unbegreifliche Sein, damit es a posteriori zum Begreiflichen werde*" (Paulus, 159–160). In dieser Formulierung kommen zwei spannungsreiche Aspekte zusammen, die wir von Anfang an in diesem Buch diskutiert haben, nämlich Existenz als ein sich dem Begrifflichen entziehendes und daher staunenswertes Phänomen und zum andern Existenz als Gegenstand philosophischen Denkens, das sich vollkommen der begrifflichen Durchdringung fügt: In seiner begrifflich nicht einholbaren Faktizität ist das Dass-Sein nach Schelling das staunenswerte, und zwar ewig staunenswerte Phänomen schlechthin.[16] Dabei nimmt Schelling ausdrücklich Bezug auf die Lehre Platons, die dem Philosophen eigentümliche Leidenschaft sei das Sich-Wundern und Staunen und stellt fest: „Dieser Affekt des Philosophen hat nun in der positiven Philosophie eine Stelle" (Paulus, 161).[17] Über Existenz kann, ja muss eigentlich gestaunt werden, weil wir es mit etwas zu tun haben, was jeglichem Denken vorausgeht. Und genau dieses Unvordenkliche wollen wir aber begreifen! Staunenswert und verwunderlich ist also nach Schelling, dass wir in der Existenz als dem unvordenklichen, blinden oder, wie es in der *Urfassung der Philosophie der Offenbarung* heißt, „urständlichen" (UrOff, 36) Sein ein Phänomen antreffen, das einerseits Voraussetzung im Sinne der Grundlage allen Denkens ist und damit andererseits zugleich jedem Denken uneinholbar und unergründlich vorausgeht. Der Ausdruck ‚urständlich' soll dabei laut Schelling als Kontrastbegriff zu ‚gegenständlich' dienen (vgl. UrOff, 116).[18] Was gegenständlich ist, kann zum Gegenstand des Denkens und Begreifens gemacht werden, das unvordenkliche Sein hingegen ist gerade dasjenige Sein, bei dem dies nicht möglich ist. Das urständliche Sein nennt Schelling in mehreren Schriften auch einfach nur das „Ursein" (UrOff, 116; Paulus, 163).[19] An der Existenz als dem Ursein gerät das Denken daher gewissermaßen außer sich, indem es nach seinem letzten Grund sucht, der aber als vorbegrifflicher, nicht-gegenständlicher, urständlicher Grund zugleich einen „Abgrund" für das Denken darstellt, einen „*Abgrund*', in welchem das Denken sich verschlingt" (Paulus, 163).[20] Das Denken stößt an der Existenz auf „etwas", das sich ihm als jenseits seiner Grenze liegend offenbart und was uns Denken „heißt" (i. S. von zum Denken veranlasst).[21]

Diese spannungsvolle Doppelstellung der Existenz als Grund und Abgrund lässt sich auch mit der ebenfalls zweischneidigen Kennzeichnung der Existenz als zugleich notwendig und zufällig weiter ausführen. Notwendig und zwar absolut notwendig ist das unvordenkliche Sein, als es schlicht ist und gar nicht nicht sein kann. Vom Standpunkt des begrifflichen Denkens aus gesehen aber ist das „*unvordenkliche[...] Existieren*" (Paulus, 167) zufällig, denn es geht jeder begrifflich apriorischen Notwendigkeit voraus. Da es nicht rein begrifflich zu ermitteln ist, *dass* überhaupt etwas ist, kann dieses Ursein eben auch als *„das zufällig Notwendige*" (Paulus, 167) gelten.[22]

Denkt man in umgekehrter Richtung den Übergang von der Existenz hin zum Existierenden, d. h. vom Dass-Sein zu einer washeitlich strukturierten und daher begrifflich bestimmbaren Welt, dann wird sofort deutlich, dass dieser Übergang nicht selbstverständlich ist. Denn es ist der Übergang vom unbegrifflichen Sein hin zu einer begrifflichen und begreifbaren Welt. Wir haben es also mit etwas zu tun, was nicht als begriffliche Notwendigkeit ausgewiesen werden kann. Was begrifflich notwendig ist, versteht sich, wie Schelling sagt, von selbst und kann daher sinnvollerweise gar nicht Gegenstand des Staunens sein: „Das sich von selbst Verstehende ist zugleich das nicht anders Sein*könnende. Aber das nicht anders Seinkönnende* ist nie fähig, Bewunderung oder Staunen zu erregen" (Schelling 1972, 255). Was aus begrifflicher Notwendigkeit so ist, wie es ist, kann nicht anders sein. Warum aber sollten wir uns darüber, was nicht anders sein kann, wundern? Dies war ja bereits die kritische Rückfrage Grünbaums an die Existenzbewunderer. Mit Schelling sehen wir nun, was wir im Verlauf dieses Buches bereits im Zusammenhang mit Kripke und dann erneut mit Spinoza formuliert haben: Dass *Seiendes* ist, ist selbstverständlich, weil im Begriff des Seienden der Begriff des Seins ebenso enthalten ist, wie im Begriff des Kreises der Begriff der Rundheit; aber *dass* Seiendes ist, konkret gesprochen, *dass* es eine natürliche Welt gibt, in der sich Subjekte in Erkenntnisabsicht auf sich selbst und die Natur beziehen, ist hingegen alles andere als selbstverständlich.[23] Es ist nicht selbstverständlich, weil es den Übergang vom unvordenklichen Sein zum begreifbaren Seienden betrifft, einen Übergang der *qua Übergang vom Vorbegrifflichen zum Begrifflichen* selbst nicht mit begrifflicher Notwendigkeit vor sich gehen kann.[24]

Wenn es nun aber zu einem staunenswerten Übergang vom Dass-Sein ins Was-Sein kommt, dann stellt sich das Problem, wie er überhaupt zu denken ist. Denn das Denken gerät am reinen Dass-Sein gewissermaßen außer sich und wird, wie Schelling schreibt, „ek*statisch*" (Paulus, 157), weil es versucht, dasjenige zu denken, was ihm selbst als Denken uneinholbar vorausgeht. Insofern nur begrifflich gedacht werden kann, formuliert das Denken angesichts des unvordenklichen Seins einen „absolut transzendente[n] Begriff" (Paulus, 159). Das unvordenkliche, vorbegriffliche Ursein wird also auch in der positiven Philosophie Schellings zu einem Begriff, aber eben zu einem Begriff, der gerade anzeigt, dass wir es bei der Existenz mit etwas zu tun haben, was selbst vor allem Begriff ist (Paulus, 157 und 159)!

Ist *das* nun aber nicht schlicht Schwelgen im Paradoxen und damit etwas, was man mit Hegel und Grünbaum aus guten Gründen als schlechten Mystizismus und Schwärmerei anzuprangern hätte? Nein, denn wie Schelling betont, ist die paradoxe Grenzerfahrung, die das Denken angesichts der Existenz macht, nicht End-, sondern gerade *Ausgangspunkt* für die von ihm konzipierte positive Philosophie: „Das dem Denken Vorausgehende sei das Begrifflose, Unbegreifliche! Aber die Philosophie macht dies a priori Unbegreifliche a posteriori zum Begreiflichen" (Paulus, 161). Schelling behauptet also entgegen jeglicher Mystifikation des Seins nicht, dass sich die Urtatsache, dass Seiendes ist, nicht begreifen lasse, sondern nur, dass sie sich nicht durch apriorische Begriffsarbeit, vielmehr nur erfahrungsbasiert, also a posteriori begreifen lasse.[25] Die positive Philosophie Schellings ist daher ihrem Selbstverständnis nach auch konsequenterweise *„Empirismus"* (Paulus, 145). Allerdings handelt es sich um einen philosophischen Empirismus, der, wie Schelling betont, *„nicht alle allgemeinen Begriffe bestreitet und sich nicht auf das Sinnfällige beschränkt"* (Paulus, 145). Sein *„metaphysischer Empirismus"* nimmt seinen Ausgang vom unvordenklichen Sein als dem, „was ebenso über aller Erfahrung, als über allem Denken ist, *dem Denken wie der Erfahrung zuvorkommt"* (Paulus, 146), und fragt dann, unter Zuhilfenahme der Erfahrung, wie es überhaupt zu erklären ist, dass es eine begrifflich erfassbare Wirklichkeit gibt. Schelling drückt diese Frage in einer berühmten Formulierung auch so aus:

> Die ganze Welt liegt gleichsam in den Netzen des Verstandes oder der Vernunft gefangen, aber die Frage ist eben, wie ist sie in diese Netze gekommen sey, da in der Welt offenbar noch etwas anderes und etwas mehr als bloße Vernunft ist, ja sogar etwas über diese Schranken Hinausweisendes. (SW X, 143–144)[26]

Der Untersuchungsgegenstand der positiven Philosophie ist, anders ausgedrückt, das Verhältnis von vorbegrifflichem Dass-Sein und begrifflich erfassbarer Wirklichkeit:

> *Das blind Existierende ist das*, was Alles vom Begriff Herkommende niederschlägt, *vor dem das Denken verstummt. Das Blindexistierende hat* daher, unabhängig von einer vorausgehenden Idee, *ein Verhältnis zur Vernunft.* Und das soll nunmehr erklärt werden. (Paulus, 157)

Das Ziel der positiven Philosophie ist es somit, die vorbegrifflichen Ursprünge des Begrifflichen offenzulegen. Da ein solches Projekt, wie bereits erläutert, nicht apriorisch verfahren kann, muss es empirisch verfahren, wenn auch nicht empirisch im Sinne sinneseindrücklicher Erfahrung. Die positive Philosophie muss daher mit über das Sinnfällige hinausgehenden, gewissermaßen geistigen Erfahrungsbeständen arbeiten, die vom Übergang des vorbegrifflichen Dass-Seins hin zu einer begreifbaren Welt zeugen. Schelling sagt, die positive Philosophie leite „im freien Fortschritt, gewissermaßen *urkundlich*, das Apriorische ab" (Paulus, 147)[27] und sei in diesem Sinn auch „apriorischer Empirismus" (Paulus, 147).[28] Der Ausdruck ‚urkundlich' erlaubt ein erhellendes Wortspiel. Gegenstand der positiven Philosophie ist, was faktisch (und daher nicht apriorisch, sondern empirisch) *Kunde* vom *Ur*sein (dem Apriorischen schlechthin) gibt. Dies können nun aber nicht einzelne Sinneserfahrungen sein, sondern nur solches, was „*die gesamte Erfahrung*" (Paulus, 147) betrifft und damit Zeugnis gibt von dem, was sowohl jeder Erfahrung und jedem Denkakt als auch dem Ganzen der Erfahrung und des Denkens vorausgesetzt ist:

> Die positive Philosophie, die nur im freien Denken fortgeht, bedarf der Erfahrung zum Beweise. Zwar das absolute Prius bedarf keines Beweises, wohl aber die Folge des Abgeleiteten bedarf eines faktischen Nachweises und Beweises. (Paulus, 147)[29]

Für Schelling können dieses urkundliche Zeugnis vom Übergang des unvordenklichen Seins in eine begreifbare Welt zum einen der Mythos und zum anderen die (christliche) Offenbarung geben.[30] Die positive Philosophie ist daher wesentlich Philosophie der Mythologie und Philosophie der Offenbarung. Was aber qualifiziert Mythos und Offenbarung als die Kernbereiche eines metaphysischen Empirismus? Beim Mythos handelt es sich Schelling zufolge nicht um eine zufällige Erfindung Einzelner, sondern um eine ebenso objektive wie fundamentale, d. h. dem einzelnen Bewusstsein vorausgehende und sein Selbst- und Weltverständnis prägende Bestimmung des Bewusstseins. Schelling spricht beim Mythos daher auch von der „*Substanz des Bewußtseins*" (Paulus, 211). Im Mythos spiegelt sich das Verhältnis des Menschen zum Umstand, dass es ihn und eine Welt gibt, dass es also etwas und nicht vielmehr nichts gibt. Die mythologischen Vorstellungen kommen laut Schelling also „nicht von außen ins Bewußtsein, durch einzelne Erfinder, sondern sind Erzeugnisse eines (freilich falschen) Lebensprozesses des Bewußtseins" (Paulus, 211).

Was die christliche Offenbarung betrifft, argumentiert Schelling, dass wir, insofern wir annehmen, dass es eine Offenbarung gibt, auch einräumen müssen, dass sich der Inhalt der Offenbarung nicht durch apriorische Begriffsarbeit herleiten lässt. „Denn", so Schellings rhetorische Frage, „wozu gäbe es sonst eine

Offenbarung" (Paulus, 250)? Die Offenbarung ist „ein nur durch Erfahrung uns zu Teil werdendes Wissen" (Paulus, 251). Die Offenbarung ist daher kein begrifflich „notwendiger Prozeß", sondern „vollkommen frei gesetzt", was aber nicht bedeute, dass sie unbegreiflich sei:

> Wenn auch anerkannt ist, daß die Schöpfung nur ein freier Akt sein kann, so läßt sich doch eine Philosophie denken, die es für möglich achtet, den Willen, nachdem er sich geoffenbart hat, teils begreifen, teils erklären zu können. (Paulus, 253)

Auch was den Begriff überschreitet, kann also laut Schelling begriffen werden, und sei es eben als etwas, was den Bereich des Begrifflichen transzendiert. Jedes Begreifen muss in diesem Fall aber *ex post actu*, also nach dem zu erklärenden Akt selbst kommen, und daher „*geschichtlich*"[31] sein. Das Begreifen dessen, was über den Begriff hinausgeht, kann nur a posteriori und damit erfahrungsbasiert geschehen. Die Offenbarung verknüpft denkendes Begreifen, Erfahrung und das, was sowohl Begriff und Erfahrung absolut vorausgeht, auf eine für die positive Philosophie paradigmatische Weise: Mithilfe der Erfahrung soll das, was vor jedem Begriff und jeder Erfahrung ist, begriffen werden.

Dazu bedarf es natürlich einer kritischen Reflexion auf die Grenzen des menschlich Denk- und Begreifbaren, denn laut Schelling übersteigt der Offenbarungsakt „zwar die menschlichen Begriffe, aber doch ist er sofern begreiflich, als die Größe des Entschlusses gleich ist der Größe Gottes; Alles, was der Mensch in dieser Hinsicht tun kann, ist die Enge seiner Begriffe zur Größe der göttlichen zu erweitern" (Paulus, 253–254). Auch dies ist nicht als Aufruf zum Schwelgen im Mystizismus zu verstehen. Vielmehr handelt es sich um den Hinweis, dass sogar dasjenige, was allem Begreifbaren und Vernünftigen vorausgeht und in *dieser Hinsicht* unbegreiflich und unvernünftig genannt werden kann, dennoch begriffen werden kann, nämlich dadurch, dass das Denken zur Erkenntnis der eignen Grenzen und damit zur Einsicht gelangt, dass es etwas gibt, was vor jeder Vernunft ist.[32]

In Zusammenhang mit der Erläuterung der Zielsetzung seiner Philosophie der Offenbarung kommt Schelling auch wieder auf die von uns weiter oben bereits diskutierte Rolle des Staunens und Sich-Wunderns zu sprechen. Das Erstaunen als „Affekt des Philosophen" (Paulus, 254) ist nach Schelling nämlich nicht nur Ausgangspunkt der Philosophie, sondern auch Indikator für das Ziel philosophischen Wissens. Wenn Philosophie es mit dem Erstaunlichen zu tun hat, dann – so Schelling – muss das anvisierte Ziel des philosophischen Wissensdrangs das „absolut Erstaunenswerte" (Paulus, 254) sein. Das absolut Erstaunenswerte ist eben das unvordenkliche Sein als Grund aller washeitlicher Vernunft und Wirklichkeit, insofern dieser Grund zugleich Abgrund ist, weil er „außer und über aller notwendigen Einsicht" (Paulus, 254) liegt. Erst wenn wir uns das Überbegreifliche und Übervernünftige als Grund einer vom Denken erfassbaren Wirklichkeit begreiflich machen, wird unser philosophischer Affekt Schelling zufolge befriedigt. Den Zustand eines durch die Erkenntnis des absolut Erstaunenswerten zur Ruhe gekommenen Denkens nennt Schelling „*Glaube*", meint aber gerade „nicht [...] eine unbegründete Erkenntnis", sondern „das Ende des Suchens" des Philosophen, d. h. den Zustand, der am Ende begründender Denktätigkeit steht (Paulus, 254–255).[33]

5.3 Salto mortale und die Selbstvernichtung des Begriffs (Jacobi, Fichte)

Schellings Idee einer positiven Philosophie entstand freilich nicht in philosophiegeschichtlicher Isolation. Insbesondere die existenzphilosophischen Grundeinsichten der positiven Philosophie haben Vorläufer und Nachfolger. Ihren wohl berühmteste Fortführer finden die Überlegungen Schellings im Vater der modernen Existenzphilosophie, Sören Kierkegaard, auf den wir im nächsten Kapitel eingehen werden. Zum Abschluss unserer Besprechung des unvordenklichen Seins wollen wir noch auf zwei philosophiehistorische Figuren eingehen, die Schellings Philosophie des Dass-Seins vorbereitet bzw. einen ähnlichen Grundgedanken in eigenständiger Form entwickelt haben. Die Rede ist zum einen von Friedrich Heinrich Jacobi und zum anderen von Johann Gottlieb Fichte.

Jacobi, mit dem Schelling während ihrer gemeinsamen Zeit in München einen erbitterten Streit austrug, hat vor allem durch seine Vernunftkritik und die damit zusammenhängende Kritik an Spinoza einen nicht zu unterschätzenden Einfluss auf die Entwicklung des deutschen Idealismus und insbesondere auch auf die Spätphilosophie Schellings ausgeübt.[34] Zentral in Bezug auf die existenzphilosophischen Gedanken des späten Schelling ist der von Jacobi in den sogenannten *Spinozabriefen* (1785) geforderte „*Salto mortale*" philosophischen Denkens (Spin, 36 / 32). Das Denken, so Jacobi in der „Beilage VII" zu den *Spinozabriefen*, erfasst die Wirklichkeit immer nur auf vermittelte Art und Weise und damit immer nur bedingt. Das Ziel des Denkens aber müsse sein, durch begriffliche Manöver zu einem letzten Wissen zu gelangen, das die bloß bedingterweise geltenden begrifflichen Einsichten fundiert. Dieses Letzte könne aber nur ein Wissen vom Absoluten als dem Unbedingten und Unvermittelten sein. Wenn sich das begriffliche Denken solcherart dem Absoluten als dem Unbedingten zuwendet, gerät es laut Jacobi in einen Widerspruch: „Bedingungen des Unbedingten entdecken, dem absolut *Notwendigen* eine Möglichkeit *erfinden*, und es *konstruieren* zu wollen, um es begreifen zu können, scheint als ein ungereimtes Unternehmen sogleich einleuchten zu müssen" (Spin, 287–288).[35] Dies nimmt ganz offenkundig die generelle Stoßrichtung von Schellings Kritik an der sogenannten negativen Philosophie vorweg. Die Grundlage des vernünftigen, an Begriffe gebundenen Denkens – und damit auch der Zielpunkt der philosophischen Selbsterhellung des Denkens – ist etwas, was jenseits dieses Denkens liegt. Für Jacobi ist dieses jenseitige Absolute nur durch einen Sprung vom begrifflichen Denken in die Gewissheit des Glaubens, den zitierten „Salto mortale", zu leisten. Im Gegensatz zu Schelling ist der Glaube bei Jacobi konsequenterweise auch kein philosophischer Erkenntnismodus, sondern der Kern seines von ihm selbst als „Unphilosophie" getauften Projekts, die er gegen die rationalen Allmachtsfantasien einer „Allein-Philosophie" ins Feld führen möchte (Jacobi 2000b, 15).[36] Die Schellingsche Unterscheidung von negativer und positiver Philosophie ist bei Jacobi also durch die Dichotomie von Allein-Philosophie und Unphilosophie präfiguriert, wenn auch mit dem entscheidenden Unterschied, dass bei Schelling die positive Philosophie trotz der Aufgabe rein apriorischer Begriffsarbeit ein Projekt begrifflicher Explikation und damit eben *Philosophie* und nicht Unphilosophie ist. Dementsprechend steht auch der Glaube bei Schelling, wie wir oben gesehen haben, nicht im unvereinbaren Widerspruch zum begrifflichen Denken, sondern stellt dessen harmonisierten End- und Zielpunkt dar.[37]

Jacobis Unphilosophie und Schellings positive Philosophie teilen aber über die Vernunftkritik hinaus auch in affirmativer Hinsicht Wesentliches. So kann das unvordenkliche Sein Schellings als Wiederaufnahme der Überlegung Jacobis gesehen werden, das, was jenseits allen Begriffs sei, könne „auf keine andre Weise von uns angenommen werden, als es uns gegeben ist; nämlich, *als Tatsache – Es ist!*" (Spin, 289). Diese unhintergehbare Faktizität der Existenz ist also sowohl bei Jacobi als auch bei Schelling Ausgangspunkt von Unphilosophie respektive positiver Philosophie. Damit geht auch einher, dass beide das ontologische Argument als begrifflich geführten *Beweis* ablehnen, weil sie den eigentlichen Kern des Gottesbeweises im Aufweis einer unhintergehbaren *Voraus*-Setzung des begrifflichen Denkens sehen. So heißt es bei Schelling ausdrücklich: „Die Existenz Gottes läßt sich nicht erweisen" (Paulus, 175). Jacobi wiederum betont, man müsse angesichts des absoluten Voraussetzungscharakters dessen, worum es im Gottesbeweis eigentlich geht, „das Vernunftwidrige der Forderung einer *Demonstration* vom Dasein Gottes einsehen" (Spin, 289). Er- bzw. beweisen muss sich die Existenz Gottes laut Schelling nicht, weil Gott erst einmal nur das unhintergehbare *Faktum* der Existenz, des reinen Dass-Seins ist. Philosophisch zu erklären und zu erweisen ist für Schelling dann aber die „Gottheit des [blind] Existierenden" (Paulus, 175), d. h. der Umstand, dass sich aus dem blinden Ursein eine vernünftig erschließbare Welt des Seienden als Ausdruck eines willentlichen, personalen Schöpfungsaktes entwickelt hat. Im Unterschied dazu steht für

5.3 Salto mortale und die Selbstvernichtung des Begriffs (Jacobi, Fichte) — 95

Jacobi mit der absoluten Unhintergehbarkeit der Existenz auch bereits die Existenz eines personalen Gottes fest.

So groß der Dissens in diesem Punkt auch sein mag, Jacobis Einfluss auf die Entwicklung des Existenzdenkens beim späten Schelling kann nicht geleugnet werden. Zusammenfassend lässt sich Jacobis existenzphilosophisch entscheidende Einsicht dahingehend ausdrücken, dass die Existenz als unhintergehbares Faktum Voraussetzung des Begrifflichen ist und daher nicht apriorisch begriffen, sondern nur, wenn auch mithilfe begrifflichen Denkens, „enthüllt" oder „offenbart" werden kann:

> Nach meinem Urteil ist das größeste [sic!] Verdienst des Forschers, *Dasein* zu enthüllen, und zu offenbaren ... Erklärung ist ihm Mittel, Weg zum Ziel, nächster – niemals letzter Zweck. Sein letzter Zweck ist, was sich nicht erklären läßt: das Unauflösliche, Unmittelbare, Einfache. (Spin, 35 / 31–32)

Anders Moe Rasmussen hat in diesem Satz die existenzphilosophische Vorläuferschaft Jacobis erkannt:

> Wenn es möglich ist, diesen Satz als Vision einer Denkungsart, die darauf ausgerichtet ist, das je einzelne Dasein gegen alle objektivierenden Vormeinungen aus der Perspektive seiner lebenspraktischen Orientierung nachzuzeichnen, zu interpretieren, dann ist dieser Satz nicht nur das erste Dokument der Existenzphilosophie, von Kierkegaards Existenzdenken bis zur Phänomenologie im Sinne Heideggers, sondern hat auch, als Programm eines „enthüllenden Denkens", Eingang in die philosophischen Entwürfe der nachkantischen Philosophen gefunden. (Rasmussen 2014, 49)

Wir stimmen Rasmussen zu, dass Jacobi ein Existenzdenker *avant la lettre* ist, auch wenn wir die Aussage, Jacobi habe das „erste Dokument der Existenzphilosophie" geschaffen, für überzogen halten. Unsere abweichende Überzeugung zeigt sich anhand der in diesem Buch weiter unten behandelten Existenzphilosophien von Denkern wie Seneca, Augustinus und Duns Scotus. Mit ihnen werden wir uns, ebenso wie mit den von Rasmussen genannten Existenzphilosophen Kierkegaard und Heidegger, ausführlich im sechsten Kapitel auseinandersetzen. Zum Abschluss dieses Kapitels wollen wir uns, wie angekündigt, kurz einem weiteren Zeitgenossen Schellings, nämlich Johann Gottlieb Fichte zuwenden und skizzenhaft aufzeigen, inwiefern sich die soeben bei Jacobi und Schelling diskutierten existenzphilosophischen Gedanken auch bei ihm finden lassen.

Bekannt ist Fichte – nicht nur interessierten Laien, sondern auch den meisten Fachphilosophen – als Denker, der in Radikalisierung des transzendental-idealistischen Ansatzes von Immanuel Kant das Ich zum Prinzip seiner Philosophie gemacht hat. Das Ich, um das sich Fichtes frühe Philosophie dreht, ist nicht das empirische, psychologisch ergründliche und psychisch erfahrbare Bewusstsein unserer selbst, sondern diejenige logisch vorgelagerte Instanz, die verschiedene psychische Akte zu Akten eines einheitlichen Selbst macht.[38] Das Ich Fichtes ist, anders gesagt, der selbsthafte Vollzug des Denkens, welcher Ermöglichungsgrund und nicht Resultat eines jeden Bewusstseins von etwas ist.

Von diesem reinen, absoluten oder unendlichen Ich als dem zentralen Thema der Philosophie scheint sich der späte Fichte unter dem Einfluss der seinslastigen Philosophie Jacobis und Schellings abgewandt zu haben. Statt von „Ich" ist auf einmal von „Sein", „dem Absoluten" und „Gott" die Rede (vgl. WL 1804, passim).[39] Laut Fichtes Selbsteinschätzung trügt der Schein aber: Einen echten Bruch im Denken Fichtes gibt es nicht (vgl. etwa WL 1804, 7 u. 11). Vielmehr ist das gemeinsame Ziel des frühen wie späten Fichte, diejenige absolute Aktivität offenzulegen, die allen endlichen Denkvollzügen und den ihnen korrespondieren Dingen als Ermöglichungsbedingung vorausgeht.[40] Diese absolute Aktivität, die der frühe Fichte „Ich" und der späte „Sein", „Gott" oder „das Absolute" nennt, kann als allem vorgelagerter Vollzug gar nicht selbst zum Gegenstand des Denkens werden, ohne dabei selbst wieder in Anspruch genommen werden zu müssen. Wie die sogenannten Mouches volantes, die wir an der Peripherie unseres Sichtfelds zwar erleben, aber niemals scharf in den Blick nehmen können, ohne sie gerade dadurch wieder an den Rand zu katapultieren, entzieht sich auch das absolute Ich bzw. das Sein als die absolute Voraussetzung unserer begrifflichen Operationen dem direkten begrifflichen Zugriff. Es ist daher – wollte man mit schellingschen Vokabeln sprechen – *das Unvordenkliche*, um das es dem frühen wie dem späten Fichte bei allen terminologischen und methodischen Unterschieden geht.

Bedenkt man mit Günter Zöller, dass das absolute Ich des frühen Fichte „kein Ich im Vollsinn eines seiner selbst bewußten Wesens, sondern das separat präsentierte Element von Unbedingtheit in und am endlichen Einzel-ich" (Zöller 2013, 57–58) war, dann verschwindet auch die scheinbar große Differenz zur Rede vom Absoluten und vom Sein beim späten Fichte. Wenn man es etwas überspitzt auf den Punkt bringen wollte, könnte man sagen, dass die Kontinuität des Denkens Fichtes nicht darin besteht, dass Fichte in seiner Spätzeit trotz ontologischem Vokabular letztlich Bewusstseinsphilosoph geblieben ist, sondern umgekehrt darin, dass schon der frühe Fichte ein echter Seinsdenker ist, also einer, der die Unvordenklichkeit des Dass-Seins des Ich in Anspruch nimmt und nehmen muss (vgl. WL 1804, 135). Betrachten wir diese Inanspruchnahme etwas genauer.

Jeder Wissensanspruch steht unter Bedingungen. Diese Bedingungen können selbst zum Gegenstand des Wissens werden, aber eben nur Gegenstand eines selbst wieder bedingten Wissens. Dem Wissen eignet nach Fichte nun aber zugleich ein Gewissheitscharakter, der in Konflikt mit seiner Bedingtheit steht.

Wissen im Gegensatz zu bloßer Vermutung kann es nur geben, wenn es Gewissheit gibt. Gewissheit kann es aber nur geben, wenn es etwas Unbedingtes gibt (vgl. WL 1804, 23–24). Dieses Unbedingte oder Absolute muss daher der Grund des Wissens sein. Als das Absolute oder Unbedingte kann es aber selbst nicht bedingt sein, auch nicht vom endlichen Wissen endlicher Subjekte. Das Unbedingte als Grund des Wissens nennt der späte Fichte daher nicht mehr „Wissen", sondern „Sein". Dieses Sein ist aber nach Fichte ausdrücklich nicht analog zu einem irgendwie gearteten Seienden zu denken, sonst stünde es ja wieder unter Bedingungen, sondern als ein „esse in mero actu" (WL 1804, 151), also als reines Aktivität-Sein. Fichte spricht auch von „verbalem Sein" (vgl. WL 1804, 152). Damit soll offenbar ausgedrückt werden, dass das Sein, um das es geht, nicht analog zu einem Nomen, das *etwas* benennt, zu denken ist, sondern analog zu einem Verb, also einem Tätigkeitswort: Sein ist Tätigkeit oder Aktivität. Es ist aber nicht die Aktivität *von etwas*, sondern es ist *reine* Aktivität. Insofern sie *absolut* ist, kann sie, wie bereits gesagt, nicht in einem anderen oder durch ein anderes und von einem anderen her gedacht werden. Fichte charakterisiert das Sein daher konsequenterweise als „in sich, durch sich, von sich" (WL 1804, 151). Fichtes Sein ist der absolut selbstgenügsame Vollzug, der allem, was ist, vorausgeht und es in seiner Existenz ermöglicht. Es ist also, mit unseren Worten, das reine Dass-Sein oder die Existenz oder, dem verbalen Charakter vielleicht angemessener, *reines Existieren*.

Das unvordenkliche Sein Schellings taucht bei Fichte also als verbales Sein auf, als *esse in mero actu*, als Seinsvollzug in sich, durch sich und von sich. Wie Schelling thematisiert auch Fichte die Frage, wie ein solcher begriffstranszendenter Seinsvollzug überhaupt von uns gedacht werden kann. Wie können wir das Dass-Sein, das dem Denken vorausgeht und sich von diesem abgekapselt nur in sich selbst vollzieht, überhaupt begreiflich machen? Fichtes scholastisch klingende Antwort lautet, dass dies nur als „*projectio per hiatum irrationalem*" (WL 1804, 157) möglich ist. Beim Versuch, das Sein zu denken, wirft sich das Denken gewissermaßen über seine eigene Domäne der Rationalität hinaus auf den Grund eben dieser Domäne. Insofern dieser Grund jenseits des Rationalen liegt, ist er, mit Schelling gesprochen, auch bei Fichte zugleich als *Abgrund* („hiatus") gedacht. Dass aus dem reinen *esse* als dem Abgrund des Rationalen zugleich ein Grund einer rational zugänglichen Wirklichkeit geworden ist, ist nun nach Fichte selbst nicht mehr als apriorische Notwendigkeit ableitbar, sondern nur *ex post factum*, nachträglich zur Tatsache, dass wir in einer solchen Welt leben, erklärbar. Dass das reine Existieren selbst in Form von existierenden Dingen erscheint, ist daher nach Fichte, wie auch nach Schelling, nicht notwendig, sondern zufällig. Auch hier also: Dass *Seiendes* existiert, ist selbstverständlich, denn sonst würde es sich nicht um Seiendes handeln. Aber *dass überhaupt* Seiendes ist, betrifft einen

Übergang des transrationalen, in sich geschlossenen Dass-Seins hin zu einer rational strukturierten, wissbaren Welt. Dieser Übergang vom Sein als Abgrund zum Sein als Grund einer Welt von Seiendem ist auch nach Fichte nur als aposteriorisches Faktum zugänglich.[41]

Mit der Wendung ‚*projectio per hiatum irrationalem*' ist nach Fichte ein letztlich irreduzibler Störeffekt des Bewusstseins benannt, der jedoch durch das philosophische Wissen um sein Vorhandensein neutralisiert werden kann. Das Sein als den in sich geschlossenen absoluten Vollzug zu denken, kann nur gelingen, wenn man zugleich einsieht, dass dieser Vollzug ein sich dem begrifflichen Denken entziehender ist (WL 1804, 35–36).[42] Die damit geforderte Selbstvernichtung des Begriffs ist gewissermaßen die fichtesche Version des Salto mortale. Im Gegensatz zu Jacobi ruft Fichte aber nicht zur Aufgabe des Begreifens zu Gunsten des Glaubens auf, sondern er versteht das Begreifen des Unbegreiflichen als Vollendungsfigur begrifflichen Denkens, bei der sich das Denken, gegen sich selbst wendend, seiner eignen Grenzen bewusst wird und so den Weg frei macht für das, was jenseits dieser Grenzen liegt.[43] Das Sein kann daher letztlich nur insofern begriffen werden, als zugleich gedacht wird, dass es dasjenige ist, was eben nicht gedacht, sondern nur im Vollzug *erlebt* werden kann: „*Wir leben*, eben unmittelbar im Lebensakte selber, wir sind daher das Eine ungetheilte Sein selber, in sich, von sich, durch sich, das schlechthin nicht herausgehen kann zur Zweiheit" (WL 1804, 152). Ein weiterer Ausdruck Fichtes für das in sich geschlossene, verbale, begriffstranszendente Dass-Sein ist daher auch schlicht nur „*Leben*" (WL 1804, 159). Fichtes Existenzdenken schließt mit dieser lebenstheoretischen bzw. erlebenstheoretischen Deutung des Seins an das jacobische Programm eines enthüllenden Denkens an. Wenn Existenz letztlich nur im unmittelbaren Lebensvollzug zugänglich ist, dann kann die philosophische Aufgabe in Bezug auf das Sein nur in seinem Enthüllen oder Offenbarmachen und nicht in seiner theoretischen Ruhigstellung bestehen.[44]

6 Wie es ist zu existieren

Wenn wir im Anschluss an Jacobi, Schelling und Fichte die Aufgabe einer Philosophie der Existenz darin sehen, „Dasein zu enthüllen", dann stellen wir uns im Grunde schon nicht mehr die Frage, *was* Existenz ist, sondern *wie* Existenz ist, d. h. auf welche Art und Weise das eine, allem vorangehende Dass-Sein der Existenz zum Phänomen wird. Denn *was* Existenz ist, ist bereits mit der Bestimmung des Seins als unvordenkliches und daher begrifflich unhintergehbares Dass-Sein angegeben. Wie wir darüber hinaus in der Einleitung (Kapitel 1.3) schon dargelegt haben, ist in Bezug auf das Dass-Sein alles, was es irgendwie gibt, *gleich* (,Sein' qua ,Existenz' ist univok). Das Dass-Sein kommt jedem Seiendem als die vorgängige „Eigenschaft" des Überhaupt-Seins zu, ohne die wir es nicht mit einem Seienden zu tun hätten. Real existierende Individuen, etwa die Autoren dieses Buches, aber auch dieses Buch selbst, was Sie in den Händen halten, sind hinsichtlich ihres Dass-Seins nicht mehr oder anders existent als fiktive Individuen wie Sherlock Holmes, Donald Duck oder der Ring des Nibelungen. Es gibt dieses alles, nur eben einmal in der Realität, das andere Mal in der Fiktion. Auch wenn die Frage, ob es etwas oder jemanden *wirklich* gibt oder nicht, eine Frage ist, die uns im normalen Leben sehr wichtig sein kann, gibt es keine Arten von Existenz; das Dass-Sein Donald Ducks unterscheidet sich nicht vom Dass-Sein Donald Trumps oder einer Wolke oder eines Engels. Wer sagt, dass es keine Engel gibt, meint, dass sie nicht *wirklich*, also nicht *real* existieren, sprich, dass wir sie nicht in der raumzeitlichen Welt antreffen können.[1]

Existenz ist das aufgrund seiner absoluten Vorgängigkeit vor jeder inhaltlichen Bestimmung nicht weiter inhaltlich qualifizierbare *Dass-Sein*, überhaupt Entität-Sein. Möchte eine Philosophie der Existenz überhaupt noch mehr sagen als dies, dann muss sie sich um eine Aufklärung der phänomenalen Dimensionen der Existenz – des *Wie* der Existenz – bemühen. Denn erst dort wird deutlich, warum uns das Thema „Existenz" überhaupt interessiert und warum es uns *de facto* zum Staunen verleitet.

Wenn wir uns aber nun der Frage zuwenden wollen, *wie es ist zu existieren*, spielt das Thema „Individualität" auf dreifache Weise eine entscheidende Rolle:

1) Es entzündet sich die Frage, was Existenz ist, zunächst und zumeist anhand der Frage nach der Existenz bestimmter Individuen, wobei nicht nur Personen, sondern auch nicht-personale Einzeldinge als Individuen gelten.[2] Gibt es den Ring des Nibelungen oder den Stein der Weisen? Gibt es blaue Blumen? Wie kann man sagen, dass alles das und diese nicht oder nicht mehr existieren, ohne gerade dadurch doch wieder so etwas wie Existenz zu unterstellen? Wir haben diese Fragen oben ausführlich diskutiert. Hier nun aber soll das Augenmerk darauf gelegt werden, dass es sich hierbei um Fragen handelt, die man auch

so deuten könnte, dass sie nicht auf Existenz überhaupt („Was ist Existenz?"), sondern auf die Existenzweise von Individuen abzielen („Wie ist es x oder y zu sein?"). Denn wenn es auch im Dass-Sein einer Flasche und einer Person, ob fiktiv oder nicht, keinen Unterschied gibt, so aber ja doch allem Anschein nach im Wie-Sein. Eine Flasche ist nicht nur etwas anderes als ein Mensch, sondern es ist doch gewiss auch anders, eine Flasche zu sein als ein Mensch.

2) Denken wir nun darüber nach, wie man die Frage, wie es ist, als etwas Bestimmtes zu existieren, beantworten könnte, erkennen wir sofort, dass sich diese Frage eigentlich nur im Hinblick auf ein bestimmtes Seiendes sinnvoll stellen lässt, nämlich in Bezug auf uns selbst als Personen. Denn zum einen sind wir – nach allem, was wir wissen – die einzigen Wesen, die überhaupt die Frage nach der Existenz stellen können, und zwar sowohl im Hinblick auf das Was als auch im Hinblick auf das Wie. Zum anderen können wir die Frage nach dem Wie der Existenz offenbar nur für je uns selbst stellen. Denn die einzige Existenzweise, die uns in ihrem *Wie-Charakter* zugänglich ist, ist unsere je eigene. Die Frage nach dem Wie des Existierens führt uns also unweigerlich auf die Frage nach der Beschaffenheit ganz bestimmter Individuen, nämlich uns jeweils selbst als Personen.

Dadurch, dass wir bei der Frage nach dem Wie des Existierens auf die personale Existenz verwiesen sind, wird zudem ein weiterer Punkt deutlich: Während realer Existenz im Sinne raumzeitlicher Konkretion bei der Beantwortung der Frage, was Existenz ist, kein besonderer Vorzug zukam, ist dies bei der Frage, wie sich die Existenz als solche phänomenal zeigt, anders. Denn das Rätsel der Existenz ereignet sich sowohl im Hinblick auf das Was als auch im Hinblick auf das Wie nur für uns als raumzeitlich konkrete Personen. Durch die Klärung der Frage, wie es ist, eine raumzeitlich konkrete Person zu sein, erfahren wir zugleich Aufklärung darüber, wie philosophisches Fragen nach Existenz möglich ist, wie es also sein kann, dass sich das Wunder Existenz *für uns* ereignet.

3) Und es gibt noch einen dritten Grund dafür, warum das Thema „Individualität" bzw. „Personalität" hier sich nun nicht mehr zurückhalten lässt: Wir sahen bereits am Ende des dritten Kapitels, dass von etwas zu sagen, es existiere, immer auch heißt zu sagen, dass es irgendwie uns als denkenden, sprechenden, fühlenden, erinnernden, planenden, raumzeitlich lokalisierten Personen *gegenwärtig* sein muss. Wir sind also bei der Existenz von überhaupt etwas verwiesen auf die noch genauer zu erläuternde *zeitliche Dimension* unserer eigenen Existenz als Personen. Wir werden im vorliegenden Kapitel dabei diese These wie folgt weiter ausarbeiten: Von etwas zu sagen, dass es existiert, bedeutet, dass dieses Etwas eine geteilte Präsenz *mit uns als Personen* einnehmen kann. Diese Ko-Präsenz des Seienden mit uns wird von uns als Personen gestiftet, indem wir das Seiende durch einen (körperlichen oder geistigen) Zeigeakt als ein *Dieses* lokali-

sieren und so dafür sorgen, dass es sich in unserer Gegenwart als ein Individuum zeigt. Unsere Zeigeakte erschaffen freilich nicht das Dass-Sein der Einzeldinge; unser wie auch immer geartetes Zeigen gewährleistet vielmehr, dass das, was es gibt, sich als individuelles Seiendes in unserer Gegenwart zeigt. Das Sich-Zeigen, wie es hier im Spiel ist, sollte am besten in einem medialen, zwischen aktiv und passiv spielenden Sinn von ‚es zeigt sich' verstanden werden, analog zum Ausdruck ‚es regnet': Es passiert da etwas, ohne dass es jemanden gibt, der das Regnen als seine Aktivität vollzieht. Unsere Zeigeakte ziehen damit gewissermaßen die Dinge aus der auf Zeigbarkeit hin angelegten Unbestimmtheit des unvordenklichen Seins, in die sie getaucht sind, sodass sie sich selbst in ihrer individuellen Bestimmtheit präsentieren können.

Es geht in diesem Kapitel also vor allem um die Existenzweise einer ganz besonderen Art von Individuum, nämlich um die Existenzweise von Personen. Wie es ist zu existieren, können wir letztlich nur an uns selbst erfahren – aber wir können es eben erfahren und diese Erfahrung analysieren. Es ist die Erfahrung der eigenen Existenz, die letztlich auch die Frage nach der Existenz überhaupt und das Staunen darüber in Gang hält.

Bevor wir aber diese Frage nach der Existenzweise personaler Individuen angehen, scheint es uns hilfreich zu sein, zuvor einmal die Frage zu stellen, was überhaupt Individuen (personale oder impersonale) zu Individuen macht. Es ist dies die Frage nach dem Individuationsprinzip (*principium individuationis*), wie sie in der Philosophiegeschichte immer wieder zu finden ist. Es würde bei weitem den Rahmen dieses Buches sprengen, wenn wir auch nur ansatzweise die verschiedenen historischen Positionen in Hinblick auf das Individuationsprinzip darstellen und diskutieren würden. Wir wollen uns daher auf einen Autor, nämlich Johannes Duns Scotus beschränken, bei dem wie bei keinem anderen die verschiedenen Möglichkeiten, Individualität zu konzipieren durchdekliniert und in ihrer jeweiligen Begrenztheit deutlich gemacht werden. Hinzu kommt eine ganz eigenständige, originelle Behandlung des Themas Individualität bei Duns Scotus, die uns bis heute tragfähig zu sein scheint.

6.1 Individualität als Haecceitas (Duns Scotus)

Die philosophiehistorisch wohl elaborierteste Erörterung der Frage individueller Existenz findet sich in einem Text, der Anfang des 14. Jahrhunderts entstand: Die zweite *Ordinatio*[3] von Duns Scotus. Wir sind allein schon aus Platzgründen gezwungen, die diffizilen und mäandernden Ausführungen von Duns Scotus, der aufgrund seiner scharfsinnigen und detailversessenen Argumentationsweise auch *doctor subtilis* genannt wurde, zu vereinfachen.

Die Frage, was denn ein Individuum zu einem solchen macht, ergab sich historisch im Rahmen einer umfassenderen Debatte um die Realität oder Nicht-Realität von sogenannten Universalien, allgemeinen Entitäten, die in Form von Eigenschaften mehreren Individuen zukommen zu können scheinen. So stellt sich etwa angesichts der Tatsache, dass sowohl Sokrates als auch Platon die Eigenschaft besitzen, ein Mensch zu sein, die Frage, ob auch die Universalie ‚Menschheit' real oder letztlich nur ein abstraktiv gewonnener sprachlicher Ausdruck ist. Die sogenannten Realisten behaupteten ersteres, die sogenannten Nominalisten vertraten letzteres.

Für den Nominalisten liegt die Antwort auf die Frage nach der Individuation auf der Hand. Die einzige Art von Entität, die es gibt, sind eben Individuen. Da es nichts Allgemeines in der Realität gibt, bedarf es auch keines Individuationsprinzips, um das Einzelne zu individuieren. Individuen, so könnte man sagen, sind grundsätzlich *von sich her* individuiert. Duns Scotus lehnt nun aber die nominalistische These, dass Universalien nur sprachliche bzw. gedankliche Konstrukte sind, ab und damit konsequenterweise auch die lapidare Antwort des Nominalisten auf die Frage nach der Individuation. Aber – wieso kann es nicht sein, dass Allgemeinbegriffe lediglich Konstrukte sind, die wir in unserem Geiste bilden?

Scotus formuliert sein Argument gegen den Nominalisten im Hinblick auf den Begriff der numerischen Einheit. Die Position des Nominalisten lässt sich nämlich verstehen, dass er Individualität als numerische Einheit des Seienden, d. h. als zahlenmäßiges Eins-Sein auffasst und zudem behauptet, dass es keine andere Art von realer, d. h. nicht sprachlich oder gedanklich konstruierter Einheit gibt als eben diese numerische Einheit. Damit sagt der Nominalist laut Scotus also: Was überhaupt irgendwie existiert, ist von sich her schon zahlenmäßig eines und damit individuell.[4] Die Einwände, die Scotus nun gegen den Nominalisten anführt, sollen zeigen, dass es sehr wohl eine andere, für die Individuation notwendige, aber nicht hinreichende („geringere", ÜI, q. 1, n. 9) nicht-numerische Einheit gibt, die dennoch zugleich als reale, d. h. nicht konstruierte Einheit des Seienden gelten kann. Wenn es aber eine Art von realer Einheit gibt, die nicht die numerische ist und die für die Individuation notwendig, wenn auch nicht hinreichend ist, dann würde gelten, dass ‚sein' bzw. ‚existieren' nicht auch schon zugleich ‚individuiert sein' bzw. ‚als Individuum existieren' bedeutet. Dann wiederum bedürfte es allerdings eines Individuationsprinzips, das angäbe, wie sich die Einheit der Individualität aus der „geringeren" Einheit des Seienden ergibt.

Die geringere Einheit des Seienden, die Scotus hier im Blick hat, ist die der *natürlichen Arten*. Betrachten wir etwa zwei individuelle Kühe, Berta und Frida, so gilt, dass wir es jeweils mit einer Kuh zu tun haben. Auf die Frage, *was* Berta und Frida sind, antworten wir: Sie sind (beide) Kühe. Es gibt also offenbar etwas beiden Gemeinsames, eine „gemeinsame Natur" („natura communis", ÜI, q. 1,

n. 38). Nur vor dem Hintergrund einer solchen gemeinsamen Natur beurteilen wir die Kühe Berta und Frida als diejenigen individuellen Exemplare einer Art, die sie sind. Weder ist Frida der Maßstab für Bertas Kuhnatur noch umgekehrt, sondern die gemeinsame Kuhnatur lässt uns Frida und Berta überhaupt erst *als Kühe* verstehen. Natürliche Arten sind also nicht beliebig vom Intellekt gebildete Klassen. Im Gegensatz zu willkürlich gebildeten Klassen – etwa der Klasse bestehend aus Kühen, amerikanischen Präsidenten und philosophischen Wörterbüchern – sind Arten *real* (vgl. ÜI, q. 1, nn. 11–28).

Die verschiedenen Individuen gemeinsame Natur ist, wie Scotus im Anschluss an Überlegungen Avicennas betont, nun aber von sich aus weder schon ein Einzelnes noch eine Universalie, d. h. ein unabhängig von Einzelnem bestehendes Allgemeines (vgl. ÜI, q. 1, nn. 31–34). Universalien sind Scotus zufolge nämlich in der Tat intellektuell gewonnene Gebilde. Darin gibt er dem Nominalisten tatsächlich eher Recht als dem Realisten. Allerdings haben Universalien – und hierin sieht Scotus wiederum den Realisten im Recht – ihr *fundamentum in re* nicht im Einzelnen, sondern in der realen Einheit der *natura communis*. Scotus fasst seine Überlegungen zur gemeinsamen Artnatur dahingehend zusammen, dass sie von sich aus weder universal noch individuell ist und somit sowohl Individualität als auch Universalität erst akzidentiell, d. h. auf nicht notwendige Art und Weise zu ihr hinzukommen müssen. *Was* ein Individuum seinem Wesen nach ist, wird durch seine Artnatur bestimmt, die es mit anderen Individuen gemeinsam hat. Dass aber eine Kuh *diese* Kuh, etwa die Kuh Berta ist, kann nicht in ihrer *natura communis* liegen. Es bedarf laut Scotus vielmehr einer „kontrahierenden Bestimmung" („ratio contrahens", ÜI, q. 1, n. 34), um die gemeinsame Artnatur einer Sache zu individuieren.

Damit ergibt sich die nächste Frage von selbst, nämlich, wie eine solche akzidentiell zum Wesen einer Sache hinzutretende kontrahierende Bestimmung gedacht werden muss. Heinrich von Gent vertrat zu Zeiten von Scotus die Position, dass Individuation durch eine *doppelte Negation* zustande kommt. Um ein Individuum zu individuieren, müsse es zum einen als *nicht* weiter teilbar (als *in*dividuum) und zum anderen dahingehend bestimmt werden, *nicht* ein *anderes* Individuum zu sein (vgl. ÜI, q. 2). Diese Position kann aber nicht überzeugen. Denn wie Scotus ausführt, besteht das Problem der Individuation darin, anzugeben, *warum* etwas nicht weiter teilbar und damit kein Allgemeines, sondern ein Individuum ist (vgl. ÜI, q. 2, n. 48). Heinrich von Gents Hinweis, dass Individualität bedeutet, eine nicht weiter teilbare Einheit zu sein, ist zwar richtig, zugleich aber trivial und keine Lösung des Problems der Individuation. In Bezug auf die erste der doppelten Negation Heinrichs ist mit Duns Scotus also festzuhalten, dass sie nur den formalen Unterschied zwischen Allgemeinem und Einzelnem benennt, aber gerade nicht das Zustandekommen dieses Unterschieds erklärt.

Damit aber nicht genug. Selbst wenn wir dieses Problem der ersten Negation ignorieren, offenbart sich dafür nur die Unzulänglichkeit der zweiten. Die zweite zur Individuation notwendige Negation soll dazu dienen, ein Individuum durch die Abgrenzung von anderen Individuen zu individuieren. Betrachten wir hierzu ein Beispiel mit zwei Individuen. Sokrates ist nicht Platon und Platon ist nicht Sokrates. Wenn wir aber Individualität, die wir ja erklären wollen, nicht schon voraussetzen wollen, dann scheint es unmöglich anzugeben, was Sokrates und Platon voneinander unterscheidet. Denn schließlich gilt für beide gleichermaßen, dass sie nicht der jeweils andere sind (vgl. ÜI, q. 2, nn. 55–56). Damit lässt sich aber weder Sokrates noch Platon individuieren. Fehlerhaft ist auch der Versuch, diesem Problem dadurch zu entgehen, dass man sagt, Platon werde durch die Bestimmung ‚ist nicht Sokrates' und Sokrates durch die umgekehrte Bestimmung ‚ist nicht Platon' individuiert. Denn damit hat man *individualisierte* Negationen ins Spiel gebracht und somit die Frage nach dem Individuationsprinzip nicht beantwortet, sondern nur erneut gestellt.

Aus diesen Gründen steht für Duns Scotus fest: Es muss letztlich etwas *Positives* sein, das die Individuen zu Individuen macht. Wir dürfen uns hier an Schellings Kritik an Hegels bloß negativer, auf der Negationsoperation des Begriffs beruhender Philosophie erinnert fühlen.[5] Existenz als solche und Individualität hätten demnach also gemeinsam, dass sie beide *positiv* und daher nicht über Negations- oder Ausschlussverhältnisse zu fassen sind. Es drängt sich damit die Vermutung auf, es könnte die Existenz selbst sein, die sich für die Individuation verantwortlich zeichnet.

Nachdem wir Scotus aber bereits in Kapitel 1.3 als Vertreter der Univozitätsthese kennengelernt haben, sollte es uns nicht überraschen, dass er diese Option entschieden zurückweist (vgl. ÜI, q. 3). Denn wenn Existenz individuieren würde, dann müsste es ja für jedes Individuum eine andere Art der Existenz geben. Die Existenz des Sokrates müsste eine andere sein als die Existenz des Platon und zwar derart, dass Sokrates erst durch seine Existenz zu Sokrates und Platon erst durch seine Existenz zu Platon würde. Dafür käme aber gar nicht Existenz als solche, sondern nur die Sokrates-Existenz bzw. Platon-Existenz in Frage. Was aber macht denn nun die Platon-Existenz zu eben *dieser* und unterscheidet sie von der Sokrates-Existenz (vgl. ÜI, q. 3, n. 64)? An der Existenz selbst kann es nicht liegen, denn diese ist ja gerade das bloße *Dass*-Sein von etwas und nicht die Bestimmung, *wie* oder *was* dieses etwas ist (vgl. ÜI, q. 3, n. 61). Existenz ist also zwar dasjenige, was Sokrates *überhaupt sein* lässt, aber eben nicht dasjenige, was ihn *Sokrates* sein lässt.

Auf der Suche nach einem zumindest auf den ersten Blick geeigneten Kandidaten für ein positives Prinzip der Individuation bleibt damit scheinbar nur noch die Materie übrig.[6] So stellt Scotus zunächst mit Verweis auf Aristoteles fest, dass im Gegensatz zu allgemeinen Eigenschaften, die angeben, was etwas ist, die spezifische materielle Beschaffenheit einer Sache eben nur zu dieser zu gehören scheint (vgl. ÜI, q. 5, nn. 132–133). Ist Materie also der gesuchte Individuator?

Duns Scotus verneint auch dies. Denn Materie als solche kommt selbstverständlich *allen* materiellen Dingen zu und taugt daher nicht als Individuationsprinzip. Es müsste sich um eine selbst schon individuierte Materie – *diese* Materie, *dieses* bestimmte Materiestück *hier* – handeln, um die gewünschte Individuationsleistung zu vollbringen. Aber eine selbst schon individuierte Materie erklärt die Individuation nicht, sondern setzt sie offenbar wiederum schon voraus (vgl. ÜI, q. 5, nn. 138–139).

In Bezug auf alle bisher diskutierten Theorien der Individuation lässt sich mit Scotus daher festhalten, dass sie zirkulär sind, indem sie das, was sie erklären wollen – nämlich Individuation –, voraussetzen müssen. Damit gibt es für Scotus nur eine Möglichkeit, wie sich Individuation denken lässt. Es muss sich um eine positive „Eigenschaft" eigener Art handeln, die ein Individuum zu *diesem* macht. Dies ist die sogenannte Haecceitas oder Diesheit, wie die gängige deutsche Übersetzung lautet.[7]

Um das rechte Verständnis der Haecceitas zu bekommen, ist es wichtig, zunächst einige Missverständnisse zu vermeiden. Wenn wir oben nur in Anführungszeichen von einer Eigenschaft sprachen, dann deshalb, weil es sich höchstens in einem uneigentlichen Sinne um eine Eigenschaft handeln kann. Wie schon in Bezug auf unsere Diskussion von Existenz als einer Eigenschaft von Individuen, muss auch in Bezug auf die Haecceitas gelten, dass sie einem Individuum logisch-ontologisch vorhergehen muss und daher diesem im Gegensatz zu anderen Eigenschaften nicht inhärieren kann.[8] Die Haecceitas soll ja schließlich allererst individuieren.

Scotus selbst spricht auch überhaupt nicht von einer Eigenschaft, sondern von einer „entitas positiva" (ÜI, q. 6, n. 142). ‚Entitas' bedeutet bei Scotus aber weder Eigenschaft noch Entität im Sinne eines irgendwie Seienden.[9] Vielmehr ist damit eine bestimmte *Weise des Seins* gemeint.[10] Die Haecceitas ist also kein Etwas (auch keine Qualität oder Eigenschaft), sondern die spezifische Seinsweise, *dieses* Etwas zu sein.[11] Ein jedes Etwas ist aber natürlich nicht nur *dieses*, sondern auch durch seine Artnatur bestimmt. So ist beispielsweise Sokrates nicht nur *dieser*, sondern wesentlich *dieser Mensch*. Auch die Artnatur ist eine ‚entitas', ein spezifischer Aspekt des Seins (vgl. ÜI, q. 6, n. 188). Kein Seiendes existiert nun, laut Scotus, ohne zugleich sowohl ein Dieses als auch ein Exemplar seiner Art zu sein. Bei der Unterscheidung in Artnatur und Diesheit handelt es sich aber nicht um selbständig bestehende Realitäten, sondern nur um eine „formale Distinktion" („distinctio formalis", ÜI, q. 6, n. 188), die wir *an einem* Seienden vornehmen. Es existieren also nicht die gemeinsamen Artnaturen der Dinge, deren

Haecceitas und dann auch noch Individuen, sondern eben nur Individuen, an denen wir immer auch eine überindividuelle Artnatur und eine Haecceitas als Aspekte ihres Seins unterscheiden können. Das bedeutet aber wiederum nicht, dass Artnatur und Diesheit bloß gedankliche oder sprachliche Konstrukte wären, sondern sie sind ontologische Grundaspekte eines jeden Individuums.

Der wohl radikalste Vertreter des Nominalismus, William von Ockham, hat sich entschieden gegen diese Idee formaler Distinktion gewandt. Nach Ockham muss ein Unterschied entweder ein realer sein – dann wären Artnatur und Haecceitas selbst Seiende – oder eben ein bloß gedachter; in letzterem Fall wären sie eben bloße Denkkonstrukte (vgl. Ock Ord, d. 2, q. 6, nn. 25–26).[12] Und selbst wenn man die formale Distinktion als Drittes neben einer realen und einer bloß gedachten Unterscheidung zuließe, so könnte man laut Ockham aufgrund des Satzes vom ausgeschlossenen Widerspruch immer nur eine von zwei gegensätzlichen Bestimmungen einem Gegenstand zuschreiben (vgl. Ock Ord, d. 2, q. 6, nn. 39–40). So kann ein Gegenstand entweder allgemein oder aber nicht-allgemein bzw. dieser sein, nicht aber sowohl allgemein als auch dieser.

Ockhams Einwände verfehlen aber ihr Ziel. Denn die formale Distinktion stellt gerade in Frage, dass der Gegensatz zwischen realer und bloß gedachter Unterscheidung ein kontradiktorischer ist. Kontradiktionen sind ja so beschaffen, dass, wenn eines der beiden Glieder des Widerspruchs nicht gilt, notwendigerweise das andere gilt. Wie Duns Scotus zeigt, gibt es *gedacht-reale* Unterscheidungen, nämlich solche Aspekte, die zwar in einem Gegenstand miteinander verschmolzen sind, aber die durch das Denken als verschiedene Elemente isoliert werden können. Was es nach Duns Scotus gibt, ist individuell Seiendes. Als ein Individuum zu existieren, bedeutet aber, dass man realiter sowohl einen Aspekt der überindividuellen Allgemeinheit als auch einen Aspekt der Diesheit in sich vereint. Das ist nun aber kein Verstoß gegen den Satz vom auszuschließenden Widerspruch, weil Allgemeinheit und Diesheit hier nicht in ein und derselben Hinsicht von einem Individuum ausgesagt werden. Im Hinblick auf seine mit anderen gemeinsame Artnatur (natura communis) ist ein individuell Seiendes allgemein, im Hinblick auf seine Individualität als solche – in scotistischer Ausdrucksweise: als Kontraktion der Artnatur – ist es eine Diesheit.[13]

Die in Auseinandersetzung mit Duns Scotus zu gewinnende existenzphilosophische Pointe besteht also nicht darin, dass eine ominöse metaphysische Eigenschaft namens Haecceitas postuliert wird, die dem Individuum inhäriert und es zum Individuum macht. Der Kernpunkt ist im Gegenteil der, dass sich Individualität nicht auf ein Bündel allgemeiner Eigenschaften zurückführen lässt, sondern notwendigerweise beinhaltet, ein irreduzibles Dieses zu sein. Damit haben wir aber – in anderem Gewand – die mit Kripke gemachte Kritik am Deskriptivismus vor uns.[14]

Wie wir gesehen haben, kommt die Referenz von Namen Kripke zufolge durch Taufakte (im wörtlichen oder übertragenen Sinne) zustande. Die Überlegungen von Duns Scotus zur Diesheit lassen sich nun in Kripkes Sinne weiterführen. Auch wenn Scotus dies selbst nicht thematisiert, so gilt doch der Sache nach, dass der Gebrauch des Ausdrucks ‚dies' nur dann sinnvoll ist, wenn er durch einen Zeigeakt – sei er körperlicher, sprachlicher oder mentaler – Art begleitet wird. Die Haecceitas-Theorie des Duns Scotus lehrt damit letztlich die notwendige *Zeigbarkeit* des individuell Seienden. Auf ein Individuum, also dasjenige, was ein Dieses ist, muss gezeigt werden können. Um Missverständnisse zu vermeiden, sei betont, dass damit keinem Konstruktivismus das Wort geredet wird. Der Zeigeakt bedarf eines *fundamentum in re* im Individuum, nämlich der Diesheit des Individuums. Die individuelle Existenz liegt daher nicht im faktischen Gezeigtwerden, sondern umgekehrt, im faktischen Zeigeakt offenbart sich individuelle Existenz. Im Zeigeakt – so könnte man Scotus mit Kripke verbinden – wird ein Gegenstand zu *diesem* „getauft" und dadurch der starre Bezugscharakter eines Namens etabliert. Zu sagen, was etwas ist oder wie es beschaffen ist, reicht nämlich nicht aus, um es zu individuieren. Das Was-Sein einer Sache – ihre *quidditas* – kann niemals ihr Dies-Sein – ihre *haecceitas* – erschöpfend einfangen.[15]

Damit aber noch nicht genug. Wenn wir die scotistischen Überlegungen noch weiter in existenzphilosophischer Absicht vorantreiben, wird deutlich, dass sie einen weiteren Gedanken in sich bergen: Ohne Diesheit und die damit einhergehende Möglichkeit individuierender Zeigeakte lässt sich überhaupt kein Seiendes denken. Jedes Seiende ist ein Dieses, oder wenn man es in einer eher Heidegger-affinen Sprache ausdrücken wollte: Das Dass-Sein west als Haecceitas. In der zweiten *Ordinatio*, in der Duns Scotus seine Haecceitas-Theorie entwickelt, geht es zwar zunächst nur um individuell Seiendes, das auch materiell und raumzeitlich verortet ist. Diese Frage nach der Individuation kommt allerdings entsprechend den mittelalterlichen Gepflogenheiten im Kontext der Frage nach der Individuation von Engeln als nicht-materiellen Wesen auf.[16] Der Vorzug der Haecceitas-Lehre ist nun, dass sie ausdrücklich nicht auf Materie als Individuationsprinzip setzt. Sobald wir auf etwas zeigen können – sei es körperlich per Fingerzeig oder durch eine geistige Bezugnahme, die einen Gedanken als diesen erfasst –, haben wir es mit einem Seienden zu tun, dem eine Diesheit eigen ist. Somit können wir im Einklang mit der Haecceitas-Lehre nicht nur materiellen Einzeldingen und Personen, sondern auch abstrakten, d. h. nicht-raumzeitlichen Individuen wie literarischen Figuren, Staaten und Gedanken Existenz zusprechen – oder auch Engeln. Die Zeigbarkeit ist bei diesen Gegenständen zwar nicht im raumzeitlichen Sinne eines gebärdenhaften Zeigens gegeben, aber dennoch als Verortung in einer geistigen Stellenordnung mittels eines sprachlichen Zeichens. So können wir natürlich nicht raumzeitlich auf die Bundesrepublik Deutschland oder Sherlock Holmes zeigen und doch können wir sie mittels der historischen Taufakte, die der BRD und dem Meisterdetektiv aus der Baker Street die entsprechenden sprachlichen Zeichen zugeordnet haben, auf geistige Weise als ein jeweils *Dieses* erfassen.

Was ist nun aber mit Dingen, die existieren, aber eben gerade keine Individuen, sondern allgemeine Seiende sind (man denke etwa an Zahlen und Begriffe)? Hier scheinen wir uns in Paradoxien zu verfangen. Denn zum einen können wir sowohl Zahlen als auch Begriffe als Gegenstände fassen, die insofern sie etwas sind, *numerisch* identisch und auch ein *Dieses* sind. So mag es zwar viele Instanzen des Begriffs ‚Hund' oder der Zahl Fünf geben, aber der Begriff des Hundes bzw. die Zahl Fünf selbst sind jeweils numerisch Eines und ein *Dieses*. Es gibt viele Hunde, aber nur einen Begriff ‚Hund'; es gibt viele Quantitäten, die aus fünf Einzeldingen bestehen, aber nur eine Zahl Fünf. Andererseits sind Begriffe und Zahlen als allgemeine Seiende aber offenbar durch ihr bloßes Was-Sein und ohne Annahme einer Haecceitas erfassbar.[17]

Ein naheliegender Weg, den Schein des Paradoxen aufzulösen, scheint der folgende zu sein: Wir müssen uns klarmachen, dass es zwar sehr wohl eine höherstufige Diesheit des Allgemeinen gibt, diese aber allein durch den allgemeinen washeitlichen Gehalt selbst zustande kommt. Der Begriff ‚Hund' ist ein Dieser, aber eben aufgrund seines allgemeinen begrifflichen Gehalts und nicht aufgrund der individuellen Diesheit, die Scotus (und uns hier) interessiert. Anders ausgedrückt: Die höherstufige Diesheit eines Allgemeinen liegt in seinem Was-Sein, wohingegen die Diesheit eines Individuums ein nicht weiter zurückführbarer Seinsaspekt ist.

Gegen diesen Lösungsansatz sprechen nun aber – zumindest in Bezug auf die Allgemeinbegriffe natürlicher Arten – überzeugende Gründe, die sich aus Kripkes revolutionärer Namenstheorie ergeben. Kripke behauptet nämlich, dass die Bedeutung sogenannter allgemeiner Namen, wie wir sie zur Bezeichnung natürlicher Arten gebrauchen, eben nicht mit einer bestimmten Menge washeitlicher Eigenschaften identisch ist (vgl. NuN, 133–164). Schauen wir etwa im *Duden* nach dem Wort ‚Löwe', so können wir dort die folgende Definition lesen: „Großes katzenartiges Raubtier mit kurzem graugelbem bis ockerfarbenem Fell, langem Schwanz und beim männlichen Tier langer Mähne um Nacken und Schultern". Kripke weist nun aber darauf hin, dass es widerspruchsfrei denkbar wäre (wenn auch natürlich höchst unwahrscheinlich), dass wir uns bezüglich all dieser Eigenschaftszuschreibungen geirrt haben. Wir könnten herausfinden, dass Löwen in Wahrheit gar keine Raubtiere sind. Es ist denkmöglich und damit begrifflich nicht ausgeschlossen, dass wir schlicht einem massiven Beobachtungsfehler unterlagen, als wir meinten, Löwen bei der Antilopenjagd zu beobachten. Die Möglichkeit der Revision von Eigenschaftszuschreibungen lässt sich nun aber offenbar für alle Eigenschaften denken, über die wir eine Art definieren. Im Falle einer solchen Revision würden wir aber nicht sagen, dass es keine Löwen gibt, sondern lediglich, dass Löwen keine Raubtiere sind (vgl. NuN, 138).

Aber nicht nur ist es begrifflich gesehen möglich, dass wir herausfinden, dass keine der von uns in einer Definition festgehaltenen Eigenschaften auf eine natürliche Art zutreffen, sondern auch der umgekehrte Fall ist widerspruchsfrei denkbar; nämlich, dass wir eine natürliche Art entdecken, die alle in einer Definition genannten Eigenschaften von Löwen teilt und trotzdem eine andere Art ist. So ist es aus rein begrifflichen Gründen nicht ausgeschlossen, dass wir Tiere entdecken, die exakt die äußeren Merkmale haben wie Tiger, die sich aber bei näherer Untersuchung als Reptilien entpuppen. In diesem Fall würden wir aber nach Kripke nicht sagen, dass manche Tiger Reptilien sind, sondern dass die entdeckten Tiere, dem ersten Anschein entgegen, keine Tiger sind (vgl. NuN, 138–139).[18]

Wie wird dann aber die Bedeutung allgemeiner Namen festgelegt? Nach Kripke erhalten allgemeine Namen wie ‚Löwe', ‚Gold' oder ‚Wasser' ihre Bedeutung ebenso wie die Namen von Individuen durch eine Art Taufakt. Der Taufakt, der einer Art einen Namen zuschreibt, kommt dabei nicht ohne zeigenden Bezug auf Individuen („Diese!") aus. So gilt nach Kripke etwa für den Artbegriff der Katze: „Der ursprüngliche Begriff von Katze ist: *diese Art von Ding*, wobei die Art durch paradigmatische Fälle identifiziert werden kann" (NuN, 140–141).[19] Bei der Festlegung der Bedeutung allgemeiner Namen *zeigen* wir also auf Individuen als Exemplifikationen ihrer Art. Die so fixierte Bedeutung wird dann geschichtlich ebenso weitergereicht wie die Bedeutung von Eigennamen. Wenn wir also höherstufig von *diesem* Begriff, z. B. dem Begriff ‚Löwe' sprechen, dann kommt die höherstufige Diesheit des Begriffs nicht durch rein washeitliche Bestimmungen zustande, sondern enthält selbst ein irreduzibel diesheitliches Element. Die Tatsache, dass die Bedeutung allgemeiner Namen nicht ohne den zeigenden Verweis auf deskriptiv uneinholbare Individuen zustande kommt, findet aus einer scotistischen Perspektive dahingehend Bestätigung, dass die gemeinsame Artnatur gar kein selbständig Bestehendes ist, sondern nur in individueller Exemplifikation vorliegt. Das bedeutet nicht, dass es keine gemeinsame Artnatur gibt; es bedeutet vielmehr, dass wir, wenn wir die Artnatur semantisch aus ihrem ontologischen Zusammenhang mit der individuellen Diesheit herauslösen, um es als etwas (als ein Seiendes) zu thematisieren, dabei unweigerlich die (höherstufige) Diesheit dieser Art setzen. Zumindest für die natürlichen Arten unter den allgemeinen Gegenständen scheint daher zu gelten, dass sie sich nicht unabhängig von zeigenden Taufakten bestimmen lassen. Ob diese Strategie, die Haecceitas-Lehre für natürliche Arten ins Spiel zu bringen, auch für andere allgemeine Gegenstände,

z. B. Zahlen, erfolgreich sein kann, muss hier zwar offenbleiben, scheint uns aber zumindest eine fruchtbare Hypothese für weitere Forschung abzugeben.

Durch den soeben erörterten Zusammenhang von Existenz, Individualität, Diesheit und Zeigbarkeit wird unser Blick auf diejenigen Individuen gerichtet, die in der Lage sind, die entsprechenden existenzoffenbarenden Zeigeakte zu vollziehen. Die Individuen, die solches vermögen, sind Personen. Diese nehmen aktiv ein Verhältnis zu sich selbst ein und sind damit im Gegensatz zu nicht-personalen Individuen sowohl Subjekt als auch Objekt des Zeigens; sie vermögen es also, auf sich selbst und damit auch auf den Umstand, dass sie existieren, Bezug zu nehmen. Damit sind wir bei der personalen Existenz als dem Thema der Existenzphilosophie angelangt.

6.2 Personale Existenz (Kierkegaard, Heidegger, Sartre)

Personale Existenz als Selbstverhältnis

Das herausragende Merkmal personaler Existenz ist ihr Selbstverhältnis.[20] Von Personen sagen wir, dass sie nicht nur etwas sind, sondern auch jemand. Personen sind solche Individuen, die nicht nur existieren, sondern darüber hinaus in ihrem Existieren ein Verhältnis zu ihrem Existieren einnehmen, alltäglicher gesprochen: nicht nur einfach leben, sondern ihr Leben führen (wie auch immer, gut oder schlecht). In Bezug auf Personen kann man sagen: Selbst wenn sie auf mannigfache Weise bestimmt sind durch ihre inneren Anlagen oder die Umstände, in denen sie existieren, sind sie dennoch in der Hinsicht frei, dass sie zu diesen Bestimmungen ein Verhältnis einnehmen können. Was eine Person eigentlich ist, was sie als einzigartige, von anderen unterschiedene Person *als Person* ausmacht, liegt dementsprechend in ihrem (durch sie selbst zu verantwortenden) Selbstverhältnis. Personen sind nicht einfach soundso bestimmte Wesen, die dann auch noch ein Selbstverhältnis ausbilden, sondern ihre Personalität besteht darin, dass sie solche Selbstverhältnisse *sind*.

Dies ist der Kerngedanke der Existenzphilosophie im engeren Sinne. Einen griffigen Slogan der Existenzphilosophie hat Jean-Paul Sartre mit dem Satz „Die Existenz geht der Essenz voraus" geprägt und dahingehend erläutert,

> daß der Mensch erst existiert, auf sich trifft, in die Welt eintritt, und sich erst dann definiert. Der Mensch, wie ihn der Existentialist versteht, ist nicht definierbar, weil er zunächst nichts [Bestimmtes] ist. Er wird erst dann, und er wird so sein, wie er sich geschaffen haben wird. (EiH, 149)

Was Sartre hier im Blick hat, ist, dass die Wesensbestimmung von Personen, anders als bei nicht-personalen Entitäten (wie Tischen, Rosen oder Kühen) nicht unabhängig von deren Existenzweise feststeht, sondern erst durch das personale Selbstverhältnis hervorgebracht wird. In dem von Sartre in diesem Zitat verwendeten Futur II („Er wird erst dann, und er wird so sein, *wie er sich geschaffen haben wird*") ist zudem schon die eigentümliche interne Zeitlichkeit personaler Existenz enthalten, deren Behandlung wir aber zunächst zurückstellen wollen, um sie im nächsten Kapitel gesondert zu behandeln.

Vor Sartre hatten bereits Sören Kierkegaard, den man als Vater der modernen Existenzphilosophie bezeichnen kann, sowie Martin Heidegger diese besondere ontologische Struktur personaler Existenz zum Ausdruck gebracht. Nach Kierkegaard ist das personale Selbst nach einer berühmten Formel „ein Verhältnis, das sich zu sich selbst verhält, oder es ist das im Verhältnis, daß das Verhältnis sich zu sich selbst verhält" (Krankheit, 31). Das Selbst-Verhältnis, das Kierkegaard hier meint, ist zugleich dasjenige zwischen „Unendlichkeit und Endlichkeit" (Krankheit, 31), d. h. dem Umstand geschuldet, dass der Mensch einerseits ontologisch, zeitlich sowie epistemisch eingeschränkt bzw. endlich ist, andererseits aber diese Beschränkungen einsehen und sich so immer auch geistig über sie erheben kann. Der Mensch ist jedoch, wie Kierkegaard betont, nicht bloß das Verhältnis, das zwischen Endlichkeit einerseits, Unendlichkeit andererseits aufgespannt ist, sondern sein Selbst ist nichts anderes als die Tätigkeit, sich zu just diesem Umstand zu verhalten und damit sich zwischen diesen Polen von Endlichkeit und Unendlichkeit zu bewegen. Auch für Kierkegaard gilt, dass wir nicht zuerst endliche, begrenzte Wesen sind und uns dann auch noch zu uns selbst verhalten; vielmehr besteht Personalität nur in diesem Verhältnis. Es gibt auch nach Kierkegaard keine Personalität vor diesem Selbstverhältnis und daher auch kein der personalen Existenz vorgängiges Wesen der Person.

Heideggers Version dieser existenzphilosophischen Grundthese drückt sich aus in dem Satz „*Das ‚Wesen' des Daseins liegt in seiner Existenz*" (SuZ, §9 / 42)[21]. Anders als Sartre und Kierkegaard meidet Heidegger bekanntlich den (eventuell verdinglichenden) Ausdruck ‚Mensch', um die ontologische Frage nach der uns als Personen eigenen Existenzweise deutlich gegen biologische, anthropologische und psychologische Fragestellungen abzugrenzen (vgl. SuZ, §10). Unter ‚Dasein' versteht Heidegger dasjenige Seiende, dem es „in seinem Sein *um* dieses Sein selbst geht" (SuZ, §4 / 12), d. h. diejenige Entität, die durch das von uns bereits mit Sartre und Kierkegaard beschriebene personale Selbstverhältnis gekennzeichnet ist.[22] Dass das Wesen des Daseins in seiner Existenz liegt, übersetzt somit die Einsichten Kierkegaards und Sartres, dass Personen ihrem ontologischen Kern nach nicht durch eine bestimmte Menge an Eigenschaften gekennzeichnet sind, sondern dadurch, dass sie ein unhintergehbares Selbstverhältnis – eine Aktivität des Sich-zu-sich-Verhaltens – sind.

Um die sowohl von Kierkegaard als auch von Sartre und Heidegger gelehrte Vorgängigkeit der Existenz vor der Essenz nicht misszuverstehen, muss betont werden, dass die genannten Existenzphilosophen nicht behaupten, dass Personen sich beliebig formen und dabei jede Fantasie und Wunschvorstellung in Bezug auf ihre Person zur Realität werden lassen können. Es ist für Personen vielmehr konstitutiv, dass sie endliche, d. h. in vielfacher Hinsicht bestimmte und begrenzte Wesen sind, die sich in Situationen vorfinden, die mannigfach notwendigen wie nicht-notwendigen (kontingenten) Bestimmungen unterliegen. Am deutlichsten – und allgemein existenzphilosophisch fassbar als eine Bestimmtheit jedweder Situation – wird diese Bestimmtheit unseres Selbst daran, *dass* wir überhaupt existieren. Niemand wurde gefragt, ob er existieren möchte; und niemand kann für sein Dass-Sein etwas. Kierkegaard spricht diesbezüglich von einem *nicht selbst, sondern fremd gesetzten* Selbstverhältnis: „Ein so abgeleitetes, gesetztes Verhältnis ist das Selbst des Menschen, ein Verhältnis, das sich zu sich selbst verhält, und indem es sich zu sich selbst verhält, sich zu einem Anderen verhält" (Krankheit, 32). Wir sind also laut Kierkegaard diejenigen Wesen, die sich zu ihrer eigenen, nicht selbst verursachten Existenz – dem Anderen *unserer* Existenz – verhalten müssen, ob wir das wollen oder nicht. Auch Heidegger sieht hierin ein für das Dasein konstitutives Charakteristikum und fasst es als unsere „Faktizität" bzw. „Geworfenheit" (SuZ, § 29 / 135). Wir existieren *faktisch*, d. h. wir finden uns als Existierende vor.

Die personale Existenz ist als eine solch fremd gesetzte, geworfene bzw. faktische, aber dennoch keine, der wir schlechthin ausgeliefert wären. Schließlich sind wir *als Personen*, d. h. als Sich-zu-sich-Verhaltende in die Existenz geworfen. Eine Person zu sein, heißt also nicht nur, uns zu den natürlichen und sozialen Determinanten unseres Lebens zu verhalten, sondern auch mit dem Faktum umzugehen, dass wir überhaupt existieren. Dieses Faktum hat aber nun, wie wir weiter oben im Buch erläutert haben, *kontingenten* Charakter: Es ist ja nicht notwendigerweise so, dass ich existiere. Selbst wenn ich es mir nicht vorstellen kann, wie es ist, nicht zu sein, ist mir die Möglichkeit des Nichtseins völlig begreiflich, denn bekanntermaßen beträgt die Mortalität des Menschen auf lange Sicht hundert Prozent. Die existenzialistische These von der Selbsterschaffung einer Person zielt dann auch nicht auf das Dass-Sein, sondern das Was-Sein ab und ist daher wohlverstanden eine These über die radikale menschliche Freiheit in Bezug auf die Wesensbestimmungen seiner selbst *als Person* (und nicht als Individuum, denn unteilbares Individuum bin ich schon als Leib). Die Freiheit besteht nicht in der Fähigkeit, Beliebiges widerstandslos und gleichsam magisch zur Realität werden zu lassen, sondern darin, selbstbestimmt zu leben. ‚Selbstbestimmung' wiederum meint dabei, sich zu allem, was man ist und nicht ist, was man tut und unterlässt, verhalten zu müssen (aber eben auch zu können) und somit für das, was man, salopp gesprochen, mit seiner Existenz anfängt, unausweichlich verantwortlich zu sein. Dies soll auch Sartres berühmte Wendung ausdrücken, der Mensch sei „dazu verurteilt, frei zu sein. Verurteilt, weil er sich nicht selbst erschaffen hat, und dennoch frei, weil er, einmal in die Welt geworfen, für all das verantwortlich ist, was er tut" (EiH, 155).

Der Gedanke, dass Personen sich unentrinnbar in der Situation befinden, ihr Leben selbstbestimmt führen zu müssen, lässt sich auch dahingehend formulieren, dass es von jeder Person selbst abhängt, an welchen Werten sie ihr Leben und Handeln faktisch orientiert. Sogar die Abgabe der Verantwortung für das eigene Leben ist ein Akt, für den jede Person selbst verantwortlich ist. In der unhintergehbaren Freiheit der personalen Existenz liegt, dass wir unsere bestimmte Lebensführung wählen müssen – und zu wählen heißt hier, der jeder Bestimmung vorgängigen Existenz, dem puren Dass-Sein eine Ausrichtung zu geben. Hieran sieht man besonders gut die Bedeutung des Satzes ‚Die Existenz geht der Essenz voraus'. Er bedeutet nicht, dass wir absolut frei sind in dem Sinne, dass wir mächtig oder gar allmächtig wären – Freiheit ist von Macht wohl zu unterscheiden! Nicht nur, dass wir oft nicht die Macht haben, das von uns Gewählte umzusetzen, oft haben wir nicht einmal eine Wahl im Sinne alternativer Handlungsoptionen – und dennoch sind wir *absolut frei* darin, unsere Zustimmung zu erteilen oder sie zu verweigern. Sogenannte existenzielle Entscheidungen finden in mannigfach bedingten Situationen statt, in die wir gestellt bzw. geworfen sind und die wir gerade nicht nach Belieben ändern können.[23] Unsere absolute Freiheit besteht hier darin, eine Wahl treffen zu können, die uns in ein Verhältnis zu unserer Situation setzt, ja, sie uns allererst *als (jeweils) unsere* Situation begreifen lässt.

Sartre verfolgt diesen Gedanken der absoluten Freiheit von Personen (bzw. des „Menschen", wie es bei ihm heißt) interessanterweise bis auf Descartes zurück, mit dessen existenzgewissem Ego wir ja auch in dieses Buch eingestiegen sind. So sei der von Descartes gebrauchte methodische Zweifel und die mögliche, aber zurückgehaltene Zustimmung der „Inbegriff der freien Tat" (CF, 135). Letztlich würde ein personales Individuum daher zwar nicht in seiner Macht, die veränderlich und sehr begrenzt ist, aber sehr wohl in seiner *denkerischen* Freiheit mit Gott übereinstimmen. Es sei hierin absolut frei, d. h. seine Freiheit habe keinen weiteren Grund und sei auch gradmäßig nicht von der Freiheit Gottes unterschieden. Diese Konsequenz habe Descartes als Kind seiner Zeit nur noch nicht ziehen können, liege aber schon ganz in der Linie seines Argumentes (vgl. CF, 143).[24]

Wie aus dem bisher Gesagten hervorgeht, ist die Freiheit, die die Existenzphilosophen meinen, im Grunde nicht, zumindest nicht primär als ein Vermögen zu verstehen, zwischen bestimmten Handlungsoptionen wählen zu können. Es geht vielmehr darum, dass Personen – da sie kein ihrer Freiheit vorgelagertes Wesen haben – zunächst *sich selbst* wählen müssen, um überhaupt Personen zu sein. Vor den Protagonisten der Existenzphilosophie im 19. und 20. Jahrhundert hatte bereits Schelling diese existenzielle Selbstwahl thematisiert. So heißt es in der sogenannten *Freiheitsschrift* (1809): „[D]as Wesen des Menschen ist wesentlich *seine eigene Tat*" (Freiheit, 57 / SW, Bd. VII, 385). Wie Schelling zugleich erkannte, kann diese für die Personalität konstitutive Wahl des eigenen Wesens nicht als ein zeitlicher Akt verstanden werden:

> Die Tat, wodurch sein Leben in der Zeit bestimmt ist, gehört selbst nicht der Zeit, sondern der Ewigkeit an: sie geht dem Leben auch nicht der Zeit nach voraus, sondern durch die Zeit (unergriffen von ihr) hindurch als eine der Natur nach ewige Tat. (Freiheit, 57 / SW, Bd. VII, 385)

Die Selbstwahl vollzieht sich also nicht in der Zeit, sondern umgekehrt: Unsere Selbstwahl offenbart sich in unserer zeitlichen Existenz.[25] Als raumzeitliche Lebewesen müssen Personen denselben inneren und äußeren Determinanten unterliegen wie alles andere raumzeitlich Seiende auch. Empirisch gesehen sind wir ja immer schon irgendwie kontingenterweise bestimmt, was unsere allgemeine *condition humaine* angeht, aber auch was unsere individuellen Voraussetzungen kultureller, historischer, gesellschaftlicher etc. Art angeht: alles Dinge, für die wir nichts können. Damit wir uns dennoch als freie Personen denken können, müssen wir uns nach Schelling zugleich einem anderen Reich als dem der Zeit zurechnen. Schelling spricht hier in diesem Zusammenhang nur scheinbar paradox von der „derivierten Absolutheit" (Freiheit, 20 / SW, Bd. VII, 347) unserer personalen Existenz. Wenn wir uns nicht als frei im Sinne der absolut freien, unzeitlichen Selbstwahl denken würden, dann würden wir uns gar nicht als Personen, sondern als bloße Objekte denken, als Einzel*dinge*, die nur existieren, aber niemals selbst ihre Existenz gestaltend ergreifen könnten. Der Gedanke der Freiheit als Selbstwahl zeigt, dass die für die personale Existenzweise charakteristische Freiheit nicht etwas ist, was Personen einfachhin als Eigenschaft haben, sondern dass Freiheit als Selbstbestimmungstätigkeit die Personalität als solche ausmacht. Wir sollten daher in Übereinstimmung mit den Existenzphilosophen eigentlich sagen: Personen *sind* die grundlose Freiheit der Selbstwahl. Und ‚grundlos' wiederum nicht im Sinne von ‚beliebig', ‚willkürlich' oder ‚unbegründet' – solches könnten wir nur von etwas sagen, von dem wir auch unterstellen, dass es sich überhaupt begründen ließe –, sondern, weil die Freiheit der Selbstwahl unableitbar ist, im Sinne von ‚absolut'.

Angst

Unsere absolute Freiheit in der Selbstwahl ist uns, den Existenzphilosophen zufolge, vor allem in Form einer bestimmten Stimmung, nämlich der Angst, gegeben, oder wie Kierkegaard sagt: „Die Angst ist der Schwindel der Freiheit" (Angst, 512). Angst ist in diesem Zusammenhang von Furcht zu unterscheiden. Wir fürchten uns immer *vor* etwas, dieses Etwas kann abstrakt oder konkret sein, wie z. B. Versagen im Allgemeinen, drohende Arbeitslosigkeit, oder der Besuch der Schwiegermutter. Furcht ist eine Emotion, die einen wie auch immer gearteten Gegenstand hat, auf den sie bezogen ist. Die von den Existenzphilosophen immer wieder thematisierte Angst ist, anders als Furcht, aber eine Stimmung.[26] Stimmungen sind, anders als Gefühle, nicht auf bestimmte Gegenstände, Zustände oder Ereignisse in der Welt bezogen. Allerdings ist die Angst deswegen nicht vollkommen bezugslos. Sie bezieht sich ungleich der Furcht nicht auf Innerweltliches, sondern auf unsere existenzielle Situation (und damit die Welt) als solche. Angst, wie sie die Existenzphilosophen beschäftigt, ist aber auch nicht einfach nur ein vergänglicher psychologischer Zustand, in dem wir uns faktisch wohl nur sehr selten befinden, sondern Angst ist gewissermaßen die strukturelle Grundstimmung unserer personalen Existenz, die auch dann besteht, wenn sie sich nicht in einer akuten Gemütsaufwallung erlebter Angst manifestiert. Sartre spricht daher davon, dass der Mensch Angst *ist* (vgl. EiH, 151). In der Angst begegnen wir der absoluten Freiheit, die unsere personale Existenzweise ausmacht und treffen so auf unser eigenes *Selbst*; oder wie Heidegger schreibt: „Die Angst vereinzelt und erschließt so das Dasein als ‚solus ipse'" (SuZ, §40 / 188).[27]

In der Angst wird uns, anders ausgedrückt, die Bodenlosigkeit und Abgründigkeit unserer personalen Existenz präsent: In der Angst erleben wir unsere Existenzweise als freischwebende Konstruktion. Daher ist, wie Heidegger schreibt, „einem *unheimlich*" (SuZ, §40 / 188) in der Angst, weil die Welt als „Un-Zuhause" (SuZ, §40 / 189) erfahren wird, also gerade nicht als ein Ort, an dem vorgegeben wäre, was und wie wir zu sein haben. Als Personen entdecken wir damit in der Angst, was Schelling als unsere absolute Freiheit der zeitlosen Selbstwahl beschrieben hat. Heidegger spricht in nicht zu übersehender Anlehnung an Schelling davon, dass wir in der Angst „das *Freisein für* die Freiheit des Sich-selbst-wählens und -ergreifens" (SuZ, §40 / 188) erfahren. In der Angst werden wir mit der grundlosen, absoluten Freiheit unseres personalen Selbstseins konfrontiert. Angst ist Ausdruck, nicht Bedrohung unserer Freiheit.

Die Präsenz der Existenz im personalen Selbstverhältnis

Das personale Selbstverhältnis hat neben dem ontologischen auch einen epistemischen Aspekt, nämlich den Umstand, dass wir als Personen unserer selbst gewahr sind. Für die Denker der personalen Existenz ist es kennzeichnend, dass sie allesamt davon überzeugt sind, dass Existenz als solche im Sich-selbst-Gewahren präsent wird. Anders gesagt: Das personale Selbstverhältnis ist der Ort der unmittelbaren Evidenz des eigenen Dass-Seins, auf der alle anderen Evidenzen gründen. Da das personale Selbstverhältnis konstitutiv ist für Personen, kann es auch in epistemischer Hinsicht nicht als eine nachträgliche, reflexive Erkenntnisrelation konzipiert werden, als ein Zurückbeugen auf sich selbst.[28] Als Existierende sind wir uns daher schon vor jeder Reflexion bekannt. Der Selbsterkenntnis geht das Gefühl des eigenen Selbst als der Garant voraus, dass da etwas bzw. jemand ist; oder mit anderen Worten: Es gibt ein Sein vor dem (reflexiven) Bewusstsein, unvordenklich, Grund und Anstoß unseres jeweiligen bewussten Denkens.[29]

Besonders Sartre hat betont, dass das personale Selbstverhältnis notwendigerweise präreflexiv, d. h. vor jeder expliziten Bezugnahme, vor jedem thetischen Bewusstsein ist – aber ohne hier, wie die Psychoanalyse, gleich von einem „Unbewussten" sprechen zu müssen, das vielerlei philosophisch-begriffliche Probleme mit sich bringt. Das sogenannte Unbewusste ist nämlich laut Sartre nur ein Asyl der Unwissenheit (vgl. SuS, 317). Präreflexivität ist dagegen eine Dimension des Bewusstseins selbst. Auch ‚Vorbewusstsein' oder ‚Unterbewusstsein' wären hier zumindest dann missverständliche Benennungen für die Präreflexivität, wenn man sie als Instanzen *außerhalb* des Bewusstseins ansiedeln würde. Denn das präreflexive Bewusstsein ist schon das Bewusstsein selbst; das nicht-thetische, präreflexive Bewusstsein ist so etwas wie der blinde Fleck der Netzhaut. Es ist, anders als ein ominöses Vor-, Unter-, oder Unbewusstes, schon von vornerein auf Reflexivität bzw. explizite Bewusstheit als deren Ermöglichungsgrund bezogen und betrifft alle geistigen Akte, also neben dem Denken auch das Fühlen und Wollen.

Denken ist zwar sicherlich kein uns unzugänglicher Vorgang, jedoch ist es *im Vollzug* – also während es sich vollzieht – nicht schon reflexiv. Ludwig Wittgenstein hat dies treffend so formuliert, dass Denken nicht heiße, beim Denken zuzuschauen (vgl. PU, § 316). Anders als unbewusste Regungen, wie etwa bestimmte Reflexe, stehen Akte des Denkens, Wollens und Fühlens im Prinzip aber jederzeit der näheren Bestimmung durch reflexive Akte offen, ja motivieren geradezu die Reflexion bzw. Vorstellungs- und Begriffsbildung. Deshalb kann man mit Sartre sagen: Auch wenn diese Tätigkeit des Bewusstseins selbst nicht eigens schon in den Lichtkegel des thetischen Bewusstseins tritt oder getreten sein muss, existiert sie doch schon vor jeder Bewusstwerdung oder -machung. Das (Dass-)Sein des Bewusstseins geht dem Bewusstsein des (Dass-)Seins voraus. Das bedeutet auch, dass keine Reflexion, kein thetisches Bewusstsein seiner selbst ohne die schon vorher statthabende, aber eben präreflexive Selbstbezugnahme eines existierenden Individuums vollzogen werden kann. Man kann, wie schon Husserl gesehen hat, auf den sich Sartre hierbei bezieht, zwar über seine Erinnerungen reflektieren, aber nicht über seine Gegenwart, in der man sich handelnd, fühlend, denkend vollzieht. Diese ist uns im Vollzug nicht durchsichtig, aber gleichwohl im Bewusstsein gegeben. Sartre veranschaulicht dies am Beispiel des Lesens:

> Ich lese. Ich antworte Ihnen: ich lese, wenn Sie mich fragen, was ich tue. Ich bringe mir [dann] etwas zu Bewußtsein, [...] von dem ich seit langem Bewußtsein [im präreflexiven Sinne] hatte, das heißt, ich gehe auf die Ebene der Thematisierung der reflexiven Setzung und der Erkenntnis über, für eine Sache, die schon vorher existierte. (SuS, 288)

Anders als Husserl und auch die Psychoanalytiker, die Bewusstsein mit thetischem Bewusstsein identifizieren, bestimmt Sartre das präreflexive Bewusstsein nicht als ein dunkles Subjekt „hinter dem Bewusstsein", das gleichsam die psychologischen Fäden zieht, an denen unsere Welt mit all ihren Inhalten und Gegenständen hängt. Nein, es ist das Bewusstsein selbst, so wie es ist, das sich hier im Sinne einer Präsenz vor jeder thetischen Inblicknahme gewahr ist. Ich weiß daher im Grunde immer schon implizit, wenn ich denke, mich freue usw., *dass* ich denke, mich freue. Das heißt umgekehrt: Es gibt keine *un*bewusste Freude, *un*bewussten Hass usw.; das Unbewusste ist letztlich eine „Illusion der Psychoanalytiker" (SuS, 317). Ebenso gilt für den Fall der Erkenntnis: Wenn wir etwas erkennen, dann wissen wir auch in Form eines präreflexiven Bewusstseins, dass wir erkennen. Wenn wir dieses Erkennen des Erkennens erst durch einen gesonderten (reflexiven) Bewusstseinsakt bewusstmachen müssten, kämen wir in einen unendlichen Regress, der jegliche Selbsterkenntnis unmöglich machen würde. Nach Sartre sind wir zur Selbsterkenntnis fähig, weil sie in präreflexiver Form immer schon vorliegt und nicht erst zustande gebracht, sondern nur reflektierend expliziert werden muss.

Die Entdeckung, dass sich im Denkakt des Ich dessen eigenes Sein präsentiert, dass die Erkenntnis selbst ein Sein hat bzw. ist, dass das Bewusstsein zunächst eine Seinsweise und eben nicht eine bloße Repräsentation, ein bloßer Spiegel der Welt ist, sei aber, so Sartre, wohlverstanden schon die Entdeckung René Descartes' gewesen (vgl. SuS, 267–271). Entsprechend betont Sartre, dass sich sein Existenzialismus auf die cartesische Verknüpfung von ‚Ich existiere' (‚existo') und ‚Ich denke' (‚cogito') als die einzig skepsisresistente Gewissheit stützt: „Es kann als Ausgangspunkt keine andere absolute Wahrheit geben als diese: *ich denke, also bin ich*, das ist die absolute Wahrheit des sich selbst erreichten Bewußtseins" (EiH, 165). In seinem Hauptwerk, den *Meditationes de prima philosophia* von 1641 hatte Descartes bekanntermaßen behauptet, der Satz ‚*Ego sum, ego existo*' (‚Ich bin, ich existiere') könne im Vollzug des Gedacht- bzw. Geäußertwerdens nicht falsch sein und sei daher während eines solchen Vollzugs notwendigerweise wahr (vgl. Med, 49 / AT VII, 25). Für Sartre besteht die Wahrheit des cogito darin, „sich selbst zu begreifen ohne Vermittlung" (EiH, 165). Das Ich, wie es Sartre in Descartes Theorie erkennt, ist daher nicht als Resultat eines Reflexionsaktes zu verstehen, sondern als unmittelbarer, präreflexiver Selbstbezug, in dem sich die Gewissheit der eigenen Existenz unmittelbar ereignet.[30]

Auch wenn das eigene Selbst als Ort der unmittelbaren Präsenz des eigenen Dass-Seins ein die gesamte Existenzphilosophie charakterisierender Zug ist, so ist es wichtig, zumindest zu erwähnen, dass es große Differenzen darüber gibt, wie der lebensleitende Charakter der Existenzgewissheit erfahren wird. Während Sartre im Anschluss an Descartes das Selbstsein im Grunde als eine unhintergehbare *Vertrautheit* mit uns und unserer Existenz konzipiert, sieht Sartres Zeitgenosse Albert Camus (mit dem wir uns weiter unten noch ausführlicher beschäftigen werden) am Grunde des Bewusstseins dagegen eine *Fremdheit* lauern. Camus, ein Nietzscheaner und begeisterter Leser Kafkas und Dostojewskis, hält Sartres Optimismus entgegen, dass wir nie mit uns übereinstimmen. Denn wo auch immer wir zu Klarheit gelangen wollen, stoßen wir auf „absurde Mauern"[31]. Absurd ist Camus zufolge, was unserem stets nach Sinn und Begründung suchenden Bewusstsein als sinn- und grundlos entgegentritt. Camus würde also angesichts unserer obigen Darstellung wohl feststellen: Freilich ist die Existenz gewiss, aber sie ist eben gerade nichts Vertrautes, sondern muss fremd bleiben, weil sie in ihrer bloßen Faktizität nicht verstanden werden kann. Es gibt laut Camus keinen Sinn zu erfassen im nackten Faktum unseres Dass-Seins. Es wäre jedoch voreilig und falsch, aus Camus' These der Fremdheit und Sinnlosigkeit unserer Existenz abzuleiten, dass sie auch wertlos sei und kein Glück für uns bereithielte; im Gegenteil! Doch dazu kommen wir noch im Kapitel 7.4.

Wie es ist, eine Person zu sein

Wie sich an den unterschiedlichen Einschätzungen zur Existenzgewissheit, die wir gerade am Beispiel Sartre und Camus angerissen haben, ablesen lässt, besteht die existenzphilosophische Arbeit letztlich darin, die eigene personale Existenz adäquat zu erfassen und auszulegen; uns wird dabei etwa die Frage beschäftigen müssen, ob unsere Selbst- und Existenzgewissheit Vertrautheit oder unaufhebbare Fremdheit mit uns selbst ist. Eine Antwort lässt sich dabei nicht aus allgemeinen inhaltlichen Annahmen darüber, *was* Personen sind, deduzieren. Schließlich besagt die existenzphilosophische Grundeinsicht ja gerade, dass Personen sich als freie Selbstverhältnisse nicht über ein feststehendes Wesen des Individuums erfassen lassen. Personen sind nicht wie Nüsse, sondern wie Zwiebeln: Wenn man die Schalen alle entfernt, gelangt man nicht etwa zu einem harten (Wesens-)Kern, sondern, zumindest in der Küche (anders als vielleicht im Biologielabor) – zu nichts.

Wenn es aber kein inneres, festes Wesen eines personal verfassten Individuums gibt, dann sind wir wieder verwiesen auf das bereits mehrfache angeführte Diktum Jacobis, die höchste Aufgabe des (philosophischen) Forschers sei es, „*Dasein* zu enthüllen" (Spin, 35 / 31–32). In Bezug auf eine Philosophie der personalen Existenz, die allgemeine Strukturen dieser Existenz freilegen will, bedeutet dies, dass ihre Aufgabe darin besteht zu explizieren – nicht so sehr, *was* eine Person ist, sondern –, *wie es ist,* eine Person zu sein. Eine solche phänomenologische Analyse der Seinsweise von Personen unterscheidet sich von einer begrifflichen Analyse des Wesens von Personalität vor allem durch die Perspektive, die dabei eingenommen wird. Während eine Wesensdefinition von personaler Individualität bestimmte allgemeine Merkmale als Eigenschaften von Personen so in den Blick nimmt, dass sie gewissermaßen Personen „von außen" betrachtet, liegt die methodische Besonderheit der phänomenologischen Auslegungsarbeit individueller Personalität darin, dass sich nur aus der *je eigenen* Lebensperspektive in Erfahrung bringen lässt. Bei der Frage, *wie es ist* zu existieren, kann nichts von außen beobachtet werden, denn hierbei geht es sozusagen um die Erlebnisqualität der Existenz.

Nun ist die Existenzweise von Personen nicht nur eine individuelle – dies würde auch für dinghafte Gegenstände gelten – sondern eine *unvertretbar* individuelle, insofern personale Individuen, wie wir sahen, ein Verhältnis zu sich (und damit zu ihrer Existenz) einnehmen. Heidegger hat dies als die „*Jemeinigkeit*" (SuZ, §9 / 42) des Daseins bezeichnet. Damit soll nicht nur gesagt werden, dass jeder Mensch die Welt von seiner besonderen Stellung in der Welt oder vor einem bestimmten kulturellen Hintergrund aus sieht. Denn die Perspektive eines anderen kann jeder einnehmen, indem er sich an dessen Stelle begibt oder indem er versucht, sich seine Kultur anzueignen. Ich kann aber niemals *erleben*, wie es ist, ein anderer zu sein. Dass eine Perspektive *meine* Perspektive ist, besagt, dass ein anderer sie niemals *als meine* einnehmen kann. Sprachlich offenbart sich diese Jemeinigkeit personaler Existenz Heidegger zufolge im Gebrauch des Personalpronomens:

> Das Ansprechen von Dasein muß gemäß dem Charakter der *Jemeinigkeit* dieses Seienden stets das *Personal*pronomen mitsagen: „ich bin", „du bist". (SuZ, §9 / 42)

Vor Heidegger hatte schon Kierkegaard den nicht objektivierbaren Charakter des eigenen Existenzerlebens erkannt, wie die folgende Passage aus *Der Begriff der Angst* (1844) deutlich macht:

> „Selbst" aber bedeutet eben den Widerspruch, daß das Allgemeine gesetzt ist als das Einzelne. Erst wenn der Begriff des Einzelnen gegeben ist, erst dann ist vom Selbstischen die Rede, aber obwohl unzählige Millionen solcher Selbste gelebt haben, vermag keine Wissenschaft zu sagen, was ein Selbst ist, außer wenn sie es wieder ganz allgemein aussagt. Und dies ist das Wunderbare im Leben, daß jeder Mensch, der auf sich selbst achtet, weiß, was keine Wissenschaft weiß, wer er selbst ist, und dies ist das Tiefsinnige an jenem griechischen Satz *gnôthi sautón* [Erkenne dich selbst!], den man nun lange genug auf deutsch von dem reinen Selbstbewußtsein, der Luftigkeit des Idealismus verstanden hat. (Angst, 533–534)

Selbsterkenntnis ist aufgrund der Jemeinigkeit des Selbst keine an andere delegierbare Aufgabe, sondern stellt sich nur dann ein, wenn eine Person, wie es im obigen Zitat heißt, „auf sich selbst achtet". Selbsterkenntnis kann daher nach Kierkegaard auch nicht, wie der (deutsche) Idealismus meinte – und er dürfte hierbei eher Hegel als Schelling im Blick haben –, auf der Analyse der allgemeingültigen Merkmale des „reinen Selbstbewußtseins" bestehen. Denn wenn auch Personen ihrer selbst und ihrer Existenz unmittelbar bzw. präreflexiv gewahr sind, ist dieses Gewahren doch unauflöslich ein *je schon personalisiertes*.

Der Gedanke, dass personale Existenz irreduzibel jemeinig ist, lässt sich mit Heidegger auch so ausdrücken, dass personale Existenz nicht gefasst werden kann „als Fall und Exemplar einer Gattung von Seiendem als Vorhandenem" (SuZ, § 9 / 42). Unter ‚Vorhandenem' versteht Heidegger nicht-personale Einzeldinge, die über die Zuschreibung allgemeiner Eigenschaften, quasi durch ein Beschauen und Beschreiben von außen hinreichend bestimmt werden können. Wie wir mir Duns Scotus gesehen haben, sind zwar auch nicht-personale Einzeldinge ein je *Dieses*. Aber über die Diesheit des Vorhandenen lässt sich nichts Weiteres sagen, außer dass sie sich erst durch die Zeigegesten und Taufakte von Personen offenbart. Nur indem Personen auf ein individuierbares Ding zeigen, wird es *de facto* indexikalisch individuiert und erscheint so erst als ein Dieses.[32] Dass ein Stein *dieser* Stein ist, ändert aber nichts daran, dass wir ihn – erneut scotistisch gesprochen – als Verkörperung einer überindividuellen Steinnatur, d. h. als Exemplar einer bestimmten Art sehen. In der jemeinigen Existenzweise von Personen liegt hingegen, dass sie als Personen gerade keine allgemeine Artnatur haben. Sicher lässt sich ein anthropologischer oder biologischer Gattungsbegriff des Menschen bilden; aber darin drückt sich dann nur die Unfähigkeit aus, Menschen aus anthropologischer oder biologischer Sicht *als Personen* zu denken.[33]

Wie bei so vielen anderen Überlegungen Heideggers zur Phänomenologie personaler Existenz erweist sich auch hier Kierkegaard als Vordenker. Kierkegaard verwahrt sich aber nicht nur gegen die Subsumierbarkeit von Personen unter eine *Gattung*; insbesondere in *Der Begriff der Angst* artikuliert er für Personen sogar den radikaleren Gedanken einer Umkehrung des Verhältnisses von Individuum und Art. Im Fall von Personen gilt nach Kierkegaard nämlich, dass wir es bei Individuen nicht nur nicht mit Exemplaren einer Art (mit ihren artspezifischen Eigenschaften) zu tun haben, sondern mit Repräsentanten der Menschheit, die gewissermaßen mit artbestimmenden Hoheitsrechten ausgestattet sind. Kierkegaard schreibt hierzu: „In jedem Augenblick verhält es sich so, daß das Individuum es selbst und das Geschlecht ist" (Angst, 471). Dies führt uns zurück auf den zu Beginn dieses Kapitels unter dem Slogan „Die Existenz geht der Essenz voraus" artikulierten Gedanken, dass wir als Personen nicht festgelegt sind auf artmäßige Bestimmtheiten, sondern wir durch unsere zeitlose Selbstwahl und den damit zusammenhängenden Entscheidungen und Handlungen darüber bestimmen, was unsere Art ausmacht. Die drastischen Konsequenzen dieses Gedankens drückt Kierkegaard wie folgt aus:

> Wenn somit ein Einzelner gänzlich vom Geschlecht abfallen könnte, so würde sein Abfall zugleich das Geschlecht anders bestimmen, wenn dagegen ein Tier von der Art abfiele, so würde diese ganz gleichgültig dagegen sein. (Angst, 471, Anm. 1)

Das Tier instanziiert seine Art, der Mensch *als individuelle Person* „erschafft" sie allererst je und je. Es ist übrigens dieser Gedanke, den auch Sartre wiederholt, wenn er schreibt „Ich erschaffe das Allgemeine, indem ich mich wähle [...]" (EiH, 167) und damit auch in ethischer Hinsicht unserem je individuellen Tun eine Verantwortung für die gesamte Menschheit (also für das, was Menschen wesentlich auszeichnet) zuschreibt.

Wer nun – etwa in der Gefolgschaft Hegels – einwenden wollte, mit den obenstehenden Ausführungen zur gattungsschaffenden Jemeinigkeit von Personen sei doch selbst eine Angabe der allgemeinen Natur personaler Existenz erfolgt, missversteht den Status der Überlegungen Kierkegaards. Dieser schreibt, einen solchen Einwand antizipierend:

> Nur das Allgemeine ist dadurch, daß es gedacht wird und sich denken lässt (nicht bloß experimentierend, denn was kann man nicht alles denken), und ist so, wie es sich denken lässt. Die Pointe in dem Einzelnen ist eben sein negatives Sichverhalten zum Allgemeinen, seine Abstoßung des Allgemeinen, sobald diese aber weggedacht wird, ist das Einzelne aufgehoben, und sobald sie gedacht wird, ist sie verwandelt, so daß man sie entweder nicht denkt und sich bloß einbildet, daß sie ins Denken mit hineingekommen sei. (Angst, 534, Fußnote)[34]

Der von Kierkegaard vorgetragene Gedanke, die menschliche Individualität entziehe sich allgemeinen begrifflichen Bestimmungen, muss konsequenterweise so verstanden werden, dass man es hier mit etwas zu tun hat, was eben jenes Denken übersteigt. Diese Figur des denkenden Übersteigens des Denkens begegnete uns sowohl bei der Auseinandersetzung mit Schellings positiver Philosophie als auch bei Jacobis Salto mortale der Vernunft und Fichtes Selbstvernichtung des Begriffs.[35] Zu erfahren, wie es ist, selbst zu sein, bedeutet daher laut Kierkegaard ein „Selbst-Bewußtsein" zu haben, „das so konkret ist, daß kein Schriftsteller, auch nicht der wortreichste, nicht der die größte Gewalt der Darstellung besitzt, jemals vermocht hat, ein einziges solches zu beschreiben, während doch jeder einzige Mensch ein solches ist" (Angst, 616). Wie es ist, selbst zu sein, kann daher auch letztlich nicht durch theoretische Modelle vorstellig gemacht werden, sondern muss erlebt werden:

> Dieses Selbstbewußtsein ist nicht Kontemplation; wer das glaubt, hat sich selbst nicht verstanden, da er ja doch sehen sollte, daß er selbst zu gleicher Zeit im Werden ist und also nicht ein für die Kontemplation Abgeschlossenes sein kann. Dieses Selbstbewußtsein ist darum Tun, und dieses Tun ist wiederum die Innerlichkeit [...]. (Angst, 616)

Angesichts der Unmöglichkeit eines objektivierenden Außenzugriffs auf die personale Existenz bleibt als legitimer philosophischer Zugang letztlich nur der phänomenologische. Es kann nur darum gehen, unsere Existenz von theoretischen und lebensweltlichen Verzerrungen frei zu halten, sodass sie sich uns von selbst her so zeigen kann, wie sie ist. Erst so können wir beginnen, uns den Rätseln unserer eigenen Existenz zu stellen und unser Leben auf authentische Weise – sprich als solche, die wir wirklich sind – zu führen. Die Authentizität bzw. Inauthentizität personaler Existenz wird uns weiter unten noch ausführlicher beschäftigen.[36] Bereits jetzt können wir aber festhalten: Die Konsequenz einer Philosophie, wie sie die in diesem Kapitel vorgestellten Existenzdenker vertreten, kann in letzter Instanz nur das Eintauchen in das Leben selbst sein.

6.3 Die Zeitlichkeit personaler Existenz (Seneca, Augustinus, Kierkegaard, Heidegger)

Bei den bisherigen Ausführungen dazu, wie es ist, als Person zu existieren, haben wir einen entscheidenden, wenn nicht sogar den wichtigsten Aspekt einer Phänomenologie personaler Existenz bewusst eingeklammert. Ihm wollen wir uns nun gesondert zuwenden. Gemeint ist die besondere Zeitlichkeit personaler Existenz. Diese lässt sich in Abgrenzung zur allgemeinen zeitlichen Verfasstheit aller konkreten Individuen charakterisieren. Wir beschreiben die Zeit oft als einen Strom aufeinanderfolgender quasi ausdehnungsloser Jetzt-Punkte, welche die Bühne der Existenz auch schon wieder verlassen, sobald sie sie betreten. Von diesem Strom mitgerissen, entstehen und vergehen sowohl raumzeitliche Einzeldinge als auch Personen. Dies ist die allgemeine zeitliche Dimension konkreter Individuen. Personen jedoch sind darüber hinaus zeitlich in dem Sinne, dass sie jeden dieser Jetzt-Punkte des Zeitstroms transzendieren und sowohl auf die Vergangenheit als auch auf die Zukunft hinausgreifen können, um sich so selbst ebenso wie alles andere Existierende in einer gegenwärtigen Situation zu verorten.[37] Eine Person entsteht nicht einfach, verändert sich und vergeht, sondern sie hat zu diesen zeitlichen Ereignissen ein Verhältnis, das sie eigens erfassen und gestalten kann.

Personen haben damit die Fähigkeit, sich dem Verfließen der Zeit entgegenzustellen, indem sie sich in der Zeit situieren; erst das scheint überhaupt die Erlebnisqualität eines Zeitflusses zu konstituieren, in den die einzelnen vergänglichen Momente integriert sind. Mit anderen Worten: Erst ein überzeitliches („ewiges") Wesen kann ein Verständnis, einen Begriff von Zeit entwickeln; die Zeit ist gewissermaßen die Spur bzw. der Schatten der Ewigkeit.[38] Sich in der Zeit zu situieren, heißt zugleich, die eigene zeitliche Verfasstheit in ihren aufeinander verweisenden Dimensionen von Gegenwart, Vergangenheit und Zukunft zu erfassen, wodurch einmal mehr klar werden sollte, dass Zeitlichkeit eine Eigenschaft des (endlichen) Existierenden ist (und nicht etwa umgekehrt, Zeit etwas, womit man Existenz von Nicht-Existenz unterscheiden könnte, so dass zu existieren hieße, von dann bis dann zu sein). So etwas wie Gegenwart kann auch und gerade in Hinblick auf die personale Existenz nicht losgelöst von Zukunft und Vergangenheit betrachten werden. Im Gegenteil – die Gegenwart einer Person stellt für sie sowohl eine vergangene Zukunft als auch eine zukünftige Vergangenheit, d. h. die Vorgeschichte einer möglichen Zukunft dar. Diese Verquickung der Zeitdimensionen lässt sich in ihrem Zukunftsbezug besonders gut mit Hilfe des grammatischen Futur II ausdrücken; wie wir auch am bereits weiter oben zitierten Gedanken Sartres ablesen konnten, als er sinngemäß schrieb, dass ein Mensch derjenige ist, der er durch seine Handlungen und Entscheidungen gewesen sein wird (vgl. EiH, 149). Das heißt, dass Personen dadurch, dass sie sich auf eine mögliche Zukunft hin entwerfen, ihre Gegenwart als Situation mit bestimmten Tendenzen, Möglichkeiten und Chancen allererst herstellen. Personen sind daher nicht einfach nur in die Gegenwart versenkt und versunken, sondern können im Lichte eines zukunftsbezogenen Entwurfes, den sie von sich selbst haben, auf sich zurückkommen.[39] Damit gilt aber auch, dass selbst unsere Vergangenheit nicht absolut abgeschlossen hinter uns liegt. Denn unsere, durch den Ausgriff auf die Zukunft erst noch rückwirkend zu bestimmende Gegenwart ist zugleich auch geronnene Vergangenheit, d. h. das Resultat vergangener

Zukunftsentwürfe. Die Vergangenheit von Personen selbst kann daher gegenwärtig noch nicht abgeschlossen sein, sondern ist offen für die erst noch statthabende personale Selbstwerdung.

Diese komplexe Verweisungsstruktur der Zeitdimensionen in der personalen Existenz wollen wir nun mit einem Blick auf die Philosophiegeschichte näher erläutern, auch um zu sehen, dass nicht erst die Existenz- und Zeitphilosophie des 20. Jahrhunderts die besondere Zeitstruktur personaler Existenz erkannt hat.[40]

Seneca

Einer der ersten Philosophen, wenn nicht überhaupt der erste, der das Verhältnis von Zeit und personaler Existenz in einer systematischen Weise herausgearbeitet hat, war Lucius Annaeus Seneca, der Stoiker der römischen Kaiserzeit und Erzieher Neros. Allerdings interessierte Seneca das Verhältnis von Zeit und personaler Existenz nicht so sehr in ontologischer Hinsicht, sondern vor allem als Thema der Lebenskunst.

Unter dem Gesichtspunkt des Zusammenhangs von Zeit und personaler Existenz ist vor allem die kleine, um das Jahr 50 n. Chr. entstandene Schrift *Über die Kürze des Lebens* (*De brevitate vitae*) interessant. Ausgangspunkt dieser Schrift ist die nicht nur damals gängige Klage der Menschen über die Kürze des Lebens, eben über die *brevitas vitae*. Wer sich beschwert darüber, dass das Leben zu kurz sei, muss sich aber nach Seneca fragen lassen, ob er denn bislang richtig gelebt habe. Das Leben, so Seneca, ist nämlich nur für den zu kurz, der seine Lebenszeit vergeudet, der sich hat okkupieren lassen von letztlich unwichtigen, geschäftigen Dingen. Wenn man es richtig zu nutzen weiß, ist das Leben lang genug, selbst für den, der per Unfall oder Krankheit zu früh aus dem Leben gerissen wird. Denn die Kürze oder Länge des Lebens ist keine Sache der Zuteilung durch die Natur oder des Schicksals – dies betrifft bestenfalls die kalendarisch messbare, chronologische äußere Dauer qua Lebensspanne – sondern, was die Erlebnisqualität von Kürze und Länge betrifft, durchaus etwas, was in unserer Hand liegt, ganz ähnlich, wie es eine Einstellungssache ist, ob wir ein halb gefülltes Glas Wasser als halbvoll oder halbleer betrachten (vgl. DBV, I, 4).

Seneca hat in seiner Kritik am geschäftigen und interessanterweise aber auch zugleich langweilig empfundenen Leben vor allem Leute aus der dekadenten römischen Oberschicht seiner Zeit vor Augen; viele seiner Beispiele zeigen, wie Menschen mit den allernichtigsten Dingen tagaus tagein beschäftigt sein können, ohne dabei „erfüllt" zu sein (vgl. DBV, XII, 1–9). Die Klage über die Kürze des Lebens, so könnte man verallgemeinernd mit Seneca sagen, entsteht überall dort, wo Menschen mit ihrer Zeit nichts Rechtes anfangen können. Diese von der Zeitarmut infizierten Menschen leben nun interessanterweise gerade so, *als würden sie ewig leben*, als wäre ihre Lebenszeit eben gerade nicht befristet, sondern unendlich. In dem Moment, wo ihnen ihre Sterblichkeit so vor Augen steht, dass sie nicht weiter diesem von Seneca psychologisch erstaunlich hellsichtig erkanntem Fluchtreflex nachkommen, können sie gleichsam aufwachen, sich der Armut ihrer Zeitnutzung bewusst werden – und sich sodann über die Kürze des Lebens beklagen, dessen Zeit sie aber selbst vergeudet haben (vgl. DBV, III, 4).

Die beklagenswerte Kürze der Lebenszeit für den durch seine Geschäfte in Besitz genommenen Menschen, den *homo occupatus*, ist Indiz dafür, dass der Betreffende in diesem Fall nicht Herrscher über seine Lebenszeit ist, d. h. sich nicht souverän die Zeit *nimmt*, sondern umgekehrt, sich die Zeit *nehmen lässt* (vgl. DBV, II, 2–3). Und das wäre auch nicht anders, wenn ein solcher Mensch tausend (oder, im Prinzip, unendlich viele) Jahre zu leben hätte, da es bei der gewünschten Länge des Lebens, wie gesagt, nicht um die Spanne leerer, ungelebter chronologischer Zeit geht, sondern vielmehr um die Spanne erfüllter Zeit.[41] Im Grunde, so Seneca, hat man nämlich gerade genau die Zeit für sein Leben, die man braucht. Nur muss man diese, *seine* Zeit ergreifen, im Sinne des berühmten Ausspruchs „*Carpe diem*" (welche bis heute berühmte römische Spruchweisheit zwar bei Seneca nicht wörtlich vorkommt, aber zwischen den Zeilen deutlich zu hören ist).[42] Das Leben aber muss man zeitlebens lernen: „Vivere tota vita discendum est" – und dies, was da gelernt werden müsse, so Seneca überraschenderweise, sei vor allem das Sterben: „Tota vita discendum est mori" (DBV, VII, 3).

Warum das? Was gibt es da zu lernen, sterben tun wir doch von alleine und ohnehin! Nein, so Seneca (hier in Rekurs auf Sokrates), sterben heißt, zum eigenen Tod *ein Verhältnis* einnehmen, seine Endlichkeit annehmen und damit sich die Lebenszeit als die Frist des eigenen Daseins anzueignen, statt sich in seinem Vergessen der Sterblichkeit ständig auf der Flucht vor sich selbst zu befinden. Erst derjenige, der die endlichkeitsbewusste Umkehr zu sich selbst vollzieht, hat Zeit, ja, hat alle Zeit, die er braucht. Der Überlastete, wir würden heute sagen: der von den Geschäften des Lebens Gestresste dagegen, der sich vor allem nach Ruhe sehnt, hat eben gerade deswegen keine Zeit (vgl. DBV, II, 1–6).

Das liegt auch daran, dass er nach Seneca lebenszeitmäßig sozusagen in die falsche Richtung schaut, nämlich der Vergangenheit abgewandt, was sich vor allem daran zeigt, dass er das, *was gewesen ist*, nicht zu schätzen weiß. Allein schon dadurch, dass sich ein Mensch mit seiner eigenen Lebensgeschichte beschäftigt, statt immer nur nach Neuem und Weiterem sich auszurichten, könnte dazu führen, dass er die unverlierbaren Schätze sieht, die er in und mit seinem Leben gesammelt hat (vgl. DBV, X, 2–5). In einer sehr kurzen Reflexion gibt Seneca auch den Grund an, warum das so sein muss: Das Leben, sprich: die menschliche Existenz, gliedere sich in drei Zeiten (tria tempora): *„quod fuit, quod est, quod futurum est"* (DBV, X, 2), also das, was war, was ist und was sein wird. Davon sei, was wir gegenwärtig tun, *kurz* – die Gegenwart verfliegt im Nu –, was wir tun werden, d. h. unsere jeweilige Zukunft, sei *ungewiss (dubium)*, nur, was wir getan haben, ist *gewiss (certum)*. Nur das, was wir getan haben (unsere jeweilige Vergangenheit), ist aber auch das, was niemandes Willkür mehr unterliegt; nur das zu unserer Lebensgeschichte Gewordene ist im Prinzip unverlierbar. Der Schatz des Lebens ist nach Seneca demnach in der Vergangenheit zu suchen und dort auch kann er im Prinzip jederzeit gehoben und im Erinnern wieder gegenwärtig gemacht werden (vgl. DBV, X, 2–6).

Diese gewesene Zeit, die je eigene biographische Vergangenheit ist es vor allem, welche die *occupati* verlieren (bzw. eigentlich gar nicht erst herausgebildet haben). Sie haben noch nicht einmal Zeit, sich mit ihrer Vergangenheit zu beschäftigen, und wenn sie es doch tun, ist es ihnen gewissermaßen peinlich. Denn als Überlastete und vom Leben Gestresste kommen sie in der Vergangenheit sozusagen gar nicht vor. Die eigene Vergangenheit bildet keine Dimension ihrer Existenz, sondern taucht bestenfalls als eine Vorgeschichte ihrer ausdehnungslosen Gegenwart auf, die ihnen wiederum folgerichtig zwischen den Fingern zerrinnt und nicht zum Moment eines größeren Zusammenhangs personaler Existenz werden kann, weil sie nirgends in eine wie immer auch geartete Lebenserzählung wirklich eingebunden ist. Daher fürchten sie auch – eigentlich eine Art Scham, diese Furcht – die Erinnerung genau daran: Dass sie eben nicht oder kaum ihr Leben souverän geführt haben, sondern „immer nur" den Dingen hinterhergelaufen sind (vgl. DBV, X, 4). So versinkt ihr Leben im Abgrund, weil sie nur die flüchtige Gegenwart ihr Eigen nennen und darum betteln müssen, noch ein wenig länger zu leben, noch ein wenig mehr Spielraum zu bekommen (vgl. DBV, X, 6-XI, 1). Die geschäftigen Menschen sind genau deswegen nicht mehr Herren ihrer Zeit, sondern sie sind Zeitsüchtige, Zeitjunkies, die sogar dann, wenn sie nicht geschäftig sind bzw. arbeiten, in ihrer Freizeit ständig schauen müssen, dass der kurzweilige Vorbeiflug der Gegenwart gewährleistet bleibt, um nicht in die Langeweile zu fallen.

Auch auf die Langeweile geht Seneca näher ein. Diese ist für ihn in keinem Sinne Indiz eines langen Lebens, sondern, wie man dieses Phänomen im Unterschied zur Zeitfülle bzw. des Zeitreichtums des Weisen nennen könnte, ein Indiz der Zeitleere. Die Gelangweilten können ja gerade nichts mit sich anfangen. Stress und Langeweile sind nur zwei Seiten einer Medaille – die meist nur kurzen Freuden der Zerstreuung sind subkutan mit der Furcht verbunden, dass sie demnächst aufhören könnten (vgl. DBV, XVI, 3-XVII, 1).

Es geht dagegen in einer richtigen Lebensführung darum, ein Leben der Muße (*otium*) zu führen, das Gegenteil zum stressigen geschäftigen Leben (dem *negotium*) (vgl. DBV, XII). Unter Muße sind aber eben nicht die Freizeitbeschäftigungen zu verstehen, wie es sie zuhauf auch im römischen Alltag als Ablenkungen und zur Unterhaltung gab. Seitenlang macht sich Seneca über die Freizeitkultur seiner Zeit lustig, die eben Muße mit sinnloser Beschäftigung (*desidiosa occupatio*) verwechselt (vgl. DBV, XII, 1–9). Muße ist nicht die Zeit, die einem bei aller Geschäftigkeit zur Zerstreuung übrig bleibt, sondern Muße ist die freie Zeit, die ein Mensch sich für sich selbst nimmt; Muße ist ein Ausdruck, der gerade heutzutage kaum noch verständlich ist, weil wir beim Wort ‚Muße' reflexartig an Müßiggänger und damit an Leistungsverweigerung denken – eine Sichtweise, wie sie für die geschäftigen Leute (die *homini occupati*) typisch ist. Muße haben in letzter Konsequenz allein die, welche sich der Weisheit widmen, d. h. Philosophie betreiben, weil Philosophie für Seneca wie für Sokrates eben nichts anderes heißt, als sterben zu lernen – und damit in eins auch: endlichkeitsbewusst das Leben führen zu können (vgl. DBV, XV, 1). Der Ausdruck ‚Muße' zeigt damit einen Existenzmodus an, in welchem ein Existierender sich in seiner Existenz ergreift. Der Weise ist Herrscher über die, über *seine* Zeit (vgl. DBV, XV, 5): Was war, hat er sich angeeignet und in der Erinnerung festgehalten (*recordatione comprehendere*), was ist, nutzt er (*uti*), und was sein wird – insbesondere seinen eigenen Tod –, nimmt er vorweg (*praecipere*). So verschafft er sich ein langes Leben – ‚lang' natürlich auch hier nicht im Sinne der messbaren Anzahl von Tagen, Monaten und Jahren, sondern ‚lang' im Sinne von ‚lang genug' als Ausdruck eines Zeitreichtums. Dies tut er, indem er alle Zeiten (*tempora*) zu einer, nämlich zu seiner Lebenszeit vereint und sie sich damit aneignet (vgl. DBV, XV, 5). Der *occupatus* dagegen vergisst die Vergangenheit (*oblivi*), vernachlässigt die Gegenwart (*neglegere*) und fürchtet die Zukunft (*timere*) (vgl. DBV, XVI, 1). Seneca geht daher so weit, dass er in dem geschäftigen Menschen einen nur uneigentlich Lebenden sieht – einen, der nur „gelebt wird", wie man heute vielleicht sagen würde. Der *homo occupatus ist* nur (*esse*), wohingegen der weise Mensch der Muße *lebt* (*vivere*) (vgl. DBV, VII, 10). Die Zeit des Geschäftigen ist nur quantitative Zeit – Stunden, Tage, Wochen, Monate, Jahre – und die ist immer zu wenig. Für den Weisen aber ist Zeit qualitativ bestimmt als erfüllte Lebenszeit.

Senecas zeitphilosophische Bestimmung personaler Existenz lässt sich tabellarisch wie folgt zusammenfassen:

Tabelle 3: Lebensentwürfe und ihre existenztheoretischen Grundcharakteristika nach Seneca

	Existenzmodus	Tätigkeitsmodus	Selbstverhältnis	Zeitverhältnis
Geschäftiger (*homo occupatus*)	da sein (*esse*)	sinnlos-untätiges Beschäftigtsein (*negotium*)	Entfremdung	Unterliegen der quantitativen Zeit
Mensch der Muße (*homo otiosus*)	leben (*vivere*)	Muße (*otium*)	Selbstsein	Gestalten der qualitativen Zeit / Lebenszeit

Tabelle 4: Lebensentwürfe und ihr Verhältnis zu den einzelnen Zeitmodi nach Seneca

	Vergangenheit	Gegenwart	Zukunft (Tod)
Geschäftiger (*homo occupatus*)	vergessen (*oblivi*)	vernachlässigen (*neglegere*)	fürchten (*timere*)
Mensch der Muße (*homo otiosus*)	festhalten in der Erinnerung (*recordatione comprehendere*)	nutzen (*uti*)	vorwegnehmen (*praecipere*)

Augustinus und Kierkegaard

Während die Zeitlichkeit personaler Existenz bei Seneca als Gegenstand der Lebenskunst erstmals philosophiehistorisch deutlich greifbar wird, interessiert sich der Kirchenvater Augustinus von Hippo – wie vielleicht keiner vor ihm – auch für die zeitontologische Dimension des Themas. Der in dieser Hinsicht maßgebliche und zu Recht berühmte Text des Augustinus ist das XI. Buch der *Confessiones* aus dem Jahr 397. Hierin wirft Augustinus die Frage auf, was eigentlich Zeit ist, und stößt dabei bekanntermaßen auf das folgende (scheinbare) Paradox: Zum einen messen wir offenbar erfolgreich Zeitspannen, zum anderen scheint es da aber gar nichts zu geben, was sich messen ließe (vgl. Conf XI, c. XXI, n. 27). Denn für jede noch so kurze Zeitspanne gilt: „was von ihr verflogen ist, ist vergangen; was von ihr bleibt, ist zukünftig" (Conf XI, c. XV, n. 20). Die Gegenwart schmilzt damit aber zwischen dem, was nicht mehr existiert und dem, was noch nicht existiert, auf einen ausdehnungslosen Jetzt-Punkt zusammen, der als solcher offenbar nichts von einer messbaren Zeitspanne ausmachen kann.[43]

An dieser Stelle erfolgt nun die Wendung von der Frage nach der Zeit als solcher zur Frage nach der Zeitlichkeit des Menschen. Denn der menschliche Geist stellt sich nach Augustinus dem Verrinnen der Zeit entgegen und macht sie so allererst zu etwas Messbarem. Anders ausgedrückt: Wenn Zeitspannen messbar sein sollen, dann müssen Zukünftiges, Gegenwärtiges und Vergangenes ja „irgendwo" existieren; sie tun es nach Augustinus im menschlichen Geist (*animus*), nämlich im Erinnern (*memoria*), im Wahrnehmen oder Aufmerken (*contuitus* oder *attentio*) sowie im Erwarten (*expectatio*) (vgl. Conf XI, c. XVIII, n. 23–24).[44] Bei der Bestimmung der Zeitdimensionen werden wir somit auf die Tätigkeit unseres Geistes zurückgeworfen, sodass nach Augustinus gilt, dass alle Zeiten nur als *vergegenwärtigte* sind: „Im strengen Sinn müsste man wohl sagen: Es gibt drei Zeiten, die Gegenwart von Vergangenem, die Gegenwart von Gegenwärtigem und die Gegenwart von Zukünftigem" (Conf XI, c. XX, n. 26). Damit gilt auch aus augustinischer Perspektive die bereits mehrfach aufgeworfene These, dass von etwas Existierendem zu reden, bedeutet, es irgendwie für uns gegenwärtig sein zu lassen.[45]

Die von Augustinus vorgeschlagene Lösung des Rätsels der Zeitmessung lautet also: Die Zeit ist eine messbare Ausdehnung (*distentio*), weil es sich bei ihr um eine *Ausdehnung des Geistes* (*distentio animi*) handelt. In einer etwas freieren Darstellung der augustinischen Zeittheorie könnte man sagen, dass die Zeit gewissermaßen eine objektive und eine subjektive Komponente besitzt. Das unaufhaltsame Verrinnen der Ereignisse ist eine Art objektive Proto-Zeit. Gäbe es nur sie, wäre Zeit nicht messbar, denn diese Proto-Zeit ist nur das instantane und daher nicht greifbare Umschlagen von Zukunft in Gegenwart und Gegenwart in Vergangenheit. Die Elemente dieser Proto-Zeit hinterlassen nun aber im Geist, der selbst nicht dieser zeitlichen Sukzession unterliegt, ihren Eindruck (*affectio*) (vgl. Conf XI, c. XXVII, n. 36). Die proto-zeitlichen Eindrücke, die im Geiste festgehalten werden, sind erst dadurch zu messbaren Zeitspannen geworden.[46]

Als Personen bewegen wir uns nun aber auf beiden Zeitebenen, d. h. der instantan vergehenden Proto-Zeit und der geistig aufbewahrten Zeit. Die Ausdehnung des Geistes ist daher zugleich seine Zerdehnung oder Zerspanntheit (wie ‚*distentio*' auch übersetzt werden könnte). Dies unterscheidet uns von Gott, der nach Augustinus nicht zeitlich existiert, sondern ewig. Unter der Ewigkeit Gottes versteht Augustinus in der Nachfolge von Plotin nicht unendliche zeitliche Dauer, sondern eine absolute, unzerteilte Präsenz, die kein Vorher und Nachher kennt:

> Eine lange Zeit besteht nur aus vielen kleinen Zeitspannen (*morulis*), die vorübereilen und nicht gleichzeitig sein können. Im Ewigen aber geht nichts vorher, dort ist das Ganze gegenwärtig; während keine Zeit ganz gegenwärtig ist. (Conf XI, c. XI, n. 13)

Personen leben aber nicht nur zerstreckt und zerspannt in der Proto-Zeit – dies ist gewissermaßen nur ihre Ausgangssituation – sondern sie haben auch die Möglichkeit, sich ihre Vergangenheit, Zukunft und Gegenwart durch eine „gegenwärtige gespannte Zuwendung (*intentio*)" (Conf XI, c. XXVII, n. 36) des Geistes anzueignen und so dem Strom der Zeit stets aufs Neue die überzeitliche Einheit der eigenen Person abzutrotzen. Personen können ein solches Selbstverhältnis und eine integrale Ganzheit dadurch ausbilden, dass sie die über die (Proto-)Zeit hinweg zerstreuten Teile ihrer Existenz einsammeln.

Während Seneca das Göttliche und Vollkommene nicht als etwas dem Menschen Fernstehendes, sondern immer schon Verwirklichtes ansah und entprechend das Schwergewicht der existenziellen Zeitlichkeit auf die Vergangenheit legte, finden wir beim spätantiken Augustinus die spezifisch christliche Erfahrung des Zusammenhangs von Zeit und Existenz thematisiert: In dieser bedeutet ‚Zeit' vor allem Zukunft, auf die wir im Sinne einer gelingenden, d. h. gottgefälligen Lebensführung unsere Hoffnung richten sollten. Im Glauben an Jesus als den Vermittler zwischen menschlicher Zeitlichkeit und göttlicher Ewigkeit sollen wir „frei werden vom Vergangenen und dem Einen folgen [...] [und] das Gewesene vergessen" (Conf XI, c. XXIX, n. 39). Die erhoffte Zukunft ist dabei aber kein zukünftiger Zeitpunkt, der selbst wieder nur vergänglich wäre, sondern vielmehr das Ende der Zeit selbst, d. h. der durch den Glauben – und letztlich die Gnade Gottes – ermöglichte Übersteig ins göttliche Reich der Ewigkeit:

> Statt mich im Blick auf das zukünftige Vergängliche zu zerspalten, strecke ich mich aus (non distentus, sed extentus) nach dem, was vor mir ist, so daß ich nicht in Aufspaltung, sondern in einheitlicher Lebensrichtung (non secundum distentionem, sed secundum intentionem) die Ehre meiner höheren Bestimmung ergreife. (Conf XI, c. XXIX, n. 39)

Die „einheitliche Lebensrichtung", von der hier die Rede ist, lässt sich verstehen als dasjenige, was unserer über die Zeit hinweg zerstückelten Existenz Einheit verleiht. Die Einheit unserer selbst als Person finden wir in dem, was unsere „höhere Bestimmung" ausmacht, nämlich in unserer Geistigkeit, mit deren Hilfe wir uns dem Strom der Zeit widersetzen und uns über ihn erheben. Wahrhaft geistige Wesen sind wir Augustinus zufolge in unserer Hinwendung auf die Ewigkeit, d. h. in unserem Verhältnis zu Gott. Somit zeugt die zeitliche Zerrissenheit, wie sie Augustinus konzipiert, zwar von unserer Verantwortung, die wir für unser eigenes Leben haben. Aber dass wir unsere zeitliche Zerrissenheit in dieser Welt immer nur temporär ablegen können, ist für den Christen Augustinus ein Zeichen der Erlösungsbedürftigkeit des Menschen, der er in bewegenden, an Gott gerichteten Worten Ausdruck verleiht:

> Ich hingegen, ich bin zersplittert in die Zeiten, deren Zusammenhang ich nicht kenne. Meine Gedanken, die innersten Eingeweide meiner Seele, werden zerfetzt vom Aufruhr der Mannigfaltigkeiten – bis ich in dir zusammenfließe, gereinigt und flüssig geworden im Feuer deiner Liebe. (Conf XI, c. XXIX, n. 39)

Hiermit bahnt sich bei Augustinus schon etwas an, was anderthalb Jahrtausende später bei einem anderen christlichen Denker, dem Dänen Sören Kierkegaard, zum Hauptpunkt der Zeitlichkeit personaler Existenz ausgebaut wurde: die Aufgabe, im Spannungsverhältnis von Zeit und Ewigkeit ein eigenes Selbst zu werden. In *Der Begriff der Angst* (1844) finden wir in den Passagen der Einleitung zum dritten Kapitel auf wenigen Seiten alles hierfür Wesentliche.

Kierkegaards Ausführungen zur Zeit als einem Phänomen personaler Existenz beginnen zunächst, wie schon bei Augustinus, mit der Beschreibung einer (fürs Personsein uneigentlichen) Proto-Zeit. An sich ist die Zeit für Kierkegaard nur „die unendliche Sukzession" (Angst, 542), die der zeitlichen Bestimmungen von Gegenwart, Vergangenheit und Zukunft ganz entbehrt. Ins Spiel kommen diese Modi erst als indexikalische Bestimmungen eines Subjekts, das einerseits in der Zeit verortet ist, andererseits aber, wie auch bei Seneca und Augustinus, zugleich dem zeitlichen Fluss enthoben und damit ewig ist bzw. sein kann. Die Unterscheidung zwischen Gegenwärtigem, Vergangenem und Zukünftigem tritt, wie Kierkegaard schreibt, erst „durch die Reflexion der Ewigkeit in der Zeit" in Erscheinung (Angst, 543). Die unendliche Sukzession des Zeitflusses muss erst durch die Person als geistiges Subjekt aufgehalten werden. Erst durch einen solchen geistigen Einschnitt in die zeitliche Sukzession wird ein Moment überhaupt zu so etwas wie Gegenwart, der als eine solche Gegenwart zugleich bezogen ist auf Vergangenheit und Zukunft. Diesen transformierenden Einfall der Ewigkeit in die Proto-Zeit, der zugleich die Schaffung der Zeitlichkeit des Subjekts darstellt, nennt Kierkegaard „Augenblick" (Angst, 545). Der Augenblick, so wie er ihn versteht, ist daher keine nur sehr kurze Zeiteinheit, sondern als der Berührungspunkt von Zeit und Ewigkeit eigentlich das „Atom der Ewigkeit" (Angst, 546). Allerdings ist der Augenblick als Atom der Ewigkeit von der Ewigkeit selbst noch zu unterscheiden. Der Augenblick ist nämlich, wie Kierkegaard ausführt, nur „der erste Reflex der Ewigkeit in der Zeit, ihr erster Versuch gleichsam die Zeit anzuhalten" (Angst, 546). Denn für uns endliche Wesen sind solche Augenblicke der Zeitlosigkeit, in denen sich uns die zeitlichen Dimensionen unserer Existenz in aller Deutlichkeit auftun, ebenfalls vergänglich und werden von der Proto-Zeit reiner Sukzession fortgespült. Als Personen stellen wir nach Kierkegaard daher das fleischgewordene Aufbäumen der Ewigkeit gegen die unaufhaltsame Sukzession der Proto-Zeit dar; wir sind eine „Synthese des Zeitlichen und des Ewigen"

(Angst, 546). Durch diese Synthese kommt überhaupt erst so etwas wie Vergangenheit, Gegenwart und Zukunft ins Spiel.[47]

Auch bei Kierkegaard finden wir also die uns schon durch Seneca und Augustinus bekannte Gedankenfigur: Unsere Zeitlichkeit ist im Kern ein von uns zu verantwortendes Verhältnis, welches wir zum Verlauf der Ereignisse einnehmen und erst in diesem Verhältnis bilden sich Vergangenheit, Gegenwart und Zukunft als Dimensionen der personalen Zeitlichkeit. Nur solche Wesen, die mit mindestens einem Fuß aus dem Fluss der Zeit herausgestiegen sind, bemerken überhaupt so etwas wie einen Fluss der Zeit, können weniger oder mehr Zeit haben, können Zeit in Form von Stress (d. h. Zeitenge) oder Langeweile (d. h. Zeitleere) empfinden und natürlich können nur solche Individuen Reflexionen über den Fluss der Zeit anstellen.

Aber nicht nur das. Es liegt auch in der Zeitlichkeit der Person, dass sie sich überhaupt *ängstigen* kann. Genauer sind es Angst und Zukünftiges, die ein „genauer und korrekter Sprachgebrauch verknüpft" (Angst, 551). Die Zukunft erfahren wir nämlich als den eigentlichen Möglichkeitsraum unserer frei zu gestaltenden Lebensführung; nur im Hinblick auf unsere Möglichkeiten können wir unsere Gegenwart verstehen, ergreifen und so zu unserer selbstverantworteten Vergangenheit werden lassen. Die Zukunft, schreibt Kierkegaard, ist daher „in gewissem Sinne das Ganze" (Angst, 547) der Zeit. Die Zukunft ist ängstigend, weil sie den Möglichkeitsraum darstellt, anhand dessen sich unsere radikale Freiheit zeigt, diejenigen Personen zu sein, zu denen wir uns gemacht haben werden.[48] Mit der Betonung der Zukunft als der Leitdimension unserer Zeitlichkeit finden wir, wie schon bei Augustinus, eine deutliche Abkehr von der Vergangenheit als der existenziell bedeutendsten Zeitdimension, wie wir sie noch bei Seneca fanden. Für Kierkegaard gilt aber wie auch schon für Seneca und Augustinus: Es liegt an uns, ob wir unser Leben der bloß sukzessiven Proto-Zeit entreißen und existenziell bedeutungsvoll werden lassen oder ob wir unsere Lebenszeit vergeuden. Um aus der unaufhaltsamen Abfolge von ausdehnungslosen Zeitpunkten ein selbstbestimmtes Leben werden zu lassen, muss nach Kierkegaard das Ewige *in der Zeit* zum Zuge kommen. Das Ewige, das uns im Augenblick in atomarer Form begegnet, verweist dementsprechend nicht auf etwas jenseits der Zeit, sondern auf „die Fülle der Zeit" (Angst, 549), d. h. die vollständige Transformation der leeren Sukzession der Proto-Zeit zur existenziell bedeutungshaften Lebenszeit der Person. Diese Umwandlung kann übrigens auch vergangene Geschehnisse betreffen. Denn auch und gerade das schon Geschehene gilt es zu bewältigen, d. h. sich zu ihm in ein wie auch immer geartetes Verhältnis zu setzen. Wer die Auseinandersetzung mit dem Geschehenen erst noch vor sich hat, kann sich daher sogar vor seiner Vergangenheit als einer erst noch zu bewältigenden ängstigen (vgl. Angst, 551). Die Fülle der Zeit macht daher auch nicht vor der Geschichte halt.

Bei der Konzeption der Ewigkeit als Fülle der Zeit handelt es sich um einen Kerngedanken des Christentums. Dementsprechend steht für Kierkegaard die Aufgabe der Person, sich die eigene Lebenszeit selbstbestimmt anzueignen, – anders als bei Seneca, aber ähnlich wie bei Augustinus – im Kontext der christlichen Lehre von der Sündigkeit und Erlösungsbedürftigkeit des Menschen. Da die Sünde in der Abkehr von Gott besteht und Gott das Ewige ist, sündigt derjenige, der in der „Abstraktion vom Ewigen" (Angst, 552) lebt. Die Abkehr von der Sünde und damit unsere Erlösung aus dem Reich der zeitlichen Vergänglichkeit kann für Kierkegaard letztlich nur mit Hilfe des Glaubens in der Hinwendung zu Gott gelingen (vgl. Angst, Kapitel 5).

Heidegger

Wo Kierkegaard im Rückgriff auf die protestantisch-theologische Ausdrucksweise sich nicht scheute, die Ewigkeit beim Namen zu nennen, versuchte rund 80 Jahre später Martin Heidegger in *Sein und Zeit* (1927), durchaus wieder wie Seneca, eine transzendenzfreie Sicht auf die zeitliche Dimension personaler Existenz zu gewinnen. Der zeitliche Charakter personaler Existenz ist für Heidegger allumfassend. Alles, was wir sind, was wir tun und treiben, denken und vorstellen, steht in einem Horizont der Zeit. Wie bestimmt aber nun Heidegger die Zeitlichkeit personaler Existenz näher?

Zeitlichkeit ist für Heidegger eine Grundbestimmung der personalen Existenzweise und nicht eine unabhängig von ihr bestehende metaphysische Größe. Wie schon bei Augustinus und Kierkegaard finden wir auch bei Heidegger eine Unterscheidung zwischen der Zeit als einer Sukzession von ausdehnungslosen Jetzt-Punkten und der nicht-sukzessiven, existenziellen Zeitlichkeit von Personen. Erstere entspricht dem, wie Heidegger sagt, „vulgären" Zeitverständnis; letztere ist hingegen die „eigentliche Zeitlichkeit", aus der die vulgäre Alltagszeitlichkeit abgeleitet ist (vgl. SuZ, §§ 78–81). Während die sukzessive Zeitauffassung Jetzt-Punkte auf einer Zeitgeraden als entweder *noch nicht da* (zukünftig) oder *da* (gegenwärtig) oder *nicht mehr da* (vergangen) verortet, sind Gegenwart, Vergangenheit und Zukunft in der eigentlichen Zeitlichkeit unauflöslich ineinander verwoben. Die drei von Heidegger auch „Ekstasen" genannten Modi der Zeitlichkeit – Gewesenheit, Gegenwart und Zukunft – sind damit grundlegende, wechselseitig aufeinander verweisende Arten und Weisen, in denen sich personale Existenz als Sich-zu-sich-Verhalten ausgestaltet (vgl. SuZ, § 65).

Die führende Rolle kommt auch bei Heidegger der Zukünftigkeit des Daseins zu: In unserem Denken und Handeln sind wir primär – und das notwendigerweise – auf unsere jeweils eigene Zukunft bezogen. Zukünftig zu sein, bedeutet wiederum, sich selbst auf bestimmte Möglichkeiten der Lebensführung hin zu entwerfen. Selbst wenn wir unsere eigene Gegenwart verstehen wollen, können wir dies immer nur im Lichte der Projekte tun, aus denen unsere gegenwärtigen Haltungen und Handlungen ihren Sinn und Zweck beziehen. Die Gegenwart im existenziellen Sinne entsteht also auch bei Heidegger erst durch ihren Zukunftsbezug. Ähnliches gilt nun auch von der Vergangenheit, denn auch sie „entspringt in gewisser Weise der Zukunft" (SuZ, § 65 / 326), wie Heidegger schreibt. Was er hier im Blick zu haben scheint, ist der von uns bereits weiter oben erwähnte Umstand, dass die Vergangenheit nicht unveränderlich hinter uns liegt, sondern erst dadurch *unsere* Vergangenheit wird, dass wir zukunftsgerichtet ein bestimmtes Verhältnis zu ihr einnehmen.[49] Auch hier drängt sich – wie schon oben bei Sartre – der Gebrauch des Futur II auf, um die Verschränkung der Zeitlichkeitsdimensionen sprachlich adäquat abzubilden: Wer und was wir jeweils sind, ergibt sich erst daraus, wer wir jeweils gewesen sein werden.

Unsere Gegenwart und Vergangenheit erhalten nach Heidegger ihre Bestimmung also erst dadurch, dass und wie wir uns als Personen auf zukünftige Projekte hin entwerfen. Das umfassendste Projekt personaler Existenz aber ist das Leben selbst, das jeweilige personale Leben als Ganzes. Dessen vollendete Gestalt können wir allerdings nicht erleben, sondern nur antizipieren. Die Vollendung unserer endlichen Lebenszeit liegt dabei in unserem Tod. In Bezug auf unseren Tod aber gilt die unverbrüchliche phänomenologische Wahrheit, auf die bereits Epikur verwies, um seinen Zeitgenossen die Furcht vor dem Tod zu nehmen: Während wir sind, ist unser Tod nicht; und ist unser Tod, sind wir nicht (vgl. Epikur 2010). Ein Verhältnis zu unserem Leben als Ganzes bekommen wir also nur, indem wir uns antizipierend zu unserem eigenen Nicht-Sein, unserem Tod verhalten. Der Tod ist „die Möglichkeit des Nicht-mehr-da-sein-könnens" (SuZ, § 50 / 250), aber eben keine bloße Denkmöglichkeit, sondern reale Möglichkeit, die jeden Moment eintreten kann, und die früher oder später auch eintreten wird.

Wir können unser Leben nur dann in die Hand nehmen, das heißt unsere Existenz verantwortlich gestalten, wenn und insofern wir unser Dasein praktisch als ein endliches begreifen, also uns auf unseren eigenen Tod hin entwerfen und uns gewahr werden, dass wir „nicht ewig" Zeit haben. Indem wir uns auf antizipierende Weise mit unserem Tod als der „Möglichkeit der schlechthinnigen Daseinsunmöglichkeit" (SuZ, § 50 / 250) auseinandersetzen, bekommen wir nach Heidegger erst einen echten Zugang zu dem leicht dahergesagten, aber nur selten wirklich erfassten Tatsachenkomplex, a) dass wir überhaupt existieren, b) unsere Existenz begrenzt und endlich ist und c) wir uns zu unserer endlichen Existenz irgendwie verhalten müssen und immer schon verhalten, selbst dort, wo wir uns der Verantwortung für unser Leben entziehen wollen.

Alltäglicherweise aber sind wir durchaus nicht entschlossen, unserer Sterblichkeit ins Auge zu blicken, sondern ängstlich. Wie bei Kierkegaard, auf den er sich auch explizit bezieht, ängstigen wir uns auch nach Heidegger vor der Bürde, für unser eigenes Dasein als Ganzes Sorge zu tragen. Ängstlich flüchten wir vor uns selbst, indem wir uns dem geschäftigen Treiben der Welt zuwenden (vgl. SuZ, § 40). Wie wir oben gesehen haben, hat dies bereits Seneca als die existenzielle Flucht des *homo occupatus* beschrieben. Solange wir uns nicht uns selbst stellen, sondern gleich dem geschäftigen Menschen Senecas darauf verfallen zu tun, was man so tut, existieren wir nach Heidegger in uneigentlicher Weise, nämlich im eigens so benannten Modus des „Man" (SuZ, § 27). Diese Uneigentlichkeit im Sinne eines mangelnden Selbstseins erkennt man deutlich daran, wie sich eine Person in dieser uneigentlichen Existenzweise auf ihre Zukunft bezieht: Es handelt sich dabei um ein bloßes „Gewärtigen" dessen, was sich als naheliegende Möglichkeit aufdrängt (vgl. SuZ, § 68 / 337). Die Vergangenheit wiederum ist lediglich eine Sache des Erinnerns als „Behalten" oder aber des „Vergessens". Beides, Behalten wie Vergessen, ist dabei Ausdruck einer fundamentaleren Vergessenheit, die darin liegt, dass eine Person im Gewesenen nur eine unwesentliche und äußerliche Beziehung zur eigenen Existenz erkennen vermag (vgl. SuZ, § 68 / 339). Die Gegenwart in der uneigentlichen Existenzweise schließlich ist nur das quasi-automatische „Gegenwärtigen" dessen, was sich so ergibt (vgl. SuZ, § 68 / 338).

Anders verhält es sich dagegen im Existenzmodus der Eigentlichkeit. Auf eigentliche Art und Weise existiert eine Person nämlich, wenn sie sich dazu entschließt, ihr Leben in die Hand zu nehmen, ihre Geschicke – freilich in dem Rahmen, den ihre Situation ihr ermöglicht – selbst zu bestimmen. Auch hier darf man sich an Seneca erinnert fühlen. Heideggers Beschreibung der zeitlichen Bestimmungen der eigentlichen Existenzweise gleicht dem Bild, das uns der Erzieher Neros vom Leben dessen gibt, der Muße hat. Im Modus der Eigentlichkeit ist der Bezug zur eigenen Zukunft nicht länger ein bloßes Gewärtigen, sondern vielmehr, wie Heidegger sich ausdrückt, ein *Vorlaufen* in den Tod, oder weniger dramatisch gesprochen: das Antizipieren der je eigenen, individuellen Existenz als eines endlichen Ganzen. Die eigentliche Gegenwart ist nicht mehr bloß Gegenwärtigen des sich von selbst Ergebenden, sondern – Kierkegaard lässt erneut grüßen – der Augenblick der Entscheidung, in dem wir unser eigentliches Selbst ergreifen und uns im Bewusstsein unserer Endlichkeit auf eine bestimmte Möglichkeit festlegen.[50] Für die eigentliche Existenzweise ist auch das, was mit einem selbst und der Welt gewesen ist, nicht einfach vergangen, sondern es kommt in der Wiederholung einer Seinsmöglichkeit zurück. Auch hier bedient sich Heidegger einer Kategorie Kierkegaards, auch wenn er es an dieser Stelle nicht einmal erwähnt.[51] Im ‚Wieder' des Ausdrucks ‚Wiederholung' steckt, dass das Gewesene nicht unwiederbringlich verschüttet und ohne inneren Bezug zu uns selbst bleiben muss. Die Wiederholung des Gewesenen offenbart sich vielleicht am deutlichsten in der Möglichkeit geschichtlicher Überlieferung, die mehr ist als ein chronologisches Behalten oder Nicht-Vergessen. Als geschichtliche Wesen dokumentieren Personen das Geschehen nicht nur, sondern eignen sich dieses *als ihre* Geschichte an und entwerfen sich darauf aufbauend als geschichtlich fundierte Wesen auf ihre Zukunft. Personen kommen daher – zumindest im Modus der Eigentlichkeit – in ihrem zukunftsbezogenen Handeln auf sich selbst zurück als diejenigen, die sie gewesen sind.

Heideggers Überlegungen zur zeitlichen Dimension personaler Existenz lassen sich in folgender Tabelle zusammenfassen:

Tabelle 5: Existenzweisen und ihr Verhältnis zu den Zeitmodi nach Heidegger

	Vergangenheit	Gegenwart	Zukunft (Tod)
uneigentliche Existenz	behalten / vergessen	gegenwärtigen	gewärtigen
eigentliche Existenz	wiederholen	augenblicklich entscheiden	vorlaufen

Zeit, so können wir die hier vorgestellten Überlegungen von Seneca, Augustinus, Kierkegaard und Heidegger zusammenfassen, muss für Personen keine fremde Macht bleiben, die ihnen sprichwörtlich zwischen den Fingern zerrinnt. Vielmehr liegt in der Zeitlichkeit von Personen, dass sie ihre Existenz in der Zeit gestalten können, ja mehr noch: Ihre Existenz ist nichts anderes als die selbstverantwortliche Ausgestaltung der eigenen endlichen Lebenszeit. Dazu allerdings müssen Personen in einem wie auch immer näher zu bestimmenden Sinne „ewig", d. h. dem rast- und haltlosen Verschwinden, das die sukzessive Zeit darstellt, enthoben sein. Nur weil Personen aus dem Strom der sukzessiven Zeit heraustreten können, gibt es für sie eine Dimensionierung der Zeit in Vergangenheit, Gegenwart und Zukunft. Während Seneca noch die Vergangenheit aufgrund ihrer vermeintlichen Unveränderlichkeit als die existenzielle Leitdimension eines selbstbestimmten Lebens ausmachte, erkennen Augustinus, Kierkegaard und Heidegger, dass der entwerfende und gestaltende Charakter personaler Existenz auf ein Primat der Zukünftigkeit verweist. Denn erst von der Zukunft her kommt die endliche Lebenszeit und mit ihr die je individuelle Existenz als Ganzes in den Blick. Konsequenterweise sehen daher die letztgenannten Existenzdenker im Gegensatz zu Seneca auch die je eigene Vergangenheit als unabgeschlossen und somit als retroaktiv veränderbar an.

In der Zeitlichkeit personaler Existenz liegt nun aber nicht nur die Möglichkeit einer selbstverantwortlichen Übernahme der eigenen Lebenszeit, sondern in ihr liegt auch die entgegengesetzte Möglichkeit, sich in der sukzessiven Zeit (bzw. an sie) zu verlieren und so auf nur uneigentliche Weise zu existieren. So sind der *homo occupatus* bei Seneca oder das uneigentliche Dasein bei Heidegger zwar Formen des personalen Existierens, aber solche, bei denen sich ein Individuum selbst verfehlt und somit nicht eigentlich es selbst ist. Damit sind wir beim letzten großen Thema dieses Buches angelegt, nämlich dabei, was es denn heißt, dass eine Person eigentlich sie selbst ist – oder wie man auch sagen könnte: authentisch existiert. Dies ist, wie wir nun sehen werden, im Wesentlichen eine ethisch-lebenspraktische Frage.

7 Ethik der Existenz

Im Rahmen unserer Behandlung der Existenz, wie sie sich bei Personen zeigt, fanden wir die Vorgängigkeit der Existenz vor jeder eigenschaftlichen Bestimmtheit. *Wer* (oder *was*) ich (jeweils) bin, ist dem Umstand, *dass* ich (jeweils) bin, nachgängig. Damit hängt die Zeitlichkeit personaler Existenz, wie im vorangegangenen Kapitel gezeigt, sowie die Möglichkeit der Authentizität personaler Existenz aufs Engste zusammen. Letztere wollen wir nun genauer in den Blick nehmen.

7.1 Uneigentliches Existieren?

Ein gemeinsamer Nenner der Existenzphilosophen im engeren Sinne liegt, wie wir im vorausliegenden Kapitel gesehen haben, in der Überzeugung, dass sich Personen zu sich selbst und damit zu ihrer zeitlich verfassten Existenz verhalten.[1] Im Umstand, dass Personen ihre Existenz als Leben führen und ihre Lebenszeit gestalten können, liegt aber zudem eine weitere Möglichkeit: nämlich die, dass sie sich selbst verfehlen können. Dies ist gemeint, wenn man sagt, eine Person sei nicht eigentlich sie selbst bzw. sie sei nicht authentisch. Natürlich können auch Dinge inauthentisch sein, etwa ein gefälschter Vermeer oder eine nicht nach Originalrezept gebackene Sachertorte. Es liegt aber nicht an ihnen selbst, authentisch oder inauthentisch zu sein; sie sind es nicht von sich aus. Das ist der Unterschied zu Personen. Wir können von uns aus authentisch sein, ohne dass von vornherein klar wäre, wie wir das können. Authentisch oder inauthentisch bzw. eigentlich oder uneigentlich zu sein, sind zwei grundlegende Modi personaler Existenz, weshalb sie in einem Buch über Existenz auch auf jeden Fall zur Sprache kommen sollten. Dabei sei vorausgeschickt, dass dies nicht einfach eine Sache der Wahl zwischen zwei Optionen ist – so wie etwa die Wahl zwischen Vanille- oder Schokoladeneis, vor die wir in einer Eisdiele zu stehen kommen können. Um welche Art der Wahl es sich dabei sonst handelt, werden wir gleich näher betrachten.

Zunächst aber die Frage: Worin besteht denn nun genau Authentizität bzw. Inauthentizität in Hinblick auf personale Existenz? Man kann ja falsche Vorstellungen von sich und der eigenen Situation haben oder produzieren, man kann sich und anderen im wahrsten Sinne des Wortes etwas vormachen über sich und die Welt. Und oftmals wissen wir gar nicht, dass wir uns und den anderen etwas vormachen. Es ist dann, als wenn wir uns selbst verdeckt wären, sofern wir es denn überhaupt bemerken. „Authentisch" nennen wir demgegenüber oft jemanden, der „gerade heraus" ist, sozusagen unverdeckt in Erscheinung tritt, sich in der Welt präsentiert, „so wie er halt ist", dabei vielleicht auch sagt, was er denkt, und tut, was er sagt, sodass er in einer noch genauer zu bestimmenden Weise in Übereinstimmung mit sich ist.

Dies würde wenig Verständnisschwierigkeiten bereiten, wenn wir (wie leider oft üblich) in Bezug auf Personen die herkömmliche Ding-Ontologie von Wesen und Erscheinung bemühen könnten, sodass wir sagen könnten, diese Übereinstimmung mit sich selbst, die wir Authentizität, Echtheit oder Unverstelltheit nennen, ist nichts anderes als die Übereinstimmung der Erscheinung einer Person mit ihrem zugrundeliegenden Wesen. So wie eine Sachertorte in Bezug auf Zutaten, Herstellungsweise und Herkunft dann echt bzw. authentisch ist, wenn in ihrer Erscheinung keine Täuschung vorliegt, was eventuell noch eigens festgestellt werden muss, bevor ein Echtheitszertifikat ausgestellt werden kann, so wäre es denn auch bei Personen: Wenn sie ihrer Wesensbestimmung folgen, dann sind sie in ihrem Handeln und Leben authentisch. Das Problem, das hierbei aber entsteht, ist, wie dies zu denken ist, denn die Existenzphilosophen im engeren Sinne behaupten ja (mit Recht), dass diese Wesensbestimmung von Personen, anders als bei Sachertorten, selbständig vorgenommen wird (so, dass es sinnvoll ist zu sagen, Personen seien selbstbestimmt). Es kann keine Echtheitszertifikate in Bezug auf Personen geben, wenn es kein der Erscheinung von Personen vorgängig und anderweitig fixiertes Wesen gibt, mit dem man ihre Erscheinung in ein Verhältnis setzen könnte, um dessen Authentizität bzw. Nicht-Authentizität feststellen zu können – es sei denn, es handelt sich um äußerliche Identitätsfragen wie die, ob eine bestimmte Person wirklich der Thronfolger ist oder bei der Geburt vertauscht wurde etc., was uns hier nicht weiter zu interessieren braucht. Bei den hier angesprochenen Authentizitätsfragen, welche die innere, selbstgestiftete Identität von Personen betreffen – wie auch immer sozial vermittelt diese Identität dann auch sein mag, auch dies ist ein Problem, das uns hier nicht interessieren muss –, bestimmt die Person selbst aus ihrer Weltsituation heraus ihr Wesen. Da kein vorab gegebenes Wesen einer Person existiert, muss die Authentizität von Personen in der *Art und Weise* der Wahl des eigenen Selbst liegen, d. h. in der mit dieser Wahl einhergehenden konkreten Bestimmung der jeweiligen einer Person offenstehenden Existenzmöglichkeiten, wie sie in der Situation liegen, in der ein personales Individuum lebt und handelt. Die personale Existenz ist, was ihre Authentizität angeht, aufgrund der ständigen Wandelbarkeit dieser Situation auch immer fraglich-fragil, sie steht somit sozusagen auf dem Sprung und kann auch zu Lebzeiten niemals in bestimmter Weise fertig (im Sinne von ‚sicher abgeschlossen') sein. Das ist bei einer authentischen Sachertorte z. B. anders, die kann sogar verderben oder von Mehlwürmern verspeist werden, ohne dass sich dadurch irgend etwas an ihrer Authentizität ändern würde. Diese in der Selbstbestimmung einer Person notwendige Situationsbezogenheit ist selbst ein notwendiges Moment authentischen Existierens; daher der treffende Spruch: Nur wer sich ändert, bleibt sich treu. Die von einer Person angegebene Unumstößlichkeit ihres Charakters oder, der klarere Fall, ihr starres Festhalten an Konventionen können dagegen Formen inauthentischen Existierens sein, weil mit ihnen im Grunde nicht der existenziellen *condition humaine* (d. h. der Vorgängigkeit der Existenz vor der Essenz und der damit einhergehenden Situativität) entsprochen wird; man macht sich in solcher Personenpetrifizierung im Grunde zu einem nicht-personalen Individuum, einem Ding, das eher zerfallen als sich ändern würde. Und auch wer zu Lebzeiten behauptet, er habe alles erfahren, was es zu erfahren gibt, macht sich damit sicher etwas vor und wird (bestenfalls) eines Besseren belehrt – was Anlass dazu sein kann, aufzuwachen und im wahrsten Sinne des Wortes zu sich zu kommen.

Wenn es aber in der Art und Weise liegt, wie sich eine Person in einer Situation zu sich selbst verhält, bzw. sich selbst wählt, dass wir ihr Authentizität zubilligen oder nicht, was genau bedeutet dann eigentlich die in diesem und Kapitel 6.2 schon mehrfach verwendete Formulierung ‚Wahl des eigenen Selbst' bzw. ‚Selbstwahl'? Hier ist zunächst einmal auf ein verbreitetes Missverständnis hinzuweisen, das dadurch entsteht, dass wir beim Ausdruck ‚Wahl' zumeist an verschiedene Optionen denken, *zwischen* denen wir wählen könnten. Eigentlichkeit und Uneigentlichkeit, authentisches und inauthentisches Selbstsein sind aber nicht als zwei Optionen aufzufassen, vor der sich eine Person (als gleichsam unbeschriebenes Blatt oder leere Individualität) hinstellen kann wie bei der Wahl zwischen unterschiedlichen Gerichten auf einer Speisekarte. Eine solche Wahl wäre immer eine Auswahl zwischen schon vorhandenen (gegebenen) Optionen. Die Wahl des eigenen Selbst ist aber keine solche Entscheidung zwischen Optionen, keine Auswahl, wie wir sie etwa in einer rationalen Entscheidungstheorie modellieren könnten. Sie ist – obwohl manchmal so geredet wird, dass sich Personen „neu erfinden" müssten – aber auch keine Schöpfung aus dem Nichts, denn wenn in ihrer Situation das Erfordernis (aus welchen Gründen auch immer) entsteht, sich selbst zu wählen, dann sind diese Personen ja schon etwas, wenn auch in uneigentlicher Weise. Die Wahl des eigenen Selbst ist vielmehr eine Entscheidung bzw. eine Wahl im Sinne eines *Entschlusses*. Eine Wahl als Entschluss bedarf aber gar keiner Optionen, schließlich kann man sich gar nicht zwischen, sondern nur zu etwas entschließen.[2] Der Entschluss der Selbstwahl besteht primär darin, sich dasjenige, was man ohnehin auf uneigentliche Weise tut – d. h. so, als wenn das Leben von außen geführt worden wäre – anzueignen oder aber abzulegen. Der hier gemeinte Entschluss ist das Heraustreten aus dem Stande der (ungewählten, weil unwählbaren) Inauthentizität. Die Authentizität einer Person (oder auch einer bestimmten Handlungs- oder Lebensweise) besteht aufgrund einer freien *Authentifizierung*, in einer Übernahme des eigenen Lebens, d. h. im Sich-zu-eigen-Machen dessen, was als Möglichkeit in der je individuell bestimmten Situation erfasst wird. Man wählt sich so, wie man sagt: „So sei es!" oder wie ein Künstler ein Bild durch seine Unterschrift authentifiziert – und dazu muss es gar keine Optionen geben, zwischen denen man wählen könnte. Auch wenn es nur einen Weg gibt, man also keine Wahl im Sinne einer Option hat, kann man immer noch wählen (im Sinne des Sich-Entschließens), den vor sich liegenden Weg gehen zu wollen oder aber mehr oder weniger unwillig gehen zu müssen.[3] Es ist die Selbstwahl eine Wahl im Sinne eines Entschlusses, das Leben auf sich zu nehmen, eine Wahl, wie gerade die Stoiker immer wieder betont haben, die auch dann noch möglich ist, wenn man gar keine Wahl im Sinne von Handlungs- und Lebensoptionen hat, womit die Stoiker bekanntlich auch so etwas wie authentische Selbsttötungen ethisch begründet haben.[4]

Dies zeigt aber, dass es genau genommen falsch wäre zu sagen, dass wir einfachhin wählen könnten, authentisch zu sein. So wenig, wie wir wählen können, frei zu sein – wir sind es einfach, wir können nicht wählen, nicht frei zu sein –, so wenig können wir direkt wählen, authentisch zu sein. Nein, wir sind authentisch in unserer Existenz (unserem Leben und Handeln) dann, wenn wir wählen (uns dazu entschließen), die alleinige Verantwortung für unser Leben zu übernehmen.

Aller Erfahrung nach wird an dieser Stelle der Einwand erhoben, dass wir es höherstufig eben dann doch wieder mit einer Wahl zwischen den Optionen „Authentizität" oder „Inauthentizität" zu tun hätten. Denn es ist ja doch immerhin eine Sache der Entscheidung der Person, ob sie nun authentischerweise ihr Leben in die Hand nimmt oder, so die Alternative, es eben sein lässt. Richtig daran ist, dass es tatsächlich zwei Wege sind, die sich einer Person in ihrem Existieren auftun – und oft werden ja existenzielle Entscheidungen tatsächlich mit dem Bild des Scheideweges beschrieben –, aber dennoch wird die eigentliche Pointe der authentischen Selbstwahl als eines Entschlusses dabei übersehen, wenn man sie als eine Wahl zwischen Optionen konzipiert. Denn die Inauthentizität einer Person besteht gerade darin, dass sie sich *nicht* entschließen kann, sie selbst zu sein und nicht darin, dass sie sich entschließt, nicht authentisch zu sein. Die Unentschlossenheit bzw. Inauthentizität ist eben das Sich-nicht-entschließen-Können für die Verantwortungsübernahme für das eigene Leben – was z. B. auch heißen kann, sich in ein Schicksal zu fügen und damit eben *überhaupt* keine Wahl, jedenfalls keine im Sinne eines Entschlusses, zu treffen.[5] Unentschlossen zu sein, heißt, nur zu machen und mitzumachen, was man eben so macht. Schon aus begrifflichen Gründen kann es keinen Entschluss zur Unentschlossenheit geben.

Die von den Existenzphilosophen herausgestellte Wahl des eigenen Selbst besteht also nicht darin, zwischen den Optionen zu wählen, lieber eigentlich und selbstbestimmt oder lieber uneigentlich und fremdbestimmt zu leben. Die Wahl des eigenen Selbst ist hingegen ein Entschluss, sich hinter sein Tun zu stellen, verantwortlich zu sein für sein Leben, auch und gerade dort, wo es, wie in schwierigen Lebenssituationen, gar keine große Wahl im Sinne von mehr oder weniger präferierten Optionen gibt oder geben kann. Im Grunde bedeutet diese Selbstwahl – dies haben Sartre und de Beauvoir, aber auch schon Kierkegaard sehr deutlich gesehen –, dass erst mit einer solchen Selbstwahl überhaupt ein Maßstab für die Bewertungen von Handlungen in Bezug auf sich selbst und andere anerkannt wird. Erst wer sein Leben authentifiziert, kann überhaupt so etwas wie eine moralische Instanz – ein Gewissen – entwickeln.[6] Die Selbstwahl ist, so gesehen, Voraussetzung dafür, dass wir an uns selbst z. B. moralische Bewertungen im Lichte der von uns gesetzten Werte vornehmen können, ja, dass wir selbstgewählt gut oder eben auch böse sein können. Erst wer den Kontrakt mit seinem eigenen Leben unterschreibt, kann sich an moralische, d. h. unbedingte Werte binden. Allein der Umstand, dass sie gewählt werden, „entwertet" die Werte nicht, wenn nur gesehen wird, dass diese Wahl eben nicht Auswahl, sondern Entschluss dafür ist, dass sie für das handelnde Subjekt einen Status bekommen, der über ihre subjektive Beliebigkeit hinausgeht. Damit objektive Werte motivierende, handlungsleitende Kraft für ein Subjekt haben, müssen sie von ihm als objektive anerkannt werden; dadurch werden diese Werte aber nicht zu bloß subjektiven Präferenzen herabgestuft, sondern werden vielmehr erst dadurch zu faktischen Orientierungsinstanzen der Lebensführung.

Im Grunde bedeutet dies aber nichts anderes, als dass vor jeder Ethik im Sinne begründeter Normen- oder Wertsystemen die Frage geklärt werden müsste: Wie kommen wir denn überhaupt zu unseren Werten, wenn wir doch, auf Grundlage der Annahme der Vorgängigkeit der Existenz vor jeder qualitativen Bestimmtheit des Menschen, absolut frei sind? Müsste es dann nicht auch in der Ethik eine Rolle spielen, dass die Existenz der Essenz vorausgeht? Das heißt genauer: Müssten nicht in meta-ethischen Überlegungen, z. B. zur Frage, was Werte überhaupt sind, die existenzphilosophischen Überlegungen zur Selbstwahl, die ja in gewisser Weise alle evaluativen und normativen Entscheidungen präformiert, von einiger Wichtigkeit sein?

7.2 Existenzialismus und Ethik

Ganz in diesem Sinne schreibt Simone de Beauvoir in ihrem Essay *Für eine Moral der Doppelsinnigkeit* (1947) (sicherlich etwas hyperbolisch), dass der Existenzialismus „die einzige Philosophie [ist], in der eine Ethik am Platze ist" (MD, 98).[7] Denn nur im Existenzialismus mit seiner Priorisierung der Existenz vor der Essenz und damit der Annahme einer Selbstwahl kann es, wie für die Religionen, das Böse als etwas Gesetztes, d. h. als ein frei gewählt Schlechtes geben: „Nur der Existentialismus zieht, wie die Religionen, das Böse wirklich in Betracht" (MD, 99). Wo immer sonst das Böse in der Philosophie thematisiert wurde, hatte es negativen, quasi-pathologischen Charakter, sei es als Willensschwäche und Verführung, sei es als bloße Abwesenheit des Guten, sei es als Irrationalität. Der Existenzialismus – und hier muss man nun unbedingt auch den Schelling der *Freiheitsschrift* mit hinzunehmen, der dieses Thema allererst aufgebracht hat – kann dagegen plausibel machen, dass das Böse verantwortet werden muss, denn der Böse – der, der willentlich und wissentliches Schlechtes tut – hat sich selbst so gewählt und ist damit verantwortlich für sein So-Sein. Jeder Massenmörder zum Beispiel, insofern er sich dazu entschlossen hat, das Schlimmste zu wollen, handelt darin frei, d. h. auf der Grundlage einer freien Selbstwahl; das schließt nicht aus, dass jemand, der andere Menschen tötet, dies aus zwanghaften Gründen tut, es gibt ja pathologische Fälle. Auch schließt dies nicht aus, das jemand mordet und dabei fälschlicherweise glaubt, das Gute zu tun. Aber es gibt auch gewollte Grausamkeit im vollen Bewusstsein ihrer Bösartigkeit, und wenn dies der Fall ist, handelt ein Mensch autonom und ist eben deswegen auch voll verantwortlich für das, was er tut. Es ist daher in bestimmten Fällen durchaus möglich, dass das Böse als selbstbestimmtes Tun voll und ganz einem Individuum zugeschrieben werden kann, das sich daher nicht nur für die Taten (im rechtlichen Sinne), sondern auch für sein eigenes So-Sein (im moralischen Sinne) zu verantworten hat. Die Freiheit ist die „Möglichkeit des Guten und des Bösen" (Freiheit, 36 / SW, Bd. VII, 364), schreibt Schelling – sonst ist es keine Freiheit! Selbst grausamste Taten können daher Ausdruck der Freiheit sein. Wenn das Böse dagegen nur als Abwesenheit des Guten konzipiert wird oder als eine Form der Irrationalität wie in den allermeisten Moralphilosophien von Aristoteles bis Kant und dem Utilitarismus, verliert man das Böse als eine eigenständige Qualität und damit den existenziellen Grund der Moral. Das Böse ist nicht einfach die Abwesenheit des Guten, sondern das (als solches gewollte) Anti-Gute.

Diese Freiheit, die also auch eine zum Bösen ist, ja sein muss, ist absolut, d. h. nicht weiter ableitbar aus sie determinierenden Gründen und als eine solche absolute Freiheit erregt sie Angst. „Die Angst ist der Schwindel der Freiheit" (Angst, 512), schreibt Kierkegaard. Diese Freiheitsangst lässt einen allzu oft vor der Verantwortung, sein eigenes Leben zu ergreifen, fliehen; aus Angst neigen wir dazu, uns der Verantwortung für unser eigenes Geschick zu entziehen, Ausflüchte zu finden, uns zu entschuldigen usw. Diese von den Existenzphilosophen von Schelling bis Sartre, von Kierkegaard bis Heidegger beschriebene Fluchttendenz des Daseins vor sich selbst ist nichts anderes als Ausdruck der oben beschriebenen Inauthentizität, der „Unaufrichtigkeit" bzw. „Unredlichkeit" („*mauvaise foi*"), wie Sartre und de Beauvoir sie nennen, oder der uneigentlichen Existenzweise des Man bei Heidegger.[8]

Diese Möglichkeit, uneigentlich zu existieren, haben nur personale Individuen, ja, darüber hinaus muss man sagen: Die uneigentliche Existenzweise ist der Normal- und Ausgangszustand personal verfasster Individuen – ein ontologisch äußerst erklärungsbedürftiger Umstand. Es gibt also Individuen, Personen eben, die ihrer Existenzform nach zunächst und zumeist uneigentlich sie selbst sind, die ihr eigentliches Existieren daher als eine Aufgabe bzw. ein Vorhaben begreifen müssen. Wie ist das möglich?

Nun, wir wissen es schon: Der Satz ‚Ich existiere' heißt notwendigerweise in Bezug auf eine Person nicht nur, *dass* sie ist, sondern auch schon (aber auch das noch vor jeder eigenschaftlichen Bestimmung), *dass sie zu diesem Dass-Sein ein Verhältnis einnimmt.* Zu existieren heißt bei personalen Individuen, die, was auch immer sie noch sind, auf jeden Fall endlich sind: In seinem Dass-Sein über sich hinaus sein.[9] Der für personale Individuen charakteristische existenzielle Selbstbezug bringt es nun mit sich, dass Existieren für diese Individuen zu einer Aufgabe und oftmals auch zum Problem wird. Das von den Existenzphilosophen aller Couleur thematisierte, vor jedem Bewusstsein liegende (präreflexive) Selbstverhältnis einer Person ist dabei als die eigentliche Wurzel der Ethik, d. h. des regelnden Umgangs mit der absoluten Freiheit der Person, zu sehen.

Man könnte nun meinen, die Existenzphilosophen setzten die Freiheit einer Person so hoch an, dass die Freiheit den höchsten Wert darstellt. Tatsächlich ist ihr zufolge Freiheit aber gar kein Wert (jedenfalls nicht im gebräuchlichen Sinn des Wortes). Dies liegt daran, dass die Existenzialisten, insbesondere denken wir hier an Sartre, Werte als lebens- und handlungsleitende Orientierungsinstanzen konzipieren, und damit in eins als Relata einer subjektiven Wahl. Denn etwas ist nur dann eine Orientierungsinstanz unserer Lebensführung, wenn sie eine Orientierungsinstanz *für uns* ist. Letzteres hängt nun aber gerade von *unserer* Anerkennung ab, die wir auch verweigern können. Freiheit ist nun deshalb kein Wert, weil wir Freiheit weder wählen, noch abwählen können. Denn selbst der Böse muss, um böse zu sein, die Freiheit der anderen in irgendeiner, vielleicht auch nur impliziten Form anerkennen, um sie in seinem bösen Tun durchkreuzen zu können und natürlich bestätigt er damit vor allem seine eigene Freiheit. Der Wille, dass die Freiheit der anderen nicht sein soll, ist selbst ein freier Wille. Wäre Freiheit nun ein Wert im oben erläuterten existenzialistischen Sinne, dann könnten freie Individuen sie für sich selbst willensmäßig ablehnen. Man kann aber keinen freien Entschluss tätigen, seine eigene Freiheit abzuschaffen, ohne sie nicht genau damit schon wieder investiert zu haben. Die Freiheit ist, wie Sartre sagt, deshalb „die Grundlage aller Werte" (EiH, 172).[10] Wir sind also nicht frei dazu, unfrei zu sein; es gibt freilich Unfreiheit, aber nicht aus dem Grund, dass die Leute nicht frei sein *wollten* im Sinne einer Selbstwahl, sondern nur, wie im Falle der Inauthentizität, aus dem Grund, dass sie die Selbstwahl nicht vollziehen. Wir sind, wie Sartre dies in einer zu Recht berühmt gewordenen Sentenz schrieb, „dazu verurteilt, frei zu sein" (EiH, 155).

Ein Musterbeispiel für eine Ethik der Existenz – und damit für eine Antwort auf die Frage, wie eine authentische Existenz als Bedingung für eine gelungene Lebensführung möglich sei – ist die „Moral der Ambiguität", wie sie Sartre und vor allem de Beauvoir entworfen haben.[11] Wir werden weiter unten (Kapitel 7.5) noch genauer darauf eingehen, hier zunächst einmal nur der Grundgedanke: Die Ambiguität der Existenz eines jeden Menschen besteht darin, dass es eine nicht aufzuhebende Differenz gibt zwischen seiner absoluten Freiheit einerseits und seiner Gebundenheit an eine bestimmte kontingente gesellschaftliche, kulturelle und historische Situation andererseits. Diese Ambiguität lässt sich mit einer Formel einfangen, die Sartre in *Das Sein und das Nichts* eigentlich auf Gott anwendet, die sich aber erhellend auf den Menschen ummünzen lässt, nämlich, dass das Sein des Menschen „nicht das ist, was es ist, und das ist, was es nicht ist" (SuN, 191). Dies ist folgendermaßen zu verstehen: Insofern ein Mensch in seiner Selbstwahl absolut frei ist, sich zu entwerfen – und zwar, darin besteht die Doppelsinnigkeit ja gerade, durchaus in faktischer Gebundenheit an die Möglichkeiten seiner Situation –, transzendiert er eben diese Situation und damit sich selbst als ein von den Faktoren seiner Situation determiniertes Wesen. Er ist damit über das, was er faktisch ist, schon hinaus und umgekehrt ist das, was er faktisch ist, nicht alles, was seine Existenz ausmacht. Er ist gerade derjenige, der zu dem, was er ist, auch noch ein Verhältnis einnimmt, indem er seine Situation erkennt, wählt bzw. authentifiziert, was in ihr zu tun ist, oder aber auch scheinbar bestimmende Faktoren seiner Situation ablehnt und zu verändern trachtet, falls dies in seinem Bereich des Möglichen liegt.

Wie aus dem von den Existenzialisten stets betonten Umstand erhellt, dass wir immer in faktische Lebens- und Weltverhältnisse eingebunden sind, die uns einschränken und bestimmen, besteht die absolute Freiheit des Menschen also nicht darin, dass wir unendliche Möglichkeiten oder unbegrenzte Macht hätten. Gemeint ist lediglich – aber immerhin –, dass wir in dem, was wir für uns als gültig anerkennen, nicht abhängig sind von irgendetwas oder irgendjemanden außerhalb von uns selbst.[12] Selbst derjenige, der beispielsweise meint, dass wir alle von der Werbung komplett fremdgesteuerte Automaten sind, muss zugestehen, dass er zu dieser Meinung nicht wiederum automatisch kommt, sondern dass er zu diesem angenommenen Automatendasein ein Verhältnis einnimmt. Wären wir tatsächlich solche fremdgesteuerten Automaten, könnten wir eben das nicht wissen – oder umgekehrt: wissen bzw. erkennen, dass wir fremdgesteuerte Automaten sind, ist schon das Einnehmen eines Verhältnisses zu diesem Umstand. Und allein dies zeigt schon, dass unsere Stellungnahme, unsere Selbstpositionierung zu einem solchen Faktum selbst notwendigerweise über dieses Faktum hinaus ist.[13]

Die absolute Freiheit äußert sich also vor allem darin, dass wir Entwürfe unserer selbst tätigen. Derartige freie Selbstentwürfe betreffen nun auch und gerade die grundlegenden Werte, nach denen wir unser Handeln und Leben ausrichten. Hier stellt sich nun die Frage: Gibt es also kein äußeres Maß für die Richtigkeit dieser Wertentwürfe? Muss man nicht sagen können, dass es allgemein verbindliche Pflichten gibt? Oder, wenn man dies nicht sagen könnte, wo ist da noch Raum für eine Ethik, die doch mindestens mit allgemeinen Empfehlungen zur Lebensführung, aber wichtiger noch mit begründeten kategorischen Normen des erlaubten und gebotenen Handelns aufwarten sollte?

In der Tat lehnt die existenzialistische Ethik den Gedanken ab, ein Moralsystem könnte uns mit dem Verweis auf bestimmte Pflichten zu einer entsprechenden Lebensführung zwingen, solange wir nicht selbst diese Pflichten als solche anerkannt haben. Das kann in der Tat kein Moralsystem leisten – und sei es auch eines mit einem Pflichten generierenden Moralprinzip. Denn schließlich gilt, dass man selbst davon überzeugt sein muss, dass das kantische Sittengesetz gilt oder das utilitaristische Prinzip des größten Nutzens, um sich auch *de facto* danach zu richten. Die Gründe der Anerkennung eines solchen Moralprinzips können dem Existenzialismus zufolge aber wiederum nur in den Überzeugungen und Einstellungen der Menschen liegen, die sich mithilfe dieser Moralprinzipien darüber vergewissern wollen, was gut und richtig ist. Eine Moral, der wir zwar ideale Gültigkeit unterstellen würden, die uns aber als Menschen, die wir konkreterweise sind, völlig fremd wäre und uns absolut nichts anginge, hätte keine Gültigkeit *für uns* und damit auch keinerlei faktische Geltung. Sie wäre damit aber schlicht keine Moral. Moralnormen (wie eigentlich alle Normen) müssen dem Existenzialismus zufolge daher einen wesentlichen Bezug zu unserer Subjektivität aufweisen, die einerseits durch kontingente Faktoren (wie Gesellschaft, Kultur und Geschichte) und andererseits durch unsere absolute Freiheit des Sich-zu-sich-Verhaltens bestimmt ist. Moral kann daher, existenzialistisch betrachtet, niemals vollständig unabhängig von der Freiheit des Menschen bestimmt sein.

Die Moral ähnelt in ihrer, der Objektivität keinen Abbruch tuenden Subjektbezogenheit der Kunst. Dies wird, wie Sartre deutlich macht, vor allem im Hinblick auf die Frage nach dem Fortschritt in Kunst und Moral deutlich: „Niemand kann sagen, was die Malerei von morgen sein wird; man kann die Malerei [von morgen] erst beurteilen, wenn sie geschaffen worden ist" (EiH, 169). Dasselbe gilt nun auch für die Kunst und Moral *von heute*, die ja auch einmal bloß zukünftig gewesen sind. Der Fortschritt in der Kunst ist nicht willkürlich, denn es lässt sich durchaus begründen, warum etwas eine gelungene Erweiterung des bis dahin herrschenden Kunstverständnisses darstellt. Allerdings ist dies nur rückblickend möglich. Denn der Fortschritt in der Kunst beruht auf menschlicher Innovation. Dasselbe gilt nach Sartre von der Moral. Moralischer Fortschritt basiert auf freien Setzungen, d. h. menschlicher Innovation. Die Entwurfsfreiheit des Menschen ist aber auch im Ethischen nicht kontext- und kriterienlos. Sie findet statt auf dem Boden realer Lebensumstände, die selbst die geronnene Geschichte individueller und kollektiver Lebensentwürfe darstellen. Neue ethische Selbstverständnisse müssen sich daher dahingehend rechtfertigen, ob sie sich rückblickend betrachtet als sinnvolle Erweiterungen des ethischen Status quo bzw. als sinnvolle Antworten auf die von den Subjekten identifizierten Probleme der herrschenden Zustände begreifen lassen. Diese Rechtfertigung kann eingefordert werden, weil offenbar jeder neue Entwurf, insofern er denn ein genuin moralischer ist, mit dem Anspruch antritt, für alle Subjekte und sogar rückwirkend zu gelten.

Dies zeigt sich etwa am Beispiel der Einsicht, dass Sklaverei verwerflich ist. Diese Einsicht stellte einmal *de facto* eine moralische Innovation dar, denn offenbar hatten die Menschen in der Antike, ja noch nicht einmal die Ethiker der damaligen Zeit, einen solchen Maßstab. Die Norm, dass Sklaverei falsch ist, gilt nun, insofern sie gilt, offenbar auch rückwirkend. Wir können somit heute den paradox klingenden Satz formulieren, dass in der Antike *Unrecht* gegolten hat. Aus der Perspektive des Existenzialismus ist es gewissermaßen die moralische Realität selbst, die sich gewandelt hat, und zwar zum Besseren.[14]

Es lässt sich also durchaus dafür argumentieren, dass der Entwurf einer Moral – eines Systems unbedingter Normen – auch auf existenzphilosophischer Grundlage möglich ist, ja, dass diese Grundlage es sogar ermöglicht zu denken, dass universale Geltungsansprüche mit Normen erhoben werden können, ohne gleichzeitig annehmen zu müssen, dass es eigentlich keinen Wandel der moralischen Maßstäbe geben könne oder gar dürfe. Denn universale Geltungsansprüche, wie sie typischerweise mit der Moral erhoben werden, sind dem Existenzialismus zufolge Entwürfe, die Anerkennung erfordern, ja, für die in gewisser Weise geworben werden muss. Und wenn die Menschen der Zukunft andere moralische Maßstäbe haben werden, dann wird man davon ausgehen müssen, dass diese, sofern es wirkliche moralische Maßstäbe sind, nicht etwa willkürlich gewählte, sondern Reaktionen auf die Unzulänglichkeiten und Inkonsequenzen des ethischen Status quo sein werden.

Die basale, existenziell-ethische Frage nach dem richtigen oder guten Umgang mit der Freiheit als Autonomie legt nahe, dass das Selbstverhältnis eines endlichen personalen Individuums die Formqualität (bzw. Seinweise i. S. eines Modus des Existierens) der Authentizität aufweisen muss, damit diese Autonomie sich überhaupt in Wertsetzungen und Selbstentwürfen ausdrücken kann. Wertsetzungen und -anerkenntnisse im Sinne der Selbstwahl können also nur im Modus der Authentizität stattfinden, sonst sind es eben keine. Natürlich gibt es auch äußerliche Gründe, warum bestimmte Individuen bestimmte Werte setzen, aber diese Gründe sind wiederum kontingenter Natur und entstammen der Situation, in welche die Individuen als endliche gestellt sind. Das heißt, wir können immer auch anders und werden durch die Situation, in der wir jeweils stehen, mitunter stark in unseren Handlungsmöglichkeiten eingeschränkt, nicht aber in unserer Freiheit. Echte, eigentliche, d. h. von mir authentifizierte Werte sind daher tatsächlich nur im Rahmen eines freien Entwurfs meiner selbst zu verstehen. Die Freiheit ist die Voraussetzung dafür, Werte oder Normen setzen bzw. anerkennen zu können und wird in aller Wert- und Normsetzung sozusagen mitgemeint. Auch die Moral als die Gesamtheit universal und unbedingt verbindlicher Normen hängt daher von der Freiheit qua Autonomie ab. Wo diese Freiheit willentlich und wissentlich verletzt bzw. durchkreuzt wird, haben wir es mit dem Bösen zu tun. Böse ist das, was aus freien Stücken und im vollen Bewusstsein seiner Perversion die Freiheit der personalen Existenz bedroht, angreift oder vernichtet. Diese Konsequenz bringt die existenzphilosophische Ethik zweifelsohne in die Nähe einer deontologischen Position im kantischen Sinne – und die Bezüge zu Kant und dem Kategorischen Imperativ sind in Sartres Humanismusschrift ja explizit, was damals einige Irritationen ausgelöst hat, da man annahm, dass sich eine existenzialistische Ethik gegen jeden Universalismus in der Ethik wenden müsste. Der Unterschied ist freilich ebenfalls offensichtlich: Niemals würde ein Existenzialist sagen, dass der Mensch ein Vernunftwesen ist; er ist nur dann vernünftig, wenn er sich dazu entschlossen hat, vernünftig zu sein, wenn er Vernünftigkeit als Wert gesetzt hat, kurz: *wenn er vernünftig sein will*. Während Kant die Autonomie fest an den vernünftigen Willen bindet – ein unvernünftiger Wille kann nicht autonom sein – und daher nicht wirklich einen Begriff des schlechthin Schlechten, d. h. des Bösen zu entwickeln imstande ist, kann im Rahmen existenzphilosophisch basierter Ethik ein positiver Begriff des Bösen als Gegenstand eines autonomen Willens gewonnen werden.[15] Der Böse ist nicht etwa unfrei in seinem Tun, heteronom bestimmt, im Gegenteil, sein Handeln ist Ausdruck seiner Autonomie, die Freiheit des Anderen zu beschädigen.

Dafür muss aber eine Unterscheidung getroffen werden, die sich bei Kant nicht einmal im Ansatz findet, nämlich zwischen dem autonomen Agieren gegen die Freiheit – wodurch die Bindungen an Personen und Projekte zerstört werden, wie es für den Bösen charakteristisch ist – und dem nicht-autonomen Agieren des Unentschlossenen bzw. Inauthentischen, bei dem es zwar ebenfalls keine oder nur defiziente Bindungen an Personen und Projekte gibt, aber nicht etwa, weil er sie zerstört oder durchkreuzt, sondern weil er sie erst gar nicht eingeht.

7.3 Die Arationalität der Selbstwahl und die Institutionen

Es kann vorkommen, dass jemand, der die Vor- und Nachteile einer bestimmten Handlungsoption auflistet und gegeneinander abwägt, dabei zu dem Schluss kommt, dass eigentlich alles für eine bestimmte Entscheidung spricht und dennoch sich entschließt, das Gegenteil von dem zu tun, was er selbst als das rational Beste zu tun erkannt hat. So kann jemand trotz der Einsicht, dass es nach dem Abwägen des Für und Wider rational gesehen besser wäre, z. B. den angestammten Platz an der Spitze eines Familienbetriebs einzunehmen, statt ein von Unwägbarkeiten gekennzeichnetes Künstlerleben zu führen, den gegenteiligen Entschluss fassen und zu sich sagen „Selbst wenn alle Gründe dagegen sprechen, Künstler zu werden, ich muss es einfach tun! Ich bin es mir schuldig". Man würde vielleicht hier mit einigem Recht sagen, dass dieser Mensch in seiner existenziellen Entscheidung, Künstler zu werden, in dieser Weichenstellung seines Lebens nicht unbedingt das ist, was man „rational" nennt – und dennoch wäre es falsch, ihm deswegen schon Irrationalität vorzuwerfen. Vielmehr bewegen sich solche existenziellen Entscheidungen, die ja Entschlüsse sind, wie wir oben zu zeigen versucht haben, jenseits von legitimierenden rationalen Gründen und sind damit nicht irrational, sondern arational (bzw. nicht-rational). Irrational kann nur etwas sein, was prinzipiell einer rationalen Bestimmung offensteht. Dies ist aber hier nicht der Fall. Das Individuum, das sich hier vor eine grundsätzliche Entscheidung sein Leben betreffend gestellt sieht, müsste nur dann die Argumente, die für das Leben als Chef des Familienunternehmens im Raum stehen, als rational gelten lassen, wenn er sich schon zu einem Leben als Unternehmensführer entschlossen hätte – genau eine solche Existenzweise wird von ihm aber ja zurückgewiesen, wenn er sich sein Leben als das eines Künstlers entwirft, das sich mit dem Leben als Chef des Unternehmens nicht vereinbaren lässt.

Mit der Selbstwahl konstituiert sich eine Person erst als die, die sie eigentlich ist und etabliert damit erst eine bestimmte Werteordnung, an die sie sich damit selbst bindet. Eine Wahl zwischen Optionen lässt sich daher, recht besehen, erst vor dem Hintergrund einer schon erfolgten Selbstwahl daraufhin befragen, welche Entscheidung am besten den Präferenzen der betroffenen Person entspricht und daher als rational zu wählen ist. Die Selbstwahl genügt daher in der Tat nicht äußeren Rationalitätskriterien, sie kann dies gar nicht, weil sie im wahrsten Sinne des Wortes grundlos (im Sinne von ‚aus weiteren Gründen nicht ableitbar') ist. Sie ist genau deswegen arational statt irrational, weil durch sie der Maßstab dessen, was für eine Person rational ist, allererst geschaffen wird. Daher ist es auch irreführend, den existenziellen Entschluss, den die Selbstwahl darstellt, als Willkür oder dezisionistischen Akt zu bezeichnen. Denn dazu müssten für eine Person unabhängig von ihrem Akt der Selbstwahl schon bestimmte Maßstäbe gelten. Das Nicht-Vorliegen einer Selbstwahl inklusive der damit etablierten Wertmaßstäbe, mit der eine Person eigenständig ihre Handlungen beurteilen und sich im Handeln und Leben überhaupt orientieren kann, ist nun charakteristisch für den Zustand der Inauthentizität. Das heißt: Willkürlich bzw. dezisionistisch kann man eigentlich nur im Modus der Unentschlossenheit handeln, nämlich genau dann, wenn man sich weigert, durch eine bestimmte Selbstwahl Kriterien des Richtigen und Falschen an sein Handeln anzulegen. Autonomie, verstanden als die Fähigkeit, das eigene Handeln einem selbstauferlegten Gesetz zu unterwerfen, ist also nur auf der Basis einer existenziellen Selbstwahl möglich.[16] Nur wenn eine Person sie selbst ist, kann sie sich im Sinne der Autonomie an intersubjektive, d. h. gesellschaftlich-institutionelle oder gar universelle Normen des richtigen Handelns binden.

Wie also verhalten sich das authentisch-entschlossene Selbst und das gesellschaftlich-institutionell geprägte Sein zu einander? Es ist ein Verdienst Heideggers, dieses Verhältnis in *Sein und Zeit* phänomenologisch durchleuchtet zu haben. Die inauthentische oder, wie Heidegger sagt, „uneigentliche" Seinsweise ist die des „Man-selbst", was auch ein Selbstsein ist, aber eben nicht eigentliches Selbstsein. Uneigentlich existiert eine Person, wenn sie tut, sagt und denkt, was *man* eben so tut, sagt und denkt, weshalb die Person im Modus des Man gar nicht mehr als ein einzelnes Individuum auftaucht. Das Existieren im Modus des Man ist nach Heideggers ernüchternder und schwer von der Hand zu weisender Einschätzung die Art und Weise, wie wir im Alltag zumeist sind. Daran ist nichts moralisch Verwerfliches; noch ist es etwas, was sich ablegen ließe, am Ende gar ein für alle Mal. Nein, die Uneigentlichkeit ist nach Heidegger ein, wie er es nennt, „Existenzial", d. h. eine unabdingbar der personalen Existenz innewohnende Seinsweise. Die authentische bzw. eigentliche Existenzweise dagegen ist nur in Auseinandersetzung und Abhebung von dieser Alltäglichkeit möglich. Heidegger spricht daher von der Eigentlichkeit individuellen Existierens als einer „Modifikation des Man" (SuZ, § 54 / 267).[17] Die Ausgangssituation der existenziellen Entscheidung ist daher notwendigerweise der Stand der Inauthentizität, in dem wir uns vorfinden und in dem wir so lange bleiben, wie wir uns nicht entschließen, Verantwortung für unser Leben zu übernehmen. Aus dem Stande der Inauthentizität heraus können wir ein Verhältnis zu den uns bestimmenden institutionellen Gegebenheiten einnehmen, derart, dass wir sie uns aneignen oder aber ablehnen und darauf hinwirken, dass andere Institutionen etabliert werden. Daraus kann man entnehmen (und etwa Charles Taylor hat dies Ende des 20. Jahrhunderts ausdrücklich getan): Es gibt keine Authentizität von Personen jenseits von Institutionen, ja es kann sie nicht geben (vgl. Taylor 1995). Dies betrifft nicht nur die individualethische, sondern auch die moralische, soziale, ja politische Dimension der individuellen Selbstwahl. Eine Person, die, indem und insofern sie eine

Selbstwahl trifft, einen Entwurf ihrer selbst tätigt und sich an bestimmte Werte, Personen und Projekte bindet, entscheidet über das Menschsein überhaupt mit. Denn ein vorab gegebenes Wesen des Menschen, dem es zu entsprechen hätte, gibt es der existenzphilosophischen Voraussetzung nach weder individuell noch gattungsmäßig, sondern ist eben abhängig von den Bestimmungen, welche die individuell Existierenden sich in ihrem So-Sein geben. Nichts hat ja dem Existenzialismus zufolge einen Wert allein von sich aus, sondern nur deswegen, weil Individuen ihm einen Wert im Rahmen ihrer Lebensentwürfe zuerkannt haben. Insofern ist hier in der Tat alles möglich im Bereich der existenzphilosophischen Ethik; aber umso mehr kommt dem Einzelnen auch eine Verantwortung für das Menschsein überhaupt zu.

Eine Selbstwahl ist also nicht nur in Bezug auf das Individuum zu sehen. Da die Gattung des Menschen alle Individuen umfasst, ein jedes Individuum aber frei ist, so zu sein, wie es dies für richtig hält, entscheidet ein Individuum in seiner Selbstwahl zugleich über die Gestalt des Menschseins überhaupt.[18] Hinzu kommt, dass die Freiheit des Einzelnen nicht unabhängig ist von der Freiheit der anderen. Einer allein kann, auch und gerade dem Existenzialismus zufolge, nicht frei sein, denn die Entwürfe, die ich von mir mache, haben so lange keine Realität in der Welt, treten dort in meinem Handeln und Leben nicht auf, wie sie nicht von den anderen als die meinigen anerkannt werden. Die gelingende Realisierung meiner Freiheit in der Welt ist also von der Freiheit der anderen durchaus abhängig, wie Sartre und de Beauvoir in Anschluss an Hegel immer wieder neu darlegen:

> Der andere ist für meine Existenz unentbehrlich [...]. [D]ie Entdeckung meines Innersten [entdeckt mir] zugleich auch den anderen, als eine mir gegenüberstehende Freiheit, die nur für oder gegen mich denkt und will. So entdecken wir sofort eine Welt, die wir Inter-Subjektivität nennen [...], und in dieser Welt entscheidet der Mensch darüber, was er ist und was die anderen sind. (EiH, 166)

Dies ist letztlich auch der Grund dafür, dass Sartre sagen kann, dass ein Mensch nicht nur sich, „sondern für alle" (EiH, 151) Menschen verantwortlich ist. Der tiefe Sinn des Existenzialismus sei es, dass man von einem Individuum sagen müsse: „sich wählend wählt er alle Menschen" (EiH, 151), denn es gibt „keine Handlung, die, den Menschen schaffend, der wir sein wollen, nicht auch zugleich ein Bild des Menschen hervorbringt, wie er unserer Ansicht nach sein soll" (EiH, 151).

Bevor wir uns abschließend de Beauvoirs Essay *Für eine Moral der Doppelsinnigkeit* als dem am weitesten ausgearbeiteten Entwurf einer existenzialistischen Ethik zuwenden, wollen wir uns in einer Art Intermezzo die bisher exponierte Struktur authentischer personaler Existenz am Beispiel dreier „mythischer"

Gestalten verdeutlichen, und zwar Kierkegaards Abraham, Nietzsches Zarathustra und Camus' Sisyphos.

7.4 Abraham, Zarathustra, Sisyphos – drei Gestalten authentischer Existenz (Kierkegaard, Nietzsche, Camus)

Abrahams Paradox (Kierkegaard)

Die biblische Geschichte von Abraham und seinem Sohn Isaak steht im Mittelpunkt von Kierkegaards *Furcht und Zittern* von 1843. Nach langem Warten und Sehnen schenkt Gott Abraham mit Isaak endlich einen Sohn. Dann aber geschieht das Unbegreifliche: Gott fordert Abraham auf, Isaak zu opfern. Irrational, ja geradezu paradox erscheint diese Forderung angesichts der Tatsache, dass es der Heiligen Schrift zufolge Gott selbst ist, in dem unsere moralischen Verpflichtungen gründen. Und welche Pflicht könnte für einen Vater schwerer wiegen als die gegenüber seinem Sohn? Ist diese doch, wie Kierkegaard schreibt, offenbar „die höchste und heiligste" (Furcht, 202). Die Situation, die durch die Forderung Gottes für Abraham entsteht, sprengt den Rahmen der gewöhnlichen Auffassung von Ethik als dem „Allgemeinen" (vgl. Furcht, 237–240), d. h. der für alle geltenden normativen Ordnung. Gott, der Grund der Moral, fordert auf zu ihrer Überschreitung und verlangt somit von Abraham „das Widersinnige" (Furcht, 197). Und wie verhält sich Abraham angesichts dieses „göttlichen Wahnsinns" (Furcht, 200)? Er erträgt ihn, folgt Gottes Wort und schreitet zur Tat. Erst im letzten Augenblick gebietet der Allmächtige durch seinen Engel dem Stammvater Einhalt und verhindert so die Tötung Isaaks.

Was will uns diese Geschichte sagen? Sicher nicht, dass Gott ein bösartiger Irrer und Abraham ein verblendeter Verbrecher ist. Vielmehr zeigt sie uns nach Kierkegaard, dass die Moral nicht notwendigerweise denjenigen Trumpfstatus bei der Lebensorientierung hat, den man allenthalben von ihr erwarten würde oder ihr zubilligen möchte. Denn, wie wir bereits oben beschrieben haben, obliegt es dem existenziellen Entschluss einer Person, ob sie überhaupt bereit ist, eine bestimmte Werte- und Normenordnung *für ihr Leben* zu übernehmen. Abraham folgt nicht blind dem, was man gemeinhin zu tun hat, sondern dem, was ihn als zutiefst Gläubigen ausmacht und ihm daher absolut heilig ist: das persönliche Wort Gottes. Diese Entscheidung beruht keineswegs auf einem rationalen Abwägen und dem Auffinden der objektiv besten Option. Die Situation, in der sich Abraham befindet, ist schlicht paradox und daher auch nicht durch die Vernunft zu lösen. Wie sollte man sich auch rational zwischen zwei Geboten Gottes entscheiden? Abrahams Umgang mit seiner Situation ist dementsprechend auch kein rationaler, sondern erfolgt im Modus des Glaubens. Abraham glaubt; und der Glaube ist im Gegensatz zur Vernunft, die auf Objektivierbarkeit und Allgemeingültigkeit abzielt, ein individuelles und unveräußerlich privates Verhältnis zum Absoluten, d. i. zu Gott. Nur im Glauben und nicht im Denken erfährt Abraham daher, wer er eigentlich ist. Er ist zwar mit zwei Geboten Gottes konfrontiert, aber nur eines davon spricht ihn ganz *persönlich* und *nur* ihn an. Die an Abraham ergehende Aufforderung zum Opfer gehört zu der Art von Forderung, die jemand nur *allein für sich* („jemeinig", wie Heidegger sagen würde) erfahren kann. Als die gläubige Person, die er ist, kann Abraham also gar nicht anders. Er muss Gottes moralisch schrecklicher Aufforderung nachkommen.

Die Geschichte Abrahams lässt sich somit als eine Parabel authentischer Existenz lesen. Die existenzielle Selbstwahl ist, wie wir oben beschrieben haben, absolut, weil sie selbst keinen weiteren rationalen Grund kennt. Erst auf Basis einer solchen grundlosen Selbstwahl gibt es Personen, die *sich* an eine allgemeine normative Ordnung binden können. Die Unerträglichkeit der Situation Abrahams besteht nun darin, dass er, indem er entschlossen ist, er selbst zu sein und dem persönlichen Ruf Gottes zu folgen, zugleich auch die moralische Ordnung Gottes, die den Mord – erst recht den am eigenen Kind! – verbietet, für sich akzeptiert. Daher ist es entscheidend, dass Abraham nicht frohen Mutes, sondern gepeinigt von „Angst" (Furcht, 205), oder wie es der Titel der Schrift sagt, voll „Furcht und Zittern" auszieht, um sein geliebtes Kind zu töten (wobei zu beachten gilt, dass Kierkegaard in dieser Schrift noch nicht die Unterscheidung von Angst und Furcht trifft, die wir bei unserer Auseinandersetzung mit *Der Begriff der Angst* weiter oben bereits kennengelernt haben). Der gläubige Abraham weiß, dass er – möchte er *er selbst* sein und sich nicht verleugnen – etwas Schreckliches, ja, das für einen Vater Schrecklichste überhaupt tun muss. Die Angst Abrahams ist deshalb so wichtig für das rechte Verständnis der Geschichte, weil sich an ihr der Unterschied zeigt zwischen einem Kindsmörder, der das Mordverbot gewissenlos ignoriert, und Abraham, der – hierin liegt die Paradoxie – (fast) gegen das Mordverbot verstößt, *weil* er Gott und damit auch dessen moralische Gebote anerkennt (vgl. Furcht, 205–206). Im Glauben Abrahams offenbart sich die Pointe personaler Authentizität, nämlich, dass die individuelle Selbstwahl aufgrund ihrer Grundlosigkeit und Absolutheit dem Allgemeinen, d. h. den generellen Vorgaben der richtigen und falschen Lebensführung vorgeordnet ist.[19]

Nach Kierkegaard ist der Glaube nicht nur eine von vielen unterschiedlichen Weisen, wie Personen ein authentisches Selbst ausbilden können, sondern er ist letztlich der Königsweg zu einer eigentlichen Existenzweise.[20] Dies liegt an der spezifischen Art und Weise, wie Kierkegaard die menschliche Situation analysiert. *Wer* wir sind, liegt auch für Kierkegaard in einer selbstverantworteten, aber nicht weiter begründbaren und daher grundlos-absoluten Selbstwahl,

d. i. in unserer Existenz als Selbstverhältnis (vgl. Krankheit, 31). *Dass* wir sind, hat seinen Grund aber nicht in uns, sondern in Gott. In Bezug auf ihr Dass-Sein ist also jede Person, wie bereits weiter oben zitiert, ein „abgeleitetes, gesetztes Verhältnis [...], ein Verhältnis, das sich zu sich selbst verhält, und indem es sich zu sich selbst verhält, sich zu einem Anderen verhält" (Krankheit, 32). Personen sind also laut Kierkegaard diejenigen Wesen, die, indem sie sich zu sich selbst verhalten, sich zugleich zu ihrem nicht selbst verursachten, sondern durch Gott gesetzten Dass-Sein (d. h. „einem Anderen") verhalten. Dieser existenziellen Situation des Menschen kann nun laut Kierkegaard nicht adäquat auf Basis des Denkens begegnet werden. Denn das Denken geht auf das allgemeine Was-Sein der Dinge. *Dass* und *wer* wir als authentische Individuen eigentlich sind, entzieht sich aber, wie die Geschichte Abrahams illustrieren soll, dem Allgemeinen. Der Modus, in dem die eigene Existenz adäquat vollzogen werden kann, ist daher laut Kierkegaard nicht Wissen, sondern Glauben. Während die Philosophie sich bisher an das Motto „Denken ist Sein" gehalten habe, müsse es hingegen mit dem Christentum heißen: „Dir geschehe, wie du glaubst [Matth. 9, 29], oder, wie du glaubst, so bist du, Glauben ist Sein" (Krankheit, 129).[21]

Die ewige Wiederkunft des Gleichen (Nietzsche)

Die ewige Wiederkunft des Gleichen gehört wohl zu den bekanntesten und bedeutendsten Gedanken Nietzsches. Allerdings hat Nietzsche seine These nie in Form einer philosophischen Abhandlung im gewöhnlichen Sinne, d. h. auf systematisch argumentative Art und Weise ausgearbeitet. Neben einem Aphorismus in der *Fröhlichen Wissenschaft* (1882) ist der Gedanke der ewigen Wiederkunft am ausführlichsten im ebenso dichterischen wie philosophischen Werk *Also sprach Zarathustra* (1883–1885) behandelt. Dies macht die rechte Deutung selbstredend nicht einfacher. Wir glauben, dass die Diskussion darüber, ob wir es hierbei mit der kaum zu begründenden kosmologischen These zu tun haben, der zufolge das Universum selbst und alle Dinge in ihm auf zyklische Weise unaufhörlich entstehen und vergehen, für unsere Fragestellung nicht triftig ist und wenden uns allein der ethisch-existenziellen Dimension zu, die der Gedanke der ewigen Wiederkunft impliziert.[22]

Im Aphorismus 341 („Das grösste Schwergewicht") der *Fröhlichen Wissenschaft* heißt es:

> Wie, wenn dir eines Tages oder Nachts, ein Dämon in deine einsamste Einsamkeit nachschliche und dir sagte: „Dieses Leben, wie du es jetzt lebst und gelebt hast, wirst du noch einmal und noch unzählige Male leben müssen; und es wird nichts Neues daran sein, sondern

jeder Schmerz und jede Lust und jeder Gedanke und Seufzer und alles unsäglich Kleine und Grosse deines Lebens muss dir wiederkommen, und Alles in der selben Reihe und Folge – und ebenso diese Spinne und dieses Mondlicht zwischen den Bäumen, und ebenso dieser Augenblick und ich selber. Die ewige Sanduhr des Daseins wird immer wieder umgedreht – und du mit ihr, Stäubchen vom Staube!" – Würdest du dich nicht niederwerfen und mit den Zähnen knirschen und den Dämon verfluchen, der so redete? Oder hast du einmal einen ungeheuren Augenblick erlebt, wo du ihm antworten würdest: „du bist ein Gott und nie hörte ich Göttlicheres!" Wenn jener Gedanke über dich Gewalt bekäme, er würde dich, wie du bist, verwandeln und vielleicht zermalmen; die Frage bei Allem und Jedem „willst du diess noch einmal und noch unzählige Male?" würde als das grösste Schwergewicht auf deinem Handeln liegen! Oder wie müsstest du dir selber und dem Leben gut werden, um nach Nichts *mehr zu verlangen*, als nach dieser letzten ewigen Bestätigung und Besiegelung? – (Fröhliche, 219 / KGW, Abt. V, Bd. 2, 254)

Es geht hier also offensichtlich um die lebenspraktische Frage, was der Gedanke, dass unser Leben unaufhörlich wiederkomme, mit uns anstellt; ob er uns „verwandelt" oder „zermalmt"; wie er die Bedeutsamkeit jeder unserer Handlungen ausweiten würde; wie unser Leben aussehen würde, wie wir mit uns „selber und dem Leben gut", mit allem im Reinen sein müssten, damit wir bereit wären, diesen Gedanken nicht nur zu akzeptieren, sondern ihn als den größten und höchsten zu feiern. Der ethisch-existenzielle Kern der Lehre von der ewigen Wiederkunft lässt sich, wie wir im Folgenden zeigen möchten, auf einen Imperativ der Authentifizierung des eigenen Lebens zuspitzen.[23] Wer die ewige Wiederkunft des Gleichen als die, wie es in Nietzsches Autobiographie *Ecce Homo* von 1889 heißt, „höchste Formel der Bejahung" (Ecce, 333) auf sein Leben anzuwenden vermag, ist derjenige geworden, der er eigentlich ist.

Um diese Deutung plausibel machen zu können, müssen wir zunächst genauer auf das Szenario der ewigen Wiederkunft des Gleichen zu sprechen kommen. Es liegt nahe – und Bernard Williams hat hierfür argumentiert –, die ewige Wiederkehr zwar nicht kosmologisch, sondern ethisch zu deuten, sie aber dennoch als ein *zyklisches* Modell der Zeit aufzufassen (vgl. Williams 2006, 311–24). Die ewige Wiederkunft des Gleichen wäre demnach eine Art Gedankenexperiment, das uns in lebenspraktischer Hinsicht anweisen möchte, so zu handeln, *als ob* es eine zyklische Wiederkehr unseres Lebens und damit all unserer Entscheidungen und Handlungen gäbe (vgl. Moore 2006, 319). Dem stehen nun aber sachliche wie auch interpretatorische Gründe entgegen. Zum einen bliebe, wie Adrian William Moore und auch Bernard Williams selbst deutlich gemacht hat, unklar, wozu es unter den genannten Umständen einer Lehre von der *ewigen* Wiederkunft bedürfte. Schließlich würde es für das Gedenkexperiment auch genügen, den Kreislauf des Lebens lediglich *einmal* zu wiederholen und ihn zu bejahen (vgl. Moore 2006, 320).

7.4 Abraham, Zarathustra, Sisyphos – drei Gestalten authentischer Existenz — 157

Aber dies ist gar nicht Nietzsches Gedanke; er vertritt eben gerade keine zyklische Zeitauffassung, sondern vielmehr eine solche, die das Kreislaufdenken durchbricht und kommt damit dem nahe, was wir weiter oben im Kapitel 6.3 unter der Zeitlichkeit personaler Existenz thematisiert haben. Dies zeigt sich in einer für unsere Frage zentralen Passage aus *Also sprach Zarathustra*, in der Zarathustra seinem „Teufel und Erzfeinde" (AsZ, 198), einem Zwerg, den Gedanken der ewigen Wiederkunft des Gleichen präsentiert:

> „Siehe diesen Thorweg! Zwerg!" sprach ich [...]: „der hat zwei Gesichter. Zwei Wege kommen hier zusammen: die ging noch niemand zu Ende.
>
> Diese lange Gasse zurück: die währt eine Ewigkeit. Und jene lange Gasse hinaus – das ist eine andre Ewigkeit.
>
> Sie widersprechen sich, diese Wege; sie stoßen sich gerade vor den Kopf – und hier, an diesem Thorwege, ist es, wo sie zusammenkommen. Der Name des Thorwegs steht oben geschrieben: ‚Augenblick'.
>
> Aber wer Einen von ihnen weiter gienge – und immer weiter und immer ferner: glaubst du, Zwerg, dass diese Wege sich ewig widersprechen?" „Alles Gerade lügt", murmelte verächtlich der Zwerg. „Alle Wahrheit ist krumm, die Zeit selber ist ein Kreis."
>
> „Du Geist der Schwere!" sprach ich zürnend, „mache dir es nicht zu leicht! [...]
>
> Siehe, sprach ich weiter, diesen Augenblick! Von diesem Torwege Augenblick läuft eine lange ewige Gasse *rückwärts*: hinter uns liegt eine Ewigkeit.
>
> Muss nicht, was laufen *kann* von allen Dingen, schon einmal diese Gasse gelaufen sein? Muss nicht, was geschehn *kann* von allen Dingen, schon einmal geschehn, getan, vorübergelaufen sein?
>
> Und wenn alles schon dagewesen ist: was hältst du Zwerg von diesem Augenblick? Muss auch dieser Thorweg nicht schon – dagewesen sein?
>
> Und sind nicht solchermaassen fest alle Dinge verknotet, dass dieser Augenblick *alle* kommenden Dinge nach sich zieht? Also – – sich selber noch?
>
> Denn, was laufen *kann* von allen Dingen: auch in dieser langen Gasse *hinaus – muss* es einmal noch laufen! –
>
> Und diese langsame Spinne, die im Mondscheine kriecht, und dieser Mondschein selber, und ich und du im Thorwege, zusammen flüsternd, von ewigen Dingen flüsternd – müssen wir nicht alle schon dagewesen sein?
>
> – und wiederkommen und in jener anderen Gasse laufen, hinaus, vor uns, in dieser langen schaurigen Gasse – müssen wir nicht ewig wiederkommen? –" (AsZ, 199–200)

Wie dieser Ausschnitt zeigt, ist es also der Zwerg und nicht Zarathustra / Nietzsche, der eine zyklische Zeittheorie vertritt. Zarathustra schilt den Zwerg als „Geist der Schwere" und warnt ihn vor einer allzu leichtfertigen Deutung des Gedankens der ewigen Wiederkunft.[24]

Betrachten wir genauer, welches Bild der Zeit hier der zyklischen Zeitauffassung des Zwergs entgegensetzt wird. Offenbar verläuft die Zeit gemäß Nietzsches Zarathustra nämlich *linear*, aber gleich doppelt unendlich, nämlich sowohl „nach vorne", also in Richtung Zukunft, als auch „nach hinten", in Richtung Vergangenheit. Die unendliche Zeit ist aber nicht eine kontinuierliche Linie, sondern hat im Augenblick ihren entscheidenden Einschnitt. Mehr noch, der Augenblick – repräsentiert durch den „Thorweg" – bildet Ausgangs- bzw. Referenzpunkt, von dem aus sich die doppelte Unendlichkeit der Zeit erst bildet bzw. konstatieren lässt.

In der doppelten Unendlichkeit, einmal in Richtung Zukunft und einmal in Richtung Vergangenheit, zusammen mit dem Augenblick als einer Diskontinuität im Fluss der Zeit liegt nun, dass es nicht um eine Wiederholung des *Selben* im strikten Sinne gehen kann. Adrian William Moore hat in diesem Zusammenhang treffend von „the eternal recurrence of all things, but ever different" (Moore 2006, 321) gesprochen.[25]

Was sich wiederholt bzw. gleich bleibt – und das Gleiche ist nicht das Selbe! – ist die Struktur der Zeit selbst, nämlich die in jedem Augenblick sich vollziehende Scheidung der Zeit in eine unendliche Vergangenheit und eine unendliche Zukunft. In der doppelten Ewigkeit von Vergangenheit und Zukunft liegt wiederum, dass es keine *archê*, keinen Letztgrund, und auch kein *télos*, kein Ziel gibt, von dem her ein Augenblick seinen Sinn erhalten könnte.[26] Jeder Augenblick ist als Augenblick unseres Denkens, Fühlens, Handelns hinsichtlich seiner Sinnhaftigkeit auf sich allein gestellt. Aber nicht nur das. Da in jedem Augenblick das Ganze der Zeit in ihrer doppelten Ewigkeit aufs Neue gesetzt wird, werden auch alle vergangenen wie zukünftigen Augenblicke mitgesetzt.[27] Was also jetzt geschieht, ist bereits in der Vergangenheit geschehen, und zwar als Zukünftiges, und es wird in der Zukunft erneut geschehen, aber als Vergangenes.[28]

Aus dieser je augenblicklichen Verknotung der Zeitdimensionen ergibt sich nun die tiefe ethisch-existenzielle Bedeutung der ewigen Wiederkunft (im Folgenden wechseln wir aus Darstellungsgründen in die anschaulichere Ich-Form). Weil das Ganze der Zeit und damit auch das Ganze meines Lebens in jedem Augenblick wiederkehrt und weil die Zeit und mein Leben ihren Sinn weder aus der Zukunft, noch aus der Vergangenheit, sondern nur aus dem jeweils gegenwärtigen Augenblick gewinnt, dieser aber in meiner Verantwortung liegt, steht es mir frei, selbst das Geschehene zu modifizieren und so mein Leben im Ganzen zu ändern. Indem ich *jetzt* zum Vergangenen „So wollte ich es!" (AsZ, 179) oder aber auch „So wollte ich es nicht!" sage, sorge ich für eine *modifizierte* Wiederkunft dessen, was war. Die Bejahung, die in den Worten „War *das* das Leben? Wohlan! Noch Ein Mal!" (AsZ, 199) steckt, meint also nicht die unterschiedslose Bejahung aller Geschehnisse, sondern bezieht sich auf die Tatsache der ewigen Wiederkunft selbst.[29] Die ewige Wiederkunft zu bejahen bedeutet nicht, alles gleichgültig oder gar resignativ hinzunehmen, sondern der Tatsache zuzustimmen, dass ich es selbst bin, der in jedem Augenblick meines Daseins zu meinem Leben als einem Ganzen Stellung bezieht und ihm dadurch einen Wert gibt. Die Lehre von der ewigen Wiederkunft ist damit im Kern eine Antwort auf das Problem des Nihilismus. Die Welt ist an sich sinnlos? „Umso besser!" können wir im Geiste Zarathustras ausrufen. Denn dank der ewigen Wiederkunft des Gleichen liegt es in jedem Augenblick an mir, immer wieder aufs Neue die Sinnstiftung (und damit zumindest für Nietzsche einhergehend: die Wertsetzung) für das Ganze der Zeit und das Ganze meines Lebens (und letztlich auch unseres gemeinsamen Lebens) zu übernehmen.[30]

Durch die Affirmation der ewigen Wiederkehr kann nun auch der Wille von seinem größten Leiden und seiner schwersten Demütigung befreit werden, nämlich nicht auf die Vergangenheit wirken zu können:

> Dass die Zeit nicht zurückläuft, das ist sein [des Willens] Ingrimm; „Das, *was war*" – so heisst der Stein, den er nicht wälzen kann. (AsZ, 180)

Aus dieser Begrenzung des nach schrankloser Selbstentfaltung strebenden Willens entspringt für Nietzsche das „Ressentiment", der gekränkte auf Rache sinnende Geist, aus dem letztlich auch die aus Nietzsches Sicht lebens- und willensfeindliche Moralität des Christentums fließt:

> Und so wälzt er Steine aus Ingrimm und Unmuth und übt Rache an dem, was nicht gleich ihm Grimm und Unmuth fühlt.
> Also wurde der Wille, der Befreier, ein Wehethäter: und an Allem, was leiden kann, nimmt er Rache dafür, daß er nicht zurück kann.
> Diess, ja diess allein ist *Rache* selber: des Willens Widerwille gegen die Zeit und ihr „Es war." (AsZ, 180)

Erlösung von diesem Leiden – das darin besteht, als freies und freibestimmbares Wesen nicht auf die Vergangenheit einwirken zu können – und damit auch die Erlösung vom Ressentiment erfährt der Wille, indem er die ewige Wiederkunft des Gleichen und damit sich selbst als „schaffenden Willen", d. h. als sinnstiftende und gleichermaßen wertsetzende Instanz affirmiert (AsZ, 181).

Damit können wir nun zurückkehren zur Eingangsthese, die Lehre von der ewigen Wiederkunft lasse sich auf einen Imperativ der Authentifizierung zuspitzen, etwa: „Lebe so, dass Du wollen kannst, dass jeder Augenblick Deines Lebens wiederkommen darf!"[31] Dieser Imperativ ist kein kategorischer, sondern ein pragmatischer, d. h. ein Ratschlag der Klugheit.[32] Er rät zur Aufgabe des Glaubens an ein vorgegebenes Prinzip oder Ziel unseres Lebens, das diesem Sinn verleihen könnte. Er rät ab von Weltflucht und Resignation. Er rät dazu, die ewige Wiederkunft des Gleichen als Chance zu begreifen, mit jedem Augenblick aufs Neue der Welt, unserem Leben und gar der Vergangenheit einen Sinn stiften und damit auch zugleich einen Wert geben zu können. Wer diese Ratschläge befolgt, dem wird nach Nietzsche die Existenz, in die man ungefragt gestellt ist, zu einem selbstgewollten und selbstgestalteten, sprich: authentischen Leben.

Der Mythos des Sisyphos (Camus)

Im Zentrum von Albert Camus' Existenzphilosophie steht die Absurdität der menschlichen Existenz und die Frage, welche praktischen Konsequenzen hieraus für den Menschen folgen.[33] Dargelegt hat Camus seine Philosophie des Absurden in einem „absurden Triptychon", bestehend aus dem Drama *Caligula* (1939), der Erzählung *Der Fremde* (1942) und der philosophischen Abhandlung *Der Mythos des Sisyphos* (1942). Im Folgenden beschränken wir uns auf den letztgenannten Text, um Camus' Auffassung von authentischer Existenz, wie sie sich sinnbildlich in der Mythengestalt des Sisyphos manifestiert, zu erläutern. Der Ausgangspunkt für Camus' Essay ist so schlicht wie radikal. Wer den Gedanken ernst nimmt, das Leben als solches und damit auch das eigene sei absurd, weil sinnlos, dem scheint sich der Gedanke des Selbstmords geradezu aufzudrängen. Wozu ein Leben leben, das jeglichen Sinns entbehrt? Diese assoziative Verquickung von Absurdität und Selbstmord beruht aber, so Camus' These, letztlich auf einer Verwechslung von Absurdität bzw. *Sinn*losigkeit einerseits und *Wert*losigkeit andererseits.[34]

Das Gefühl, dass das Leben absurd oder sinnlos sei, wird nach Camus durch die Erfahrung geweckt, dass die Welt das menschliche Verlangen nach Einheit, Vernünftigkeit und Verstehbarkeit nicht befriedigt. ‚Absurd' bzw. ‚sinnlos' sind daher zweistellige Prädikate. Etwas ist nicht absolut absurd oder sinnlos, sondern immer nur absurd oder sinnlos im Hinblick auf die Vorstellung bzw. Erwartungshaltung einer Person. Absurdität bzw. Sinnlosigkeit ist also ein grundlegendes Missverhältnis zwischen dem Menschen und der Welt:

> Absurd ist der Zusammenstoß des Irrationalen mit dem heftigen Verlangen nach Klarheit, das im tiefsten Innern des Menschen laut wird. Das Absurde hängt ebensosehr vom Menschen ab, wie von der Welt. (Sisyphos, 33)

Für Camus ist die Absurdität der menschlichen Existenz keine bloß theoretische Idee, sondern ein lebensweltliches Faktum, eher ein Gefühl als ein explizites Urteil. Die Erfahrung des Absurden liegt in der „Dichte" und „Fremdheit" der Welt, sprich im Umstand, dass die Phänomene – wozu auch wir selbst zählen – sich uns als widerständig und undurchdringlich offenbaren; und am Ende all unserer vergeblichen Versuche, die Welt zu durchdringen, steht unabwendbar unser Tod (vgl. Sisyphos, 22–27). Auch die Wissenschaft hat hier keine Abhilfe schaffen können, im Gegenteil. Die Geschichte der Wissenschaft ist, wie Camus betont, die Geschichte eines stets aufs Neue scheiternden Versuchs, die Welt rational zu durchdringen (vgl. Sisyphos, 27–32).

Die entscheidende Frage, die sich nach Camus angesichts der Erfahrung des Absurden stellt, lautet, wie mit ihr umzugehen ist. Das Kriterium zur Beurteilung des richtigen Umgangs stellen dabei nicht Wahrheit vs. Falschheit, Nutzen vs. Nachteil und auch nicht das moralisch Gute vs. Schlechte dar, sondern allein die „Aufrichtigkeit" („*honnêteté*") (Sisyphos, 33). Die Aufrichtigkeit ist Camus' Spielart der Authentizität. Der Wille, angesichts der Gewissheiten über die eigene Existenz aufrichtig oder authentisch zu sein, besteht darin, diesen Gewissheiten ins Auge zu sehen und das eigene „Verhalten von ihnen bestimmen [zu] lassen und ihnen bis in ihre letzten Konsequenzen hinein [zu] folgen" (Sisyphos, 33).

Unaufrichtig bzw. inauthentisch handeln nach Camus diejenigen Denker, die angesichts des absurden Missverhältnisses von Mensch und Welt versuchen, das Problem des Absurden *aufzulösen*. Denn ein Problem aufzulösen, bedeutet letztlich, die Existenz des Problems zu bestreiten. Und auch jede (formale) Ontologie, so müsste man ergänzen, die es sich zur Aufgabe macht, z. B. den Existenzbegriff zu klären, steht im Verdacht, über diese genuin lebenspraktische Frage hinweg zu gehen. Im Hinblick auf das Absurde bedeutet ‚Auflösung', eines der beiden Glieder des Problems zum Verschwinden zu bringen, d. h. entweder die ungestillte menschliche „Sehnsucht nach Einheit" durch einen Sprung in die Irrationalität des Glaubens zu befriedigen wie bei Kierkegaard, oder in rationalistischer Manier auf der Vernünftigkeit und Einheit der Welt zu beharren.[35] Beide Strategien sind nach Camus „philosophische Selbstmorde", die vor der alles entscheidenden philosophischen Frage, wie der eigenen absurden Existenz zu begegnen ist, fliehen und es daher an Aufrichtigkeit bzw. Authentizität vermissen lassen:

> Es kann nicht darum gehen, die Evidenz zu maskieren, das Absurde zu beseitigen, indem man einen Term seiner Gleichung negiert. Wir müssen wissen, ob wir damit leben können oder ob die Logik es verlangt, daß wir daran sterben. (Sisyphos, 67)

Eine authentische, aufrichtige Reaktion auf das Problem des Absurden kann Camus zufolge nicht in Form eines kierkegaardschen Sprungs in den Glauben bestehen, und zwar nicht, weil dieser – wie es bei Jacobi in affirmativer Absicht heißt – ein Salto mortale der Vernunft ist, sondern weil ein solcher Sprung unaufrichtig ist für ein Wesen, das unablässig nach sinnstiftenden Welterklärungen sucht.[36] Wenn die existenzielle Situation des Menschen die der absurden Zerrissenheit ist und wir aufrichtig sind, dann gilt es, diese Zerrissenheit auszuhalten, ja auszutragen.

In der Tat gibt es nun nämlich nichts am absurden Missverhältnis von Mensch und Welt an sich, was darauf schließen lassen würde, dass die existenzielle Lage des Menschen wertlos sei und sich daher nicht aushalten lasse. Wer angesichts der Absurdität des eigenen Daseins den Selbstmord erwägt, hat (bewusst oder unbewusst) eine Wertsetzung vollzogen, die nicht in den Tatsachen, sondern allein in ihm selbst gründet. Wer daran ist, sich wegen Sinnlosigkeit umzubringen, hat eben im Sinn schon einen Wert gesetzt, der nicht allein von sich aus dort zu finden ist. Die eigentümliche Freiheit des absurden Menschen sieht Camus gerade darin, eine Wertsetzung vorzunehmen, welche die eigene existenzielle Situation auf aufrichtige Art und Weise reflektiert, die es also erlaubt, gerade angesichts der Sinnlosigkeit der eigenen Existenz auszurufen „Es ist gut so!"[37].

Spätestens hier dürfte der Einfluss Nietzsches überdeutlich geworden sein. Das „Es ist gut so!" ist Camus' Version von Zarathustras existenziellem Schlachtruf „War *das* das Leben? Wohlan! Noch Ein Mal!". Was für Nietzsche Zarathustra, das ist für Camus die mythische Gestalt des Sisyphos, den die Götter dazu verurteilt haben, einen schweren Stein einen steilen Hügel hinaufzuwälzen, nur damit dieser dann bei Erreichen des Gipfels wieder hinunterrolle und Sisyphos aufs Neue mit seiner Arbeit beginne (vgl. Sisyphos, 155). Wo von außen betrachtet Sinn- und Zwecklosigkeit herrscht, besteht die untilgbare innere Freiheit des Sisyphos darin, den Fels zu „seiner Sache" zu machen, wie Camus schreibt, d. h. sich mit seiner Aufgabe und Situation zu identifizieren (vgl. Sisyphos, 159). Dies ist zugleich ein Aufstand gegen die aufgezwungene Gottesstrafe und das fremdbestimmte Schicksal. Sisyphos macht das Schicksal zu seinem Lebensgeschick, er authentifiziert damit seine Existenz, indem er das Unabänderliche annimmt, wie es ist, und es sich dadurch aneignet. Dadurch nimmt er seiner Aufgabe aber den Charakter der Strafe und der Fremdbestimmung. Nach außen hin betrachtet, tut Sisyphos weiterhin dasselbe; dennoch ist sein Leben ein anderes. „Dieses Universum, das nun keinen Herrn mehr kennt", schreibt Camus, „kommt ihm weder unfruchtbar noch wertlos vor" (Sisyphos, 160). Daher, so das berühmte Fazit des Textes, sollten wir uns Sisyphos auch „als einen glücklichen Menschen vorstellen" (Sisyphos, 160), weil er es geschafft hat, sein Tun trotz dessen kompletter Sinnlosigkeit dennoch als das ihm eigene, ja eigentümliche wertzuschätzen.[38] Dadurch ist er der „absurde Held" (Sisyphos, 156).

Für uns, die wir keine mythischen Gestalten sind, gilt es, die von Sisyphos gezeigte Haltung der „Auflehnung" („*révolte*") angesichts des absurden Missverhältnisses zu übernehmen. Sich aufzulehnen, bedeutet hier aber gerade nicht, die eigene existenzielle Situation nicht wahrhaben zu wollen. Die existenzielle Revolte besteht nicht im zum Scheitern verurteilten Versuch, Unabwendbares abzuwenden. Die Auflehnung, die Camus meint, liegt hingegen darin, sich die Absurdität der Existenz bewusst zu machen und sich ihr auszusetzen, statt – wir dürfen uns an Senecas Kritik des *homo occupatus* erinnert fühlen – in die Routinen des Alltags zu flüchten, die uns Ordnung, Sinn und Zweck dort suggerieren, wo es sie nicht gibt (vgl. Sisyphos, 76–78). Die Auflehnung ist das Aushalten und Bejahen der unaufhebbaren Sinnlosigkeit des eigenen Daseins.[39] „Diese Auflehnung", so Camus, „gibt dem Leben seinen Wert" (Sisyphos, 73). Die Haltung der Auflehnung ist dabei gleichermaßen geprägt von Gleichgültigkeit und Leidenschaft (vgl. Sisyphos, 80). Gleichgültig ist der in Camus' Sinne Revoltierende gegenüber allem Zukünftigen, das mit dem falschen Versprechen antritt, den gegenwärtigen Mangel an Sinn zu beheben. Leidenschaft hingegen liegt in der Auflehnung, insofern sie darauf brennt, „alles Gegebene auszuschöpfen" (Sisyphos, 80), d. h. sich alles, so wie es ist, zu eigen zu machen und dem Gegenwärtigen dadurch einen Wert zu geben, dass man es in die eigene authentische Lebensführung integriert. Sisyphos lehrt uns laut Camus, dass eine solche *Validierung der Existenz durch Authentifizierung* auch in den erdrückendsten Lagen möglich ist: „Es gibt kein Schicksal, das durch Verachtung nicht überwunden werden kann" (Sisyphos, 158). Damit schwingt sich die Philosophie des Absurden letztlich zur vielleicht optimistischsten Theorie der Philosophiegeschichte auf, lehrt sie doch gerade im vollen Bewusstsein der Ungerechtigkeit, der Trostlosigkeit und des Leids, das über den Menschen hereinbrechen kann, dass nicht ein fremdes Schicksal, sondern ganz allein jeder für sich über Wert und Glück seines Lebens entscheidet.[40]

7.5 Existenzgestaltungen (de Beauvoir)

Nachdem wir nun über hundertfünfzig Seiten über Existenz und die mit ihr zusammenhängenden Gegenstände geschrieben haben, sind wir mit den drei soeben diskutierten Gestalten authentischen Existierens bei etwas zumindest mittelbar Nützlichem für die Lebenspraxis angekommen. Schließlich ging es uns bei unserer Auseinandersetzung mit diesen Figuren letztlich um Vorbilder für die ethisch-lebenspraktischen Gestaltungsmöglichkeiten der Existenz. Nun stellen wir uns abschließend die Frage, wie sich eine authentische Gestaltung der eigenen Existenz konkret ausbuchstabieren lässt, ohne auf mythische Gestalten Bezug nehmen zu müssen. Auch wenn die Verwirklichung einer authentischen Existenz die Sache eines jeden Individuums ist und bleibt, können doch allgemeine Muster oder Typen der mehr oder weniger authentischen Lebensgestaltung unterschieden werden und die Kenntnis dieser unterschiedlichen Typen kann dabei helfen, sich über seine eigenen Haltungen und Einstellungen zum Leben klar zu werden.

Simone de Beauvoir hat mit ihrem Essay *Für eine Moral der Doppelsinnigkeit* von 1947 einen bis heute viel zu wenig beachteten eigenständigen Entwurf einer existenzphilosophischen Ethik vorgelegt, der sehr viel systematischer als Camus den Gedanken einer mit der Existenz von endlichen Personen schon notwendig mitgegebenen absoluten Wertsetzungs- und Entwurfsfreiheit entwickelt. Sie lenkt dabei das Augenmerk weniger auf die Grundlosigkeit einer freien und gleichwohl situationsgebundenen Selbstwahl als Voraussetzung authentischen Existierens, sondern betont vielmehr die positive Seite des Verhältnisses von endlicher Existenz und prinzipiell unendlicher Freiheit. Camus enthielt sich an dieser Stelle systematischer ethischer Überlegungen, denn ihm war jedes philosophische System suspekt, weil er dahinter den Versuch sah, aus der Absurdität der Existenz, ihrer an sich bestehenden Grund- und Sinnlosigkeit herauszuspringen.[41] Im Gegensatz dazu kann man von und mit de Beauvoir lernen, wie man auf der Grundlage einer Analyse personaler Existenz zu ethischen, d. h. letztlich der Handlungs- und Lebensorientierung dienlichen Aussagen kommen kann.

Es geht dabei freilich auch in einer existenzialistischen Ethik, wie sie de Beauvoir in großer Nähe zu und in Auseinandersetzung mit Sartre entwickelt,[42] nicht um die Begründung allgemein verbindlicher Normen, sondern eher um den systematischen Entwurf einer Klugheitsethik, aus deren Blickwinkel die Frage, wozu Moral im Leben einer individuellen Person eigentlich dienlich ist („Warum moralisch sein?"), überhaupt einen Sinn bekommt.[43] Moralische Verbindlichkeiten und Pflichten entstehen im Zusammenleben autonomer Personen, aber das Wirksamwerden dieser Verpflichtungen in der Lebensführung des Einzelnen ist an seine Anerkennung gebunden; wie überall, so wird auch auf dem Gebiet der Moral eine konkrete Handlungsorientierung nur dort erfolgen, wo eine Person sich selbst, ihr Handeln und Leben an den entsprechenden normativen und evaluativen Instanzen ausgerichtet hat.

Nicht anderen, wie auch immer begründet, vorzuschreiben, was man tun soll, ist also das Anliegen von de Beauvoir, sondern zu zeigen, welche Funktion Normen und Werte für ein endliches personales Individuum haben. Es geht also darum, wie Personen gut leben und ihre Existenz in einer glücklichen Weise gestalten können, wenn sie wahrhaft Einsicht in ihre ambige, doppelsinnige Existenz haben: nämlich einerseits absolut, d. h. in unabgeleiteter Weise frei zu sein in ihrem Lebensentwurf, andererseits aber sich vorzufinden in einer Situation vielfältiger Determination durch Herkunft, Geschlecht, sozialer und kultureller Zugehörigkeit usw. Dieses Verhältnis im Hinblick auf eine gelingende Lebensführung weder zu der einen Seite hin (der Freiheit) zu biegen, wie man das bei Idealisten vermuten könnte, aber auch nicht zur anderen Seite hin (der Determiniertheit), wie dies etwa in Sartres und de Beauvoirs Umfeld die historischen Materialisten taten, ist das Anliegen dieser Klugheitsethik der Ambigenität.

Aber auch auf die im engeren Sinne klugheitsethische Frage nach dem glückenden, d. h. gelingenden Leben antwortet de Beauvoir nicht in Form konkreter allgemeinverbindlicher Glücksrezepte. Dies würde nämlich der existenzphilosophischen Grundeinsicht der Jemeinigkeit, d. h. der Nicht-Verallgemeinerbarkeit der eigenen Existenzbestimmungen widersprechen. Das klugheitsethische Projekt de Beauvoirs besteht dementsprechend „nur" im Freilegen idealtypischer Selbst-Zugänge, an denen sich eine konkrete Person bei der Ausrichtung ihres Lebens orientieren kann. Diese Selbst-Zugänge werden von de Beauvoir in einer idealtypischen Entwicklung verortet, deren Zielpunkt – die Ausbildung eines ebenso stabilen wie authentischen Selbst – im liebenden Verhältnis zu anderen liegt. Die Ethik des Existenzialismus endet damit letztlich, das mag überraschen, in einer Ethik der Liebe als dem relativ stabilen und glücksträchtigen Verhältnis von Personen zu sich und anderen.

Das Kriterium für die Stabilität und Authentizität eines idealtypischen Selbstentwurfs liegt in der doppelsinnigen ontologischen Struktur personaler Existenz. Mit der ihr möglichen Selbstwahl tritt eine Person in eine Welt ein, in der sie sich an Projekte, Werte und andere Personen aus Freiheit zu binden imstande ist. Die Ambiguität ihrer Existenz – die darin besteht, das zu sein, was sie ihrem Entwurf nach (noch) nicht ist und das nicht (allein) zu sein, was sie von Haus aus ist – ist dadurch nicht überwunden, im Gegenteil. Es kommt nach de Beauvoir alles darauf an, *ambig zu bleiben*, „sich gegenüber Abstand zu wahren" (MD, 83–84). Authentisch zu existieren, bedeutet daher weder, sich der Situiertheit in einer Welt zu entschlagen, aber auch nicht, die Transzendenzbewegung eines Individuums über sich hinaus zu leugnen. Es bedeutet aber, so de Beauvoir, es abzulehnen, sich in der Transzendenzbewegung zu verlieren (vgl. MD, 84). Mit Nietzsche könnte die existenzialistische Ethikerin hier die dringliche Empfehlung aussprechen: „Bleibt der Erde treu!" (vgl. AsZ, 15 u. 99) – eine authentisch existierende Person lehnt es ab, sich einem fremden Absoluten auszuliefern. Das Absolute ist im Individuum selbst und nirgendwo anders, dorther kommt es und von dort transzendiert es sich wieder und wieder, steigt über sich hinaus. Es kommt alles darauf an, einerseits in dieser selbsttranszendierenden Bewegung bei sich zu bleiben und sich nicht zu flüchten in ein Jenseits und andererseits nicht aufzugeben, diese Selbsttranszendenz zu tätigen.[44]

Auf Basis einer solchen doppelsinnigen, in der Schwebe verbleibenden personalen Existenz lassen sich nun verschiedene Typen der Existenzbewältigung oder Lebensgestaltung analysieren und in eine Stufenfolge („*hiérarchie*", vgl. die franz. Originalausg. v. MD, 61) bringen. Ausgehend von einer Betrachtung kindlicher Existenz als Nullstufe behandelt de Beauvoir folgende sechs Typen: 1. den Lauen, 2. den Ernsthaften, 3. den Nihilisten, 4. den Abenteurer, 5. den Leidenschaftlichen 6. die Liebende. Diese Typen lassen sich genealogisch auseinander entwickeln, d. h. auf jeder Stufe ergeben sich spezifische Erfahrungen, die es problematisch werden lassen, auf dieser Stufe zu verharren, woraus sich dann die nächste Stufe als Antwort auf die ungelöste Problemlage generieren lässt. Der Fortgang von Stufe zu Stufe lässt somit eine Art menschliche Musterbiographie personaler Authentizität entstehen.[45]

Das Kind (l'enfant)

Das Unglück des Menschen, so zitiert de Beauvoir Descartes, rühre daher, dass er zunächst Kind gewesen sei. Die kindliche Existenz ist unbeschwert, die erwachsene nicht; hinzu kommt, dass wir als Erwachsene sehr wohl noch wissen, wie leicht uns einmal gewesen ist.[46] Aber schauen wir genauer hin, woran das liegt: Als Kind erfährt ein Mensch, dass er in einer Welt von Bezügen und Verhältnissen lebt, die er nicht selbst bestimmt hat und in die er hineinwächst. Selbst Sitten und Werte sind in diesem Sinne absolut, d. h. unabhängig von Entscheidungen bestehend, ohne dass dies aus einer kindlichen Perspektive überhaupt in dieser Weise thematisiert werden könnte oder bräuchte. Das Kind erlebt die Welt dabei aber nicht als Gefängnis, in das es hineingeworfen ist. Im Gegenteil, es kann sich in diesen Verhältnissen, für die es selbst keine Verantwortung trägt, frei bewegen, und das macht auch das Glück aus, das wir der Kindheit zuschreiben und aus dem wir, heranreifend, herauszufallen scheinen. Dies hat wesentlich damit zu tun, dass wir als Kinder die Möglichkeit haben, wie de Beauvoir sich treffend ausdrückt, „Sein zu spielen" (MD, 100). Das Kind spielt, „ein Heiliger, ein Held, ein Straßenjunge" (MD, 100–101) zu sein – und während ich (A. L.) dies hier schreibe, spielen zwei meiner Kinder, 7 und 5 Jahre alt, „Schulkind", obwohl das ältere tatsächlich auch Schulkind *ist*. Die Ernsthaftigkeit der Welt, welche daher rührt, dass sie aus der kindlichen Perspektive wie aus unverrückbaren Tatsachen und Werten aufgebaut erscheint, wird unterlaufen durch dieses Spiel. Das Kind ist unbeschwert, verantwortungslos und frei zum Existenzspiel, *weil* es für die Welt, wie sie ist, keine Verantwortung zu übernehmen hat (vgl. MD, 101). De Beauvoir verweist darauf, dass, geschichtlich gesehen, Sklaven und Frauen in genau einer solchen „kindlichen" Situation gehalten wurden (vgl. MD, 101). Es gibt aber einen erheblichen Unterschied: Anders als beim Kind, das tatsächlich vollständige Verantwortung für sein eigenes Wie- und So-Sein zu übernehmen noch nicht fähig ist, verhält es sich bei Sklaven und Frauen so, dass sie im Prinzip ihre Situation zu wählen imstande sind und daher ein zumindest implizites Einverständnis gegeben haben, auch wenn sie über lange Jahrhunderte noch nicht einmal die Möglichkeit hatten, sich über ihre Situation klar zu werden.

Es sind die schon in der Kindheit auftretenden Fragen nach der Gültigkeit der Verhältnisse, die wie Risse in der Welt erscheinen, die hier eine Entwicklung auslösen: Der Heranwachsende entdeckt seine Freiheit zunächst negativ als die Möglichkeit, sich den vorgefundenen Gesetzen der Welt zu entziehen, ja, sich ihnen zu widersetzen. Diese erwachende Subjektivität, die sich durch Trotz und Auflehnung, aber auch durch Angst und Unsicherheit artikuliert, führt dazu, dass sich einem Heranwachsenden erstmalig seine Freiheit enthüllt, sich selbst zu wählen (vgl. MD, 103). Die Tragik besteht nun oft gerade darin, dass diese zwar revidierbare, aber eben doch weichenstellende Wahl zumeist zufällig getroffen wird, der Zufälligkeit der Vorbilder entsprechend, die dem Heranwachsenden beeindruckend erscheinen, der Zufälligkeit der Lebenssituation geschuldet, in der man aufgewachsen ist. Diese erste Form der Selbstwahl, wie sie in den Ausrichtungen und Orientierungen eines Heranwachsenden vollzogen wird, ist in dieser Weise abhängig und beeinflusst von einem Milieu, d. h. den realen Wahlmöglichkeiten einer gesellschaftlichen, geschichtlichen und kulturellen Situation. Auch die leiblichen Eigenschaften des Heranwachsenden sind damit nicht mehr einfach nur bloße Naturtatsachen, sondern drücken seine Beziehung zu sich selbst als einem Teil der Welt aus. Wir können uns etwa dafür schämen, oder aber auch froh darüber sein, dass wir bestimmte naturgegebene Eigenheiten haben. Alle Eigenschaften und Selbstbilder, die wir derart selbstbestimmt ausbilden, bis hin zu so etwas wie Vitalität, Klugheit oder Feinfühligkeit, „enthüllen", so de Beauvoir, Daseinsgründe, „bekräftigen uns in unserem Stolz und unserer Freude über unser Menschsein" (MD, 105). Weil die Welt, anders als dem (idealtypischen) Kind, nun nicht mehr einfachhin als gegeben erscheint, sondern als durch und durch willentlich gestaltet und daher von irgendjemanden verantwortet, stellt sich die Frage, wie wir uns in die Welt hineinwerfen können oder sollen.

Der Laue (le tiède)

Erwachsene Menschen – und nur um die geht es im Folgenden –, die sich bei der ursprünglichen Bewegung des Sich-in-die-Welt-Werfens *zurückhalten*, nennt Simone de Beauvoir „die Lauen". Sie sind weder „kalt" noch „heiß", sondern eben nur lauwarm, d. h. im existenziellen Sinne unentschlossen.[47] De Beauvoir scheut sich nicht, dabei sogar von „sous-hommes" (franz. Originalausg. v. MD, 62) zu sprechen – die deutsche Übersetzung „Mindermenschen" (MD, 105) kann die Härte des französischen Ausdrucks kaum abmildern. Gemeint sind aber nicht etwa minderwertige Menschen, sondern solche Menschen, die „unter" ihren Möglichkeiten bleiben, freie Entwürfe ihrer selbst und ihrer Situation tätigen zu können. Der Unentschlossene hält sich in seinem Existieren, das notwendigerweise ein Sich-Verendlichen ist, zurück; er wirft sich aus Angst nicht in die Welt.

Der Prozess der Ausrichtung des eigenen Lebens dagegen wird von de Beauvoir in Aufnahme des hegelschen Gedankens der Negativität der Subjektivität auch als ein „sich zum Nichtsein machen" (MD, 105) aufgefasst; im französischen Original heißt dies: „Exister, c'est *se faire* manque d'être" (franz. Originalausg. v. MD, 61). Zu existieren bedeutet, sich zum Nichtsein zu machen, weil bestimmte Möglichkeiten der Existenzgestaltung bei einer konkreten Lebensentscheidung ausgeschlossen, d. h. negiert werden. Der Entschluss zu einem konkreten Entwurf bedeutet den Ausschluss aller anderen möglichen. Der Laue ist nun genau derjenige Typus „Mensch", der sich dieser Selbstverendlichung enthält. Während nun aber das Kind gar nicht in diesem Sinne authentisch oder inauthentisch sein kann – und daher die Nullstufe bzw. den Hintergrund einer genealogischen Reihe von Existenztypen darstellt –, ist der Unentschlossene der erste Typus des Personseins, dem es möglich wäre, authentisch er selbst zu sein, der aber diese Möglichkeit flieht und daher auch keine Verantwortung für seine Subjektivität und für die Gestalt seines Lebens zu übernehmen bereit ist. Aus Angst lehnen solche Menschen das Wagnis einer authentischen Existenzgestaltung ab.

Aber dennoch existiert freilich auch der Unentschlossene und das heißt: Er ist nicht nur bestimmt durch die Verhältnisse, sondern transzendiert sich, geht über sich entwurfsmäßig hinaus, denn er *will* ja gerade nicht scheitern. Seine Zurückhaltung geht daher als eine Form von Angst mit aktiver Camouflage und abwehrendem Ressentiment einher, was sich immer daran zeigt, dass er sich in der Öffentlichkeit mit herrschenden Meinungen identifiziert und diese „herausposaunt" (MD, 106). Er ist Ablehnung und Flucht vor sich selbst, aber deswegen keineswegs harmlos: „[E]r nimmt in der Welt die Gestalt einer blinden, unkontrollierbaren Macht an, die jeder für seine Zwecke benützen kann" (MD, 106).[48] Das einzige, wofür sich der Laue im Hinblick auf seine eigene Existenz interessiert, ist die Geworfenheit in vorgegebene Umstände, nicht aber die Freiheit des Entwurfs, mit dem er über das Gegebene hinausgelangt. So kommt es, dass der Typus des Unentschlossenen sich willig den Zielen anderer unterstellt und seine Freiheit dafür einsetzt, sich seiner eigenen wie der Freiheit anderer zu entledigen. Der Widerspruch, der darin liegt, macht diese Position lebenspraktisch instabil.

Der Ernsthafte (l'homme serieux)

Der Typus des ernsthaften Menschen ist, so de Beauvoir, der am meisten verbreitete von allen inauthentischen Haltungen. Er geht wie von alleine aus dem Typus des ressentimentgeladenen Unentschlossenen hervor, insofern der Ernsthafte die

Vernichtung der eigenen Subjektivität scheinbar erfolgreich abgeschlossen hat, indem er sich für eine Sache ein für alle Mal entschlossen hat und diesen Entschluss nicht mehr einer Revision unterziehen will. Er trifft damit zwar, anders als der Unentschlossene, eine positive Willensbestimmung aus Freiheit, an der nachfolgend aber nicht mehr zu rütteln sein soll. Ein solcher Mensch verliert sich damit im Objekt, „er nichtet sich zugunsten der Sache [...]; er panzert sich mit ‚Rechten' und verwirklicht sich so als ein Sein, das der Zerrissenheit des Daseins entgeht" (MD, 108), eben der Ambiguität der Existenz. Wer sich angeblich absoluten Werten unterstellt, versucht im Grunde, so de Beauvoir, die Situation des Kindes wiederherzustellen, das in eine ausgefertigte Welt hineinlebt, nur dass er freilich als erwachsener Mensch hierbei auf der anderen Seite *zugleich* als der gottähnliche Vertreter absoluter Werte auftritt. Werte aber sind nicht unabhängig vom Bezug auf freie Subjektivität absolut, wie der Ernsthafte in seinem Selbstbetrug behauptet, sie sind vielmehr gebunden an die Selbstbestimmungstätigkeit freier Subjekte. Diese müssen ihre Bindungen an bestimmte Werte daher zumindest für prinzipiell revidierbar halten, wenn sie der Doppelsinnigkeit ihrer Existenz gerecht werden, d. h. authentisch sein wollen. Die Unaufrichtigkeit des ernsthaften Menschen besteht darin, dass er „gezwungen ist, unaufhörlich die Leugnung der Freiheit zu erneuern; er entscheidet sich dafür [wie es ein Kind nie könnte], in einer kindlichen Welt zu leben" (MD, 109). Er muss aber dafür die Setzungsbewegung – die er selber vollzogen hat, um die Werte so hochzuhalten, wie es nötig ist, damit sie einer Revision entzogen sind – „kaschieren" und seine Subjektivität unter einer Rüstung von Rechten, Zielen, Werten und Prinzipien verbergen. Damit macht er sich aber zum Sklaven dieser Setzungen, die zu unmenschlichen Idolen werden, denen in letzter Konsequenz man „sogar Menschen zu opfern bereit ist: Deswegen ist der ernsthafte Mensch gefährlich; es ist ganz natürlich, dass er sich zum Tyrannen macht" (MD, 110).[49]

Die Inauthentizität des Ernsthaften besteht darin, dass er die Absolutheit und Objektivität seiner Wertsetzungen nicht als Ausdruck seiner Entwurfsfreiheit wahrhaben will. Aber das sich selbst übersteigende, d. h. transzendierende Element der Existenz personaler Individuen zwingt auch den Ernsthaften immer wieder zu einer Antwort auf die Frage nach dem „Wozu?" des ganzen Werkes aus objektiven Regeln, Werten und Prinzipien. Da dieses Bollwerk des Sollens Selbstzweck und in diesem Sinne absolut sein soll, kommt der ernsthafte Mensch hier an seine Grenze: Er kann sich selber nicht als die freie Instanz fassen, die er doch tatsächlich in Bezug auf seine Wertorientierungen ist. Alle anderen sollen nämlich auch seine Werte übernehmen – was sie gemeinhin aber (und zu Recht) nicht tun. Daran könnte der Ernsthafte erkennen (wenn er dies wollte), dass es auch ihm freistünde, sich anders zu entwerfen. Auch die dem Ernsthaften als absolut geltenden Werte verweisen somit auf die absolute Freiheit der eigenen Subjektivität.

Der Nihilist (le nihiliste)

Aus diesem für den Typus des Ernsthaften unauflösbaren Widerspruch entsteht die nihilistische Haltung. Sie ist gewissermaßen das Ergebnis des Scheiterns einer ernsthaften Existenz; „der Nihilismus ist die betrogene Ernsthaftigkeit" (MD, 112). Der Nihilist ist derjenige Typus Mensch, der sich zum Sein macht, „indem er sich zu dem macht, durch den das Nichts in die Welt kommt" (MD, 115), wie de Beauvoir an Dadaismus und Surrealismus, aber auch am Nationalsozialismus belegt. Im zerstörerischen Nihilismus, der die gewaltsame Auflehnung propagiert, ist daher durchaus das Bewusstsein der Ambiguität der Existenz vorhanden und sogar tragend, denn es ist dem Nihilisten bewusst, dass die gemeinsame Welt von Regeln und Gesetzen durchzogen ist, deren objektiver Anspruch auf Geltung aber letztlich nicht in ihnen selbst begründet sein kann. Ein Nihilist weiß daher, dass er selber die Werte seiner Orientierung setzt, aber er tut es gewissermaßen nicht, weil er immer noch an dem Gedanken hängt, dass Werte, wenn sie orientierende Kraft haben sollen, *von sich* aus Werte sein müssten. Das ist der Grundirrtum des Nihilisten, der ihn mit dem Ernsthaften verbindet (und als dessen Konterpart er deswegen auftritt). Anders als der Ernsthafte aber hat der Nihilist ein echtes authentisches Bewusstsein seiner Freiheit, die sich allerdings nur als Ablehnung alles Bestehenden verwirklichen kann:

> Durchaus zu Recht glaubt der Nihilist, daß die Welt keinerlei Rechtfertigung *besitzt* und er selber nichts *ist*; er vergißt jedoch, daß es ihm zukommt, die Welt zu rechtfertigen und sich gültig zu existieren zu machen. [...] Er verweigert seiner Transzendenz jeglichen Sinn, und doch transzendiert er sich. (MD, 116)

Er stellt die angebliche Ernsthaftigkeit der Welt in Frage, setzt aber nichts Positives an deren Stelle; es ist dies auch dasjenige, was man eine zynische Haltung nennt.[50]

Der Abenteurer (l'aventurier)

Eine weitere Stufe inauthentischer Existenz stellt der Typus des Abenteurers dar. Er hat ein Bewusstsein der absoluten Freiheit der wählenden Subjektivität, als die er existiert, und hofft daher, wie der Nihilist, nicht auf eine äußere Rechtfertigung des Daseins. Aber im Unterschied zum Nihilisten ist er nicht enttäuscht darüber, er hat sich sozusagen die kindliche Freude am Dasein bewahrt. Dem Abenteurer geht es um einen positiven Ausdruck seiner Freiheit und damit um das Tätigsein um des Tätigseins willen, ob nun in Politik, Kunst, Entdeckungsfahrten oder Liebschaften: „[I]hm macht es Spaß, in der Welt eine Freiheit zu entfalten, die ihrem Inhalt gegenüber gleichgültig ist" (MD, 116). Man könnte auch sagen, dass der Abenteurer die Freiheit, anders als auf den vorangegangenen Stufen, zwar positiv fasst, aber durchaus noch abstrakt. Auch die Doppelsinnigkeit der Existenz wird vom ihm erkannt und übernommen, allerdings auf eine solipsistische Weise, denn dem Abenteuer geht es bei all seinen Unternehmungen schließlich allein um sich selbst. Aber was der Abenteurer nicht sieht, weswegen es auch hier erlaubt ist, immer noch von einer inauthentischen Existenzform zu sprechen, ist, dass er sich als ein solipsistisches Wesen entworfen hat, das zwar auf eine Welt angewiesen ist, um seine Freiheit zu entfalten, diese Welt aber nicht wirklich oder eigentlich als von anderen Personen getragen erfassen will.

Der Abenteurer bleibt, mit anderen Worten, *unverbindlich*, denn er bindet sich nicht wirklich an Projekte und Personen, sondern flieht vielmehr jedwede Bindung, sobald sie zu entstehen droht. Daher kommt es, dass die Freude am Erobern bei diesem Typus niemals zu einem Ende kommen kann, weil die Objekte, auf die sich sein Streben bezieht, ob es sich nun um Ländereien, Schätze und Völker handelt wie bei Cortez oder um Frauen wie bei Don Juan, austauschbar sind. Und doch bezieht sich auch der Abenteurer als vereinzelte Person notwendigerweise auf die Freiheit anderer Individuen. Das Erobern ist schließlich nichts wert, bringt keine substantielle Freude, ja, ist noch nicht einmal sinnvoll ein Erobern zu nennen, wenn es sich dabei nicht um die Inanspruchnahme der Freiheit anderer Personen handelt. Oftmals mag es daher so aussehen, als „spiele" der Abenteurer mit den anderen Menschen, aber im Unterschied zum Spiel des Kindes geht es dem Abenteurer nicht alleine darum, sich seiner Existenz zu versichern, bzw. sein Dasein zu bestätigen. Es ist für so etwas wie Abenteuerlust wichtig (und dies im Unterschied zum kindlichen gemeinsamen Spiel), dass die anderen, mit denen der Abenteurer „spielt", die Geschehnisse durchaus *nicht* als ein Spiel auffassen.[51] Er verwechselt damit Freiheit mit Verfügbarkeit über Menschen und deren Interessen; damit kann der Abenteurer sich zwar vormachen, unabhängig zu sein, aber letztlich ist er in dieser Verfügungsfreiheit, ohne es zu wissen, Sklave seiner „Objekte" (MD, 119). Die Existenz des Abenteurers ist daher gewissermaßen parasitär und daher nicht frei, sondern vielmehr abhängig von seinen „Wirten". So wie selbst ein Diktator die Freiheit der anderen, die er unterdrückt, in Anspruch nehmen muss, um Diktator zu sein – de Beauvoir bezieht sich hier auf die berühmten anerkennungstheoretischen Ausführungen Hegels zu Herrschaft und Knechtschaft in der *Phänomenologie des Geistes* (PhG,

145–155) – so braucht auch der Abenteurer die Freiheit der anderen für sich, aber eben nur so, dass er diese negiert. Obwohl der Abenteurer also seine Freiheit bzw. Subjektivität positiv auf sich nimmt, bleibt er unaufrichtig in Bezug auf die Doppelsinnigkeit seiner Existenz, indem er sich weigert, anzuerkennen, „daß sich diese Freiheit notwendigerweise auf andere hin transzendiert" (MD, 120). Seine Freiheit ist daher nur eine „unechte Unabhängigkeit" (MD, 120).

Der Leidenschaftliche (l'homme passionné)

Der Leidenschaftliche ist in einer Hinsicht das Gegenteil des Abenteurers, denn ihm geht es gerade um die Selbstständigkeit, ja, Absolutheit seines „gewollten" Objektes – das eben deswegen, wenn es sich um andere Menschen handelt, gar kein Objekt mehr ist, sondern ein anderes freies Subjekt, dem der Leidenschaftliche in seinem Handeln gerecht zu werden trachtet. Anders als beim Typus des ernsthaften Menschen ist das Objekt hier nicht unabhängig von der Subjektivität gesetzt, im Gegenteil, das Wesentliche der Leidenschaft ist ja gerade, dass die Subjektivität mit- und hingerissen ist von ihrem „Objekt". Das Authentische, d. h. der Ambiguität der absoluten und zugleich gebundenen Freiheit Entsprechende an diesem Typus ist, dass sich hier die Freiheit des Subjekts eindeutig in einer positiven Form, „in einer Bewegung auf ein Objekt hin" (MD, 121) manifestiert. Die Leidenschaft führt dazu, dass ein Mensch die Welt „mit begehrenswerten Objekten und mit erregenden Bedeutungen füllt" (MD, 121). Der Leidenschaftliche „enthüllt Sein" (vgl. MD, 121, wo von „Seinsenthüllung" bzw. im Original, 92: „devoilement d'être" die Rede ist) bzw. will als Freiheit zum Sein gelangen. Damit findet die Freiheit durchaus eine „echte Gestalt" (MD, 121).

Das Problem solcher Enthusiasmierten aber ist, dass ihre Entwürfe, die sie von *sich* haben, starr und egozentrisch sind: „Der Leidenschaftliche macht sich zum Nichtsein nicht damit Sein *sei*, sondern [nur] um [selbst] zu sein, und er behält [damit] Abstand, wird niemals ausgefüllt" (MD, 121). Hierzu muss man allerdings ergänzen, dass dieser Abstand, den auch der Leidenschaftliche zu seinen Objekten behält, nicht einer ist bzw. sein kann, den er *von sich* aus wahrt oder auch nur wahren will. Im Gegenteil, seine Intention ist ja vielmehr die, mit seinem Objekt in höchster Erfüllung zu verschmelzen. Der Leidenschaftliche, so könnte man vielleicht sagen, will nur *sich selbst* im anderen, seine Freiheit „verwirklicht sich nur als Trennung" (MD, 122) vom anderen. Deswegen ist der Leidenschaftliche, obwohl er sich sogar in geradezu manischer Weise begeistert auf das bzw. den anderen beziehen kann, dennoch allein mit sich. Man sieht die „Einsamkeit, in die sich diese Subjektivität einkapselt" (MD, 122): Nur das, wofür er, der Leidenschaftliche brennt, hat einen Wert. Das sich entwerfende Subjekt will gewissermaßen nicht die Gemeinschaftlichkeit der Freiheit, im Gegenteil, Gemeinschaft ist bestenfalls nur mit denjenigen möglich, die in gleicher Weise für das Gleiche brennen. De Beauvoir spricht hier auch treffend von einem „partiellen Nihilismus" (MD, 122), denn auch für den Nihilisten ist es ja kennzeichnend, dass er das Bewusstsein davon hat, dass nichts *von sich aus* einen Wert hat. Der Leidenschaftliche ist sich demgemäß bewusst darüber, dass er es ist, der den Dingen und Personen als den Objekten seiner Leidenschaft einen Wert verleiht, kennt und realisiert daher auch die absolute Freiheit, die genau hierin liegt, aber dennoch kommt diese Bewegung zum Objekt hin nie zur Erfüllung. Das liegt eben daran, dass der Leidenschaftliche letztlich immer nur sein eigenes Sein im anderen sucht. Der damit bleibende Abstand zum Objekt der Leidenschaft, auch und gerade, wenn sie sich auf einen anderen Menschen bezieht, bestätigt immer wieder nur seine Einsamkeit. Der Leidenschaftliche ist, so gesehen, nicht wirklich weiter als der Abenteurer, der Unterschied ist allerdings der, dass sich der Leidenschaftliche anders als der Abenteurer durchaus in seinem Objekt verlieren *will*, es aber nicht kann, weil er nicht wirklich auf das bzw. den anderen *als anderen* bezogen ist. Der Leidenschaftliche, obschon er authentischen Gebrauch von seiner Freiheit macht, widmet seine Freiheit nicht der Freiheit anderer, sondern einem nicht als frei anerkannten Objekt der Begierde.[52] Damit kann er sich in seiner Festlegung auf bestimmte Personen und Projekte aber letztlich auch selbst nicht als wirklich frei erfahren. Denn er *ist* seine Leidenschaft und seine Leidenschaft richtet sich auf etwas, was für ihn nicht den Charakter der Freiheit hat. Das macht die Qual des Leidenschaftlichen und auch seine Einsamkeit aus. Dies ist eine letztlich widersprüchliche, aber eben durch die Erfahrung des Scheiterns sich selbst aufhebende Bewegung. Erst in der Liebe verwandelt sich die Leidenschaft zur wahren Freiheit.

Die Liebende (l'amoureuse)

Mit der Liebenden entsteht nun ein Typus, der in gewisser Weise die Tendenzen und Strebungen, die wir bei den anderen Typen im Gebrauch der Freiheit analysiert haben, in einer Weise ausbalanciert, die vor deren Vereinseitigungen bewahrt. Es wird hier nur von der Liebenden im Femininum gesprochen, weil de Beauvoir diesen Typus an den Briefen der Mademoiselle de Lespinasse, der Gastgeberin eines berühmten Pariser Salons während der Aufklärung, einführt.

Die Liebende praktiziert einen authentischen Gebrauch ihrer Freiheit, indem sie sich zum Nichtsein macht, *damit Sein überhaupt sei* und nicht nur, damit ihr eigenes endliches Sein sei. Die Liebende will nicht nur sich und das Objekt ihrer Leidenschaft, sondern sie will, dass der andere *als anderer* sei, wie er will. Die

Liebende will, mit George Bataille gesprochen, auf den sich de Beauvoir hier auch bezieht, zwar „alles sein" (MD, 125), aber sie bleibt dabei bei sich als ein endliches Individuum, hält die Distanz zum anderen und lässt auch ihn als ein endliches und zugleich freies Individuum sein. „Amo: Volo ut sis"[53] heißt der entsprechende Gedanke aus der Philosophie der Liebe des Duns Scotus: „Ich will, dass du seist", so wie du bist und sein willst, so auch, müsste man aus existenzphilosophischer Sicht ergänzen, wie du deine Existenz gestaltest, d. h. dich zum Nichtsein machst und abgrenzt, d. h. wie du dein Wesen bestimmt haben wirst.

Der Abstand zum „Objekt", den der Leidenschaftliche nicht überwinden kann und der ihn damit leidend und einsam macht, erscheint der Liebenden geradezu als Grund ihrer Freude: Dieser Abstand ist nämlich überhaupt erst der Grund dafür, dass der andere als ein Existierender sich enthüllt. Man könnte auch verkürzend sagen: Ohne die Liebe keine personale Existenz. ‚Liebe' ist nur ein anderes Wort dafür, den anderen als anderen anwesend sein (existieren) zu lassen. Den anderen zu lieben, bedeutet, den Abstand zu ihm aufrechtzuerhalten. Liebe kann sich so im Grunde auch nur zwischen personal verfassten Individuen entfalten, denn die „Großzügigkeit" („*générosité*") gegenüber unpersönlich Existierenden kann dieses nicht unabhängig sein lassen in dem Sinne, dass man es seiner Selbstbestimmung überlassen kann, „denn die Sache besitzt keine positive Unabhängigkeit" (MD, 123). Zwar kann man freilich auch zu den Dingen eine echte, aber dennoch indirekt bleibende Liebe entwickeln, insofern diese nämlich auch den anderen Personen als Möglichkeiten offenstehen. Während der Abenteurer ein Land erobert, der Leidenschaftliche ein Land für sich gewinnt, kann eine Liebende ein Land lieben, weil es der Lebensraum ihrer Mitmenschen ist, auf die sie sich liebend bezieht. Die Liebende kann so alles, und zwar die Dinge in ihrem So-Sein und andere Personen in der autonomen Bestimmung ihres Lebens sein lassen. Dieses Sein-Lassen ist dabei aber das Gegenteil von lauer Gleichgültigkeit gegenüber den anderen Individuen. Es ist das Einnehmen von Interesse für sie und ihre Selbstbestimmung: „Nur wenn man durch das begehrte Sein – eine Sache oder einen Menschen – sein Dasein anderen Seienden widmet, [...] wird die Leidenschaft zu echter Freiheit" (MD, 123). Und umgekehrt bedeutet, frei zu sein, zu wollen, dass auch die anderen frei sind. Dieses Wollen wiederum ist nicht etwas Abstraktes, sondern zeigt jedem Individuum wie ein Kompass in jeder Situation die konkreten Handlungen auf, die es durchführen muss (vgl. MD, 127).[54]

Die Liebe ist nichts anderes als Freiheit in der Gestalt interpersonaler Existenz. Sie wird daher zu Recht auch eine „Tochter der Freiheit" genannt, es ist die sich als Freiheit wählende Freiheit. Diese Freiheit kann freilich nicht in einem Ziel aufgehen, ohne aber deswegen ziellos zu sein (vgl. MD, 125). Die Ziele sind vielmehr immer nur provisorischer Natur und es sind immer auch *unsere* Ziele:

Machen, daß das Sein ist, bedeutet, durch das Sein zu anderen Menschen in Verbindung treten. Diese Wahrheit lässt sich auch so ausdrücken, daß die Freiheit sich nicht verwirklichen kann, wenn sie nicht auf eine offene Zukunft gerichtet ist. [...] Nur die Freiheit der anderen verhindert, daß jeder von uns in der Absurdität der Geworfenheit erstarrt. (MD, 126)

Ein Mensch kann also „nur in der Existenz seiner Mitmenschen die Rechtfertigung seiner eigenen Existenz finden" (MD, 127). An dieser Stelle stellt de Beauvoir die spannende Frage, ob dies nicht auf eine Art Egoismus hinauslaufe: Will denn nicht auch ein Liebender, indem er sich liebend auf andere bezieht, dies nur wegen der Vorteile, die andere für ihn und seine Interessen bringen? Liebt er nicht letztlich *um seinetwegen* die anderen? Haben wir es hier also nicht doch wieder nur, und wenn auch auf einer höheren Stufe, mit einem unmoralischen Egoismus zu tun?

Aber – was sollte hier noch ‚egoistisch' und ‚unmoralisch' heißen? Allein der Umstand, dass *ich* es bin, der ein Interesse an anderen nimmt, kann damit nicht gemeint sein, denn dies gilt für alles, woran wir überhaupt ein Interesse nehmen, also auch für das selbstloseste Tun. Wenn allein der Umstand schon Egoismus genannt werden soll, dass *ich mir* die anderen angelegen sein lassen muss, damit *sie mich* etwas angehen, dann wäre Egoismus nicht etwa das Gegenteil, sondern geradezu ein unabkömmliches Moment einer moralischen Einstellung. Der Umstand, dass ich ein Interesse an anderen nehme, einfach, weil sie mich interessieren, ist Voraussetzung nicht nur für mein möglicherweise gelingendes Leben, sondern auch und gerade für meine Moralität, verstanden als das Interesse-Nehmen an der Selbstbestimmung der anderen Individuen. Egoismus ist daher nichts *per se* Schlechtes oder – man verzeihe die paradox anmutende Formulierung – nichts rein *Egoistisches*. Im Gegenteil, es kommt lediglich darauf an, wie groß das Ich ist, in dessen Namen ein Individuum agiert. Wenn, mit Hegels Worten, der weltbestimmende Geist das „*Ich*, das *Wir*, und *Wir*, das *Ich*" (PhG, 145) ist, dann ist dieses „egoistische" Ich letztlich deckungsgleich mit der Welt selbst. Die im eigentlichen und vollen Sinne Liebende ist daher eine Person, die sich in ihrem Egoismus tendenziell die ganze gemeinsame Welt – und damit alles, was ist – angelegen sein lässt.[55] Die Liebe lässt den anderen sein, so sagt man, sie lässt ihn sich zeigen als in einer gemeinsamen Gegenwart existierend.

8 Schluss

Werfen wir zum Schluss einen kurzen resümierenden Blick auf den hinter uns liegenden Denkweg. Wir begannen mit dem Staunen darüber, dass überhaupt etwas und nicht nichts ist und endeten bei der Liebe als einem authentischen Umgang mit der uns als Personen eigenen Freiheit; einem Umgang, bei dem wir das Existierende in seiner Eigenheit und Selbstständigkeit anwesend sein lassen. Wie sind wir hierhin gelangt?

In der von Liebe geprägten Existenzweise fanden wir letztlich eine Antwort auf die in Kapitel 6 aufgeworfene existenzphilosophische Frage, die nur in Hinwendung auf uns selbst als Personen beantwortet werden kann, nämlich wie es ist zu existieren. Als Person zu existieren, heißt, in einem unhintergehbaren, von Zeitlichkeit geprägten freien Selbstverhältnis zu stehen. Das Wesen von Personen – ihr Was-Sein – besteht gerade in der Freiheit, sich ein solches Wesen allererst und stets aufs Neue in der und im Verhältnis zur Zeit zu geben. In dieser Freiheit liegt auch, dass Personen sich dazu entschließen, eigentlich sie selbst zu sein. Wie wir versucht haben zu zeigen, lässt sich ein solch selbstverantwortetes und daher authentisches Selbst nur als Modifikation unseres alltäglichen Mitläufertums gewinnen – ob diese in Auflehnung, Subversion oder Souveränität vollzogen wird, hängt ganz von der Situation ab, in der wir uns vorfinden –, indem wir unser Leben selbstbestimmt an Normen und Werten ausrichten und uns zugleich an (andere) Personen oder Projekte binden. Die Liebe nun war die von de Beauvoir wiederentdeckte Bestform, wie wir ein derartiges stabiles authentisches Selbst ausbilden können. Denn erst in der Liebe begegnen wir uns selbst als frei, weil und indem wir uns zugleich andere Personen als freie und damit unsere gemeinsame Welt angelegen sein lassen.

In der Liebe verwirklichte sich damit zugleich etwas, was Jacobi am Ende des Kapitels 5 programmatisch als das „Enthüllen von Dasein" eingefordert hatte. Die Liebe enthüllt zum einen Existenz als solche und zum anderen insbesondere die Existenz der eigenen wie der fremden Personalität in ihrer jeweiligen Freiheit. Die Liebe lässt, um mit Duns Scotus zu sprechen, die Dinge in ihrer *haecceitas* gegenwärtig, d. h. existent sein und ist damit gewissermaßen ein Sich-Zeigen-Lassen des Seienden. Die Liebe, von der de Beauvoir schreibt, lässt sich somit auch als das Gewährenlassen des unvordenklichen Seins, das wir mit Spinoza in Kapitel 4 auch „Gott" nennen könnten, begreifen.

Im liebenden Gewährenlassen des Seins offenbart sich, wenn man recht bedenkt, zudem alles in seiner kontingenten Grundlosigkeit. Denn alles, was überhaupt existiert – und hierzu können wir, wie wir in Kapitel 3 gesehen haben, wirklich alles und nicht nur das Raumzeitliche zählen –, hat seinen Grund in „etwas", was selbst kein Etwas und somit auch mehr Abgrund als Grund ist, nämlich im unvordenklichen (Dass-)Sein. Der Begriff und das Denken kommen, wie Kapitel 5 zeigte, hier immer schon einen Schritt zu spät und können daher auch nur im Selbstüberschlag auf es verweisen.

Existenz ist dementsprechend auch keine gewöhnliche Eigenschaft, weil sie einem Seienden nicht zu-, sondern zuvorkommt. Man kann auch sagen: Existenz existiert nicht (genauer: Dass-Sein ist kein Seiendes). Weil die Existenz der Dinge somit eigentlich auf nichts (nämlich nicht auf Etwas) gebaut ist, lässt sich die Existenz aller Dinge in Frage stellen. Es gibt keinen letzten Grund, warum Seiendes überhaupt ist. Es gibt keinen Grund, warum nicht alles hätte auch nicht sein können. Wir haben in diesem Buch die These vertreten und zu begründen versucht, dass Existenz eine primäre, nicht-diskriminierende, d. h. nicht wegzudenkende, aber dennoch kontingente Eigenschaft von beliebigem Seienden ist. Wenn es denn einmal existiert, hat alles Seiende notwendigerweise die Eigenschaft zu existieren, ohne Ausnahme. Aber *dass Seiendes ist,* kann wiederum nicht notwendig sein – woher denn auch? Es ist ein Wunder. Der im zweiten Kapitel dargelegte Streit zwischen Existenzbestaunern und Existenznüchternen fällt daher aus unserer Sicht zu Gunsten der Stauner aus. Das Wunder der Existenz besteht nicht darin, dass Seiendes *Seiendes* oder etwas *etwas* ist, sondern das Wunder der Existenz (das „Wunder aller Wunder") liegt im Dass-Sein überhaupt. Existenz in diesem Sinne ist das Wunder, welches im unvordenklich freien Selbstverhältnis einer Person zu sich selbst und ihrer Welt zum Phänomen wird und dem sie am besten dadurch entspricht, dass sie ein liebendes (sein-lassendes) Verhältnis zu den dort begegnenden Dingen und Personen einnimmt.

Anmerkungen

Anmerkungen zu Kapitel 1

1 Polgar 1983, 218.
2 Vorab ein paar einführende Hinweise zur Textgestaltung und Zitation: Einfache Anführungszeichen („...') verwenden wir, um die Bezugnahme auf Begriffe bzw. sprachliche Ausdrücke zu markieren. Doppelte Anführungszeichen („...") hingegen gebrauchen wir für a) Zitate, b) um direkte Rede oder typische Redeweisen zu kennzeichnen oder c) um auf eine bestimmte Weise Distanz zum Gesagten zu signalisieren. Auslassungen oder Einfügungen in eckigen Klammern innerhalb von Zitaten ([...], [d. h. ...]) stammen, soweit nicht anders vermerkt, von uns. Bei den meisten Klassikern und bei von uns sehr oft zitierten Werken verwenden wir die für das jeweilige Werk gängige bzw. naheliegende Sigle. Die Siglen können mithilfe des Siglenverzeichnisses, das sich am Ende des Buches findet, entschlüsselt werden.
3 Der Kenner der Materie erkennt hier natürlich den berühmten Anfang von Quines Aufsatz *On What There Is*; wir werden im dritten Kapitel ausführlich auf Quines Ansatz in dieser begrifflichen Frage eingehen.
4 Der Sache nach ähnlich auch Grossmann 2004, 134: „Existenz [ist] die Variable *Entität*".
5 Die Angabe nach dem Schrägstrich bezieht sich auf die *Œuvres complètes*.
6 Genaueres hierzu vgl. Kapitel 2.1.
7 Für eine Aufarbeitung von Thomas' hochkomplexer Lehre vom Sein vgl. Kenny 2002.
8 Thomas fasst diese Form der Analogie als Analogie der Proportion / Attribution und unterscheidet sie von der Analogie der Proportionalität, bei der sich zwei Analoga symmetrisch zueinander verhalten. Vgl. De ver, q. 2, a. 11.
9 Thomas spricht in De ver, q. 2, a. 11 vom „analogatum princeps", auf das sich alle „minora analogata" in ihrer Bedeutung beziehen.
10 Gilles Deleuze hat in Bezug auf Duns Scotus' Univozitätslehre geschrieben: „Eine einzige Stimme erzeugt das Gebrüll des Seins" (Deleuze 1992, 58).
11 Eine Ordinatio (vom lateinischen Verb ,ordinare') ist ein Text, der vom Autor auf eine Veröffentlichung hin geordnet, d. h. ediert wurde. Die für die scotistische Univozitätslehre entscheidende Stelle ist Ord I, d. 3, p. 1, q. 2, n. 25–34. Der plurivozistische Gegner, den Scotus im Blick hat, ist aber wohl weniger Thomas von Aquin als Heinrich von Gent, vgl. Ord I, d. 3, p. 1, q. 2, n. 57–59.
12 Die hier skizzierte Deutung des aristotelischen Arguments, warum das Seiende keine Gattung ist, orientiert sich an der Rekonstruktion in Koch 1993.
13 Für die transzendentale Indifferenz vgl. auch Dreyer und Ingham 2003, 32–33 sowie Honnefelder 2005, 68–71.
14 Die Angaben nach dem Schrägstrich beziehen sich auf die Originalpaginierung der 1. Aufl. von 1785.

Anmerkungen zu Kapitel 2

1 Vgl. darüber hinaus auch Parfit 1998a.

2 Widersprechen würden hier wohl die Anhänger einer sogenannten resoluten Lesart von Wittgensteins *Tractatus*, wie sie durch Cora Diamonds Aufsatz „Throwing Away the Ladder" (Diamond 1988) repräsentiert wird. In dieser Lesart würde Wittgenstein nicht als ein Existenzbestauner erscheinen, sondern sogar als jemand, der die Staunenswürdigkeit der Existenz mit Sätzen wie „*Das Rätsel* gibt es nicht" (TLP, 6.5) schlicht bestreitet. Fragen der korrekten Wittgensteininterpretation sollen hier aber nicht unsere Sache sein.

3 Vgl. TLP, 4.2: „Der Sinn des Satzes ist seine Übereinstimmung, und Nichtübereinstimmung mit den Möglichkeiten des Bestehens und Nichtbestehens der Sachverhalte."

4 Zur Doppeldeutigkeit dieser Frage vgl. WiM, 23–24, die Heidegger allerdings selbst nicht mit der Unterscheidung zwischen *genitivus subjectivus* und *genitivus objectivus* erklärt.

5 Vgl. auch Met Γ, 1.

6 Daher rührt auch Heideggers Einschätzung der abendländischen Metaphysik als „onto-theologisch". Vgl. WiM, 21.

7 Dieses ursprünglichere Fragen ist, entgegen einem verbreiteten Missverständnis phänomenologischer Analysen, freilich nicht nur etwas Subjektives, denn subjektiv ist und kann nur sein die Rückseite oder der übrig bleibende Rest objektivierender, vergegenständlichender Redeweisen.

8 Angemerkt muss hier werden, dass Heidegger den Ausdruck ‚Existenz' anders verwendet als wir hier in diesem Buch, denn er reserviert ihn allein für die Art und Weise des Seins personaler Individuen (wofür bei ihm der Ausdruck ‚Dasein' steht). Das scheint uns aber eine unnötige, wenn nicht bisweilen sogar in die Irre führende terminologische Einengung zu sein, die der Abschottungstendenz des heideggerschen Denkens gegenüber anderen Ansätzen entspricht, die aber unserer Idee von Philosophie zuwiderläuft.

9 Vgl. auch Paulus, 161. Näheres dazu vgl. Kapitel 5. 2.

10 Vgl. SuZ, §§ 29–30 u. § 40 sowie WiM, 33–35. Hiervon wird noch ausführlich die Rede sein, vgl. Kapitel 6.2.

11 Eine Hauptrolle spielt Grünbaum auch in Jim Holts populärphilosophischem Erfolgsbuch *Why Does the World Exist? An Existential Detective Story* (2012). Die deutsche Übersetzung des Titels *Gibt es alles oder nichts?* (2014) ist leider irreführend und unsinnig. Denn kein Mensch fragt sich ja ernsthaft, *ob* es in Wirklichkeit *nichts* gibt, vielmehr (wenn er es sich fragt), *warum* es nicht nichts gibt.

12 Vgl. Grünbaum 2009, 10: „For example, if a Mr. X presumably never committed a murder, it is ill-conceived to ask him just when he did it, and it is fatuous to blame him for not answering this question."

13 Das hier vermeintlich greifende Prinzip theoretischer Sparsamkeit, gemeinhin bekannt als Ockhams Rasiermesser, weist Grünbaum zu Recht mit der Begründung zurück, es ginge dabei um methodische Sparsamkeit bei der Annahme postulierter Entitäten zu Erklärungszwecken und nicht um die These, dass es nur möglichst einfach verfasste Dinge geben kann.

14 Vgl. Swinburne 1979.

15 Vgl. hierzu auch Bergson 1948, 116–118.

16 Vgl. Carnap 1931, 219–241. Für Carnaps Kritik am Ausdruck ‚nichts' vgl. Carnap 1931, 229–230.

17 Vgl. Bergson 1933, 218: „Für uns ist der Höhepunkt der Mystik eine Fühlungnahme, und damit ein teilweises Einswerden mit der schöpferischen Anstrengung, die vom Leben offenbart wird. Diese Anstrengung ist von Gott, wenn nicht geradezu Gott selbst."

Anmerkungen zu Kapitel 3

1 Um uns nicht in den fein ziselierten Details der Diskussionen der analytischen „Existenzphilosophie" zu verlieren, beschränken wir uns auf einige wenige besonders einflussreiche Figuren der Debatten. Einen guten deutschsprachigen Überblick über die analytische Literatur bietet Rosefeldt 2006.
2 Kursivierung S. O. / A. L.
3 Kursivierung S. O. / A. L.
4 Für meinongianische Positionen in der gegenwärtigen Debatte vgl. Parsons 1980 und Jacquette 1996.
5 An dieser Stelle drängt sich nun eine immanente Kritik an Meinongs Theorie auf. Folgt man nämlich seinen Überlegungen, die dazu geführt haben, eine unhintergehbare Gegebenheit hinter dem Bestehen und der Existenz anzunehmen, dann zeigt sich, dass zumindest diese Gegebenheit selbst nicht als Eigenschaft im gewöhnlichen Sinne gedacht werden kann. Denn die gewöhnliche Logik der Gegenstände und dessen Eigenschaften impliziert, dass es da etwas gibt, nämlich den Gegenstand, der dann – in einer logisch wie ontologisch abkünftigen Weise – auch noch mit bestimmten Eigenschaften versehen ist. Wenn wir also sagen, einem Gegenstand komme die Eigenschaft der Gegebenheit zu, dann ist damit impliziert, es gebe einen Gegenstand, dem dann in logisch-ontologisch sekundärer Weise auch noch die Eigenschaft des Gegebenseins zukomme. Die Eigenschaft, von der wir hier aber reden, soll aber gleichwohl unhintergehbar und damit so fundamental sein, dass ohne sie gar nichts gegeben sein kann, weil es sich bei ihr um das Gegebensein eines Gegenstands überhaupt handelt. Dieser Gedanke wird uns im weiteren Verlauf des Buches noch des Öfteren beschäftigen. Hier wollen wir aber zunächst von diesem Problem absehen und uns der Kritik zuwenden, die Meinong durch die sprachanalytische Philosophie (insbesondere Frege, Russell und Quine) erfahren hat.
6 Dieser Ausdruck geht wohl zurück auf Kneale 1949, 12. Vgl. aber auch die skeptische Einschätzung bezüglich dieses Ursprungs in Rosefeldt 2006, 21, Anmerkung 38.
7 Vgl. auch Russell 1907, 439.
8 Die wesentlichen neo-meinongianischen Modifikationen gehen zurück auf den Meinong-Schüler Ernst Mally und dessen *Gegenstandstheoretische Grundlagen der Logik und Logistik* (1912). Hervorzuheben sind insbesondere die Arbeiten der Neo-Meinongianer Terence Parsons (1980) und Edward Zalta (1988). Es gibt neben den drei hier diskutierten Haupteinwänden gegen Meinong noch weitere kritische Punkte, die gegen seine Position vorgebracht werden. Zu nennen sind dabei zum einen das Problem unvollständiger Gegenstände und zum anderen das Problem der Relation zwischen existierenden und nicht-existierenden Gegenständen. Das Problem unvollständiger Gegenstände besteht im Wesentlichen darin, dass in Bezug auf fiktionale Entitäten wie etwa Sherlock Holmes der Satz vom ausgeschlossenen Dritten nicht zu gelten scheint. Denn es scheint weder der Fall zu sein, dass Sherlock Holmes ein Muttermal in Form einer Pfeife auf dem rechten Oberschenkel hat, noch, dass er dies nicht hat. Die fiktionale Figur des Holmes scheint in Bezug auf diese Eigenschaft schlicht unterbestimmt zu sein. Für einen Überblick vgl. Rosefeldt 2006, 26–27. Das Problem der Relation zwischen existierenden und nicht-existierenden Gegenständen wiederum dreht sich um die Frage, wie wir uns nicht-existierende Gegenstände zu denken haben, zu deren Eigenschaften es gehört, zu existierenden Dingen in einem Verhältnis zu stehen. Für den Versuch einer meinongianischen Lösung dieses Problems vgl. Parsons 1980, 59–60 und 156–157 sowie die Darstellung in Rosefeldt 2006, 30–31.

9 Ende des 20. Jahrhunderts wurden fregeanische Positionen bezüglich Existenz insbesondere von Christopher John Fardo Williams und David Wiggins vertreten. Vgl. Williams 1981 und 1992 sowie Wiggins 1995.

10 Man kann oft hören, der fregesche Existenzbegriff sei doch eigentlich schon bei Kant zu finden. Wie wir aber im nächsten Kapitel im Zuge der Diskussion von Kants Kritik am ontologischen Gottesbeweis sehen werden, ist der von Kants vertretene Existenzbegriff durchaus nicht identisch mit dem Freges. Kants Existenzbegriff ist dezidiert transzendentalphilosophisch und nicht etwa quantifikatorisch.

11 Die Angabe nach dem Schrägstrich gibt die Originalpaginierung wieder.

12 Vgl. GrArith, § 53 / 86: „Es ist ja Bejahung der Existenz nichts anderes als Verneinung der Nullzahl." Diese fregesche Verquickung von Existenz und Zahl hat einen ungeheuren Siegeszug in der mathematischen Logik und damit auch in der Philosophie des 20. Jahrhunderts angetreten: Existenz ist ein Quantor. So findet sich etwa im einschlägigen Logiklehrbuch von Barwise und Etchemendy (1999) folgende Definition des Existenzquantors: „Existential quantifier (∃): In FOL [first-order logic], the existential quantifier is expressed by the symbol ∃ and is used to make claims asserting the existence of some object in the domain of discourse. In English, we express existentially quantified claims with the use of words like *something, at least one thing, a,* etc."

13 Die Unterscheidung zwischen Eigennamen und Begriffsworten ist bei Frege nicht starr, sondern wird von ihm funktional definiert. Begriffe sind für Frege dasjenige, was von Dingen, die durch Namen bezeichnet werden, ausgesagt wird. Sie sind also Prädikate oder genauer gesagt prädikative Funktionen. So zerfällt laut Frege der Satz ‚Bukephalos ist ein Pferd' in den Eigennamen ‚Bukephalos' und das Prädikat ‚...ist ein Pferd' (vgl. ÜBuG, 50 / 195). So können wir aber jedes Begriffswort, so auch ‚Pferd', durch eine andersartige Funktionalisierung zu einem Eigennamen machen, indem wir es etwa in einer Kennzeichnung gebrauchen, von der sich dann etwas prädizieren lässt. So gilt daher nach Frege „Die drei Worte ‚der Begriff *Pferd*' bezeichnen einen Gegenstand, aber eben darum keinen Begriff, wie ich das Wort gebrauche" (ÜBuG, 50 / 195). Aus Gründen der Lesefreundlichkeit haben wir (S. O. / A. L.) die einfachen Anführungszeichen des Originals bei ‚Pferd' durch eine Kursivierung (*Pferd*) ersetzt.

14 Auf diese fregesche Unterscheidung von Existenz und Wirklichkeit stützt sich Peter Geach in seinem Aufsatz „What Actually Exists" (Geach 1968). Geach zufolge können neben Individuen und bestimmten materiellen Ereignissen auch geistige Aktivitäten als wirklich gelten.

15 Die Angabe nach dem Schrägstrich gibt die Originalpaginierung wieder.

16 ‚Sinn' bei Frege entspricht leider irreführenderweise genau dem, was wir heute zumeist unter ‚Bedeutung' verstehen, als deutsche Übersetzung von engl. ‚meaning'.

17 Was aber tun wir dann mithilfe solcher Sätze laut Frege? Schließlich handelt es sich ja offenbar trotz ihrer Bedeutungslosigkeit nicht nur um vor- oder unsprachliche Laute. Für den Fall der schönen Literatur und der Poesie beantwortet Frege diese Frage wie folgt: „Beim Anhören eines Epos z. B. fesseln uns neben dem Wohlklange der Sprache allein der Sinn der Sätze und die davon erweckten Vorstellungen und Gefühle. Mit der Frage nach der Wahrheit würden wir den Kunstgenuß verlassen und uns einer wissenschaftlichen Betrachtung zuwenden. Daher ist es uns auch gleichgültig, ob der Name ‚Odysseus' z. B. eine Bedeutung habe, solange wir das Gedicht als Kunstwerk aufnehmen" (ÜSuB, 30 / 33). Eine bedeutungslose Sprache handelt also Freges Ansicht nie von Gegenständen, sondern nur von gegenstandslosen semantischen Gehalten (Sinnen) und ermöglicht dadurch bestimmte individuell-subjektive Erlebnisse, wie wir sie aus dem Umgang mit ästhetischen Gegenständen her kennen.

18 Wenn auch nach Russell gewöhnliche Namen und Kennzeichnung allgemeine Ausdrücke sind, so gibt es doch auch für ihn logisch singuläre Terme (echte Namen) und damit echte Ein-

zeldinge, nämlich die durch Demonstrativa zu erfassenden Sinnesdaten (dies, hier, jetzt). Damit wird Russell aber zu der hochgradig kontraintuitiven Folgerung gezwungen, dass es sinnlos ist, die Existenz von Sinnesdaten zu hinterfragen, weil sie als Gegenstände trivialerweise auch existieren müssen. Von Sinnesdaten – dem Flüchtigsten und Subjektivsten – müsste daher auch gesagt werden, dass sie notwendigerweise existieren. Vgl. für diesen Punkt Kripkes RuE, 31–34.

19 In Russells Terminologie liest sich dies so: „Existence is essentially a property of a propositional function. It means that that propositional function is true in at least one instance" (Russell 1919, 195). Eine propositionale Funktion (oder Aussagefunktion) ist etwa ‚x ist ein Mensch'. Zu sagen, dass Menschen existieren, würde demnach wohlverstanden heißen, dass ‚x ist ein Mensch' manchmal – nämlich in mindestens einem Fall – wahr ist. Für eine deutsche Übersetzung vgl. Russell 2003.

20 Rosefeldt (2006, 52–53) behauptet, Quines Leistung bestehe darin, „Russells Verfahren auf die Analyse sämtlicher Sätze der natürlichen Sprache zu übertragen, die irgendeinen singulären Term enthalten, auch wenn es sich dabei um einen Namen oder ein (nicht als Variable verwendetes) Pronomen handelt." In der Tat erweckt Quine diesen Eindruck selbst (vgl. OWTI, 22). Fairerweise muss aber gesagt werden, dass Russell selbst diese Ausweitung in *On Denoting* (1905a, 491) vorwegnimmt und sein Verfahren an den fiktionalen Eigennamen ‚Apollo' und ‚Hamlet' durchspielt.

21 Auf Englisch heißt es in OWTI, 44: „To be is to be the value of a variable." Quine selbst spricht an dieser Stelle in der Tat nicht, wie oft behauptet wird, von „gebundenen Variablen (bound variables)", sondern nur von „Variablen (variables)". Es ist aber klar, dass Quine nur von Quantoren gebundene und keine freien Variablen meinen kann, denn sonst würde sich Quine gerade nicht mehr im ausdrücklich von ihm gewählten Fahrwasser der *quantifikatorischen* Frege-Russell-Strömung bewegen.

22 Vgl. NuN, 59: „Wir wollen etwas einen *starren Bezeichnungsausdruck (rigid designator)* nennen, wenn es in jeder möglichen Welt denselben Gegenstand bezeichnet, und einen *nicht-starren* oder *akzidentellen* Bezeichnungsausdruck, wenn das nicht der Fall ist."

23 Kripkes Beispiel ist nicht Beethoven, sondern die Physiker Richard Feynman und Albert Einstein.

24 Kripke bezieht sich auf die irrige, aber mitunter vertretene Ansicht, Einstein hätte die Atombombe entwickelt. Vgl. NuN, 100.

25 Zur wittgensteinschen Erweiterung der Frege-Russell-Ansicht, Namen seien mit *einer* Kennzeichnung bedeutungsgleich, durch die Annahme, Namen seien mit einem Bündel („cluster") von Kennzeichnungen identisch, vgl. NuN, 40–43 und RuE, 22.

26 Ganz in diesem Sinne, allerdings ohne sich dabei auf Kripke zu beziehen, schreibt Tegtmeier (1997) lapidar: „Der sogenannte Existenzquantor hat nichts mit Existenz zu tun" (44) und plädiert dafür den Ausdruck ‚Existenzquantor' durch ‚Mindestenseinsquantor' zu ersetzen, unter Verweis auf Lorenzen (1962), der den (nicht ganz so exakten) Ausdruck ‚Einsquantor' eingeführt hat. Ähnlich auch Grossmann 2004, 138: „Genau genommen gibt es kein Ding wie einen Existenzquantor. Der Quantor ist in diesem Falle *einige* (mindestens eins) und ‚einige' hat so viel mit Existenz zu tun wie *alle* oder *keiner*."

27 Vgl. hierzu auch Mackie 1976, 257. Mackie selbst vertritt die Ansicht, dass ‚existiert' *primär* von Individuen und nicht von Begriffen ausgesagt wird (selbst in Sätzen wie ‚Es gibt Atome') und dass es sich um einen Spezialfall handelt, wenn wir ‚existiert' verwenden, um auszudrücken, in welchem Ausmaß ein Begriff instanziiert ist (z. B. ‚Zahme Tiger existieren' um zu sagen, dass einige Tiger zahm sind).

28 Vgl. hierzu, ohne Bezug zu Kripke, auch Grossmann 2004, wo Freges Behauptung, dass Existenz nichts anderes ist als Selbstidentität als falsch zurückgewiesen wird, außer für den Fall der Existenz selbst: Nur von der Existenz selbst „zu sagen, dass sie existiert, bedeutet, dass ein Existierendes selbstidentisch ist" (138). Allerdings wäre bei einem Satz wie ‚Die Existenz existiert' in proto-ontologischer Hinsicht fraglich, wie das zu verstehen sein soll, wenn hierbei nicht Sein auf Seiendes, genauer: Dass-Sein, Existenz auf Existierendes reduziert werden soll.

29 Übersetzt in Russell 2003, 82, zitiert nach RuE, 19.

30 Dies hat auch Mackie betont, wenn er schreibt: „It is true that simple statements of the form 'A exists' would then [i. e. if we could refer only to existents] be uninteresting and conversationally pointless; but it is by now a well recognised error to infer from that fact that something is conversationally pointless that it is meaningless or ill-formed" (Mackie 1976, 249).

31 Bereits Moore hatte mit dem Verweis auf kontrafaktische Existenzaussagen gegen Russell auf die Möglichkeit sinnvoller individueller Existenzaussagen verwiesen. Vgl. Moore 1959, 124–26. Weitere Beispiele für die logisch wie konversationell sinnvolle Verwendung individueller Existenzaussagen gibt Mackie: „President Ford does not know that David Pears exists" (Mackie 1976, 249) und „Hardly anyone else knows that the sheltered bay we found yesterday exists" (Mackie 1976, 252).

32 Kripkes Notationsweise unterscheidet sich ein wenig von der von uns gewählten.

33 Vgl. auch RuE, 112.

34 Kripkes Hauptbeispiel ist Hamlet.

35 Kripke greift damit, wohl ohne es zu wissen, eine sozialontologische These Hegels auf. Vgl. dazu RPh, 62: „Der Staat ist ein Abstraktum, der seine selbst nur allgemeine Realität in den Bürgern hat; aber er ist wirklich, und die nur allgemeine Existenz muss sich zu individuellem Willen und Tätigkeit bestimmen." Vgl. hierzu auch Ostritsch 2014a, Kapitel 7.2.3 sowie Ostritsch 2014b.

36 Damit ist aber nicht gesagt, dass wir das Prädikat ‚existiert' im Alltag nicht auch manchmal genau in diesem Sinne verwenden, etwa wenn ein Kind fragt, ob der Weihnachtsmann denn „wirklich existiere". Für die These, dass wir ‚existiert' manchmal als Prädikat von Individuen im Sinne von ‚ist real und nicht fiktiv', bzw. ‚ist historisch und nicht mythisch' aussagen vgl. Strawson 1967, 5–19, insbes. 12–15. Mackie (1976, 255–256) hat Strawsons Position treffend mit dem Hinweis kritisiert, dass letztlich auch von historischen und mythischen Wesen gesagt werden muss, dass sie in irgendeinem Sinne existieren, um auf sie *als bloß historische bzw. mythische* referieren zu können.

37 Kripke steht mit seiner These von der Existenz fiktiver Entitäten nicht allein da in der gegenwärtigen analytischen Philosophie. Für eine weitere einflussreiche Position des fiktionalen Realismus vgl. Inwagen 1977. Angesichts des Entenbeispiels könnte man hier noch weiter fragen: Was ist eigentlich mit so jemandem wie Donald Duck? Auch er ist ja eine Ente, aber im Unterschied zur Spielzeugente und der Ente aus Fleisch und Blut eine fiktive Ente, die zudem auch noch sprechen und handeln, z. B. Autofahren kann und überhaupt eher ein fiktiver Mensch in Entengestalt ist. Auch von ihm muss man nach Kripke sagen, dass er existiere und zwar voll und ganz, nur eben als fiktive Gestalt, antreffbar in Comics und Filmen.

38 Mackie (1976, 256 und 259–260) teilt diese doppelte Lesart der Existenz fiktionaler Wesen. Er beruft sich dabei explizit auf Kripke (vgl. Mackie, 259). Mackies Qualifikatoren ‚literal (full-blooded) existence' einerseits und ‚minimal existence' andererseits entsprechen Kripkes Qualifikatoren ‚durch und durch' und ‚fiktional'.

39 Vgl. Milton: *Paradise Lost*, Buch I, Zeile 390–396: „First Moloch, horrid king besmeared with blood / Of human sacrifice, and parents' tears; / Though, for the noise of drums and timbrels loud, / Their children's cries unheard, that passed through fire / To his grim Idol."

40 Dies gilt nur für die meisten und nicht alle Sätze, in denen ein solches Wort vorkommt, weil es selbstverständlich auch in Form eines Zitats vorkommen kann wie etwa im Satz ‚Der Ausdruck ‚Hursom Kurwüpis' ist kein Name.'

41 Williamson ist allerdings nicht die einzige Alternative zu Kripke im Feld der nicht-quantifikatorischen Theorien, also solcher, die Existenz als Eigenschaft erster Stufe fassen. Vgl. auch Orenstein 1978 und Fine 2005.

42 Vgl. Williamson 2002, 233: „[T]here is a proof of my necessary existence, a proof that generalizes to everything whatsoever."

43 Vgl. Williamson 2002, 233: „It seems obvious that I could have failed to exist. My parents could easily never have met, in which case I should never have been conceived and born."

44 Vgl. Williamson 2002, 245: „Whatever can be counted exists at least in the logical sense; there is such an item." Damit unterstützt Williamson aber nicht die quantifikatorische These, dass Existenzaussagen *nur* eine Art Zahlangaben seien.

45 Markus Gabriel vertritt gegenwärtig eine Position, die vieles mit Williamsons schrankenlosem Existenzbegriff zu teilen scheint. Laut Gabriel existiert ebenfalls schlicht alles, allerdings mit der Ausnahme, dass die *Gesamtheit* all dessen, was es gibt („die Welt"), selbst kein existierender Gegenstand ist (vgl. Anm. 52 zu diesem Kapitel). Vgl. hierzu Gabriel 2013. Da ihm kein Seinsbereich (z. B. der des raumzeitlich Seienden) als ontologisch primär gilt, bezeichnet Gabriel seine Position auch als „neutralen Realismus" (vgl. Gabriel 2014a und 2014b). Über Gabriels Position ist im *Philosophischen Jahrbuch* ein Streit entbrannt. Die wohl heftigste Kritik geübt haben Catharine Diehl und Tobias Rosefeldt (Diehl und Rosefeldt 2015). Sie erheben den Vorwurf, Gabriels Thesen ließen die folgenden beiden Lesarten zu: Entweder sage Gabriel nichts, was nicht bereits in der analytischen Debatte erörtert worden sei, oder aber er sage Dinge, die schlicht nicht einleuchtend bzw. nicht durch Argumente gestützt seien. Gabriel (2015) hat versucht, diese Kritik zurückzuweisen. Für eine ausführlichere Verteidigung seiner Position und der These, die seinem neutralen Realismus zugrunde liegt, nämlich, dass Existenz als „Erscheinung in einem Sinnfeld" zu verstehen sei, vgl. Gabriel 2016.

46 Der Ausdruck ‚möglich' in ‚möglicher raumzeitlicher Gegenstand' ist, wie Williamson betont, nicht prädikativ, sondern attributiv zu verstehen. Statt von einer möglichen, raumzeitlichen Entität ist also von einer möglich-raumzeitlichen Entität die Rede. Für eine verwandte Theorie de facto existierender (aktualer) möglicher Gegenstände vgl. Linsky und Zalta 1994 und Linsky und Zalta 1996. Linskys und Zaltas Theorie basiert ebenfalls auf der Unterscheidung zwischen Existenz als notwendiger Eigenschaft eines jeden Gegenstandes und raumzeitlicher Konkretheit als einer kontingenten Eigenschaft (formalisiert als „C!"), die einem Existierenden auch fehlen kann. Die Theorien von Williamson und von Linsky und Zalta sind Spielarten des sogenannten Aktualismus („actualism"), dem zufolge alles, was es gibt, auch existiert bzw. wirklich („actual") ist. Die Gegenposition zum Aktualismus ist der Possibilismus, demzufolge es auch Mögliches gibt, das nicht wirklich ist. Eine besondere Variante des Possibilismus ist die Mögliche-Welten-Lehre von David Lewis (vgl. Lewis 1986). Nach Lewis existiert auch Mögliches, nämlich in möglichen Welten, ohne schon auch in *dieser*, der wirklichen Welt zu existieren. ‚Wirklich' ist demnach ein indexikalischer Ausdruck, durch den eine von vielen möglichen Welten als *diese* gekennzeichnet wird, ohne dass dadurch andere, bloß mögliche Welten weniger existent wären als die, die für uns die wirkliche ist. Für Williamson existiert aber nur *eine* Wirklichkeit, in der es eben auch Mögliches gibt. Die Rede von *möglichen Welten* hat nach Williamson (2002, 239–240) kein ontologisches Gewicht.

47 Merkels Zwillingsschwester wäre damit aber anders als bei Williamson keine de facto existente mögliche Person, sondern eine fiktive Figur.

48 Vgl. Williamson 2003, 420: „Every candidate for being succeeds in being, but not every candidate for referring succeeds in referring. That goes for reference in thought too. Whatever one can think of is a thing, but that does not guarantee that whenever one appears to be thinking of something, one really is thinking of something."
49 Auf die Existenz eines *möglichen* goldenen Berges ist Williamson aber natürlich nur im Sinne der bereits beschriebenen *attributiven* Lesart von ‚möglich' festgelegt.
50 Die Übersetzung im Haupttext stammt von uns, S. O. / A. L. Im Original heißt es: „[T]he envisaged view [...] has a massively inflationary effect on our ontological commitments."
51 Williamson diskutiert noch zwei weitere Einwände gegen seine Position, ein epistemisches und identitätstheoretisches. Vgl. Williamson 2002, 247–249.
52 Die von Markus Gabriel sogar als Buchtitel verwendete These, dass es „die Welt nicht gibt" (Gabriel 2013) belegt dies eindrücklich: Offenbar können wir so etwas denken. Die sich zunächst bei Gabriel steil anhörende These flacht sich beim näheren Hinsehen allerdings erheblich ab, weil sie im Grund nur besagen soll, dass die Welt kein innerweltlicher Gegenstand im Sinne konkreter Existenz ist (vgl. Anm. 45 zu diesem Kapitel). Der reißende Effekt des Titels entsteht aber, so scheint es, nicht durch den Gedanken, dass wir die Welt nirgends in der Welt vorfinden können, sondern durch den mit diesem Ausdruck angetippten (merkwürdigen) Gedanken, dass es die Welt überhaupt nicht geben könnte. Aber: Natürlich existiert die Welt als Idee der Gesamtheit aller Tatsachen. Die Welt ist als Entität genauso existent wie die „innerweltlichen" Entitäten, freilich ist sie etwas *toto coelo* anderes als diese hinsichtlich ihres Was- und Wie-Seins. Zu sagen, dass die Welt nicht existiert, suggeriert nun aber zumindest, dass die Welt als Gesamtheit aller Entitäten nicht existiert, also „alles" nichts ist. Das wiederum scheint uns eher ein neutraler Nihilismus als ein neutraler Realismus zu sein.
53 Dies ähnelt sehr stark unserer Rekonstruktion der Ontologie Spinozas, wie man im Kapitel 4.3 sehen können wird.
54 Miller spricht ausdrücklich nicht davon, dass Existenz als solche durch ein Individuum begrenzt wird, wie wir dies hier tun, sondern dass jedes Individuum die Grenze „seiner Instanz der Existenz" ist (vgl. Miller 2012, 97). Dies erscheint aber problematisch, da damit schon die Individualisierung der Existenz („*seine* Existenz") unterstellt ist, bevor (logisch-ontologisch gesehen) ein Individuum als Grenze der Existenz fungiert.
55 Vgl. insbesondere die Kapitel 4.3 und 5.2.
56 Tegtmeier 1997 verwendet den Begriff der „Tempusunabhängigkeit" der Existenz (126 et passim), dies allerdings gleichbedeutend mit dem Begriff der „Zeitlosigkeit der Existenz" (19), was in gewisser Weise irreführend ist; aber auch Tegtmeier weist die parmenideische Position einer Zeitlosigkeit *des Existierenden* durchaus als völlig überzogen zurück. Tegtmeier gelingt es übrigens in beeindruckender Weise der Zeitlichkeit des Seienden in seiner Ontologie gerecht zu werden, ohne dabei wie Platon und Aristoteles und die ganze ihnen folgende abendländische Metaphysiktradition „Halbseiendes" (32 et passim) einzuführen.
57 Weswegen es auch falsch wäre, im Sinne des Existierens im Vollsinne zu sagen, dass Werden (Entstehen, Bestehen, Vergehen) Übergänge von Nicht-Existenz zu Existenz und umgekehrt beinhalten würden. Dies trieb ja schon Parmenides und Platon im gleichnamigen Dialog um. Die Lösungen sind bekannt: Entweder man leugnet komplett das Werden, Veränderung etc. wie Parmenides, oder man führt Grade der Existenz ein, wie Platon und ihm folgend das ganze Abendland – beides proto-ontologisch nicht gerade befriedigende Lösungen. Es gibt aber eine bessere Lösung: Unter Beibehaltung eines strengen (parmenideischen) Existenzbegriffs, der ja so etwas wie Nicht-Existenz ausschließt, kann man dennoch alles Werdende (Entstehende, Bestehende, Vergehende) als Seiendes konzipieren, ohne so etwas wie Übergänge von Nicht-Exis-

tenz zu Existenz unterstellen zu müssen: Werdendes ist solches, welches zeitlich einen Anfang und ein Ende hat (vgl. hierzu auch Tegtmeier 1997, 44–46, vgl. hierzu auch Anm. 40 in Kapitel 6 dieses Buches), wobei der zeitliche Anfang und das zeitliche Ende gleichsam Bestandteile des Werdeprozesses selber sind (und insofern mit der endlichen qua zeitlichen Existenz gegeben sind). In Hinblick auf die Existenz eines Seienden kann man eben nicht sagen, was es war, bevor es existierte (auch hier natürlich: ‚existiert' im allgemeinen Sinne, nicht im besonderen Sinne raumzeitlicher Existenz). ‚Was ist x, wenn es nicht existiert' ist eine offenbar unsinnige Frage, denn die Voraussetzung ist ja, *dass* x existiert (von der Logik her ähnlich, wie wenn man fragen würde „Wie spielt man Fußball, wenn man nicht Fußball spielt?"). Und wenn man auf die Frage „Was war x, bevor es x war" hier nun gerne sagen würde „Nun, es war ja noch nichts (Existierendes)" ist damit nur der Schein einer Antwort gegeben, denn das Nichtseiende existiert nicht und kann auch nicht gedacht werden. Statt hier den undenkbaren Gedanken der Nicht-Existenz zu einer Zeit zu investieren, plädieren wir dafür, Prozessualität inklusive Entstehen und Vergehen ontologisch als Charakteristikum der Existenz von *endlichem* Seienden zu verstehen. Mit Hegel gesprochen: Nicht weil das Seiende zeitlich ist, ist es endlich, sondern, weil es endlich ist, ist es zeitlich verfasst (vgl. Enz II, § 258 Z).

58 Vgl. hierzu auch Honnefelder 1996, insbes. 355–358.

59 Man beachte: Zu sagen, dass das Auto in unserer Erinnerung existiert, ist etwas Anderes als zu sagen, dass eine Erinnerung an das Auto existiert. Das Auto in meiner Erinnerung ist selbst ja keine Erinnerung, sondern ein Auto. Oder anders gesagt: Ich erinnere mich nicht meiner Erinnerung an das Auto, sondern an das Auto selbst.

60 Erinnern muss nicht als psychischer Akt aufgefasst werden, sondern umfasst kulturelle Techniken aller Art, „erinnern" (= Vergangenes präsentieren) kann in diesem Sinne z. B. auch ein Museum oder ein Geschichtsbuch.

61 Das heißt aber: Es gibt nichts, es existiert nichts, ohne dass es nicht irgendeine Instanz gibt, der sich Seiendes zeigt bzw. genauer: zeigen kann. Dies mag an George Berkeleys „esse est percipi vel percipere" (vgl. Berkeley 2004, 26) erinnern, was freilich die Geistnatur alles Seienden unterstreichen würde. Auch Franz Brentano in seiner *Kategorienlehre* hat einen Existenzbegriff entwickelt, der Existenz mit Gegenwärtigkeit im weitesten Sinne identifiziert: „Fragen wir, was es denn im eigentlichen Sinne des Wortes gebe [wobei Brentano, gegen Bolzano und Meinong ‚es gibt', ‚es besteht' und ‚es existiert' nicht unterscheidet, A. L. / S. O.], so ist darauf zu antworten, das[,] was mit Recht in dem Modus präsens anzuerkennen ist" (18). Zu diesem Punkt und gegen Brentano schreibt Tegtmeier 1997: „Es spricht entschieden gegen Brentanos Existenz- […] Auffassung, dass sie eine existierende Welt ohne Bewusstsein ausschließt. Denn es war sicher physikalisch und chemisch nicht notwendig, dass Lebewesen entstanden, die psychischer Akte fähig sind" (Tegtmeier 1997, 109). Ohne dass die Diskussion hier in extenso geführt werden kann, muss man dagegenhalten, dass es sich weder bei Berkeley, noch bei Brentanos an Aristoteles orientierter Kategorienlehre um einen solchen „Subjektivismus" des Seienden handelt, wie ihn Tegtmeier unterstellt (wie man schon an dem „mit Recht" im Brentano-Zitat sehen kann). Auch vertreten nicht alle von Tegtmeier abgewiesenen Positionen einen von ihm so genannten „Solpräsentismus". Dieser Ausdruck bezeichnet nach Tegtmeier die Position, die behauptet, dass nur das zeitlich Gegenwärtige existiert (vgl. Tegtmeier 1997, 7 et passim). Dies trifft sicherlich weder auf Heidegger noch auf Augustinus zu, die Tegtmeier als solche Solpräsentisten missversteht. Leider können wir hierauf nicht genauer eingehen, verweisen aber auf unsere Heidegger-Darstellungen im Kapitel 2.1, 6.2 und 6.3, zu Augustinus' Zeitlehre auf Kapitel 6.3. Vgl. außerdem die Zurückweisung des angeblichen Subjektivismus in der Zeitlehre des Augustinus in Flasch 2004, v. a. 196–228. Auch unser Ansatz ist nicht „solpräsentistisch". Der Solpräsentismus ist gerade das von Heidegger so genannte „vulgäre" Zeitverständnis – auch Augustinus fängt ja in den *Confessiones* XI mit dem Paradox des Solpräsentismus an (die Zukunft ist noch nicht, die Vergangenheit ist nicht mehr und die Gegenwart verfliegt im Nu), um es gerade zurückzuweisen. Die eigentliche Zeit ist vielmehr die (existierende!) *distentio animi*, die Erstrecktheit des Geistes in Vergangenheit, Gegenwart und Zukunft. Gleichwohl sind uns diese Zeitmodi nur von unserer eigenen Gegenwart aus zugänglich (vgl. Kapitel 6.3). Existenz überhaupt und Zeit müssen unabhängig voneinander behandelt werden, darin geben wir Tegtmeier 1997, 126–127 recht. Existenz aber ist selbst Präsenz, aber eben überzeitliche Präsenz als Koexistenz (und so ja eigentlich auch Tegtmeier 1997, 127). Im Bereich von endlich Existierendem ist diese Präsenz aber intern zeitlich strukturiert, wie man von Augustinus und Heidegger lernen kann: Sein ist uns endlichen Wesen nur in den zeitlichen Formen zugänglich. Oder, mehr heideggerisch gesprochen: Sein gibt sich als Zeit (vgl. hierzu Kapitel 6.3).

Anmerkungen zu Kapitel 4

1 Zu dieser weniger strengen Auffassung von ‚Beweis' vgl. Bromand und Kreis 2013, 17–18
2 Eine antike Version des Beweises findet sich in Xenophons *Memorabilien* (Xenophon 1977, Buch I, Kap. 4). Für Thomas von Aquin vgl. den fünften der fünf Wege in der *Summa Theologiae*, I, q. 2, a. 3. Vgl. Aquin 1982. Für Kants Kritik am teleologischen Beweis vgl. KrV, B 648. Für Swinburnes Neuformulierung des teleologischen Beweises vgl. sein Argument aus der „Feinabstimmung" in Swinburne 1979.
3 Für Aristoteles vgl. Met Λ, 6–7. Thomas von Aquin hat in seinen „fünf Wegen" alle drei Varianten des kosmologischen Beweises vertreten. Vgl. die Wege eins bis drei in Aquin 1982.
4 Vgl. KrV, B 635: „Es ist aber klar, daß man hierbei voraussetzt, der Begriff eines Wesens von der höchsten Realität tue dem Begriffe der absoluten Notwendigkeit im Dasein völlig genug, d. i. es lasse sich aus jener auf diese schließen; ein Satz, den das ontologische Argument behauptete, welches man also im kosmologischen Beweise annimmt und zum Grunde legt, da man es doch hatte vermeiden wollen." Vgl. hierzu auch Bromand und Kreis 2013, 122–123.
5 Für Descartes' ontologischen Gottesbeweis vgl. Med, 128–145 / AT VII, 63–71.
6 Das bedeutet nicht, dass der Ausdruck ‚Gott' für diesen Gehalt willkürlich gewählt ist. ‚Gott' ist vielmehr eine historisch gewachsene Bezeichnung, die wesentlich auch denjenigen Sinngehalt umfasst, der durch die Bestimmung ‚etwas, über dem nicht Größeres gedacht werden kann' gekennzeichnet ist.
7 Wie ja überhaupt gesagt werden muss, dass ‚Gott' als Name des absolut notwendig Seienden vielfach missverständlich sein kann. Für sieben gängige Missverständnisse der Rede von Gott vgl. das für eine Proto-Theologie richtungsweisende Buch von Thomas Rentsch 2005, v. a. die ersten Kapitel.
8 Für die Interpretation des Ausdrucks ‚Gott' als Namen oder Begriffswort vgl. auch Bromand und Kreis 2013, 23–26.
9 „Denn es kann gedacht werden, daß es etwas gibt, von dem nicht gedacht werden kann, daß es nicht existiert; und das ist größer als dasjenige, von dem gedacht werden kann, daß es nicht existiert" (Pros, c. 3).
10 Als Beispiel nennt Leibniz den Begriff der „schnellsten Bewegung". Eine solche könne es nicht geben, wie ein einfaches Gedankenexperiment beweise: Man nehme an, ein Rad drehe sich mit der schnellsten Bewegung; „wer" – fragt Leibniz rhetorisch – „sieht denn nicht, daß

sich irgendein verlängerter Radius des Rades an seinem äußersten Punkte schneller bewegt als der Nagel auf der Felge des Rades?" (De Cog, 39). Damit scheint Leibniz unfreiwillig ein Beispiel dafür geliefert zu haben, wie schwer es sein kann, die Konsistenz eines komplexen Begriffes zu prüfen; seit Einstein nehmen wir ja gerade an, dass es eine höchste Geschwindigkeit, nämlich die Lichtgeschwindigkeit gibt. Wenn es eine begriffliche Unmöglichkeit wäre, dass es eine höchste Geschwindigkeit gibt, dann dürfte es auch die von der Relativitätstheorie behauptete zentrale absolute Höchstgeschwindigkeit nicht geben. Für die Verteidigung, Leibniz gehe es hier aber ja um eine *begriffliche*, nicht um eine *empirische* Geschwindigkeitsgrenze, vgl. Liske 2000, 193.

11 Explizit modallogischer Natur ist auch der vom Mathematiker und Logiker Kurt Gödel erarbeitete Gottesbeweis, dem zumindest in formallogischer Hinsicht bisher kein Fehler nachgewiesen werden konnte. Gödel will zeigen, dass es möglich ist, dass ein vollkommenes Wesen (Gott) existiert und dass aus dieser Möglichkeit folgt, dass es auch notwendigerweise existiert. Für eine Darstellung von Gödels Beweis, die auch ohne tiefgreifende Kenntnisse der formalen Modallogik verständlich ist, vgl. Bromand und Kreis 2013, Teil IV.

12 Dass die Zulassung zur Existenz ein a-logisches und somit nicht hinreichend begreifliches Faktum ausmacht, erhellt Teil 1 der *Theodizee* (Theod, § 7, 217–219). Die „Erwählung" einer möglichen Welt zur wirklichen Welt „kann nichts anderes als die Tat des *Willens* sein, der wählt" (Theod, § 7, 219). *Was* der Wille wählt, ist Sache der logisch-begrifflich nachvollziehbaren Verstandestätigkeit Gottes. *Dass* der Wille wählt, ist schlicht Ausdruck der „Macht" (Theod, § 7, 219) Gottes.

13 Für die seltene Differenzierung zwischen Freges und Kants Existenzbegriffen im Rahmen der Kritik des ontologischen Gottesbeweises vgl. Hintikka 1981, 127–146 sowie neuerdings Bromand und Kreis 2013, 195–209.

14 Dies gilt zumindest, wenn man hier ‚Wahrheit' im Sinne einer formalen Wahrheit und näherhin als „Übereinstimmung mit den Gesetzen des Verstandes" (KrV, B 350) gebraucht.

15 Vgl. hierzu auch die kompakten und treffenden Bemerkungen in Wagner 1971, 183–186.

16 Scharfsinnig beobachtet hat dies Kripke in RuE, 59, Anmerkung 6.

17 Kursivierung S. O. / A. L.

18 Vgl. auch Bromand und Kreis 2013, 195–200.

19 Vgl. auch Bromand und Kreis 2013, 17–26.

20 Nach dem Schrägstrich steht die Seitenangabe der WBG-Ausgabe.

21 Vgl. für die folgende Darstellung auch Bromand und Kreis 2013, 51–55.

22 So etwa Bromand und Kreis 2013, 115–120.

23 Die Angabe nach dem Schrägstrich bezieht sich auf die Seitenzahl der Meiner-Ausgabe.

24 Vgl. hierzu Bromand und Kreis 2013, 117.

25 Aufschlussreich ist diesbezüglich auch ein Brief Spinozas an Jarig Jelles (Spinoza 1986, 209–210), in dem er die These verteidigt, Gott könne „nur sehr uneigentlich einer und einzig genannt werden"; und zwar deshalb, weil Zahlausdrücke nach Spinoza nur da sinnvoll sind, wo wir eine allgemeine Gattung haben, unter die wir zählbare Exemplare subsumieren können. Genau dies ist bei Gott aber nicht der Fall. Er existiert also nicht als ein unter eine Gattung fallendes Einzelding, sondern, noch einmal, er *ist* (west als) Existenz, sein Was-Sein fällt mit seinem Dass-Sein zusammen.

26 Vgl. E, p. I, prop. 20, dem. / 51: „Dieselben Attribute Gottes, die (nach Definition 4) Gottes ewige Essenz ausdrücken, drücken also zugleich seine ewige Existenz aus; d. h., ebendas, was Gottes Essenz ausmacht, macht zugleich seine Existenz aus. Mithin sind seine Existenz und seine Essenz ein und dasselbe. W. z. b. w."

27 Damit widersprechen wir Bromand und Kreis, die den philosophischen Gehalt des ontologischen Gottesbeweises an seinen strikten „Beweischarakter" (2003, 15) koppeln.

28 In der Sache gibt es große Übereinstimmungen zwischen der hier vorgelegten Spinozalesart und der – unabhängig von Spinoza – vertretenen ontologischen Theorie des amerikanischen Philosophen Milton Munitz (vgl. Munitz 1986 u. 1965). Munitz spricht von der „Boundless Existence" als dem Dass-Sein, das jeglichem Seienden (und dem Universum in seiner Gesamtheit) zugrunde liegt: „Boundless Existence is what is pointed to in focusing on the awareness of the 'thatness' aspect of the known universe as an existent" (Munitz 1986, 233). Da die „Boundless Existence" absolut grundlegend für alles Seiende sei, bedürfe sie gar keines Beweises. Dies wiederum sei die Pointe des wohlverstandenen ontologischen Gottesbeweises: „It [Boundless Existence] needs no further underpinning, no further appeal to evidence or argument to support that awareness. Indeed, everything else – every other mode of evidence, belief, experience, or justification – in some way presupposes or rests upon that awareness. In some ways, the awareness of the Boundless Existence is reminiscent of traditional appeals to the Ontological Argument in support of a belief in God – although if properly understood, the Ontological Argument is, strictly speaking, *no argument*. It declares, rather, the acceptance of a starting point from which everything else follows, but which itself does not follow from anything more fundamental" (Munitz 1986, 233–234).

29 Die Auseinandersetzung mit Eckhart würde allerdings den Rahmen dieses Buches bei weitem sprengen; wichtige Vorarbeiten zur Möglichkeit und Kritik einer existenzphilosophischen Rekonstruktion der eckhartschen Texte stammen von Manstetten 1993 und Flasch 2010. Wie etwa Flasch gezeigt hat, finden sich bei Eckhart zahlreiche besonders deutliche Stellungnahmen gegen ein dinghaftes Gottes- und Seinsverständnis. So ist nach Flasch eine der zentralen Einsichten Eckharts „daß ich vom Sein oder vom *ens* im allgemeinen nicht reden darf wie von diesem oder jenen Einzelseienden" (Flasch 2010, 107). Anders ausgedrückt gelte, wie Flasch im Zuge seiner Auslegung der *Deutschen Predigt Q 6* formuliert: „Gott gehört nicht zu dem, was es alles gibt, auch nicht als dessen Spitze" (Flasch 2010, 54). Vielmehr gilt gemäß Flaschs Eckhart-Darstellung, was wir soeben für den spinozanischen „Gottesbeweis" herausgearbeitet haben: „Das reine Sein, das nackte Sein kommt einem einzigen Subjekt zu, das reines Sein ist. Gottes Wassein, seine *quiditas*, ist sein reines Daßsein, Ob-überhaupt-Sein, seine *anitas*" (Flasch 2010, 173). Eckhart dürfte damit ebenfalls zu denjenigen gehören, die die Essenz des Absoluten in seiner Existenz sehen.

30 Im Vorausblick auf unser Kapitel zu Schelling (5.2) lässt sich anmerken, dass hierin ein weiterer erstaunlicher Gedanke steckt, nämlich der nicht selbstverständliche Übergang von der selbstverständlichen Existenz als solcher zur selbstverständlichen Tatsache, dass Existierendes nichts anderes tun kann, als zu existieren.

31 Wobei auch hier erneut angemerkt sei: ‚Existenz' ist bei Heidegger, anders als in diesem Buch, für die Seinsweise desjenigen Seienden reserviert, das er mit dem Ausdruck ‚Dasein' bezeichnet, also Personen.

Anmerkungen zu Kapitel 5

1 Hegels System nimmt aber schon viel früher, nämlich zu seiner Zeit in Jena (1801–1807) zumindest in Umrissen Gestalt an. Zu den Jenaer Systementwürfen vgl. die Einleitung von Rolf-Peter Horstmann in Jena III.

2 Die enzyklopädische Logik (Enz I, 1830) lässt sich cum grano salis als Kurzform der „großen", zweibändigen *Wissenschaft der Logik* (WL I-II, 1812–1816) verstehen. Im Folgenden beziehen wir uns hauptsächlich auf letztere.

3 Zum ontologischen Charakter von Hegels Logik vgl. Houlgate 2006 und Martin 2012. Aber auch in der sprachphilosophischen Hegel-Deutung von Stekeler-Weithofer heißt es ganz in unserem Sinne: Metaphysik bzw. Ontologie und Logik „sind, wenn sie recht verstanden werden, austauschbare Titel für die *begriffliche Analyse* des vernünftigen Denkens und Sprechens" (Stekeler-Weithofer 1992, 68).

4 Die darauf zurückgehende Formel „omnis determinatio est negatio" ist bis heute wohl vor allem dank Hegels Schriften (vgl. Enz I, § 91 Z. oder WL I, 121) im Umlauf.

5 Vorgreifend auf Kapitel 6 lässt sich noch sagen, dass die Existenzform des endlichen Ich die Zeit ist. Deswegen sagt Hegel auch an verschiedenen Stellen seines Werkes, dass die Zeit daseiender (= existierender) Begriff sei. Zur Ausdeutung dieser Formel vgl. Luckner 1994.

6 Vgl. WL II, 252–253: „Neuerlich konnte man sich der Bemühung mit dem Begriff um so mehr überhoben glauben, da, wie es eine Zeitlang Ton war, der Einbildungskraft, dann dem Gedächtnisse, alles mögliche Schlimme nachzusagen, es in der Philosophie seit geraumer Zeit zur Gewohnheit geworden und zum Teil noch gegenwärtig ist, auf den *Begriff* alle üble Nachrede zu häufen, ihn, der das Höchste des Denkens ist, verächtlich zu machen und dagegen für den höchsten sowohl szientifischen als moralischen Gipfel das *Unbegreifliche* und das *Nichtbegreifen* anzusehen."

7 Vgl. WL II, 295: „Da der Mensch die Sprache hat als das der Vernunft eigentümliche Bezeichnungsmittel, so ist es ein müßiger Einfall, sich nach einer unvollkommeneren Darstellungsweise umsehen und damit quälen zu wollen. Der Begriff kann als solcher wesentlich nur mit dem Geiste aufgefaßt werden, dessen Eigentum nicht nur, sondern dessen reines Selbst er ist. Es ist vergeblich, ihn durch Raumfiguren und algebraische Zeichen zum Behufe des äußerlichen *Auges* und einer *begifflosen, mechanischen Behandlungsweise*, eines *Kalküls*, festhalten zu wollen. Auch jedes Andere, was als Symbol dienen sollte, kann höchstens, wie Symbole für die Natur Gottes, Ahnungen und Anklänge des Begriffes erregen; aber wenn es Ernst sein sollte, den Begriff dadurch auszudrücken und zu erkennen, so ist die äußerliche *Natur* aller Symbole unangemessen dazu, und vielmehr ist das Verhältnis umgekehrt, daß, was in den Symbolen Anklang einer höheren Bestimmung ist, erst durch den Begriff erkannt und allein durch die *Absonderung* jenes sinnlichen Beiwesens ihm genähert werden [kann], das ihn ausdrücken sollte."

8 Stephen Houlgate (Houlgate 2006, 263–265) hat darauf hingewiesen, dass sich die Dialektik von Sein und Nichts auch als Hegels Antwort auf die Grundfrage der Metaphysik deuten lässt: Denn wie das Umschlagen von Nichts in Sein zeigen soll, ist das Nichts schlicht eine instabile Kategorie und daher keine sinnvolle Alternative dazu, dass es überhaupt etwas gibt.

9 Aufgrund der umstrittenen Editionslage stellt sich im Zusammenhang mit Schellings Philosophie der Offenbarung die Frage, welche Ausgabe verwendet werden soll. Am weitesten verbreitet und wohl bis heute am besten zugänglich ist die sogenannte Paulus-Nachschrift [Paulus] von 1841 / 42, die Manfred Frank als Studienausgabe herausgegeben hat. Dabei handelt es sich um eine von H. E. G. Paulus in nicht gerade wohlwollender Absicht kommentierte und gegen den Willen Schellings publizierte Vorlesungsnachschrift. Obwohl die von Frank herausgegebene Studienausgabe die Paulus-Nachschrift von den böswilligen Kommentaren ihres ursprünglichen Editors gereinigt hat, gilt sie weiter als umstritten, da auch die Nachschrift selbst nicht von Schelling zur Publikation freigegeben wurde. Neben der Paulus-Nachschrift existiert die von Schellings Sohn Karl Friedrich August in die *Sämmtliche Werke* aufgenommene Version (SW, Bd. XIII u. XIV), aber auch sie steht im Verdacht, nicht die von Schelling selbst autorisierte Lehre zu enthalten und philosophische Vorlieben des Sohnes widerzuspiegeln. Mit diesem Einwand richtet sich zumindest Walter E. Ehrhardt im Nachwort der von ihm edierten *Urfassung der Philosophie der Offenbarung* (UrOff, 739–741) gegen die Version der *Sämmtlichen Werke*. Laut Ehrhardt handelt es sich allein bei der *Urfassung* um eine Abschrift der von Schelling selbst für die Publikation vorgesehenen Münchner Urfassung (1831 / 32). Nun ist aber auch diese Version nicht unumstritten. So nennt etwa Peter Trawny sie „äußerst miserabel ediert […]" (2002, 16, Anmerkung 34). Für den in diesem Buch verfolgten Zweck einer Einführung in das philosophische Nachdenken über Existenz sind diese philologischen Querelen allerdings nicht ausschlaggebend, denn nicht der „historische Schelling", sondern eine bestimmte existenzphilosophische Einsicht steht im Fokus. Wie Horst Fuhrmans betont hat, handelt es sich bei Schellings Spätphilosophie ohnehin um eine Philosophie in Bewegung, d. h. sie *„ist* nicht einfachhin jene Einheit, als die man sie zumeist so selbstverständlich nimmt" (Fuhrmans Vorwort zu Schelling 1972, 6). Unser Anspruch ist daher auch nicht, *den* späten Schelling darzustellen, sondern Grundgedanken der schellingschen Spätphilosophie für das Nachdenken über Existenz fruchtbar zu machen. Zu diesem Zweck scheint uns die von Frank herausgegebene Paulus-Nachschrift nicht nur aufgrund ihrer Verfügbarkeit und Verbreitung geeignet, sondern auch deshalb, weil sie die in existenzphilosophischer Hinsicht relevanten Grundgedanken auf äußerst konzise und einprägsame Art und Weise wiedergibt. Dies ist für uns Grund genug, uns im Folgenden im Wesentlichen auf Franks Edition zu stützen und die anderen Ausgaben nur ergänzend heranzuziehen. Zu den für unsere Zwecke besonders ergiebigen Texten können auch Schellings Münchner Vorlesungen aus dem WS 1832 / 33 und dem SS 1833 gerechnet werden, die Fuhrmans unter dem Titel *Grundlegung der positiven Philosophie* (vgl. Schelling 1972) herausgegeben hat.

10 Besonders deutlich wird die Differenz von negativer und positiver Philosoph in der *Grundlegung der positiven Philosophie*. Zu den Gründen dafür, dass die späteren, Berliner Werke Schellings eher um eine integrative als um eine konfrontative Darstellung von negativer und positiver Philosophie bemüht sind, vgl. das Vorwort und die Einleitung von Fuhrmans zu Schelling 1972. Die Überzeugung Schellings, dass Hegel der Vollender der rein negativen Philosophie ist, findet ihren prägnanten Ausdruck in der Formulierung, Hegel stelle „in seiner Philosophie das wahre ECCE-HOMO einer *negativen Philosophie* dar" (Schelling 1972, 237).

11 Diese paradox anmutende Rede von einem zu begreifenden Überbegrifflichen, von etwas, wovon vernünftig einsichtig sein soll, dass es die Vernunft übersteigt, hat übrigens auch ein erwähnenswertes Gegenstück in Anselms *Proslogion*. In Kapitel XV möchte Anselm auch die Umkehrthese zur Behauptung, dass über Gott nichts Größeres gedacht werden kann, beweisen, nämlich „*[d]aß er größer ist, als man denken kann*". Diese Umkehrthese steht für Anselm aber nicht im Widerspruch zur ursprünglichen Formel seines Gottesbeweises, sondern ist eine direkte Folge daraus. Es lässt sich nämlich, so Anselm, etwas denken, was größer ist, als überhaupt gedacht werden kann. Deshalb gelte: „Wenn Du dies [größer zu sein, als man denken kann] nicht bist, dann kann etwas Größeres gedacht werden, was unmöglich ist" (Pros, c. 15).

12 Vgl. hierzu auch Schelling 1972, 107.

13 Dabei weist Schelling, wie auch wir es im vorausgegangen Kapitel getan haben, darauf hin, dass Spinoza selbst diese Einsicht nicht in aller Klarheit für sich ergriffen und artikuliert habe (vgl. Paulus, 155). Auch wenn es Schelling zunächst nur um Gott als bloße Existenz geht, muss dennoch konstatiert werden, dass die positive Philosophie Schellings in ihrer Gesamtheit durchaus auf einen personalen Gott, der eben auch ein Seiendes ist, führen soll. Vgl. Schelling 1972, 397: „Das aber, an dessen Sein sich am gewissesten nicht zweifeln lässt, ist das, was blosses ŏn ist, blosses Wesen, nicht tò ŏntos ŏn. Ein solches ŏn ist das Seiende oder die Substanz des Spinoza, an deren Sein man darum nicht zweifeln kann, weil es gar nicht *ein* Seiendes ist. *Ein* Seiendes sind für Spinoza nur die einzelnen wirklichen Dinge. Wenn aber nur die Dinge Seiende sind im eigenschaftlichen Sinne, so ist leicht einzusehen, dass die Substanz selbst nicht ein Seiendes sein kann. Wir aber wollen: [...] dass das ganz und vollkommen Seiende allerdings auch ein Seiendes ist." Gott als *das* „ganz und vollkommen Seiende" ist aber eben auch nur *„terminus ad quem"* als „ein bloss gewollter" (Schelling 1972, 407) und nicht schon *terminus ad quo*.

14 Vgl. E, p. I, prop. 20: „Dei existentia, ejusque essentia unum et idem sunt."

15 Allerdings ist zu beachten, dass der schellingsche Gottesbegriff komplexer ist und mehr als nur das unvordenkliche Dass-Sein umfasst. Gott ist für Schelling das „Überseiende" oder der „Herr des Seins" (Paulus, 175). Über-seiend kann Gott aber nur sein, insofern er das unvordenkliche Sein als einen Aspekt in sich enthält. Der überseiende Charakter Gottes besteht nun aber im freien Setzen einer natürlichen und geistigen Wirklichkeit, die *nachträglich* auch als solche begriffen werden kann. Schelling dreht in der Folge den klassischen Gottesbeweis um, wenn er davon spricht, nicht die Existenz Gottes, sondern nur die Göttlichkeit des Seins sei zu beweisen und zwar durch den nachträglichen Nachvollzug des Übergangs vom reinen Dass-Sein zu einer Welt des Seienden.

16 Vgl. Schelling 1972, 389: „*A priori* wäre dieser Begriff für uns selbst aber auch nicht zu finden. Denn er selbst, dieser Begriff ist das *absolute Prius*, von welchem aus *alles a priori* zu begreifen und zu erkennen ist. Denn das, wovon aus alles *a priori* zu begreifen ist, ist das, welches selbst *nicht* von einem anderen aus zu erkennen ist. Hier scheint also jeder Zugang zu jenem *absoluten* Begriff abgeschlossen, und scheint es, als würden wir alle Wissenschaft aufgeben müssen. Der absolute Begriff ist also ein *absolut schroffer, unzugänglicher*."

17 Für Platon vgl. Theait, 155 d: „Denn gar sehr ist dies der Zustand eines Freundes der Weisheit, die Verwunderung; ja, es gibt keinen andern Anfang der Philosophie als diesen [...]." Platon ist nicht der einzige, der diese Verbindung von Verwunderung und Philosophie sieht. Vgl. etwa auch Aristoteles, Met A, 2, 982b: „Denn Verwunderung war den Menschen jetzt wie vormals der Anfang des Philosophierens [...]."

18 Vgl. zur Differenz von Urständlichkeit und Gegenständlichkeit auch Schelling 1972, 408.

19 Vgl. aber auch schon Freiheit, 23 / SW, Bd. VII, 350.

20 Der Gedanke, dass der letzte Grund als außerbegrifflicher Grund zugleich – und damit scheinbar paradox – gar kein Grund im herkömmlichen Sinne ist, findet sich bereits in der sogenannten *Freiheitsschrift* Schellings von 1809, dort allerdings in freier Übernahme des Ausdrucks „Ungrund", wie er in den Schriften Jakob Böhmes vorkommt: „[E]s muss *vor* allem Grund und vor allem Existierenden, also überhaupt vor aller Dualität, ein Wesen sein; wie können wir es anders nennen als den Urgrund oder vielmehr *Ungrund*?" (Freiheit, 78 / SW, Bd. VII, 406).

21 In diesem Sinne vgl. Martin Heideggers späte Freiburger Vorlesung „Was heißt Denken?" von 1951 / 52 (Heidegger 1984).

22 Schelling verweist in diesem Zusammenhang auch auf die „fortuna primogenia, wie sie von den Römern genannt wurde, der Urzufall des ursprünglich Möglichen, nicht Notwendigen" (Schelling 1972, 450).

23 Schelling spricht davon, dass es darum gehe, die „*grosse[...] Tatsache der Welt*" (Schelling 1972, 272) zu begreifen, d. h. den „Weltprocess" zu verstehen, in dem „das Objektive selbst zum Subjektiven geworden ist im menschlichen Bewusstsein" (Schelling 1972, 275).

24 Nach Schelling können wir es auch nur da mit *echtem Wissen* zu tun haben, wo es die „Möglichkeit des Gegenteils" (Schelling 1972, 97) gibt. Denn was nicht anders sein kann, ist letztlich von sich selbst her verständlich. Wer nur Selbstverständliches weiß, der hat nach Schelling also „kein *eigentliches Wissen*" (Schelling 1972, 97).

25 Nicht zufällig sagt Schelling an anderer Stelle, die theologische Version der Existenzmystifikation, „die Schöpfung sei unbegreiflich!", sei „[s]chaler Theismus" (Paulus, 170). Auch kritisiert er Friedrich Heinrich Jacobi für seine Philosophie des Nichtwissens und Jakob Böhme für seine Theosophie dahingehend, dass beide Positionen letztlich nicht mitteilbar und damit eben keine Philosophie mehr seien. Vgl. Schelling 1972, 250–266, 35. und 36. Vorlesung im WS 1832 / 33.
26 Vgl. auch Schelling 1972, 222.
27 Kursivierung durch uns, S. O. / A. L.
28 Vgl. hierzu auch Schelling 1972, 403: „Der Ausdruck ‚apriorischer Empirismus' hat nicht etwa den Sinn, dass in ihm das Empirische *a priori* abgeleitet werde, sondern den, dass in ihm das Prius empirisch begründet wird."
29 Hinsichtlich dieser von der Existenz aus fortschreitenden oder progressiven Ableitungsbewegung unterscheidet sich Schellings positive Philosophie ihrem Selbstverständnis nach vom klassischen Empirismus humescher oder lockescher Prägung, der in rückwärtiger oder regressiver Bewegung von der Erfahrung ausgehend, auf das aller Erfahrung Zugrundeliegende schließen möchte. Vgl. Schelling 1972, 243–249 und 271–275.
30 Die Philosophie des späten Schelling hat durchaus systematischen Charakter. Der grundlegenden Seins- bzw. Gottes- und Schöpfungslehre folgt die Philosophie der Mythologie und die Philosophie der Offenbarung. Diese Grundstruktur steht seit Schellings Zeit in München Anfang der 1830er. Vgl. hierzu Fuhrmans Einleitung zu Schelling 1972, 21.
31 Schelling bezeichnet seine Philosophie ausdrücklich als „*geschichtliches System*" (Schelling 1972, 80).
32 Vgl. auch Paulus, 256: „Andere wollen wenigstens einen vernünftigen Gott, *daß Gott nichts über die Vernunft tue*; aber selbst dem Menschen wird zugestanden, daß er über die Vernunft tun könne. Ein vernünftiger Mann zu sein, ist wenig. Vernunft ist Jedermanns Ding. Aber seine *Feinde lieben, ist über die Vernunft*. Der Wille Gottes in Bezug auf das ihm entfremdete Menschengeschlecht ist ein Geheimnis und geht über die Vernunft! Das wird man wohl *ohne Unvernunft* sagen können. Darum aber ist jener Entschluß nicht unbegreiflich; er steht im vollkommenen Verhältnis zu dem außerordentlichen Ereignis, auf das er sich bezieht und zu der Größe Gottes." Auch bei dieser Passage dürfen wir uns wieder an die oben bereits in Anm. 11 erwähnte „Umkehrthese" Anselms erinnert fühlen: Wenn Gott etwas ist, über das nichts Größeres gedacht werden kann, dann ist er auch Größeres, als sich überhaupt denken lässt. Denn schließlich lasse es sich ja denken, dass es etwas gibt, was das Denken übersteigt.
33 Für die von Schelling vertretene innige Verbindung von Glauben und Wissen vgl. auch Schelling 1972, 258 u. 260.
34 Vgl. hierzu Rasmussen 2014, 47–58.
35 Für die hier zitierte „Beilage VII" zu den Spinozabriefen gibt es keine korrespondierende 1. Auflage. Die sonst bei „Spin" erfolgte Angabe nach dem Schrägstrich entfällt daher. Die durch Sperrung und Fettdruck unterschiedlich sichtbar gemachten Hervorhebungen der Quelle werden hier von uns allesamt durch Kursivierung kenntlich gemacht.
36 Vgl. auch Rasmussen 2014.
37 Vgl. zu einer ähnlichen Einschätzung auch Rasmussen 2014, 52–53.
38 Vgl. WL 1794. Dies wird von Fichte auch noch in späteren Wissenschaftslehren betont. Vgl. WL 1804, 136.
39 Vgl. auch Zöller 2013, 49–53 und 53–59.
40 Diese Zielsetzung teilt Fichte mit den anderen Hauptvertretern des deutschen Idealismus, Hegel und Schelling. Vgl. dazu Ostritsch 2016.

41 Vgl. hierzu Zöller 2013, 62: „Für Fichte gilt: Das Absolute muss nicht erscheinen; es kann auch nicht erscheinen. Wenn es aber erscheint, dann notwendig als Wissen und unter dessen eigener Gesetzlichkeit [...]."
42 Vgl. hierzu auch Zöller 2013, 64–65.
43 Vgl. WL 1804, 21: „Sollte sie [die Wissenschaftslehre] [...] ein *absolut* Unbegreifliches zugeben müssen, so wird sie es wenigstens als das, was es ist, als absolut unbegreiflich, und nichts mehr, begreifen, wobei denn wohl eben das absolute Begreifen anheben dürfte."
44 Vgl. zu dieser Einschätzung bezüglich der Fortführung des jacobischen Projekts durch Fichte Rasmussen 2014, 49. Es ist vor diesem Hintergrund dann auch wenig erstaunlich, dass Fichte in seiner Spätphilosophie der Lehre vom *esse* eine *Phänomenologie* korrespondieren lässt (vgl. hierzu Janke 1993). Unter ‚Phänomenologie' als Lehre von den Erscheinungen lassen sich prinzipiell zwei ganz unterschiedliche Dinge verstehen. Zum einen kann man mit ‚Phänomenologie' eine Lehre meinen, die Erscheinungen als Erscheinungen eines *anderen*, hinter ihnen stehenden Wesens versteht. So ließe sich etwa eine bestimmte Farbe als die Erscheinung elektromagnetischer Wellen verstehen. Die andere Art, Phänomenologie zu betreiben, besteht darin, die Phänomene für die Sachen selbst zu nehmen, wie dies die moderne Phänomenologie seit Edmund Husserl ausdrücklich betrieben hat. Dieser Auffassung zufolge wäre etwa eine bestimmte Farbe schlicht *als Farbe* aufzufassen und zu explizieren. Fichtes Phänomenologie ist nun Phänomenologie im zweiten Sinne (vgl. Luckner 1995, 389–395). Dies dürfte aber eigentlich nur für den überraschend sein, dem Fichtes Verbindung zu Jacobis proto-phänomenologischer Programmformel von der „Enthüllung des Daseins" unbekannt geblieben ist. In Fichtes Phänomenologie geht es also darum, die Erscheinungen als irreduzible Ausdrucksformen des Dass-Seins (und nicht als den Schein eines hinter ihnen liegenden wesentlichen Was-Seins) einsichtig zu machen. Neben diesem expressiven Sinn des Erscheinungsbegriffs gibt es bei Fichte jedoch auch eine zweite, defiziente Bedeutungskomponente des Ausdrucks ‚Erscheinung' (vgl. Zöller 2013, 59, wo von einem „effizienten" und einem „defizienten" Sinn des fichteschen Erscheinungsbegriffs die Rede ist). Das den Phänomenen vorgängige Dass-Sein geht nämlich niemals ganz in diesen auf. Um dieses zweischneidige Verhältnis der Phänomene zum Absoluten deutlich zu machen, verwendet Fichte in seiner Spätphilosophie den Begriff des Bildes. Was Bild des Absoluten ist, in das ist das Absolute selbst hineingebildet bzw. kann als Ausbildung des Absoluten selbst gelten. Zugleich ist es aber eben nicht das Absolute selbst, sondern nur sein Bildnis. Vgl. hierzu auch Zöller 2013, 59: „Im Konzept des Bildes verbindet sich beim späten Fichte der sekundäre, abgeleitete und minder wirkliche Seinscharakter der bloßen Erscheinung mit dem intrinsischen Verweisungsbezug des Bildes auf ein eigentlich Wirkliches, dem die Bild-Erscheinung bei aller Differenz doch zugehört." Die stufenartig angeordneten Grunderscheinungsformen – oder eben Bilder – des Absoluten sieht Fichte in Natur, Recht, Sittlichkeit, Religion und Philosophie (vgl. Janke 1993, 384–392). Die eigentümliche Aufgabe der Philosophie ist es nach Fichte, wie oben beschrieben, den Bildcharakter alles Wissens selbst einzusehen und dadurch zu überwinden.

Anmerkungen zu Kapitel 6

1 Vgl. Kapitel 1.3.
2 Für diesen weiten Begriff des Individuums vgl. Strawson 1972.
3 Die individualitätsphilosophischen Überlegungen von Duns Scotus findet sich in den sechs Quaestiones der *Ordinatio II, distinctio 3, pars 1*. Zitiert wird die deutsche Übersetzung von Thamar Rossi Leidi *Über das Individuationsprinzip* [= ÜI]. Die Stellenangaben erfolgen durch Verweise auf die jeweilige Quaestio (q. 1–6) sowie die durch alle Quaestiones durchlaufenden Absatznummern (nn. 1–211).
4 Im frühen 14. Jahrhundert, kurz nach Scotus' Tod wurde diese These prominent von William von Ockham vertreten.
5 Vgl. Kapitel 5.1.
6 Wir übergehen in unserer Darstellung die 4. Quaestio. In ihr weist Scotus den Vorschlag zurück, Individuation käme durch die Kategorie der Quantität zustande. Wir glauben, diesen Punkt hier überspringen zu können, weil seine Zurückweisung auf dem bereits durchexerzierten Muster beruht. Die Kategorie der Größe (Quantität) ist eine bloß akzidentielle, also nicht-wesentliche Bestimmung. Daher kann sich die Quantitätsbestimmung ändern, ohne dass ein Individuum aufhört, *dieses* und nicht ein anderes Individuum zu sein. Es sind Individuen, von denen wir Quantitätsaussagen machen können, aber diese Quantitätsbestimmungen machen offenkundig nicht die Individualität von Individuen aus.
7 Der eigentliche Ausdruck ‚haecceitas' (bzw. ‚haecitas', was die eigentliche korrekte Nominalisierung von ‚haec' ist) ist bei Duns Scotus auffällig selten, kommt aber vor. Vgl. hierzu Dreyer u. Ingham 2003, 38 und die Einleitung von Leidi in ÜI, LXXVII.
8 Vgl. Kapitel 3.6.
9 Dadurch unterscheidet sich Scotus von gegenwärtigen Vertretern der Haecceitas-Lehre, die die Diesheit bedenkenlos zur Eigenschaft erklären. Vgl. etwa Adams 1979.
10 Vgl. Leidis Einleitung zu ÜI, LXXVII: „die Entität der Singularität, d. h. die eigene Seinsweise der Individualität".
11 Vgl. hierzu auch das erhellende Glossar in Spade 1994, 232: „*Entity*: Throughout the text from Scotus, 'entity' has a gerundial rather than a participial force. I.e., an 'entity' in this sense is not something that *is*, but rather what something that is *does*. The word might sometimes be translated 'way of being'"; vgl. ebenso Leidis Einleitung in ÜI, LXXIX: „‚*Haecceitas*' drückt, anders als der lateinische Wortursprung suggeriert, keine Qualität, keine Eigenschaft und keinen Zustand aus, der mehreren Subjekten gemeinsam sein kann, sondern ein jedes Individuum hat oder ist eine *haecceitas* [...]."
12 Die im Folgenden besprochenen Argumente Ockhams stammen aus seiner *Ordinatio*. Für eine englischsprachige Übersetzung (eine deutsche liegt unseres Wissens nicht vor) vgl. Spade 1994.
13 Ockham nimmt diese Antwort vorweg (vgl. Ock Ord, d. 2, q. 6, n. 40) und entgegnet, dass es im Falle der Nichtwidersprüchlichkeit keinen Grund gäbe, nicht gleich von einer *realen* statt von einer *formalen* Distinktion zu sprechen. Die scotistische Replik hierauf müsste lauten, dass überhaupt nicht behauptet werden soll, dass die Einheit der natura communis und die Einheit der haecceitas nicht real seien. Schließlich argumentiert Scotus in q. 1 gerade für die Realität der Artnatur. ‚Real' meint aber lediglich das Gegenteil von ‚erdacht' und nicht, dass es von sich her als ein eigenständiges *Etwas* existiert.
14 Vgl. Kapitel 3.3.

15 Ein weiterer philosophiehistorischer Faden, der es Wert wäre, an dieser Stelle aufgenommen zu werden, hier aber aus Platzgründen fallen gelassen werden muss, ist die Rezeption dieser grundlegenden Pointe der scotistischen Haecceitas-Lehre durch Charles Sanders Peirce. Vgl. dazu Honnefelder 1990, 386–389. Vgl. auch Peirce selbst: „Most systems of philosophy maintain certain facts or principles as ultimate. In truth, any fact is in one sense ultimate – that is to say, in its isolated aggressive stubbornness and individual reality. What Scotus calls the haecceities of things, the hereness and nowness of them, are indeed ultimate. Why this which is here is such as it is; how, for instance, if it happens to be a grain of sand, it came to be so small and so hard, we can ask; we can also ask how it got carried here; but the explanation in this case merely carries us back to the fact that it was once in some other place, where similar things might naturally be expected to be. Why IT, independently of its general characters, comes to have any definite place in the world, is not a question to be asked; it is simply an ultimate fact" (Peirce 1974, 221 / § 405).
16 Für den angelologischen Kontext der Individuationsthematik bei Scotus vgl. ÜI, q. 1, n. 1.
17 Vgl. hierzu die Unterscheidung von ‚general' und ‚particular' in Strawson 1953 / 1954.
18 Kripkes Beispiel ist insofern unglücklich, als ‚Reptil' in der Zoologie nicht eine natürliche Art bezeichnet, sondern als Sammelbezeichnung für verschiedene natürliche Arten gilt.
19 Vgl. auch NuN, 155: „Ich glaube, daß bei Termini für natürliche Arten (zum Beispiel Tierarten, Pflanzenarten und chemische Arten) die Referenz im allgemeinen auf diese Weise festgelegt wird; die Substanz wird definiert als die Art, die von einem gegebenen Muster (oder fast allen Dingen aus einem Muster) exemplifiziert wird."
20 Für eine eigenständige Einführung in die Philosophie der Person vgl. Quante 2007. Quante identifiziert drei verschiedene, aber zusammenhängende philosophische Fragen des Personseins; erstens die Frage nach der Personalität im Sinne der *qualitativen* Identität von Personen (d. h. „Was macht eine Entität zu einer Person?"); zweitens die Frage nach der synchronen und vor allem diachronen Einheit von Personen; und drittens die Frage nach der personalen Identität im Sinne eines evaluativen und normativen Selbstverständnisses. Vgl. Quante 2007, 8–11. Die hier folgenden Kapitel zu personaler Existenz (6.2), zur Zeitlichkeit personaler Existenz (6.3) sowie zum authentischen Selbstsein (7) passen im Großen und Ganzen ebenfalls in dieses dreigliedrige Schema.
21 Die Angaben nach dem Schrägstrich geben die Seitenzahlen der Niemeyer-Ausgabe wieder.
22 Um erneut Missverständnisse zu vermeiden: Terminologisch versteht Heidegger unter ‚Existenz' nicht wie wir hier in diesem Buch das Dass-Sein überhaupt, sondern nur die besondere Seinsweise von Personen, nämlich das freie Sich-zu-sich-selbst-Verhalten, vgl. SuZ, § 4.
23 Vgl. hierzu auch Luckner und Kuhl 2007, insbes. 9–48.
24 Sartres Ausführungen lassen sich noch dahingehend ergänzen, dass die absolute Freiheit des Menschen schon einer der Grundgedanken der Stoiker war, freilich in den Grenzen ihrer kosmologischen Rahmenvorstellung: Der Mensch ist durch seine Vernunft des alles durchwaltenden *logos* teilhaftig. Im Menschen kommt der *logos* zu sich und die Freiheit des Menschen besteht darin, zu allem ein Verhältnis der Ablehnung bzw. Zustimmung (*synkatáthesis*) einnehmen zu können. Diese Freiheit ist nicht einschränkbar; auch als Gefangener unter der Folter oder als Sklave im Circus Maximus, also unter denkbar unfreien Bedingungen, ist diese Freiheit gegeben und äußert sich z. B. auch in der Möglichkeit, sein eigenes Leben gewaltsam zu beenden. Vgl. hierzu die besonders drastischen Ausführungen in Senecas Epist Mor, 70 (die Zahlangabe nennt den jeweiligen Brief, nicht die Seitenzahl). Wie man weiß, ist Descartes stark von stoischen Ideen beeinflusst, wie sich vor allem in seiner „morale par provision" zeigt. Vgl. hierzu Luckner 2005, Kapitel 7, 141–165.

25 Bei Sartre heißt es hierzu erhellend: „[W]as wir gewöhnlich unter wollen verstehen ist eine bewußte Entscheidung, die bei den meisten von uns erst später gefällt wird, von demjenigen, zu dem sie sich selbst gemacht haben." (EiH, 150).
26 Für Kierkegaard vgl. Angst, 488; für Heidegger SuZ, § 30, für Sartre EiH, 151–153.
27 Das Selbst, das sich uns in der Angst erschließt, ist also nicht nur die bloße Identität, wie sie sich im Satz ‚Ich bin ich' ausdrückt, sondern – sit venia verbo – unsere *Selbstheit*. Vgl. dazu auch Paul Ricœurs Unterscheidung zwischen „identité-mêmeté" und „identité-ipséité" in seinem Buch *Soi-même comme un autre* (Ricœur 1990).
28 Vgl. zu dieser Einsicht auch die Fichte-Darstellung in Kapitel 5.3.
29 Vgl. hierzu auch die Ausführungen zu Rousseaus Existenzgefühl in Kapitel 2.1. In der Gegenwartsphilosophie erlebt das Thema existenzieller Stimmungen bzw. existenzieller Gefühle, die unsere bewusste Welt- und Selbsterfahrung vorformen, unter dem Schlagwort „feelings of being" eine Renaissance. Vgl. hierzu etwa Ratcliffe 2008 sowie die Beiträge in Fingerhut u. Marienberg 2012.
30 Wenn man bedenkt, dass Heidegger mit seiner Analyse des Daseins etwas ganz Ähnliches verfolgte, nämlich letztlich die Frage nach dem Sein überhaupt, wenn schon nicht zu beantworten, so doch richtig zu stellen, zugleich aber Descartes und den Cartesianismus in vielerlei Hinsicht als Gegner aufbaute (vgl. etwa SuZ, §§ 19–21), gegenüber dem man die fundamentalontologischen (oder wie wir in Kapitel 1.2 sagten: proto-ontologischen) Fragen allererst geltend machen müsste, dann sollte Sartres Entdeckung der Vorgängigkeit der Existenz vor der Essenz ausgerechnet bei Descartes höchst provokativ für jeden Heideggerianer sein. Heidegger selbst bezeichnet allerdings den Grundsatz Sartres als Umkehrung enes metaphysischen Satzes (der eben deswegen ebenfalls metaphysisch sei, vgl. Heidegger 1976, 328), was aus unserer Sicht eine bloße Behauptung ist.
31 Vgl. das Kapitel „Die absurden Mauern", in: Sisyphos, 20–41. Der Titel ist eine Anspielung auf Dostojewskis Erzählung *Aufzeichnungen aus einem Kellerloch* (1864). Zu Camus' Auseinandersetzung mit Dostojewski und Kafka vgl. auch die Kapitel „Kirilow", in: Sisyphos, 136–145 und „Die Hoffnung und das Absurde im Werk von Franz Kafka", in: Sisyphos, 163–180.
32 Heidegger beschreibt in *Sein und Zeit* ausführlich, wie Einzeldinge als Vorhandene durch die Zeichentätigkeit des Daseins allererst hervorgehen. Zunächst befindet sich das Dasein nicht in einer Welt der Einzeldinge, sondern seine Welt ist eine pragmatisch nach Mitteln und Zwecken strukturierte Welt von „Zeug". Solches Zeug gibt es streng genommen nie in vereinzelter Form, sondern lediglich als funktionales Element in Zweck-Mittel-Zusammenhängen. Aus diesem Zeug löst das Dasein dann das Vorhandene mittels seiner Zeige- und Zeichentätigkeit dinghaft-vergegenständlichend heraus. Vgl. SuZ, §§ 15–18; vgl. dazu auch Luckner 2001, 40–44; Luckner 2007; sowie Meier 2012.
33 Wie Anton Friedrich Koch betont hat, zeigt sich in diesem Punkt eine fundamentale Divergenz zwischen dem Rationalismus Hegels und der Existenzphilosophie Heideggers: „Hegel denkt die individuelle Person als Einzelfall der allgemeinen Subjektivität. Wenn dagegen Heidegger lehrt, das Dasein sei kein ‚Fall oder Exemplar einer Gattung von Seiendem als Vorhandenem', sondern durch Jemeinigkeit bestimmt, gemäß deren Charakter ‚das Ansprechen von Dasein' ‚stets das *Personal*pronomen mitsagen' müsse, so sprengt er den begrifflichen Rahmen der Metaphysik einschließlich der Hegelschen Metaphysikkritik" (Koch 2014, 199).
34 Der Zusatz in Klammern stammt aus dem zitierten Text.
35 Vgl. Kapitel 5.2 und 5.3.
36 Vgl. hierzu Kapitel 7.1.

37 Wir stoßen damit auf etwas, was wir bereits im Anschluss an unsere Auseinandersetzung mit der Existenztheorie Williamsons ansprachen, nämlich auf den Umstand, dass Existierendes zugleich ein mit uns Gegenwärtiges sein muss. Vgl. Kapitel 3.6.
38 Zu diesem Gedanken vgl. auch Luckner 1994, 227–237 sowie Ostritsch 2017a.
39 Sartre spricht hier von der „Transzendenz" des Menschen (vgl. EiH, 175–176).
40 Die interne Zeitlichkeit der Existenz endlicher Individuen, so steht zu vermuten, ist dafür verantwortlich, dass auch unser Blick auf *Existenz überhaupt* zeitlich imprägniert ist. Existenz, Dass-Sein überhaupt unterliegt selbst nicht der Zeit, wie schon Parmenides wusste. Ein Übergang von Nicht-Existenz zu Existenz und umgekehrt, wie er für Entstehungs- und Vergehensprozesse typischerweise angenommen wurde, ist nicht denkbar und ähnelt damit so etwas wie einem (ebenfalls nicht existierenden) „quadratischen Kreis". Das heißt nicht, dass es kein Werden und Vergehen gibt (bzw. dass solches nicht existiert), sondern nur, dass Werden und Vergehen gemeinhin falsch konzipiert sind, wenn man hierbei solche Übergänge annimmt. Werden und Vergehen sind vielmehr intrinsische Merkmale von (endlich) Existierendem, also z.B. körperlich manifesten Personen, nicht von Existenz selbst (vgl. zu diesem Punkt Tegtmeier 1997, 44–46 sowie Anm. 5 in Kapitel 3 dieses Buches). Umso wichtiger ist es, die interne Zeitlichkeit personaler Existenz zu analysieren, damit wir auf der proto-ontologischen Ebene die Zugangsweisen zu so etwas wie Existenz überhaupt, zum Dass-Sein recht vor die Augen bekommen.
41 Für eine Verteidigung der These, dass ein unendliches Leben weder wünschenswert ist noch sinnvollerweise gedacht werden kann, vgl. Ostritsch 2015.
42 Deutlich etwa DBV, VII, 9: „Hingegen jener, der jeden Augenblick auf seine eigenen Bedürfnisse verwendet, der jeden Tag, als sei es sein Leben, gestaltet, wünscht das Morgen weder herbei noch fürchtet er es."
43 Vg. Conf XI, c. XV, n. 20: „Entdecken wir etwas an der Zeit, was in keine, aber auch nicht in die geringsten Teile geteilt werden kann, dann ist dies das einzige, was ‚gegenwärtig' heißen sollte. Aber dies fliegt so rasch aus der Zukunft in die Vergangenheit hinüber, daß es sich zu keiner noch so kleinen Dauer (*morula*) dehnt. Dehnt es sich, zerfällt es in Vergangenes und Künftiges; das Gegenwärtige aber dehnt sich über keinen Zeitraum (*spatium*)."
44 Für die „*attentio*" vgl. c. XXVIII, n. 37.
45 Vgl. Kapitel 3.6 und weiter oben in Kapitel 6.3.
46 Auf diesen zweifachen, objektiven wie subjektiven Charakter der Zeit hat u. a. Ursula Schulte-Klöcker (2006, 21) hingewiesen: „Ist im Hinblick auf die geist-unabhängige Weltzeit die Rede von ‚Zeit', so erscheint dies, gemessen an der Zeitvorstellung der *distentio animi*, gewissermaßen als verkürzter Begriff, der sich inhaltlich auf die stete, objektive Veränderung des Seienden beschränkt. Erst in der Bindung an den menschlichen Geist erwächst die Zeit zu ihrer vollen Gestalt." Vgl. zu einer solchen Augustinus-Deutung auch Weis 1984, 98–100 sowie Ostritsch 2017b. Die augustinische These, dass Zeit ohne Geist haltlose Sukzession ist und daher erst durch den Geist zu Zeit im vollen Sinne wird, ist später immer wieder wiederholt worden. Für Hegels Version dieser These vgl. Luckner 1994 u. Ostritsch 2017a. Edmund Husserl hat in seinen *Vorlesungen zur Phänomenologie des inneren Zeitbewusstseins* im Grunde auch diese augustinische Idee mit den Begriffen ‚Protention' und ‚Retention' als den Arten, wie der Geist die Momente „festhält", phänomenologisch ausbuchstabiert. Vgl. Husserl 1966.
47 Vgl. Angst, 547: „Der Augenblick ist jenes Zweideutige, in dem Zeit und Ewigkeit einander berühren, und hiermit ist der Begriff der *Zeitlichkeit* gesetzt, wo die Zeit beständig die Ewigkeit abreißt und die Ewigkeit beständig die Zeit durchdringt. Erst jetzt erhält jene erwähnte Einteilung ihre Bedeutung: die gegenwärtige Zeit, die vergangene Zeit, die zukünftige Zeit."

48 Vgl. Angst, 550–551: „Das Mögliche entspricht gänzlich dem Zukünftigen. Das Mögliche ist für die Freiheit das Zukünftige, und das Zukünftige für die Zeit das Mögliche. Beidem entspricht im individuellen Leben die Angst."
49 Da die Vergangenheit in existenzieller Hinsicht eben gar nicht vergangen ist, verwendet Heidegger den Ausdruck ‚Gewesenheit'. Vgl. SuZ, § 65.
50 Heidegger verweist in SuZ, § 68 / 338, Anm. 1 zwar selbst auf Kierkegaards Augenblicksanalyse, behauptet aber, der Däne habe in der „existenzialen Interpretation" des Phänomens versagt, und zwar deshalb, weil er noch einen vulgären, an der Sukzession orientierten Zeitbegriff gepflegt habe. Aus unserer obigen Darstellung ergibt sich klarerweise, dass genau dies *nicht* der Fall ist und Kierkegaard sehr wohl die wesentlichen ontologischen Pointen existenzphilosophischen Zeitdenkens gesehen hat.
51 Vgl. hierzu Kierkegaard 2012c.

Anmerkungen zu Kapitel 7

1 Die hier skizzierten Gedanken zum authentischen Selbstsein orientieren sich an Luckner und Kuhl, 2007, insbes. 9–48. Zu den verschiedenen Formen und Ausprägungen von Inauthentizität vgl. v. a. Kap. 7.4.
2 Zur Modellierung dieser Wahl des eigenen Selbst vgl. genauer Luckner / Kuhl 2007, v. a. 23–32.
3 Seneca hat diese Einsicht in der (auf Cicero zurückgehende) Wendung festgehalten: „Ducunt volentem fata, nolentem trahunt." – „Es führt einen das Schicksal, wenn man zustimmt, wenn man sich verweigert, schleppt es einen fort" (Epist Mor, 107, n. 11). Nachdem wir Seneca hinsichtlich seiner Zeitphilosophie weiter oben bereits als Existenzphilosophen *avant la lettre* charakterisiert haben, dürfte es nicht überraschend sein, dass wir ihn hier auch als Vorläufer des Gedankens der Selbstwahl charakterisieren.
4 Vgl. hierzu etwa Senecas Epist Mor, 70, 77, 78.
5 Sich blind und willenlos in ein Schicksal zu fügen ist aber etwas anderes als die oben zitierte Schicksalsergebenheit Senecas. Ihm ging es darum, sich dazu zu entschließen, ein unausweichliches Schicksal auch als solches anzuerkennen.
6 Deswegen hat auch Heidegger in *Sein und Zeit* (§ 58) die Selbstwahl letztlich auch als „Gewissen-haben-Wollen" bestimmt, wobei das Gewissen hier freilich gerade nicht als ein sozialisiertes Über-Ich konzipiert wird, sondern als echte ich-hafte Entscheidungsinstanz.
7 Für eine ausführliche Untersuchung existenzphilosophischer Ethik vgl. Fahrenbach 1970.
8 Für die Unaufrichtigkeit bzw. Unredlichkeit (*mauvaise foi*) vgl. EiH, 171 und MD, 99. Für das Man bei Heidegger vgl. SuZ, § 27.
9 Dieses Über-sich-hinaus-Sein heißt bei Sartre „Transzendenz" (EiH, 175–176) und bei Heidegger „Sorge" (SuZ, § 41). Um genau zu sein, ist das Über-sich-hinaus-Sein nur ein Aspekt der dreigliedrigen Struktur personalen Existierens, die Heidegger „Sorge" nennt, genauer die „Existenzialität".
10 Selbstverständlich könnte man aufgrund der praktischen Unhintergehbarkeit der Freiheit in einer von Sartre abweichenden Terminologie von Freiheit auch als einem *absoluten* Wert im Gegensatz zu allen anderen, bloß *relativen* Werten sprechen.
11 Nur de Beauvoir hat diese in dem schon erwähnten Essay *Für eine Moral der Doppelsinnigkeit* (MD) systematisch ausgearbeitet. Ansätze hierzu finden sich aber auch bei Sartre, sowohl im letzten Teil von *Das Sein und das Nichts* (SuN) als auch in *Der Existentialismus ist ein Humanis-*

mus (EiH) sowie in den posthum herausgegebenen *Entwürfen für eine Moralphilosophie* (Sartre 2005).

12 Mit dieser absoluten Freiheit des Individuums soll aber nicht die für es wesentliche Verbindung zu anderen Individuen und zum überindividuellen Werte- und Normenhorizont der Gesellschaft bestritten werden. Wie wir im nächsten Unterkapitel 7.3 sehen werden, kann sich ein authentisches Selbst letztlich nur im gemeinschaftlichen Zusammenspiel herausbilden und erhalten. Vgl. für diese These auch Taylor 1995, insbes. Kapitel 3 u. 4.

13 Dies ist übrigens der Grund dafür, dass Deterministen eigentlich nicht wissen, was sie sagen. Denn zu behaupten, dass der Mensch durch die Strukturen seines Gehirns, durch seine DNA, durch die Naturgesetze, durch die politisch-ökonomischen Verhältnisse oder was auch immer vollständig determiniert sei, verkennt die Tatsache, dass wir nicht determiniert sind dazu, uns als vollständig determiniert zu entwerfen (zumindest die beiden Autoren dieses Buches haben nicht diesen Entwurf von sich). Allein dies ist *ipso facto* schon die Transzendierung des Determinismus: Deterministen müssten auch die Verantwortung für die Konsequenzen, die aus ihrem Entwurf – der letztendlich aus Freiheit getätigt wurde – erwachsen, übernehmen, z. B. wenn sie behaupten, dass das Strafrecht geändert werden müsse, weil die Leute nichts dafür könnten, dass sie denken und handeln, wie sie eben denken und handeln. Nein, die Leute können nicht nur dafür etwas, sie können sogar dafür etwas, dass sie so sind, wie bzw. was sie sind (Deterministen z. B.).

14 Sartres meta-ethische Überlegungen haben eine hohe Affinität zu denen Hegels, der ebenfalls versuchte, sowohl der objektiven Gültigkeit der Moral als auch der Freiheit des Menschen als dem Quellpunkt jedweder Normativität Rechnung zu tragen. Dabei hat Hegel aber eine deutlich stärkere Tendenz zum Realismus bzw. Objektivismus, was auch damit zusammenhängt, dass er Freiheit im Gegensatz zu Sartre als absoluten Wert fasst und darin ein, wenn auch historisches anreicherbares, Kriterium für die Gültigkeit von ethischen Entwürfen sieht. Vgl. hierzu Ostritsch 2014a, v. a. Kapitel 7.4.

15 Vgl. die Versuche in der Religionsschrift Kants, das Böse basierend auf einem *Hang* (also etwas zwischen Zwang und Drang) zu konzipieren. Der Böse ist bei Kant, anders als z. B. bei Schelling und ihm folgend Kierkegaard bis Sartre, also immer noch nicht ganz frei, sondern partiell fremdbestimmt in seinem Tun. Vgl. AA, Bd. VI, 28–32.

16 Vgl. hierzu auch die bereits oben zitierte These Schelling, das Wesen des Menschen sei „wesentlich *seine eigene Tat*" (Freiheit, 57 / SW, Bd. VII, 385). Hierin liegt der Sache nach, dass die Authentizität einer Entscheidung allererst so etwas wie reale Autonomie ermöglicht.

17 Vgl. hierzu auch Luckner 2001, 157–162.

18 Vgl. hierzu die bereits weiter oben zitierte Aussage Kierkegaards in Angst, 471, Anm. 1.

19 Vgl. Furcht, 239: „Der Glaube ist eben dieses Paradoxon, daß der Einzelne als der Einzelne höher ist als das Allgemeine, diesem gegenüber berechtigt ist, nicht subordiniert, sondern übergeordnet [...]."

20 In *Entweder – Oder* beschreibt Kierkegaard zwei andere potentiell authentische Lebensweisen, nämlich die hedonistisch-ästhetische und die ethische. Beide sind aber letztlich im Gegensatz zur christlich-religiösen Existenz instabil.

21 Kierkegaards Denken findet, insofern es sich bei ihr um eine explizit *theistische* Form der Existenzphilosophie handelt, seine Fortsetzung im 20. Jahrhundert eher christlichen Denkern wie Étienne Gilson, Karl Jaspers oder Gabriel Marcel als etwa bei Martin Heidegger.

22 Vgl. hierzu Moore 2006, 319.

23 Das für die Begründung dieser These notwendige Argument findet sich auch in Luckner 2010.

24 Vgl. auch Luckner 2010.

25 Damit bestätigt Moore eine so im Kern bereits von Pierre Klossowski und Gilles Deleuze vertretene Interpretation. Vgl. Deleuze 1992, 369 und Deleuze 2008; sowie Klossowski 1986. Vgl. auch Luckner 2010.

26 In Bezug auf den Gedanken eines *télos* der Zeit gilt darüber hinaus nach Nietzsche: Gäbe es einen Zielpunkt der Zeit, so hätte es sich nach dem Durchlaufen der vergangenen Ewigkeit bereits einstellen müssen. Vgl. hierzu Moore 2006, 323 sowie Luckner 2010.

27 Es ist wieder A. W. Moore, der diese augenblickliche Verknotung aller Dinge auf den Punkt gebracht hat: „What happens at any moment, on this interpretation, happens at every moment – albeit at some moments as future, at some moments as present, and at some moments as past." (Moore 2006, 322).

28 Wie spätestens hier deutlich wird, scheint die rechte Interpretation des Gedankens der ewigen Wiederkunft also durchaus eine ontologische Dimension und nicht nur den Status eines Gedankenexperimentes zu besitzen. Die von Nietzsche vertretene Ontologie der Zeit läuft aber, wie gesagt, nicht auf eine zyklische Kosmologie hinaus. Vgl. hierzu Moore 2006, 323.

29 Vgl. hierzu ganz deutlich Moore 2006, 324.

30 In dieselbe interpretatorische Kerbe schlägt auch Moore 2006, 324.

31 Vgl. hierzu auch Luckner 2010.

32 Vgl. hierzu auch Luckner 2005, Kapitel 2.

33 In Bezug auf Camus' Zuordnung zum Existenzialismus ist zu erwähnen, dass Camus sich zwar gegen die Etikettierung als Existenzialist verwahrte, die sachliche und persönliche Nähe zu Sartre und de Beauvoir, die diesen Titel ja durchaus programmatisch ins Feld führten, aber unverkennbar ist. Annemarie Pieper findet allerdings auch einen sachlichen Grund der Abgrenzung vom Existenzialismus, insofern Camus nämlich gerade das Grundcredo, dass die Existenz des Menschen seiner Essenz vorausginge, nicht teilen würde. So stellt Pieper fest, dass bei Camus Existenz und Essenz „wie Geist und Leib untrennbar zusammengehören" (Pieper 1994, XV) würden. Hierin ist aber gar kein Gegensatz zu Sartres Existentialismus zu sehen, wenn, wie wir vorschlagen, a) die Priorität der Existenz nicht primär zeitlich, sondern ontologisch verstanden wird und, wichtiger, b) Existenz (Dass-Sein) und Essenz (Was-Sein) *nur formal* an einem Seienden unterschieden werden, aber eben doch *unterschieden* werden können und müssen. Dass die Existenz (beim Menschen) der Essenz vorausgeht, heißt demnach: Wir müssen erst die Existenzweise des Menschen, wie er (im Allgemeinen) ist, in den Blick nehmen, bevor wir seine determinierten eigenschaftlichen Qualitäten dafür verantwortlich machen, dass er so ist, wie er ist. Eine individuelle Existenzgestaltung wäre sonst ja gar nicht möglich. Die Gründe, aus denen heraus jemand sein Wesen herausbildet, sind aber unvordenklich; bei Sartre und de Beauvoir (vgl. Kapitel 7.4) führt dieser Gedanke zu einem emphatischen Freiheitsbegriff, bei Camus zum Gedanken der Absurdität als der Grund- bzw. Sinnlosigkeit der Existenz, was aber im Grunde nur zwei Seiten ein und derselben Medaille sind.

34 Vgl. Sisyphos, 17: „So ist alles dazu angetan, Verwirrung zu stiften. Nicht umsonst haben wir bisher mit Worten gespielt und so getan, als glaubten wir, dem Leben einen Sinn abzusprechen führe notgedrungen zu der Erklärung, das Leben sei es nicht wert, gelebt zu werden. In Wahrheit gibt es zwischen diesen beiden Urteilen keine zwanghafte [frz. *forceé*, gemeint ist eine notwendige, zwingende] Verbindung."

35 Letzteres tut Camus zufolge Husserl. Vgl. Sisyphos, 67.

36 Vgl. Kapitel 5.3 zu Jacobis Salto mortale der Vernunft. Für Camus' Kritik am philosophischen Selbstmord bei Jaspers, Schestow, Kierkegaard und Husserl vgl. Sisyphos, 42–68.

37 Camus verweist auf das Ödipuswort „Ich finde, daß alles gut ist". Vgl. Sisyphos, 158–159.

38 Zum Verhältnis von Einsicht in die Absurdität der eigenen Existenz und Glück vgl. auch Luckner 2005, 73–74.
39 Vgl. Sisyphos, 72: „Leben heißt das Absurde leben lassen. Es leben lassen heißt vor allem ihm ins Auge sehen. Im Gegensatz zu Eurydike stirbt das Absurde nur, wenn man sich von ihm abwendet. Eine der wenigen philosophisch kohärenten Positionen ist demnach die Auflehnung."
40 Die Frage nach überindividuellen Wertordnungen, insbesondere der moralischen, wird in Camus' Text nur angedeutet. Wie er aber doch deutlich macht, verwirft er die Geltung überindividueller (moralischer) Werte nicht grundsätzlich. Er vertritt unter Rückbezug auf Nietzsche die These, dass die Geltung überindividueller Wertordnungen letztlich auf der wertsetzenden Aktivität menschlicher Subjekte beruht: „Wenn Nietzsche sagt: ‚Das Wesentliche, ‚im Himmel und auf Erden', wie es scheint, ist [...] daß lange und in Einer Richtung *gehorcht* werde: dabei kommt und kam auf die Dauer immer etwas heraus, dessentwillen es sich lohnt, auf Erden zu leben, zum Beispiel Tugend, Kunst, Musik, Tanz, Vernunft, Geistigkeit, – irgend etwas Verklärendes, Raffinirtes, Tolles und Göttliches', dann erläutert er damit die Regel einer anspruchsvollen Moral. Aber er weist auch den Weg des absurden Menschen. Der Flamme gehorchen ist zugleich das Leichteste und das Schwierigste. Es ist jedoch gut, daß der Mensch, indem er sich an der Schwierigkeit mißt, sich zuweilen selbst beurteilt. Er allein ist imstande, das zu tun" (Sisyphos, 85).
41 Camus' Skepsis gegenüber systematischen Formen einer Ethik beträfe im Grunde auch das großangelegte Projekt einer Ästhetik der Existenz, wie es der späte Foucault in Auseinandersetzung mit den antiken Lebenskunstlehren entwickelt hat. Aber auch Foucault ist vorsichtig genug zu sagen, dass eine solche Lebenskunst nicht verallgemeinerbar ist; er stellt ja auch und gerade die historisch sich wandelnden Ansätze einer solchen Lebenskunst im Sinne einer „Selbsttechnik" heraus. Vgl. Foucault 1989.
42 Wie stark auch Sartre dieses Thema einer existentialistischen Ethik in den 40er und 50er Jahren beschäftigt hat, zeigen die 1983 posthum veröffentlichten *Cahiers pour une morale*, die in der Druckfassung über 1000 Seiten füllen. Vgl. dt., als *Entwurf für eine Moralphilosophie*, Sartre 2005.
43 Zu diesem Verhältnis von Klugheit und Moral vgl. auch Luckner 2005, v. a. Kapitel 1–3.
44 De Beauvoirs Ausführungen zur Ambiguität personaler Existenz weisen eine erwähnenswerte Nähe zu Hannah Arendts existenzphilosophischen Überlegungen auf, die sie in Absetzung aber auch Erweiterung der heideggerschen Fundamentalontologie mithilfe der Begriffe ‚Natalität' (‚Gebürtigkeit') und ‚Pluralität' angestellt hat. Umgekehrt scheint es uns fruchtbar zu sein, Arendts politische Philosophie mit existenzphilosophischen Augen zu lesen. Erste Schritte eines Vergleiches hinsichtlich des Freiheitsverständnisses von Arendt und de Beauvoir geht Barbara Holland-Cruz in ihrem Buch *Gefährdete Freiheit. Über Hannah Arendt und Simone de Beauvoir* (Holland-Cruz 2012). Zur Erweiterung der existenzialen Analyse durch Hannah Arendt (und damit zur Rettung des fundamentalontologischen Projektes Heideggers ohne dessen faschismusaffine Reduktion der Endlichkeit von Individuen auf deren Mortalität) vgl. auch Luckner 2014. Die Ambiguität der personalen Existenz, von der de Beauvoir spricht, ist auch für Arendt allein schon mit dem Umstand gegeben, dass ein Mensch geboren ist, d. h. neu in seine Existenz und gleichzeitig aber in eine Welt kommt, zu deren Dass- und So-Sein er nichts beigetragen hat. Dies bedeutet aber nun nicht, dass der Mensch auf die Faktoren seiner Situation festgelegt wäre, im Gegenteil. ‚Natalität' bedeutet nach Arendt, neu in der Welt sein, als ein Neuanfang in der Welt anwesend sein und in ihr Initiative ergreifen zu können. Dies entspricht im Wesentlichen den von den Existenzphilosophen – und Hannah Arendt kann man genau aus diesem Grunde zu ihnen zählen – so stark geltend gemachten Entwurfscharakter personaler Existenz.

45 Es sei erwähnt, dass damit von de Beauvoir keine direkten normativen Forderungen erhoben werden und mit dieser Typologie auch keine Vollständigkeitsansprüche verbunden sind.

46 Es sei erinnert, dass es sich hierbei um idealtypische Gestalten handelt, von denen es realiter viele Ausnahmen geben mag, so wie in diesem Fall eine schwere Kindheit, oder auch Mischformen.

47 De Beauvoir verwendet hier in Bezug auf den Lauen nur den Plural (also „die Lauen"), was auch darauf hinweisen mag, dass ein Mensch auf dieser Stufe sich im Grunde nicht als ein autonomes Individuum „definiert", sondern sich immer an dem ausrichtet, was die anderen tun und sagen; die Lauen bilden daher auch nur ein inauthentisches „Man-Selbst" aus.

48 Klarerweise hat de Beauvoir hier den Faschismus im Blick, der nur deswegen so groß werden konnte, weil er die Massen der „Nichtwähler" (im wörtlichen wie im übertragenen, existenzialistischen Sinne) mobilisieren konnte.

49 Die Kaschierung der Wertsetzung kann sich unter anderem auch darin äußern, dass die Ernsthaftigkeit geleugnet wird, so etwa, wenn Prinzipienreiter behaupten, dass sie tolerant seien, auch einen Sinn für Humor und Ironie hätten. Dies erweist sich in dem Moment als vorgeschoben, wenn es wirklich „ans Eingemachte" geht und die ernsthaften, wertkonservativen Menschen nur umso stärker auf Regeln, Werte und Prinzipien verweisen, die in Gefahr stehen. Hieran zeigt sich, dass der Ernsthafte von seinen gesetzten Wertobjekten abhängig ist.

50 Deutlich ist an dieser Stelle auch, dass Nihilismus und Unentschlossenheit Hand in Hand gehen können und dies oftmals im Bereich des Politischen auch tun, wobei ein Nihilist entschlossen dazu ist, Werte zu zerstören und damit den Unentschlossenen leicht destruktive Ziele vorgeben kann.

51 Man kann hier bemerken, dass wir in der Bewertung von so etwas wie „spielen" zumindest im Deutschen hier durchaus einen Unterschied machen zwischen einem „Spiel", das jemand mit anderen Menschen treibt, womit eine tendenziell menschenunwürdige Handlungs- und Lebensweise gemeint ist, und dem „Spiel", welches Menschen miteinander auf Augenhöhe eingehen, ob in Liebe oder Wettkampf.

52 Daher erkennt er sie auch nicht wirklich als freie Subjekte an: „Er [der Passionierte] zögert nicht, sie als Sachen zu behandeln [...]. Ein Mensch, der das Sein fern von den anderen Menschen sucht, sucht es gegen sie und gleichzeitig verliert er sich" (MD, 122).

53 Das Zitat wird oftmals Augustinus zugeschrieben, geht aber wohl in der Tat auf Duns Scotus zurück. Vgl. Arendt 1998, 366 u. 374; vgl. auch den von Arendt zitierten Aufsatz von Bonansea 1965, 120.

54 Wie dies im Einzelnen passiert, welche Fähigkeiten von Personen dabei entwickelt werden können, dies ist Inhalt des dritten und letzten Teils von de Beauvoirs Essay, den wir hier aber nicht näher beleuchten können. Uns ging es in unserer Besprechung der existenzialistischen Ethik de Beauvoirs allein um die Frage, wie man die personale Existenzweise beschreiben muss, damit sie ethisch musterhaft ist im Sinne einer authentischen zwischenmenschlichen Existenz.

55 Wie wohl jeder Gedanke, so hat auch dieser seine Vorläufer. Im Grunde haben die Stoiker mit ihrem Konzept der *oikeiosis*, der zunehmenden Einhausung der Welt durch den Weisen hierfür die Vorlage geliefert. Vgl. hierzu Epist Mor, 121; sowie die Darstellung in Hauskeller 1997, 194–202.

Literaturverzeichnis

Siglen

AA	Kant, Immanuel: *Gesammelte Schriften*, hrsg. v. der Königlich Preußischen Akademie der Wissenschaften, Berlin: Reimer / de Gruyter, 1900 ff.
Angst	Kierkegaard 2012d (*Der Begriff der Angst*)
AsZ	Nietzsche 1980 (*Also sprach Zarathustra*)
AT	Descartes, René: *Œuvres complètes*, hrsg. v. Charles Adam und Paul Tannery, Neuaufl., Paris: Vrin, 1996.
CF	Sartre 2002a (*Die cartesische Freiheit*)
Conf	Augustinus 2004 (*Confessiones*)
DBV	Seneca 2010 (*De brevitate vitae*)
De cog	Leibniz 1996a (*Meditationes de cognitione, veritate et ideis*)
De ver	Aquin 1976 (*De veritate*)
E	Spinoza 2007 (*Ethik*)
Ecce	Nietzsche 1969 (*Ecce Homo*)
EiH	Sartre 2002b (*Der Existenzialismus ist ein Humanismus*)
Enz I-II	Hegel 1986e-f (*Enzyklopädie*, Bd. 1–2)
Epist Mor	Seneca 2001a (*Epistulae Morales ad Lucilium*)
Freiheit	Schelling 2011 (*Über das Wesen der menschlichen Freiheit*)
Fröhliche	Nietzsche 2013 (*Die fröhliche Wissenschaft*)
Furcht	Kierkegaard 2012b (*Furcht und Zittern*)
GrArith	Frege 1987 (*Grundlagen der Arithmetik*)
Jena III	Hegel 1987 (*Jenaer Systementwürfe*)
KGW	Nietzsche, Friedrich: *Kritische Gesamtausgabe*, hrsg. v. Giorgio Colli und Mazzino Montinari, Berlin / New York: de Gruyter.
Krankheit	Kierkegaard 2012a (*Die Krankheit zum Tode*)
KrV	Kant 1998 (*Kritik der reinen Vernunft*)
MD	de Beauvoir 1983 (*Für eine Moral der Doppelsinnigkeit*)
Med	Descartes 2008 (*Meditationen über die erste Philosophie*)
Met	Aristoteles 1995 (*Metaphysik*)
Monad	Leibniz 2002a (*Monadologie*)
NuN	Kripke 1993 (*Name und Notwendigkeit*)
Ock Ord	Ockham 1970 (*Ordinatio*)
OpTri	Meister Eckhart 2008 (*Opus Tripartitum*)
Ord	Duns Scotus 1954 (*Ordinatio*)
OWTI	Quine 2011 (*On what there is*)
Paulus	Schelling 1993 (*Philosophie der Offenbarung, Paulus-Nachschrift*)
PhG	Hegel 1986a (*Phänomenologie des Geistes*)
PNG	Leibniz 2002b (*Prinzipien der Natur und der Gnade*)
Pros	Anselm 1995 (*Proslogion*)
PU	Wittgenstein 2003 (*Philosophische Untersuchungen*)
RPh	Hegel 1986d (*Grundlinien der Philosophie des Rechts*)
RuE	Kripke 2014 (*Referenz und Existenz*)
ScG	Aquin 1974 (*Summa contra gentiles*)

Sisyphos	Camus 2008 (*Der Mythos des Sisyphos*)
Soph	Platon 1970b (*Sophistes*)
Spin	Jacobi 2000a (*Über die Lehre des Spinoza*)
SuN	Sartre 1993 (*Das Sein und das Nichts*)
SuS	Sartre 2002c (*Selbstbewusstsein und Selbsterkenntnis*)
SuZ	Heidegger 2001 (*Sein und Zeit*)
SW	Schelling, F. W. J.: *Sämmtliche Werke*, hrsg. v. Karl Friedrich August Schelling, Stuttgart und Augsburg: J. G. Cotta'scher Verlag, 1856 ff.
Theait	Platon 1970a (*Theaitetos*)
Theod	Leibniz 1996b (*Theodizee*)
TLP	Wittgenstein 2013 (*Tractatus logico-philosophicus*)
TWA	Hegel, G. W. F.: *Theorie-Werkausgabe*, hrsg. v. Eva Moldenhauer u. Karl Markus Michel, Frankfurt a. M.: Suhrkamp, 1986.
ÜBuG	Frege 2007b (*Über Begriff und Gegenstand*)
ÜG	Meinong 1988 (*Über Gegenstandstheorie*)
ÜI	Duns Scotus 2015 (*Über das Individuationsprinzip*)
UrOff	Schelling 1982 (*Urfassung der Philosophie der Offenbarung*)
ÜSuB	Frege 2007a (*Über Sinn und Bedeutung*)
WiM	Heidegger 2007 (*Was ist Metaphysik?*)
WL I-II	Hegel 1986b-c (*Wissenschaft der Logik*)
WL 1794	Fichte 1971 (*Grundlage der gesamten Wissenschaftslehre*)
WL 1804	Fichte 1986 (*Die Wissenschaftslehre von 1804*)

Literatur

Adams, Robert M. (1979): „Primitive Thisness and Primitive Identity", in: *Journal of Philosophy*, 76, 1, 5–26.
Anselm von Canterbury (1989): *Was der Verfasser dieser kleinen Schrift darauf erwidern könnte*, in: *Kann Gottes Nicht-Sein gedacht werden? Die Kontroverse zwischen Anselm von Canterbury und Gaunilo von Marmoutiers*, lat. / dt., übers., komm. u. hrsg. v. Burkhard Mojsisch, Mainz: Dieterich.
Anselm von Canterbury (1995): *Proslogion*, lat. / dt., hrsg. v. F. S. Schmitt, 3. Aufl., Stuttgart-Bad Cannstatt: Frommann-Holzboog.
Arendt, Hannah (1998): *Vom Leben des Geistes. Das Denken. Das Wollen*, München / Zürich: Pieper.
Aristoteles (1995), *Metaphysik*, übers. v. Hermann Bonitz, bearb. v. Horst Seidl, Hamburg: Meiner.
Augustinus: *Confessiones, Buch XI*, in: Flasch 2004.

Barwise, John und Etchemendy, John (1999): *Language, Proof and Logic*, Stanford: CSLI Publications.
Beauvoir, Simone de (1983): „Für eine Moral der Doppelsinnigkeit", in: *Soll man de Sade verbrennen? Drei Essays zur Moral des Existentialismus*, Reinbek bei Hamburg: Rowohlt, 77–192. Im Original: Beauvoir, Simone de (1947): *Pour une Morale d'Ambiguïté*, Paris: Gallimard.

Bergson, Henri (1933): *Die beiden Quellen der Moral und der Religion*, übers. v. E. Lerch, Olten: Walter-Verlag.
Bergson, Henri (1948): „Das Mögliche und das Wirkliche", in: *Denken und schöpferisches Werden*, übers. v. L. Kottje, Meisenheim am Glan: Westkultur-Verlag, 110–125.
Berkeley, George (2004): *Eine Abhandlung über die Prinzipien der menschlichen Erkenntnis*, hrsg. u. übers. v. Arend Kulenkampff, Hamburg: Meiner.
Bonansea, Bernardine (1965): „Duns Scotus' Voluntarism", in: Ryan, John K. u. Bonansea, Bernardine M. (Hrsg.): *John Duns Scotus 1265–1965*, Washington: Catholic University of America Press, 83–121.
Brentano, Franz (1968): *Kategorienlehre*, mit Einleitung und Anmerkungen hrsg. v. Alfred Kastil, Hamburg: Meiner.
Bromand, Joachim und Kreis, Guido (Hrsg.) (2013): *Gottesbeweise von Anselm bis Gödel*, 4. Aufl., Berlin: Suhrkamp.

Camus, Albert (2008): *Der Mythos des Sisyphos*, übers. v. Vincent von Wroblewsky, 10. Aufl., Reinbek bei Hamburg: Rowohlt.
Carnap, Rudolf (1931): „Überwindung der Sprache durch logische Analyse der Sprache", in: *Erkenntnis*, 2, 4, 219–241.

Deleuze, Gilles (1992): *Differenz und Wiederholung*, München: Wilhelm Fink.
Deleuze, Gilles (2008): *Nietzsche und die Philosophie*, Hamburg: EVA.
Descartes, René (2008): *Meditationes de prima philosophia*, lat. / dt., übers. u. hrsg. v. Christian Wohlers, Hamburg: Meiner.
Diamond, Cora (1988): „Throwing Away the Ladder" in: *Philosophy*, 63, 243, 5–27.
Diehl, Catharine und Rosefeldt, Tobias (2015): „Gibt es den neuen Realismus?", in: *Philosophisches Jahrbuch*, 122, 1, 126–145.
Dreyer, Mechthild und Ingham, Mary Beth (2003): *Johanns Duns Scotus. Zur Einführung*, Hamburg: Junius.
Duns Scotus, Johannes (1954): *Ordinatio, liber I, distinctio 3*, in: *Opera Omnia*, Bd. 3, Civitas Vaticana: Typ. Polyglottis Vaticanis.
Duns Scotus, Johannes (2015): *Über das Individuationsprinzip*, hrsg. u. übers. v. Thamar Rossi Leidi, Hamburg: Meiner.

Epikur (2010): *Brief an Menoikeus*, in: *Ausgewählte Schriften*, übers. und hrsg. v. Christof Rapp, Stuttgart: Kröner, 1–10.

Fahrenbach, Helmut (1970): *Existenzphilosophie und Ethik*, Frankfurt a. M.: Klostermann.
Fichte, Johann Gottlieb (1971): *Grundlage der gesamten Wissenschaftslehre*, in: *Fichtes Werke*, Bd. 1, hrsg. v. Immanuel H. Fichte, Berlin: De Gruyter.
Fichte, Johann Gottlieb (1986): *Die Wissenschaftslehre. Zweiter Vortrag im Jahre 1804*, hrsg. v. Reinhard Lauth u. Joachim Widmann, Hamburg: Meiner.
Fine, Kit (2005): „Necessity and Non-Existence"; in: Fine, Kit: *Modality and Tense. Philosophical Papers*, Oxford: Oxford University Press, 321–356.
Fingerhut, Joerg und Marienberg, Sabine (Hrsg.) (2012): *Feelings of Being Alive*, Berlin / Boston: de Gruyter.
Flasch, Kurt (2004): *Was ist Zeit? Augustinus von Hippo: Das Buch XI der Confessiones. Text – Übersetzung – Kommentar*, 2. Aufl., Frankfurt a. M.: Klostermann.

Flasch, Kurt (2010): *Meister Eckhart: Philosoph des Christentums*. München: C. H. Beck.
Foucault, Michel (1989): *Sexualität und Wahrheit*, Bd. 3: *Die Sorge um sich*, Frankfurt a. M.: Suhrkamp.
Frege, Gottlob (1918–1919): „Der Gedanke. Eine logische Untersuchung", in: *Beiträge zur Philosophie des deutschen Idealismus*, 2, 58–77.
Frege, Gottlob (1971): „Dialog mit Pünjer über Existenz", in: *Schriften zur Logik und Sprachphilosophie. Aus dem Nachlaß*, Hamburg: Meiner, 1–22.
Frege, Gottlob (1987): *Die Grundlagen der Arithmetik*, hrsg. v. Joachim Schulte, Stuttgart: Reclam.
Frege, Gottlob (2007a): „Über Sinn und Bedeutung", in: Frege, Gottlob: *Funktion – Begriff – Bedeutung*, 2., durchgeseh. Aufl., hrsg. v. Mark Textor, Göttingen: Vandenhoeck & Ruprecht, 23–46.
Frege, Gottlob (2007b): „Über Begriff und Gegenstand", in: Frege, Gottlob: *Funktion – Begriff – Bedeutung*, 2., durchgeseh. Aufl., hrsg. v. Mark Textor, Göttingen: Vandenhoeck & Ruprecht, 47–60.

Gabriel, Markus (2013): *Warum es die Welt nicht gibt*, 8. Aufl., Berlin: Ullstein.
Gabriel, Markus (2014a): „Existenz, realistisch gedacht", in: Gabriel, Markus (Hrsg.): *Der Neue Realismus*, Berlin: Suhrkamp, 171–199.
Gabriel, Markus (2014b): „Neutraler Realismus", in: *Philosophisches Jahrbuch*, 121, 2.
Gabriel, Markus (2015): „Replik auf Diehl u. Rosefeldt", in: *Philosophisches Jahrbuch*, 122,1.
Gabriel, Markus (2016): *Sinn und Existenz*, Berlin: Suhrkamp.
Gaunilo von Marmoutiers (1989): *Was ein Namenloser anstelle des Toren darauf erwidern könnte*, in: *Kann Gottes Nicht-Sein gedacht werden? Die Kontroverse zwischen Anselm von Canterbury und Gaunilo von Marmoutiers*, lat. / dt., übers., komm. u. hrsg. v. Burkhard Mojsisch, Mainz: Dieterich.
Geach, Peter (1968): „What actually exists", in: *Proceedings of the Aristotelian Society*, Suppl. Vol. 42, 7–16.
Grossmann, Reinhardt (2004), *Die Existenz der Welt. Eine Einführung in die Ontologie*, Frankfurt / Lancaster: Ontos Verlag.
Grünbaum, Adolf (2009): „Why is There a World AT ALL, Rather Than Just Nothing?", in: *Ontology Studies*, 9, 7–19.
Gurwitsch, Aron (1974): *Leibniz. Philosophie des Panlogismus*, Berlin / New York: de Gruyter.

Hauskeller, Michael (1997): *Geschichte der Ethik*, Bd. 1: *Antike*, München: dtv.
Hegel, Georg Wilhelm Friedrich (1986a): *Phänomenologie des Geistes*, in: *Theorie-Werkausgabe*, Bd. 3, Frankfurt a. M.: Suhrkamp.
Hegel, Georg Wilhelm Friedrich (1986b): *Wissenschaft der Logik I*, in: *Theorie-Werkausgabe*, Bd. 5, Frankfurt a. M.: Suhrkamp.
Hegel, Georg Wilhelm Friedrich (1986c): *Wissenschaft der Logik II*, in: *Theorie-Werkausgabe*, Bd. 6, Frankfurt a. M.: Suhrkamp.
Hegel, Georg Wilhelm Friedrich (1986d): *Grundlinien der Philosophie des Rechts*, in: *Theorie-Werkausgabe*, Bd. 7, Frankfurt a. M.: Suhrkamp.
Hegel, Georg Wilhelm Friedrich (1986e): *Enzyklopädie der philosophischen Wissenschaften I*, in: *Theorie-Werkausgabe*, Bd. 8, Frankfurt a. M.: Suhrkamp.
Hegel, Georg Wilhelm Friedrich (1986f): *Enzyklopädie der philosophischen Wissenschaften II*, in: *Theorie-Werkausgabe*, Bd. 9, Frankfurt a. M.: Suhrkamp.

Hegel, Georg Wilhelm Friedrich (1987): *Jenaer Systementwürfe III: Naturphilosophie und Philosophie des Geistes*, eingel. u. hrsg. v. Rolf-Peter Horstmann, Hamburg: Meiner.
Heidegger, Martin (1976): *Brief über den Humanismus*, in: *Heidegger Gesamtausgabe*, Bd. 9 (*Wegmarken*), Frankfurt a. M.: Klostermann, 313-364.
Heidegger, Martin (1984): *Was heißt Denken?*, 4. durchges. Aufl., Tübingen: Max Niemeyer Verlag.
Heidegger, Martin (2001): *Sein und Zeit*, 18. Aufl., unveränd. Nachdr. der 15., an Hand der Gesamtausg. durchges. Aufl., Tübingen: Max Niemeyer Verlag.
Heidegger, Martin (2007): *Was ist Metaphysik?*, 16. Aufl., unveränd. Nachdr. der 3. Aufl. (= *Gesamtausgabe*, Bd. 3), Frankfurt a. M.: Klostermann.
Hintikka, Jaakko (1981): „Kant on Existence, Predication, and the Ontological Argument", in: *Dialectica*, 35, 1-2.
Holland-Cruz, Barbara (2012): *Gefährdete Freiheit. Über Hannah Arendt und Simone de Beauvoir*, Opladen / Berlin /Toronto: Verlag Barbara Budrich.
Holt, Jim (2012): *Why Does the World Exist? An Existential Detective Story*, New York: W. W. Norton & Company. Auf Deutsch 2014 erschienen als *Gibt es alles oder nichts?*, Reinbek bei Hamburg: Rowohlt.
Honnefelder, Ludger (1990): *Scientia transcendens. Die formale Bestimmung der Seiendheit und Realität in der Metaphysik des Mittelalters und der Neuzeit*, Hamburg: Meiner.
Honnefelder, Ludger (1996): „Zeit und Existenz", in: Baumgartner, Hans Michael (Hrsg.): *Das Rätsel der Zeit*, 2. unveränderte Aufl., Freiburg / München: Verlag Karl Alber, 333-362.
Honnefelder, Ludger (2005): *Duns Scotus*, München: C. H. Beck.
Houlgate, Stephen (2006): *The Opening of Hegel's Logic*, West Lafayette, Indiana: Purdue University.
Husserl, Edmund (1966): *Vorlesungen zur Phänomenologie des inneren Zeitbewusstseins*, in: *Zur Phänomenologie des inneren Zeitbewusstseins (1893–1917)*, *Husserliana*, Bd. X, hrsg. v. Rudolf Böhm, Den Haag: Martinus Nijhoff.

Inwagen, Peter van (1977): „Creatures of Fiction", in: *American Philosophical Quarterly*, 14, 4, 299-308.

Jacobi, Friedrich Heinrich (2000a): *Über die Lehre des Spinoza in Briefen an den Herrn Moses Mendelssohn*, hrsg. v. Klaus Hammacher u. Irmgard Maria Pisk, Hamburg: Meiner.
Jacobi, Friedrich Heinrich (2000b): *Schriften zum Streit um die Göttlichen Dinge und ihre Offenbarung*, in: *Werke*, Bd. 3., hrsg. v. Walter Jaeschke, Hamburg: Meiner.
Jacquette, Dale (1996): *Meinongian Logic. The Semantics of Existence and Nonexistence*, Berlin / New York: de Gruyter.
Janke, Wolfgang (1993): *Vom Bilde des Absoluten. Grundzüge der Phänomenologie Fichtes*, Berlin / New York: de Gruyter.

Kant, Immanuel (1914): *Die Religion innerhalb der Grenzen der bloßen Vernunft*, in: AA, Bd. VI, Berlin: Reimer.
Kant, Immanuel (1998): *Kritik der reinen Vernunft,* hrsg. v. Jens Timmermann, Hamburg: Meiner.
Kenny, Anthony (2002): *Aquinas on Being*, Oxford: Oxford University Press.
Kierkegaard, Sören (2012a): *Die Krankheit zum Tode*, in: *Krankheit zum Tode u. a.*, hrsg. v. Hermann Diem und Walter Rest, 4. Aufl., München: dtv, 23-177.

Kierkegaard, Sören (2012b): *Furcht und Zittern*, in: *Die Krankheit zum Tode u. a.*, 4. Aufl., München: dtv, 179–326.
Kierkegaard, Sören (2012c): *Die Wiederholung*, in: *Die Krankheit zum Tode u. a.*, 4. Aufl., München: dtv, 327–440.
Kierkegaard, Sören (2012d): *Der Begriff der Angst*, in: *Krankheit zum Tode u. a.*, hrsg. v. Hermann Diem und Walter Rest, 4. Aufl., München: dtv, 441–640.
Kierkegaard, Sören (2017): *Entweder – Oder*, hrsg. v. Hermann Diem und Walter Rest, 9. Aufl., München: dtv.
Klossowski, Pierre (1986): *Nietzsche und der Circulus vitiosus deus*, München: Matthes und Seitz.
Kneale, William C. (1949): *Probability and Induction*, Oxford: Clarendon Press.
Koch, Anton Friedrich (1993): „Warum ist das Seiende keine Gattung?" in: *prima philosophia*, 6, 133–142.
Koch, Anton Friedrich (2014): „Hegelsche Subjekte in Raum und Zeit", in: *Die Evolution des logischen Raums*, Tübingen: Mohr-Siebeck.
Kripke, Saul (1993): *Name und Notwendigkeit*, Frankfurt a. M.: Suhrkamp.
Kripke, Saul (2014): *Referenz und Existenz*, Stuttgart: Reclam.

Leibniz, Gottfried Wilhelm (1996a): *Meditationes de cognitione, veritate et ideis*, in: *Kleinere Schriften zur Metaphysik, Philosophische Schriften*, Bd. 1, hrsg. u. übers. v. Hans Heinz Holz, Frankfurt am Main: Suhrkamp.
Leibniz, Gottfried Wilhelm (1996b): *Die Theodizee*, in: *Philosophische Schriften*, Bd. 2.1, hrsg. u. übers. v. Herbert Herring, Frankfurt a. M.: Suhrkamp.
Leibniz, Gottfried Wilhelm (2002a): *Monadologie*, in: *Monadologie und andere Schriften*, hrsg. u. übers. v. Ulrich Johannes Schneider, Hamburg: Meiner.
Leibniz, Gottfried Wilhelm (2002b): *Prinzipien der Natur und der Gnade*, in: *Monadologie und andere Schriften*, hrsg. u. übers. v. Ulrich Johannes Schneider, Hamburg: Meiner.
Lewis, David (1986): *On the Plurality of Worlds*, Oxford: Blackwell.
Linsky, Bernard und Zalta, Edward (1994): „In Defense of the Simplest Quantified Modal Logic", in: Tomberlin, James (Hrsg.): *Philosophical Perspectives 8: Logic and Language*, Atascadero: Ridgeview, 431–458.
Linsky, Bernard und Zalta, Edward (1996): „In Defense of the Contingently Concrete", in: *Philosophical Studies*, 84, 283–294.
Liske, Michael-Thomas (2000): *Leibniz*, München: C. H. Beck.
Lorenzen, Paul (1962), *Metamathematik*, Mannheim: Bibliographisches Institut.
Luckner, Andreas (1994): *Genealogie der Zeit. Zu Herkunft und Umfang eines Rätsels, dargestellt an Hegels „Phänomenologie des Geistes"*, Berlin: Akademie-Verlag.
Luckner, Andreas (1995): „Fichte – ein Phänomenologe?", Rezension zu Wolfgang Janke, Vom Bilde des Absoluten. Grundzüge der Phänomenologie Fichtes, in: *Deutsche Zeitschrift für Philosophie*, 43, 389–395.
Luckner, Andreas (2001): „Wie es ist, selbst zu sein. Zum Begriff der Eigentlichkeit", in: Rentsch, Thomas (Hrsg.): *Martin Heidegger: „Sein und Zeit". Klassiker Auslegen*, Bd. 25, Berlin: Akademie-Verlag, 149–168.
Luckner, Andreas (2005): *Klugheit*, Berlin / New York: de Gruyter.
Luckner, Andreas und Kuhl, Julius (2007): *Freies Selbstsein. Authentizität und Regression*, Vandenhoeck & Ruprecht: Göttingen.

Luckner, Andreas (2010): „Die ewige Wiederkunft des Gleichen", in: *Der Blaue Reiter*, 29: *In Bewegung*, 67–71.
Luckner, Andreas (2014): „Mortalität, Natalität, Pluralität – die fundamentalontologische Erschließung des Politischen bei Hannah Arendt", in: Baumann, Claus et al. (Hrsg.): *Philosophie der Praxis und die Praxis der Philosophie*, Münster: Westfälisches Dampfboot, 32–50.

Mackie, John L. (1976): „The Riddle of Existence", in: *Proceedings of the Aristotelian Society*, Suppl. Vol. 50, 247–265.
Mally, Ernst (1912): *Gegenstandstheoretische Grundlagen der Logik und Logistik*, Leipzig: Verlag von Johann Ambrosius Barth.
Manstetten, Rainer (1993): *Esse est Deus. Meister Eckharts christologische Versöhnung von Philosophie und Religion und ihre Ursprünge in der Tradition des Abendlandes*, Freiburg / München: Verlag Karl Alber.
Martin, Christian (2012): *Ontologie der Selbstbestimmung*, Tübingen: Mohr-Siebeck.
Meier, Jakob (2012): *Synthetisches Zeug: Technikphilosophie nach Martin Heidegger*, Vandenhoeck & Ruprecht: Göttingen.
Meinong, Alexius (1988): *Über Gegenstandstheorie*, Hamburg: Meiner.
Meister Eckhart (2008): *Prologus generalis in opus tripartitum*, in: *Werke II: Predigten und Traktate*, hrsg. v. Niklaus Largier, Frankfurt a. M.: Deutscher Klassiker Verlag.
Meixner, Uwe (2004): *Einführung in die Ontologie*, Darmstadt: WBG.
Mendelssohn, Moses (2008): *Morgenstunden oder Vorlesungen über das Dasein Gottes*, in: *Metaphysische Schriften*, hrsg. v. Wolfgang Vogt, Hamburg: Meiner.
Miller, Barry (2012): *The Fullness of Being. A New Paradigm for Existence*, Notre Dame, Indiana: University of Notre Dame Press.
Milton, John (2000): *Paradise Lost*, London et al.: Penguin.
Moore, Adrian William (2006): „Williams, Nietzsche, and the Meaninglessness of Immortality", in: *Mind*, 115, 458, 311–330.
Moore, George Edward (1959): „Is Existence a Predicate?", in: Moore, George Edward: *Philosophical Papers*, London / New York: George Allen & Unwin / Macmillan, 115–126.
Munitz, Milton (1965): *The Mystery of Existence*, New York: Appleton-Century-Crofts.
Munitz, Milton (1986): *Cosmic Understanding*, Princeton, NJ: Princeton University Press.

Nietzsche, Friedrich (1969): *Ecce Homo*, in: KGW, VI. Abt., 3. Bd., hrsg. v. Giorgio Colli und Mazzino Montinari, Berlin / New York: de Gruyter
Nietzsche, Friedrich (1980): *Also sprach Zarathustra*, in: *Kritische Studienausgabe*, Bd. 4, 1980, Berlin u. München: de Gruyter u. dtv. Vgl. auch KGW, VI. Abt., 1. Bd.
Nietzsche, Friedrich (2013): *Die Fröhliche Wissenschaft*, in: *Philosophische Werke*, Bd. 5, hrsg. v. Claus-Artur Scheier, Hamburg: Meiner. Vgl. auch KGW, V. Abt., 2. Bd.

Ockham, William von (1970): *Ordinatio, distinctiones 2–3*, in: *Opera theologica*, Bd. 2, St. Bonaventure, NY: Inst. Franciscanum.
Orenstein, Alex (1978): *Existence and the Particular Quantifier*, Philadelphia: Temple University Press.
Ostritsch, Sebastian (2014a): *Hegels Rechtphilosophie als Metaethik*, Münster: mentis.
Ostritsch, Sebastian (2014b): „Hegel and Searle on the Necessity of Social Reality", in: *Rivista di Estetica*, 57, 205–218.

Ostritsch, Sebastian (2015): „Welche Ewigkeit wir weder wirklich wollen noch sinnvoll denken können", in: *Zeitschrift für philosophische Forschung*, 69, 3, 306–325.
Ostritsch, Sebastian (2016): „German Idealism as Post-Kantianism", in: *Idealistic Studies*, 45, 3, 307–328.
Ostritsch, Sebastian (2017a): „Grundzüge einer hegelianischen Theorie der Ewigkeit", in: *Allgemeine Zeitschrift für Philosophie*, 42, 1, 45–62.
Ostritsch, Sebastian (2017b): „Die Ewigkeit der Welt und die Genese der Zeit – Überlegungen mit und gegen Augustinus", in: Gabriel, Markus et al. (Hrsg.): *Welt und Unendlichkeit. Ein deutsch-ungarischer Dialog in memoriam László Tengelyi*, Freiburg / München: Verlag Karl Alber, 35–49.

Parfit, Derek (1998a): „The puzzle of reality: Why does the universe exist?" in: Inwagen, Peter van u. Zimmerman, Dean W. (Hrsg.): *Metaphysics. The big questions*, Malden, MA: Blackwell, 418–427.
Parfit, Derek (1998b): „Why anything? Why this?" in: *London Review of Books*, 20, 2, 24–27.
Parmenides (2014), *Vom Wesen des Seienden. Die Fragmente*, gr. / dt., auf Grundlage der Edition v. Uvo Hoelscher, mit einer Einleitung neu hrsg. v. Alfons Reckermann, Hamburg: Meiner.
Parsons, Terence (1980): *Nonexistent Objects*, New Haven: Yale University Press.
Peirce, Charles Sanders (1974): *Principles of Philosophy*, in: *Collected Papers*, Bd. 1, hrsg. v. Charles Hartshorne u. Paul Weiss, 3. Aufl., Cambridge, MA: Belknap Press.
Pieper, Annemarie (1994): „Einleitung", in: Pieper, Annemarie (Hrsg.): *Die Gegenwart des Absurden: Studien zu Albert Camus*, Tübingen / Basel: Francke.
Platon (1970a): *Theaitetos*, in: *Werke*, Bd. 6, hrsg. v. Gunther Eigler, übers. v. Friedrich Schleiermacher, Darmstadt: WBG, 1–217.
Platon (1970b): *Sophistes*, in: *Werke*, Bd. 6, hrsg. v. Gunther Eigler, übers. v. Friedrich Schleiermacher, Darmstadt: WBG, 219–401.
Polgar, Alfred (1983): „Das Kind", in: *Kreislauf. Kleine Schriften*, Bd. 2, Reinbek bei Hamburg: Rowohlt, 218–221.

Quante, Michael (2007): *Person*, Berlin / New York: de Gruyter.
Quine, Willard Van Orman (2011): „On What There is", in: Quine, Willard Van Orman: *From a Logical Point Of View*, engl. / dt., hrsg., übers. u. komm. v. Roland Bluhm u. Christian Nimtz, Stuttgart: Reclam.

Rasmussen, Anders Moe (2014): „Glaube, Offenbarung, Existenz: Die Fortführung der Jacobischen Vernunftkritik bei Schelling und Kierkegaard", in: Rasmussen, Anders Moe u. Hutter, Axel (Hrsg.): *Kierkegaard im Kontext des deutschen Idealismus*, Berlin / Boston: de Gruyter.
Ratcliffe, Matthew (2008): *Feelings of Being. Phenomenology, Psychiatry, and the Sense of Reality*, Oxford: Oxford University Press.
Rentsch, Thomas (2005): *Gott*, New York / Berlin: de Gruyter.
Ricœur, Paul (1990): *Soi-même comme un autre*, Paris: Seuil.
Rosefeldt, Tobias (2006): *Was es nicht gibt*, Habilitation, Online-Version, Heidelberg, https://www.philosophie.hu-berlin.de/de/lehrbereiche/idealismus/mitarbeiter1/rosefeldt/pdfs/Rosefeldt_Was-es-nicht-gibt_Online-Version.pdf.

Rousseau, Jean-Jacques (2003): *Träumereien eines einsamen Spaziergängers*, übers. v. U. Bossier, Stuttgart: Reclam.
Russell, Bertrand (1905a): „On Denoting", in: *Mind*, 14, 56, 479–493.
Russell, Bertrand (1905b): „Besprechung von *Untersuchungen zur Gegenstandstheorie und Psychologie*", in: *Mind*, 14, 56, 530–538.
Russell, Bertrand (1907): „Besprechung von *Über die Stellung der Gegenstandstheorie im System der Wissenschaften*", in: *Mind*, 16, 63, 436–439.
Russell, Bertrand (1919): „The Philosophy of Logical Atomism. V. General Propositions and Existence", in: *The Monist*, 29, 2, 190–205. Übersetzt in: Russell, Bertrand (2003): „Philosophie des logischen Atomismus", in: *Sechs Aufsätze zum Logischen Positivismus*, ausgew., übers. u. eingel. v. Johannes Sinnreich, Neudruck der 1. Aufl. von 1976 in der Nymphenburger Verlagshandlung, Berlin: Xenomos, 212–328.

Sartre, Jean-Paul (1993): *Das Sein und das Nichts. Versuch einer phänomenologischen Ontologie*, hrsg. und übers. v. Traugott König, Reinbek bei Hamburg: Rowohlt.
Sartre, Jean-Paul (2002a): „Die cartesianische Freiheit", in: Sartre, Jean-Paul: *Der Existenzialismus ist ein Humanismus und andere Essays*, 2. Aufl., Reinbek bei Hamburg: Rowohlt, 122–144.
Sartre, Jean-Paul (2002b): „Der Existentialismus ist ein Humanismus", in: Sartre, Jean-Paul: *Der Existentialismus ist ein Humanismus und andere Essays*, 2. Aufl., Reinbek bei Hamburg: Rowohlt, 145–192.
Sartre, Jean-Paul (2002c): „Selbstbewusstsein und Selbsterkenntnis", in: Sartre, Jean-Paul: *Der Existentialismus ist ein Humanismus und andere Essays*, 2. Aufl., Reinbek bei Hamburg: Rowohlt, 267–326.
Sartre, Jean-Paul (2005): *Entwürfe für eine Moralphilosophie*, Reinbek bei Hamburg: Rowohlt.
Schelling, Friedrich Wilhelm Joseph (1858a): *Philosophie der Offenbarung*, in: *Sämmtliche Werke*, Bd. XIII-XIV, hrsg. v. Karl Friedrich August Schelling, Stuttgart und Augsburg: J. G. Cotta'scher Verlag.
Schelling, Friedrich Wilhelm Joseph (1858b): *Andere Deduktion der Prinzipien der positiven Philosophie*, in: *Sämmtliche Werke*, Bd. XIV, hrsg. v. Karl Friedrich August Schelling, Stuttgart und Augsburg: J. G. Cotta'scher Verlag.
Schelling, Friedrich Wilhelm Joseph (1861): *Zur Geschichte der neueren Philosophie. Münchner Vorlesungen*, in: *Sämmtliche Werke*, Bd. X, hrsg. v. Karl Friedrich August Schelling, Stuttgart und Augsburg: J. G. Cotta'scher Verlag.
Schelling, Friedrich Wilhelm Joseph (1972): *Grundlegung der positiven Philosophie*, hrsg. v. Horst Fuhrmans, Turin: Bottega d'Erasmo.
Schelling, Friedrich Wilhelm Joseph (1982): *Urfassung der Philosophie der Offenbarung*, hrsg. v. Walter E. Ehrhardt, Hamburg: Meiner.
Schelling, Friedrich Wilhelm Joseph (1993): *Philosophie der Offenbarung 1841 / 42* (Paulus-Nachschrift), 2., erw. Aufl., hrsg. v. Manfred Frank, Frankfurt a. M.: Suhrkamp.
Schelling, Friedrich Wilhelm Joseph (2011): *Über das Wesen der menschlichen Freiheit*, hrsg. v. Thomas Buchheim, 2., verb. Aufl., Hamburg: Meiner.
Schulte-Klöcker, Ursula (2006): „Die Frage nach Zeit und Ewigkeit", in: Fischer, Norbert u. Hattrup, Dieter (Hrsg.): *Schöpfung, Zeit und Ewigkeit – Augustinus: Confessiones 11–13*, Paderborn et al.: Ferdinand Schöningh, 9–28.
Seneca, Lucius Annaeus (2011a): *De Brevitate Vitae*, in: *Philosophische Schriften*, Bd. 2, hrsg. v. Manfred Rosenbach, 2. Aufl., Darmstadt: WBG.

Seneca, Lucius Annaeus (2011b): *Epistulae Morales*, in: *Philosophische Schriften*, Bd. 3–4, hrsg. v. Manfred Rosenbach, 2. Aufl., Darmstadt: WBG.
Spade, Paul Vincent (Hrsg.) (1994): *Five Texts on the Mediaeval Problem of Universals*, Indianapolis / Cambridge: Hackett.
Spinoza, Baruch de (1986): *Briefwechsel*, übers. v. Carl Gebhardt, hrsg. v. Manfred Walther, 3. Aufl., Hamburg: Meiner.
Spinoza, Baruch de (2007): *Ethik in geometrischer Ordnung dargestellt*, in: *Sämtliche Werke*, Bd. 2, lat. / dt., übers. u. hrsg. v. Wolfgang Bartuschat, Hamburg: Meiner.
Stekeler-Weithofer, Pirmin (1992): *Hegels analytische Philosophie. Die „Wissenschaft der Logik" als kritische Theorie der Bedeutung*, Paderborn et al.: Ferdinand Schöningh.
Strawson, Peter F. (1953 / 54): „Particular and General", in: *Proceedings of the Aristotelian Society*, 54, 233–260.
Strawson, Peter F. (1959): *Individuals*, London: Methuan. Auf Deutsch: Strawson, Peter F. (1972): *Einzelding und logisches Subjekt*, Stuttgart: Reclam.
Strawson, Peter F. (1967): „Is Existence Never a Predicate?", in: *Crítica: Revista Hispanoamericana de Filosofía*, 1, 1, 5–19.
Swinburne, Richard (1979): *The Existence of God*, Oxford: Clarendon Press.

Taylor, Charles (1995): *Das Unbehagen der Moderne*, Frankfurt a. M.: Suhrkamp.
Tegtmeier, Erwin (1997): *Zeit und Existenz. Parmenideische Meditationen*, Tübingen: Mohr Siebeck.
Thomas von Aquin (1974): *Summa contra gentiles – Summe gegen die Heiden*, hrsg. u. übers. v. Karl Albert u. Paulus Engelhardt, Darmstadt: WBG.
Thomas von Aquin (1976): *Quaestiones disputatae de veritate, Vol. 1*, in: *Opera Omnia*, Bd. 22, Rom: Typographia Polyglotta.
Thomas von Aquin (1979): *De ente et essentia. Das Seiende und das Wesen*, lat. / dt., übers., komm. und hrsg. von Franz Leo Beeretz, Stuttgart: Reclam.
Thomas von Aquin (1982): *Die Gottesbeweise in der „Summe gegen die Heiden" und der „Summe der Theologie"*, lat. / dt., übers., eingel. und komm. v. Horst Seidl, Hamburg: Meiner.
Trawny, Peter (2002): *Die Zeit der Dreieinigkeit*, Würzburg: Königshausen und Neumann.

Wagner, Hans (1971): „Über Kants Satz, das Dasein sei kein Prädikat", in: *Archiv für Geschichte der Philosophie*, 53, 2, 183–186.
Weis, Josef (1984): *Die Zeitontologie des Kirchenlehrers Augustinus nach seinen Bekenntnissen*, Frankfurt a. M. et al.: Peter Lang.
Wiggins, David (1995): „The Kant-Frege-Russell View of Existence: Toward the Rehabilitation of the Second-Level View", in: Sinnott-Armstrong, Walter (Hrsg.): *Modality, Morality, and Belief*, Cambridge: Cambridge University Press, 93–113.
Williams, Bernard (2006): „Introduction to *The Gay Science*", in: *The Sense of the Past: Essays in the History of Philosophy*, hrsg. v. Myles Burnyeat, Princeton: Princeton University Press, 311–24.
Williams, Christopher John Fardo (1981): *What is Existence?* Oxford: Clarendon Press.
Williams, C. J. F. (1992): *Being, Truth and Identity*, Oxford: Clarendon Press.
Williamson, Timothy (2002): „Necessary Existents", in: O'Hear, Anthony (Hrsg.): *Logic, Thought and Language*, Cambridge: Cambridge University Press, 233–251.
Williamson, Timothy (2003): „Everything", in: *Philosophical Perspectives*, 17, 1, 415–465.

Williamson, Timothy (2013): *Modal Logic as Metaphysics*, Oxford et al.: Oxford University Press.
Wittgenstein, Ludwig (2003): *Philosophische Untersuchungen*, Frankfurt a. M.: Suhrkamp.
Wittgenstein, Ludwig (2013): *Tractatus logico-philosophicus*, 34. Aufl., Frankfurt a. M.: Suhrkamp.

Xenophon (1977): *Memorabilien – Erinnerungen an Sokrates*, übers. v. Rudolf Preiswerk, Stuttgart: Reclam.

Zalta, Edward (1988): *Intensional Logic and the Metaphysics of Intentionality*, Cambridge, MA: MIT Press.
Zöller, Günter (2013): *Fichte lesen*, Stuttgart-Bad Cannstatt: Frommann-Holzboog.

Sachregister

Absolute 4, 23, 24, 54, 59, 60, 70, 76, 78–83, 86, 87, 89, 91–94, 96–99, 113–117, 118, 124, 129, 143–147, 154, 164–166, 169, 170, 172, 173, 188–190, 193, 195, 197, 200, 201
Abstrakta, Abstraktheit 1, 2, 7, 18, 27, 28, 45–48, 50, 52, 56, 82, 108, 115, 133, 171, 174, 184
Absurde 19, 28, 31, 47, 61, 62, 69, 72, 118, 160–164, 175, 198, 202–203
Ambiguität 146, 164, 165, 169, 170, 172, 203
Analogia entis 8
Anerkennung 145, 147, 148, 164, 171
Angst 2, 20, 115, 120–122, 131–133, 135, 144, 154, 167, 168, 198–201
Anitas 80, 190
Aufrichtigkeit 161, 162
Authentizität 14, 122, 137, 139–143, 145, 146, 148, 149, 151–156, 159–166, 168–170, 172, 173, 177, 197, 200, 201, 204
– In- 122, 139, 141, 142, 144, 146, 149, 151, 161, 168–171, 200, 203
Autonomie 144, 148, 149, 151, 164, 174, 201, 203

Bedeutung 3, 8, 10, 14, 24, 32, 34–36, 40, 46, 47, 48, 63, 64, 82, 108, 109, 113, 132, 133, 158, 172, 179, 182, 195, 199
Befindlichkeit 20
Begriff
– … als Singularetantum 82–85, 191
– Selbstvernichtung des … 13, 93, 98, 122
– transzendentaler … 10
Bestand, Bestehen 27–32, 34, 36, 38, 44, 53, 56, 76, 77, 106, 110, 170, 180, 181
Bewusstsein 91, 96, 98, 116–118, 136, 144, 145, 149, 163, 170, 173, 187, 193, 199
– präreflexives … 116–118, 120, 145
– thetisches … 116, 117
Blindexistierendes (-seiendes) 87, 90, 94
Böse 143–145, 149, 201

Causa sui 78

Denotation 36
Dezisionismus 150, 151
Dies-Sein, Diesheit 13, 105–110, 120, 196
Doppelsinnigkeit: vgl. Ambiguität 14, 146, 152, 163–165, 169, 171, 200
Dschungel 30, 31

Egoismus 175
Eigenname 33–38, 42, 62, 71, 109, 182, 183
Eigentlichkeit u. Uneigentlichkeit, vgl. Authentizität 12–14, 47, 105, 131, 133, 135, 136, 137, 139, 141, 142, 144, 145, 149, 151, 154, 188
Einzelding 13, 27, 37, 38, 45, 47, 50, 62, 74–76, 78, 80, 100, 101, 108, 114, 120, 123, 189, 198
Endlichkeit 2, 8–10, 22, 54, 75, 83, 84, 96, 97, 111, 112, 123, 125, 127, 132, 134–137, 145, 148, 149, 164, 173, 187, 188, 191, 198, 199
– Un- 8, 75, 76, 82, 83, 96, 111, 125, 131, 157, 158, 164, 199
Enthüllen 13, 95, 98, 99, 119, 167, 172, 174, 177, 195
Entschlossenheit 151, 168
– Un- 142, 149, 151, 167, 168, 169, 204
Entschluss 92, 141–143, 145, 150, 153, 168
Essenz (vgl. Wesen) 6, 9, 74–76, 110–113, 141, 143, 189, 190, 198, 202
Ethik 11, 14, 74–77, 87, 121, 137, 139, 142, 143, 145–149, 151–153, 155, 156, 158, 164–165, 200, 201, 203, 204
Ewigkeit 14, 54, 55, 76, 88, 114, 123, 125, 129–134, 136, 155–159, 189, 199, 201
Existenz
– … als diskriminierende Eigenschaft 27, 30, 32, 33, 38, 43, 44, 57, 70
– … als nicht-diskriminierende Eigenschaft 27, 30, 44, 47, 52, 54, 57, 178
– … als Prädikat erster Stufe 33, 34, 41
– … als Prädikat zweiter Stufe 33, 41, 70, 71
– … als Quantor 2, 56, 71, 182, 183
– … als Zahl, Zählbarkeit 27, 31–34, 56, 182, 185

218 — Sachregister

- -bestauner 15, 19, 20, 25, 43, 47, 79, 85, 178, 180
- -gefühl 20, 198
- -gewissheit 5, 113, 117, 118
- logische ... 48–51, 54, 56
- logisch-ontologische Priorität der ... 2, 12, 13, 52–54, 56, 59, 80, 105, 181, 186
- Nicht- 1, 2, 29, 30, 32–34, 47, 50, 64, 69, 123, 186, 187, 198
- -nüchternheit 15, 22, 24–26, 178
- reale ... 1, 2, 9, 10, 27, 30, 48, 54, 59, 100
- Unhintergehbarkeit der ... 13, 54, 74, 78–80, 86, 95, 99, 112, 113, 118, 177, 181, 200
- Weisen der ... 6–8, 11, 135, 136, 144, 145
- Wunder der ... 5, 15–20, 100, 178, 186,

Faktizität 88, 91, 94, 107, 112, 118, 146
Fiktive Entität(en) 1, 7, 9, 28, 30, 31, 38, 44–48, 50, 55, 70, 99, 100, 181, 184, 185
Formale Distinktion 106, 196
Freiheit 65, 83, 91, 92, 110, 112–115, 132, 142–149, 152, 159, 162, 164–165, 167–175, 177, 193, 197, 199–204
Furcht 115, 126–128, 134, 153, 154, 201

Gattung 10, 120, 121, 152, 179, 189, 198
Gebundene Variable 37, 38, 183
Gegebenheit, Gegebensein 29–31, 34–36, 56, 70, 73, 163, 168, 181
Gegenstand 1, 7, 17, 18, 20, 23, 24, 27–38, 40–44, 47, 49–52, 54, 56, 68–73, 79, 80, 88, 89, 91, 96, 106–108, 110, 115, 117, 119, 128, 149, 163, 181–183, 185, 186, 193
Gegenwart 55, 100, 101, 117, 123, 124, 126–136, 158, 163, 177, 187, 188, 198, 199
Geist 4, 9, 20, 23, 28, 62, 63, 75, 77, 81, 82, 84, 91, 101, 102, 108, 111, 116, 129–131, 157, 159, 171, 182, 187, 188, 191, 193, 199, 202
Geltung 147, 170, 202
Geworfenheit 2, 112, 113, 168, 175
Glaube 93, 94, 98, 130, 133, 154, 155, 159, 161, 191, 194, 201
Glück 20, 162–166, 202

Gott 3, 4, 8–10, 17–19, 22–24, 45, 46, 50, 59, 61–67, 69–80, 87, 88, 92, 94–96, 113, 129, 130, 133, 146, 153–156, 162, 177, 180, 188–194, 202
Gottesbeweis
- ... ex contingentia mundi 59
- kosmologischer ... 22, 59–61, 188
- ontologischer ... 12, 13, 59, 61, 62, 64–66, 71–74, 87, 88, 182, 188–190
- teleologischer ... 59, 188
Grenze 6, 16–19, 25, 53, 88, 92, 98, 99, 169, 186
Grund 16, 18, 19, 21–23, 60, 65, 88, 89, 92, 97, 98, 116, 144, 153, 158, 178, 193, 202
- Ab- 88, 89, 92, 97, 98, 126, 178, 186
- Un- 178, 193
Grundfrage der Metaphysik 11, 12, 15–19, 21–25, 52, 59, 61, 65, 73, 78, 79, 191
Gute 144, 161

Haecceitas (vgl. auch Dies-Sein) 13, 101, 105–109, 177, 196–197

Ich 3–5, 48–50, 68, 83, 84, 95, 96, 112, 117, 118, 120, 121, 139, 145, 158, 175, 191, 197, 200
Identität 42, 140, 186, 197
Individualität, Individuum 1, 9, 12–14, 33, 34, 41–43, 52–54, 57, 63, 73, 78, 79, 99–110, 113, 114, 117, 119, 121–123, 132, 135, 137, 140, 141, 144, 145, 148–152, 154, 155, 163–165, 169, 171, 173–175, 180, 182–184, 186, 195–204
Individuation 3, 101–105, 107, 108, 196, 197
Inhärenz 53
Inseleinwand 72
Institution 14, 150, 151

Jemeinigkeit 119–121, 165, 198

Kennzeichnung 33, 36–41, 44, 46, 49, 89, 182, 183
Klugheit(s) 159, 167, 203
- -ethik 164, 165
Konkreta, Konkretheit 1, 2, 7, 18, 38, 44–48, 50–52, 54–56, 100, 115, 122, 123, 140, 185, 186

Sachregister

Kontingenz 5, 12, 21, 22, 27, 38, 42–45, 47, 48, 52, 55, 57, 59, 60, 64, 65, 74, 78, 79, 112, 114, 177, 178, 185, 186
Kunst 147, 148, 170, 182, 202

Leben 1, 7, 39, 54, 55, 83, 91, 98, 99, 110, 112–114, 119, 120, 122, 124–128, 130–137, 139–148, 150–156, 158–165, 167, 168, 174, 175, 177, 180, 197, 199, 201–204
Liebe 11, 131, 165, 173–175, 177, 204

Man 144, 151, 200, 204
Meta-Ethik 143, 201,
Metaphysischer Empirismus 90, 91
Metaprädikat 33, 37
Mögliche Entitäten 7, 30, 50–52, 55, 56, 68, 70, 185, 186, 189
Moral 14, 22, 38, 143, 144, 146–149, 151–154, 159, 161, 164, 175, 191, 197, 200–203
– -philosophie 144, 200
Muße 127, 128, 135
Mystik 24, 180
Mythos 14, 91, 160

Natur 74, 75, 78, 81, 82, 85, 86, 89, 103, 106, 110, 114, 121, 124, 167, 187, 191, 195, 196, 200
natura communis 102, 103, 106, 107, 110, 121, 196
Natürliche Art 102, 103, 108–110, 197
Negative Philosophie 81, 85, 86, 94, 104, 192
Negativität 82, 83, 168
Nichts 2, 10, 11, 12, 15–18, 21–25, 30, 32, 36–38, 47, 52, 54, 60, 62, 65, 70, 73, 79, 84–86, 91, 111, 141, 146, 152, 156, 170, 173, 177, 178, 180, 187, 191, 200
– ontologische Spontaneität des ... 21
Nihilismus 170, 171, 173, 204
Nominalismus 102, 103, 106
Normen 38, 143, 147–149, 151, 153, 164, 177, 201
Notwendigkeit 30, 43, 48–50, 60, 61, 63–65, 67, 74, 86, 89, 97, 188
Null-Welt 21, 22, 24, 25

Ockhams Rasiermesser 30, 51, 180
Offenbarung 16, 85, 88, 91, 92, 191, 192, 194

Person, Personalität 7, 12–14, 78, 100, 101, 110–116, 119–124, 126–137, 139–142, 145, 148–152, 154, 155, 157, 160, 164–166, 168, 169, 174, 175, 177, 178, 180, 185, 190, 192, 197, 198, 199, 200, 203, 204
Phänomenologie 6, 13, 20, 95, 119, 121–122, 134, 151, 171, 180, 195, 199
Philosophie
– Allein- 94
– Negative ... 81, 85, 86, 94, 104, 192
– Positive ... 13, 81, 85–88, 90–94, 122, 192, 194
– Un- 94
principium individuationis (vgl. auch Individuation) 3, 101
Prinzip des zureichenden Grundes 21, 22, 60, 65
projectio per hiatum irrationalem 97, 98
Proposition 31, 46, 47, 49, 183
Proto-Ontologie 5–7, 11, 12, 78, 85, 184, 186, 198, 199

Quantifikation 37, 38, 41–43
quidditas (vgl. auch Was-Sein) 6, 107, 190
quodditas (vgl. auch Dass-Sein) 85, 86

Rationalität 97, 150
– A- 150
– Ir- 144, 150, 161
Realität 1, 2, 7, 9, 10, 27, 30, 44–48, 54, 55, 59, 65–71, 81, 83, 99, 100, 102, 103, 106, 112, 134, 148, 152, 167, 184, 188, 196, 201, 203
Realismus 102, 103, 184, 185, 201
Recht 169, 195
– Un- 148
Ressentiment 159, 168

Sein
– ... als esse in mero actu 97
– Dass- 3–7, 9–13, 15, 18–20, 24, 25, 30, 45, 52, 53, 56, 57, 59, 74, 77–79, 81, 84–91, 93, 94, 96–101, 104, 107, 112, 113,

116–118, 135, 145, 155, 178, 184, 189, 190, 193, 195, 197–199, 202, 203
- gegenständliches ... 24, 29, 79, 88, 193
- Plurivozität des ... 8, 179
- So- 11, 28, 37, 144, 152, 166, 174, 203
- Univozität des ... 4, 9, 104, 179
- unvordenkliches ... 13, 19, 85, 86, 88–94, 96, 97, 99, 101, 116, 177, 178, 193, 202
- Ur- 88–91, 94
- urständliches ... 88, 193
- Was- 4, 6–9, 11, 45, 77, 85, 89, 107, 108, 112, 155, 177, 186, 189, 195, 202
- Wie- 4, 6–8, 11, 45, 100, 166, 186
- ... zum Tode 2
Selbstbestimmung 83, 112, 113, 115, 132, 133, 136, 140, 142, 144, 167, 169, 174, 175, 177,
Selbstbewusstsein 83, 120, 122
Selbstidentität 42, 184
Selbstverhältnis 14, 110–112, 116, 119, 128, 130, 145, 148, 155, 177, 178,
Selbstwahl 14, 114–116, 121, 141–146, 148, 149, 150–152, 154, 164, 165, 167, 200
Sinn 1, 18, 19, 32, 34–36, 48, 49, 63, 68, 72, 101, 118, 152, 158, 159, 162–164, 170, 180, 182, 195, 202
- -losigkeit 23, 42, 118, 160, 162–164, 202
- -stiftung 159, 161
Starrer Designator 39, 41, 44, 183
Staunen 4, 5, 11, 12, 15, 18–25, 43, 44, 47, 59, 79, 84, 88, 89, 92, 93, 99, 101, 177, 178, 180
Subjekt, Subjektivität 10, 66–68, 70, 89, 97, 110, 117, 131, 143, 147, 148, 152, 167–172, 180, 183, 187, 190, 193, 196, 198, 199, 202, 204
- Inter- 151
Substanz 6, 9, 60, 74–78, 91, 192, 193, 197

Taufakt 40, 41, 50, 107–110, 120
Tod 125, 127, 128, 134–136, 160
Transzendenz 10, 89, 92, 97, 98, 123, 133, 146, 165, 168–170, 172, 179, 199, 200

Unaufrichtigkeit 144, 161, 169, 171, 200
Unbewusste 116, 117

Universalienstreit 3, 102, 103
Universalität 103, 148, 149, 151
Unredlichkeit 144, 200

Vernunft 19, 39, 60, 81, 82, 84–86, 90, 92–94, 149, 153, 154, 160, 161, 191, 192, 194, 197, 202
- Salto mortale der ... 13, 93, 94, 98, 122, 161, 202

Welt 1, 2, 4, 9, 10, 15, 16, 18–22, 24, 25, 34, 35, 39, 43, 44, 52, 54, 59, 60, 62, 63, 65, 86, 89–91, 94, 97, 98, 99, 111, 113, 115, 117–119, 131, 135, 136, 139, 146, 152, 159–162, 165–172, 175, 178, 183, 185–187, 189, 193, 198, 203, 204
Wert 30, 37, 38, 113, 143, 145, 147–153, 158–160, 162–166, 169, 170, 172, 173, 177, 200–204
- -setzung 148, 149, 159, 162, 164, 169, 203
Wesen 4, 7–10, 13, 22, 44, 54, 55, 61, 63, 65, 67, 75, 77, 85, 87, 88, 96, 100, 103, 107, 111–114, 119, 123, 130, 132, 136, 140, 146, 149, 152, 155, 159, 161, 171, 174, 177, 184, 187–189, 192, 193, 195, 201, 202
(ewige) Wiederkunft 14, 155–159, 201
Wille 65, 92, 144, 145, 149, 159, 161, 169, 184, 189, 194
Wirklichkeit 18, 23, 34, 39, 44–46, 50, 56, 62–64, 67, 70, 72, 73, 76, 81, 82, 85, 88, 90, 92, 93, 97, 180, 182, 185
Wissen 1, 2, 9, 86, 91–93, 96–98, 146, 155, 193–195

Zeigeakt, Zeigen 55, 100, 101, 107–110, 120, 177, 187, 198
Zeit 1, 12, 17, 34, 144, 122, 123–134, 136, 151, 156–159, 188, 191, 198–201
- ... als Ausdehnung des Geistes (distentio animi) 129, 188, 199
- -dimensionen 123, 124, 129, 131, 132
- -ekstasen 133
- -lichkeit 14, 55, 111, 122, 123, 128–134, 136, 137, 139, 157, 177, 186, 197–199
- Proto- 129–132
- sukzessive ... 55, 132, 133, 136, 137

Namenregister

Adams, Robert M. 196
Anselm von Canterbury 13, 61–64, 67, 69, 71–73, 192, 194
Aquin, Thomas von 8, 59, 64, 71–73, 78, 87, 179, 188
Arendt, Hannah 203, 204
Aristoteles 6, 8, 10, 16, 59, 104, 144, 179, 186–188, 193
Augustinus 14, 95, 122, 128–133, 136, 187, 188, 199, 204
Avicenna 80, 103

Barwise, John 182
Beauvoir, Simone de 14, 143–145, 146, 152, 163–175, 177, 200, 202–204
Beethoven, Ludwig van 40, 183
Bergson, Henri 12, 22–25, 180
Bolzano, Bernard 187
Bonansea, Bernardine 204
Brentano, Franz 187
Bromand, Joachim 59, 188–190

Camus, Albert 118, 153, 160–164, 198, 202, 203
Carnap, Rudolf 11, 23, 180
Clinton, Hillary 28
Conan Doyle, Sir Arthur 1, 44

Deleuze, Gilles 179, 201
Descartes, René 4, 48, 61, 63, 113, 117, 118, 166, 188, 197, 198
Diamond, Cora 180
Diehl, Catharine 185
Dostojewski, Fjodor 118, 198
Dreyer, Mechthild 179, 196
Duck, Donald 99, 184
Duns Scotus, Johannes 9, 10, 13, 95, 101–108, 120, 174, 177, 179, 195–197, 204

Einstein, Albert 183, 189
Epikur 134
Etchemendy, John 182

Fahrenbach, Helmut 200
Feynman, Richard 183
Fichte, Johann Gottlieb 13, 93, 95–99, 122, 194, 195, 198
Fine, Kit 185
Fingerhut, Joerg 198
Flasch, Kurt 80, 187, 190
Foucault, Michel 203
Frege, Gottlob 2, 12, 13, 27, 32–38, 41–44, 47, 56, 57, 65, 66, 70, 71, 181–184, 189
Fuhrmans, Horst 192, 194

Gabriel, Markus 185, 186
Gaunilo von Marmoutiers 64, 71, 72
Geach, Peter 182
Gonzago 45
Grossmann, Reinhardt 2, 179, 183, 184
Grünbaum, Adolf 12, 21–25, 31, 51, 59, 79, 89, 90, 180
Gurwitsch, Aron 65

Hamlet 7, 45, 183, 184
Hauskeller, Michael 204
Hegel, Georg Wilhelm Friedrich 13, 80–86, 90, 104, 120, 121, 152, 168, 171, 175, 184, 187, 190–192, 194, 198, 199, 201
Heidegger, Martin 2, 6, 12–20, 24, 25, 56, 79, 81, 84, 95, 107, 110–112, 115, 119–122, 133–137, 144, 151, 154, 180, 187, 188, 190, 193, 197–201, 203
Heynkes, Jupp 33
Hintikka, Jaakko 189
Holland-Cruz, Barbara 203
Holmes, Sherlock 1, 7, 44–46, 99, 108, 181
Holt, Jim 180
Honnefelder, Ludger 179, 187, 196
Houlgate, Stephen 191
Husserl, Edmund 117, 195, 199, 202

Ingham, Mary Beth 179, 196
Inwagen, Peter van 184

Jacobi, Friedrich Heinrich 13, 93–96, 98, 99, 119, 122, 161, 177, 194, 195, 202

Jacquette, Dale 181
Janke, Wolfgang 195

Kafka, Franz 118, 198
Kant, Immanuel 13, 39–41, 60, 61, 63–73, 87, 95, 144, 147, 149, 182, 188, 189, 201
Kenny, Anthony 179
Kierkegaard, Sören 2, 14, 56, 81, 93, 95, 110–112, 115, 120–122, 128, 131–133, 135, 136, 143, 144, 153–155, 161, 198, 200, 201, 202
Klossowski, Pierre 201
Kneale, William C. 181
Koch, Anton Friedrich 179, 198
Kreis, Guido 59, 188–190
Kripke, Saul A. 12, 27, 38–47, 50–52, 54, 56, 57, 70, 79, 89, 107–109, 183–185, 189, 197
Kuhl, Julius 197, 200

Leibniz, Gottfried Wilhelm 15, 16, 21, 22, 59, 60, 64, 65, 78, 188, 189
Leidi, Thamar Rossi 196
Lewis, David 185
Linsky, Bernard 185
Liske, Michael-Thomas 189
Luckner, Andreas 191, 195, 197, 203

Mackie, John L. 41, 183, 184
Mally, Ernst 181
Manstetten, Rainer 190
Marcel, Gabriel 201
Marienberg, Sabine 198
Martin, Christian 191
Meier, Jakob 198
Meinong, Alexius 12, 27–32, 34, 36–38, 43, 44, 47, 51, 56, 57, 70, 181, 187
Meister Eckhart 9, 78, 80, 190
Meixner, Uwe 3, 29
Mendelssohn, Moses 65
Merkel, Angela 7, 33, 50, 51, 185
Miller, Barry 12, 41, 52, 53, 186
Milton, John 46, 50, 184
Moloch 46, 47, 50, 184
Moore, Adrian William 156, 158, 201, 202
Moore, George Edward 184
Moriarty 45

Moses 43, 52
Munitz, Milton 190

Nietzsche, Friedrich 14, 118, 153, 155–157, 159, 160, 162, 165, 202, 203

Ockham, William von 30, 51, 106, 180, 196
Orenstein, Alex 185
Ostritsch, Sebastian 184, 195, 199, 201

Parfit, Derek 11, 15, 16, 180
Parmenides 2, 11, 186, 198
Parsons, Terence 181
Peirce, Charles Sanders 197
Pieper, Annemarie 202
Platon 29, 88, 102, 104, 186, 193
Polgar, Alfred 1, 179

Quante, Michael 197
Quine, Willard Van Orman 2, 12, 13, 27, 30–32, 36–38, 41–44, 47, 56, 57, 65, 66, 70, 71, 179, 181, 183

Rasmussen, Anders Moe 95, 194, 195
Ratcliffe, Matthew 198
Rentsch, Thomas 188
Ricœur, Paul 197
Rosefeldt, Tobias 181, 183, 185
Rousseau, Jean-Jacques 20, 198
Russell, Bertrand 2, 12, 13, 27, 31, 32, 36–38, 41–45, 47, 56, 57, 65, 66, 70, 71, 181–184

Sartre, Jean-Paul 2, 56, 110–113, 115–119, 121, 122, 134, 143–149, 152, 164, 197, 198, 200–203
Schelling, Friedrich Wilhelm Joseph 13, 16, 18, 19, 24, 25, 48, 80, 81, 85–97, 99, 104, 114, 115, 120, 122, 144, 190–194, 201
Schulte-Klöcker, Ursula 199
Seneca, Lucius Annaeus 14, 95, 122–128, 130–133, 135–137, 163, 197, 200
Sokrates 10, 52, 53, 102, 104–106, 125, 127
Spade, Paul Vincent 196
Spinoza, Baruch de 13, 73–82, 87, 89, 93, 177, 186, 189, 190, 192–194
Stekeler-Weithofer, Pirmin 191

Strawson, Peter F. 184, 196, 197
Swinburne, Richard 22, 59, 180, 188

Taylor, Charles 151, 200
Tegtmeier, Erwin 183, 186–188, 199
Trawny, Peter 192
Trump, Donald 99

Wagner, Hans 189
Weis, Josef 199
Wiggins, David 66, 182

Williams, Bernard 156
Williams, Christopher John Fardo 182
Williamson, Timothy 12, 27, 47–52, 54–57, 70, 71, 185, 186, 198
Wittgenstein, Ludwig 12, 15–17, 19, 20, 24, 25, 116, 180, 183

Xenophon 188

Zalta, Edward 181, 185
Zöller, Günter 96, 194, 195

www.ingramcontent.com/pod-product-compliance
Lightning Source LLC
Chambersburg PA
CBHW070533170426
43200CB00011B/2415